①写真家エドワード・スタイケンが1903年に撮影したＪ・ピアポント・モルガンの肖像。彼の性格・表情を無類なほど巧みに写し出したがゆえに、モルガンは最初の印画を嫌い、破り捨てた。

③モルガン財閥の開祖、ジューニアス・スペンサー・モルガンの68歳（1881年）のときの姿。

②モルガン財閥の前身を築いたジョージ・ピーボディ。守銭奴の名が高かったが、のちに慈善家に転じた。

④ロンドン市内プリンセスゲート13番地のモルガン邸。のちに英国駐在アメリカ大使公邸として寄付され、ジョーゼフ・P・ケネディが大使在任中に、息子でのちの大統領J・F・ケネディら家族と一緒に住んだ。

⑥ピアポントに司書として仕えた、向こう気の強い、ベル・ダ・コスタ・グリーン女史。

⑤夫ピアポント・モルガンと仲が疎遠だったフランシス・トレイシー・モルガン夫人。通称ファニー（1902年当時）。

⑦ニューヨーク市内マジソン・アベニュー219番地にあった、ピアポント・モルガンの褐色砂岩造りの邸宅。のちにピアポント・モルガン文庫別館を造るために取り壊された。

⑧"ウォール街きっての男性美の典型"といわれた、モルガン商会の名物パートナーのロバート・ベーコン。

⑨モルガン商会のパートナーになったばかりの頃のジョージ・W・パーキンズ。

⑩怒ってカメラマンをステッキで追い払うピアポント・モルガン（1910年）。

⑪ピアポント・モルガンにとりウォール街きってのユダヤ系競争相手だった、クーン・ローブ商会パートナーのジェーコブ・シフ。

⑫1907年金融恐慌の際に起きた、トラスト・カンパニー・オブ・アメリカの取付け騒ぎ。写真右手に見えるのは、1913年にモルガン商会の社屋が建てられる前身の旧ドレクセル・ビル。街路に向かって斜めに玄関がついているのが特徴。

⑭プジョー小委聴聞会でモルガン商会の商法を槍玉にあげ、モルガン一族の怨嗟の的になった、同小委法律顧問のサミュエル・アンタマイアー。

⑬モルガン商会など投資銀行による企業支配体制を攻撃して、世間の注目を浴びたルーイス・D・ブランダイス。のちに連邦最高裁判所判事となる。

⑯J・P・(ジャック)モルガン二世の公式肖像。

⑮ジャックの夫人、ジェーン・グルー・モルガン、通称ジェシー。

⑰ロングアイランドのノース・ショア沖合いのイースト・アイランドにあった、ジャックのマティニコック・ポイント邸。

⑲1920年９月にモルガン商会の脇の街路で起きた爆破事件の惨状。このために同商会の従業員二人が死亡、商会の北側正面が損傷した。

⑱モルガン側近パートナーのヘンリー・Ｐ・デイビスン。第一次世界大戦中に連合国側のために30億ドルの物資調達を取り決めるのに活躍した。

⑳1919年のパリ講和会議の際、賠償問題委員会の各委員とともに記念撮影した、モルガン商会パートナーのトマス・Ｗ・ラモント（後列左端）とのちに大統領となるハーバート・フーバー（前列左端）。

㉑1930年の海軍軍縮会議から帰国した、モルガン商会パートナーだった、ドワイト・W・マロウ。左側はベティ夫人。

㉒1928年にメキシコ政府とカトリック教会との紛争調停のために、ひそかにメキシコを訪れた評論家ウォルター・リップマン（左端から二人目）を迎えて開かれたレセプション。テーブルの正面にいるのは、当時のメキシコ駐在大使のマロウ夫妻。

㉓飛行服姿のチャールズ・リンドバーグとアン・マロウ・リンドバーグ夫人（1931年）。

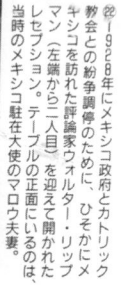

モルガン家・上

金融帝国の盛衰

ロン・チャーナウ

青木榮一＝訳

日経ビジネス人文庫

目次

ベラリー、イズリアル、ルースに捧ぐ

普通の人間である以上に、伝統的に体面を立派に取り繕うことは、どうしても銀行家たる者の仕事の一部である。この種のことを終生成すがために、銀行家という者は、あらゆる人間のうちで最も浮世ばなれして、最も現実的でない存在となる。

——ジョン・メイナード・ケインズ

モルガン家　上巻

プロローグ

本書は、アメリカの一大金融帝国——モルガン財閥《ザ・ハウス・オブ・モルガン》の興隆と衰退、そして再生の物語である。歴史上、モルガン財閥ほど厚く伝説に覆われ、深く謎に包まれ、そして厳しい論議の的となった金融機関は他にないだろう。一九八九年までJ・P・モルガン銀行は、ウォール・ストリートとブロード・ストリートの交差する、一般に〈ザ・コーナー〉と呼ばれる場所から、アメリカの金融界に君臨してきた。ニューヨーク証券取引所やフェデラル・ホールの立ち並ぶこの一角、ウォール・ストリート二三番地に構えた社屋は、看板も何もない、街路に斜めに玄関のついた低層の建物で、見るからに貴族的で超然たる雰囲気があった。私がこれから物語る話の大部分は、この端正な大理石造りの建物を出入りした歴代大統領、各国首相、大実業家、百万長者たちを中心に展開される。

一九三五年以前のモルガン財閥は、史上最も恐るべき力をもった総合金融機関であった。モルガン財閥は、アメリカの銀行家ジョージ・ピーボディがロンドンで一八三八年に創業したのが前身だが、のちにこれをモルガン一族が引き継いでニューヨークへ移し、そこで一躍有名にした。モルガン財閥というとすぐ人々の頭に浮かぶのは、J・P・モルガン一世（一八三七～一九一三年）とJ・P・モルガン二世（一八六七～一九四三年）の父子である。これまで一世紀を越える長い年月、この二人が合体してまったく一人のJ・P・モルガン像となって人々の心に焼きついている。この二人のJ・P・モルガンは、その崇拝者からすれば、言ったことを必ず守る堅実な昔気質の銀行家だったが、けなす人々の目には、お金もうけのためには弱い会社をおどし、外国勢力と結託し、アメリカを戦争に引き入れる、偽善的な暴君と映った。

一九二九年から一九三〇年代にかけての大恐慌の以前、ウォール・ストリート二三番地は、海外各地にいくつも出先をもつ一大金融帝国の本拠だった。ブロード・ストリート側に面した部屋のロールトップ・デスクに座る、ニューヨーク本社のパートナーたちは、他の三つの合名会社《パートナーシップズ》――ロンドンのモルガン・グレンフェル、パリのモルガン・エ・カンパニー、そしてJ・P・モルガンのフィラデルフィア支店とも称されたドレクセル・アンド・カンパニーの三社と提携していた。このうちモルガン・グレンフェルが何といっても最も強力で、モルガン帝国を支配するロンドン・ニューヨーク枢軸を形成していた。ニューディール以前なら、〝モルガン財閥〟なる呼び方は、ニューヨークのJ・P・モルガンを指すか、あるいは他の三社も漠然と含めた全体を指すことが普通だった。

モルガン財閥は数ある銀行の中でも一番の大所として、アスター、グゲンハイム、デュポン、バンダビルトら著名一族を顧客とし、それ以下の弱小企業を相手にしなかったから、当然、民衆の間に疑念を呼んだ。また、USスチール、ゼネラル・エレクトリック、ゼネラル・モーターズ、デュポン、AT&Tなど大企業に融資したことから、これら各社の相談に乗り、銀行の影響力を不当に行使するのではないかとの心配も引き起こした。初期のモルガン財閥は、中央銀行と民間銀行とを兼ねた存在みたいなもので、金融パニックを阻止し、金本位制を守り、ニューヨーク市を三度も破産から救い、金融紛争を調停するほどの力があった。

モルガン財閥が謎に包まれた存在と見られがちだったのは、その政府との結び付きのせいであった。ロスチャイルド家などと同様にモルガン財閥も、多数の国々、とくにアメリカ、英国、フランス、さらにそれより一段落ちるがイタリア、ベルギー、日本などの権力機構に巧みに取り入っていたようだ。アメリカ権力の海外における出先として、モルガン財閥のとる行動の一つ一つが外交政策上の多様な意味を持つことがしばしばあった。その逆に、アメリカが孤立主義を国策とする時代には、モルガン財閥と海外諸国、とりわけ大英帝国との結び付きが、財閥の性格をあいまいにし、国家に対する忠誠心をめぐって数々の疑念が生まれた。昔のモルガン財閥のパートナーたちは、いわば金融面での外交官みたいなものであって、その日常業務が国家の問題と密接に絡み合う場合が少なくなかった。

　だが、こうした金融帝国の在り方を粉砕したのは、商業銀行業務（貸付と預金）と投資銀行業務（株券・債券の発行引受け）の分離を定めた一九三三年のグラス・スティーガル法であった。一九三五年、J・P・モルガン商会は商業銀行として残る道を選び、投資銀行業務部門をモルガン・スタンレー商会として分離独立させた。J・P・モルガン商会の資本と人材を基にしてできたモルガン・スタンレー商会は、その後数十年の間、一ブロック南に店舗を構える兄貴分のJ・P・モルガン商会と同じ血統であることをはっきりと示した。両者は多くの顧客を分かち合い、互いに形式ばらないどころか、絶えず強い同族意識を持ち続けた。しかし、グラス・スティーガル法は商業銀行が海外の投資銀行の少数株主になることまでは禁止しなかったので、J・P・モルガン商会は、一九八一年までロンドンのモルガン・グレンフェルの三分の一の株式を保有していた。本書を読み進むうちにわかるが、このモルガン・グレンフェルを含む前述の三社は、ニューディール以降も事実上は一つのモルガン財閥として機能し、一九七〇年代初めには合併が考えられたこともあった。しかし今日では、アメリカと英国両国の政府規制撤廃に伴い、銀行業務が自由化されたため、三社は激しい競争を演じる関係になっている。

　モルガンの名前は知っていても、その商売の実体はよく知らないという人が多い。モルガン系各社の銀行業務は、預金や消費者ローンなどを中心とする小口金融《リーテイル・バンキング》とは無縁で、むしろ各国政府、大企業、大金持ち相手の大口金融《ホールセール・バンキング》という欧州古来の伝統的業務が専門である。常に巨額の融資を行なう金融業者として、モルガン系各社は慎重周到なやり方を編み出した。具体的には、支店を設けず、看板をめったに掲げず、(ごく最近まで)広告すら出さなかった。まるでモルガンの口座が貴族階級入りの会員証であるかのように、顧客に特定クラブの一員として受け入れられたと思わせるのが、その戦略であった。

そうした伝統的なモルガン商会の真の継承者は、子会社にモルガン・ギャランティ・トラストを持つことで知られるJ・P・モルガン社である。そこは、がさつにざわつくチェース・マンハッタンやシティバンクとは雰囲気がまったく異なり、革のアームチェアや振り子式時計、磨きあげた銅製ランプで金持ちを魅きつける。行内の特別ダイニング・ルームで、顧客の誕生日ないし結婚記念日が祝われ、帰りには銅板に刻まれたメニューがお土産に贈られる。J・P・モルガン側ははっきりした数字を明らかにしたがらないが、受け入れる個人勘定は少なくとも五百万ドル程度で、好意的に二百万ドルまで下げる例もたまにある。

個人勘定はモルガンの声価を高めはするが、それが生み出す利益はほんのわずかで、業務の主力は、優良企業や各国政府を相手に大規模な融資を行ない、証券発行引受けを取りまとめ、外国為替を取引きすることなどである。同行によれば、かつてアメリカの上位企業百社のうち九十六社までが取引先だったが、残る四社のうち二社は、取引先としてふさわしくなかったので断ったという。個人顧客についていうと、こちらから無理に取引きを求めるような態度をとるのを好まず、そのためにあちこちに支店を設けたりせず、いくら遠くとも顧客の方から銀行まで出向かせた。これは海外でも例外ではなく、競争がはるかに激化した今日でも、J・P・モルガンの店舗が一国に一つ以上ある所はめったにない。

この伝統的な商法は一世紀以上の間に、さらなる磨きがかけられ、相当な効果を発揮している。一九八七年の株式暴落の直前まで、J・P・モルガンは、規模では四位でしかなかったが、当時の同行の株式の時価総額は八十五億ドルもあって、シティコープをもしのぎ、買収するのにアメリカで最もお金のかかる銀行だった。また、子会社のモルガン・ギャランティ・トラストは、一九八〇年代のほとんどを通じて、自己資本利益率がどの銀行よりも高く、また収益では、資産がその半分しかないにもかかわらずシティコープに肉薄して二位を占めた年がしばしばあった。モルガン・ギャランティはアメリカ切っての優良信託銀行であり、「考えつくどんな基準からしても第一級」にして「多数の人々から完璧な銀行」とみなされている。一九八〇年代になって、モルガン・ギャランティは敵対的な企業買収に走ることになったが、少なくともそれまでは、紳士的礼節と保守的取引きを重んじる、歴史的なモルガンの社風を温存していた。

これに対してモルガン・スタンレーは、創業当時の姿からすっかりかけ離れてしまっている。会社創立の一九三五年から一九七〇年代までは、どんな投資銀行も対抗できないほどの優良な顧客に恵まれていた。セブン・シスターズと称された巨大石油企業七社のうち

（ガルフ石油を除く）六社、アメリカ十大企業のうち七社までを取引先に持っていた。こうした商売繁盛ぶりが、自然と人々の噂にのぼるほど尊大ではた目にはおかしいうぬぼれた社風を生んだ。たとえば、一九七〇年代中頃に、あるパートナーが辞めてファースト・ボストンに移るとき、同僚から「そりゃ本当に面白い。これからは二流のお客様相手だからな」と皮肉たっぷりに祝福されたという。実際、どんな競争相手二社が束になってかかっても、豪華な取引先を抱えている点ではモルガン・スタンレーに比肩できなかっただろう。一九七〇年代に入って同社が宣伝広告を始めたとき、ある広告会社が作った案は、稲妻が雲を貫いている図に「もし神が資金調達を望むなら、ご指名先はモルガン・スタンレーだ」というコピーが付いたものだった。同社のパートナーたちにすれば、業界に占める自分たちの地位をこれほど手際よく言い得たものはなかっただろう。

　モルガン・スタンレーは、取引先企業との独占的関係をこうるさく要求し、もし取引先が他社に相談などしようものなら、うちではなく他に頼みなさいと突き放した。ウォール街関係者たちはこれを〝黄金の手錠〟と呼んで不満をこぼしたものの、司法省も誰も、この手錠を外すことはできなかった。一方、取引先の方も束縛感を抱くどころか、この不可思議なモルガンとの関係をむしろ乞い求め、嬉々としてそのとりことなった。証券、債券の発行を引き受ける際、モルガン・ギャランティは唯一の幹事社となり、売出しの新聞紙上などでの発表、いわゆる〝墓石広告《ツームストーン・アド》〟では、上部に同社の名前だけ華々しく記すことを要求した。こうしたもったいぶったところは巧みな自己宣伝の手段であって、モルガン・スタンレーを〝投資銀行業界のロールスロイス〟たらしめるのに役立った。

現在、モルガン・スタンレーは、ニューヨーク市内のエクソン・ビルディングのうちの十六階分を占めている。小さいながらもお上品な有価証券引受業者から現在のきらびやかな金融コングロマリットに成長した遍歴の跡は、近代に入ってからのウォール街の興隆の歴史そのものである。モルガン・スタンレーは昔から、並外れた業績をあげているのに古臭い体質の会社だと思われてきたが、一九七〇年代にめざましい変身を遂げた。定かにはわからないが、積極経営に転じたようだ。たとえば、一九七四年には現代では最初の敵対的企業乗っ取りを敢行、それ以来、この強引な企業買収の世界を支配した（同社は一九八九年初め現在でもまだ、企業買収の仲介にかけてはアメリカ一であり、同年の前半だけで総額六百億ドルにのぼる買収取引を扱ったという）。また一九八〇年代に入ると、信用度が低くリスクの高いジャンク・ボンドを高級商品化して、八〇年代でリスク最大の画期的な企業買収手段とされたレバレッジド・バイアウト向け資金として、なんと二十億ドルもかき集めた。こうしてモルガン・スタンレーは企業買収屋に加担してウォール街を驚倒させたかと思ったら、次は自身が乗っ取り屋となり、四十社の株式を手に入れた。ある業界紙が半信半疑になって、「これがモルガン・スタンレーか？」と書き立てたほどだ。その間ずっと三〇％という高い自己資本利益率を誇る同社は、株式を公開している投資銀行の中では最も収益率が高いと評価されている。

　モルガン財閥を形成する最後の構成員として、ロンドンで名高いマーチャント・バンクのモルガン・グレンフェルにふれておこう。同社は創業してから今日まで、イートン校、カントリーハウス、紳士専用クラブ、サビルロー街仕立ての背広などを連想させる高級な雰囲気を漂わせている。ロンドンの金融街シティをL字形に走るグレート・ウィンチェスター・ストリートの一角に奥まって建つ同社のなかに入ると、個人の大邸宅によくあるような狭い廊下が曲がりくねっており、それに沿って亡くなった歴代パートナーたちの名前をつけた小さな会議室が並んでいる。

　戦後間もなくの頃、モルガン・グレンフェルの経営に当たっていたのは、かなりくたびれて無感動な年老いた貴族たちで、彼らはモルガン・ギャランティの連中から〝英国上院〟と馬鹿にされたものだ。しかし一九五〇年代から一九六〇年代にかけては、主として伝統の古い企業の有価証券発行を引き受けながら、順調な商売にあぐらをかいた無気力な経営と戦っていた。やがてモルガン・スタンレーと同様、惰眠状態から脱け出し、積極的な企業買収を専門とするシティ随一の乗っ取り屋に変身した。従来の名声を巧みに活かして行動範囲を拡大し、シティの紳士的海賊《ジェントルマン・パイラット》にのし上がったのである。一九八〇年代にはロンドンの企業買収劇にしばしば登場する花形となり、かつて自らが体現してきた英国金融業界の奥ゆかしいイメージを粉々に砕いた。そうこうするうちに、肩で風を切るような乗っ取り専門家どもの手にかかって、シティにとって今世紀最悪の不祥事とされた、あのギネス社の株価操作スキャンダルにまともに引きずり込まれてしまった。

以上のモルガン系三行の物語は、アメリカと英国の両国の金融界そのものの歴史だと言ってもおかしくない。これまで百五十年の間、ウォール街ないしはシティで恐慌、好況、暴落が起きるたびに、この三行はいつもその中心にあった。そして、度重なる戦争と不況、スキャンダルと審問、爆弾爆破事件と暗殺未遂事件を耐え抜いてきた。近代の金融帝国のなかで、モルガン財閥ほど着実に卓越した地位を守り抜いてきたところは他にない。その歴史は、両国の金融界を忠実に映し出しており、それを見れば大口金融の様式、金融界の倫理、慣例の変遷を学ぶことができる。壮大なるこの歴史を順序立てて物語るために、本書では三つの時代に大別することにする。

最初は、実質的な創業者たるピアポント・モルガンが一九一三年に亡くなるまで大活躍した〈金融王の時代〉である。この時代の銀行家は、経済を動かす支配者《マスター》であった。主に運河開削と鉄道建設、製鋼工場と船会社の資金調達を担当し、揺籃期の産業社会のために資本を供給した。企業間の競争がまったく手に負えないほど猛烈だったこの時代にあって、銀行家は行き過ぎた競争を抑えるべく、各社間の紛争を調停したり、トラスト（企業合同）をつくったりした。こうして資本の提供者と利用者の間の重要な仲介者にのし上がった銀行家たちは、大規模な産業の発展を監督する立場に立った。また、その資金難の時代にあって配分役を務めたおかげで、資金調達先の企業よりずっと力が強くなり、企業に対する支配権を増大させる例がよくあった。これがために、巨万の富を蓄え、好き勝手なことをなす銀行家たちが出現し、一般大衆の間に恐怖心を引き起こし、ついには異常に肥大した彼らの影響力を政治的に抑え込む動きを誘発したのである。

次はJ・P・モルガン二世の活躍した〈ドル外交の時代〉である。二つの世界大戦にはさまれたこの時代に、モルガン系の銀行家たちは背後から各国を動かすパワー・ブローカー役を演じ、国際会議で非公式の政府代表役を務めたほか、彼らは各国の国王、大統領、歴代のローマ教皇らの意をひそかに体して、アメリカないし英国の政府の緊密な指揮下で対外折衝に活躍した。外部世界に対して、モルガン系の銀行家たちの顔が政府の方針をはっきり反映しているように見えた例が、よくあった。そして国内では、まだ銀行に忠実だったがその強力な庇護を次第に必要としなくなった各企業に対して、なおも〝伝統的銀行家〟として君臨し続けていた。

最後は第二次世界大戦後の〈カジノ経済の時代〉である。世界市場の競争がこれといった特徴のないまま激化していく中で、銀行の顧客に対する抑えが利かなくなった時代である。多国籍企業が銀行より抜きん出て、資金と金融専門知識の点で銀行に対抗するようになった。保険会社などの機関投資家も、銀行側の力をそぐもとになっている。さらに、各企業や各国政府が様々の通貨や国で独自に資金を調達できるようになったため、力の均衡が銀行側にきわめて不利に傾いている。こう言うと、十億ドル台の金融取引を報ずる派手な記事が日刊紙の紙面を彩る現代では、むしろ逆説的に聞こえるかもしれないが、金融界の積極経営という新しい行き方は、実際は銀行側の弱体化の兆候なのである。昔からの顧客である各企業が銀行の支配から解放され、離れていくにつれ、紳士然としてお上品に納まっていた投資銀行側は、新しい領域を開拓せざるを得なくなった。銀行家はその新領域を企業買収なる冷酷な世界に見つけ出して自分たちは救われたが、逆に経済全体は危機に陥ってしまったのである。

本書の主題は、かつてのモルガン財閥ほど大きな力を持ち、謎に包まれ、しかも富裕な銀行は今後決して現れることがないだろう、という点にある。十九世紀を代表したロスチャイルド家、二十世紀を代表したモルガン財閥を、二十一世紀のどの銀行が真似しようとしても無理だろう。国際金融が成熟段階に達した現在、金融という権力は多くの機関や様々な金融中心地に分散されるにいたっている。したがって本書で回顧しようとしているのは、急速に姿を消しつつあるかつての金融の世界であるといえよう。

第一部　金融王の時代（一八三八～一九一三年）

第一章　守銭奴

メリーランド州ボルチモアのジョージ・ピーボディなる商人が船でロンドンに向かった一八三五年当時、世の中は債務不履行の危機のさなかにあった。債務不履行の張本人たる国は、バルカン半島や南アメリカの小国ではなくアメリカ合衆国で、国をあげて鉄道、運河、高速道路の建設に狂奔し、その資金をすべて各州の州債でまかなったからである。そして、いまやメリーランド州議会も他の州と同様に、主にロンドンで売った州債の利払いを滞らせていた。ピーボディは、そうした債務の繰り延べ交渉を任された州の三人の委員の一人だった。州議会の議員たちは、民衆に迎合して外国の銀行に対する憎しみをあおるばかりで、増税して債務支払いに充てようなどとは考えていなかった。

当時のロンドンは、世界の金融の中心地だった。資本不足に悩む世界の国々の中で、資金に莫大な余裕があったのは英国だけで、ポンドが世界貿易の基軸通貨であった。一八〇四年から一五年にかけての数次にわたるナポレオン戦争の後、シティの銀行家たちはヨーロッパ金融界の覇者を自称し、各国の政府・企業のどこよりも豊かな資金に恵まれていた。たとえば、ベアリング家やロスチャイルド家などの金融業者は、皇帝並みの膨大な準備金をつねに擁して、宣伝を一切せず、自分から取引きを求めたり支店を開設したりすることもせず、顧客に対しては独占的関係を要求した。それでも、ヨーロッパや南アメリカ各国の政治家はへりくだった態度でその門前に列をなし、J・ウェッシュバーグの『マーチャント・バンカーの内幕』（邦訳・日本経済新聞社刊）によると、「昼食に招待されることは、王様に拝謁を仰せつけられることと同様であった」という。

他の二人のメリーランド州の委員は、再交渉の脈なしとみて早々に帰国してしまったが、四十歳のピーボディは、なんとか英国の債権者側を説得せんとして、豪華な夕食会に銀行家十余人を招き、旧債を確実に返済できるようにするには新規融資をして頂く以外にない、と主張した。すると債権者たちは、メリーランドへの融資を断ち切るどころか、新たに八百万ドル融通してくれた。彼の友人で英国の政治家ジョージ・オーエンが言うように、まさに「彼の顔で借り出した」のである。

ピーボディは、話し上手ではあったが、決して人好きのする容姿ではなかった。二重あごに団子鼻のしわくちゃな顔にもみあげを伸ばし、重たいまぶたの目をしていた。このような野暮ったい男が——後年、優れた容姿を上品な服装で包んだ、上流社会出身のパートナーたちで経営される、格式高い銀行として知られるようになる——モルガン財閥の創業者となろうとは皮肉である。彼には、貧しかった若かりし頃を蛮勇をもって克服した人々にありがちな高慢なところがあったが、半面、情緒不安定で、いつも世間と反目して被害を妄想するたちだった。

彼は、マサチューセッツ州ダンバーズの出身で、学校には二、三年しか通わなかった。十代のとき、父親も亡くした。のちにボルチモアで織物商として成功してからも、苦しかった若い頃のことがいつも頭から離れなかったようだ。もっぱら蓄財と仕事に励み、いつも孤独の顔が見てとれた。

一八三七年、ピーボディはロンドンに移り住んだ。一年後、彼はマホガニー製カウンターと金庫と机をいくつか調えて、ロンドン市内のムアゲート三一番地に手形引受商会を開き、マーチャント・バンカーの仲間入りをした。マーチャント・バンクとは、商品をあきなう一方、為替手形の引受けなど商品貿易の金融も手掛けたために生まれた名である。銀行通帳、出納係窓口、当座預金といった単調な普通の銀行の世界とはまったくかけ離れた、一種の大口金融を商売にした。取引相手は各国の政府、大企業、富豪などに限られていた。一般庶民は、今日でもモルガン・ギャランティ、モルガン・グレンフェル、ないしはモルガン・スタンレーへ預金できないように、ジョージ・ピーボディ商会とは取引きできなかった。

当時のアメリカ合衆国は、国内開発の資金調達を英国資本に頼り切っていたので、自国の経済的な運命が外国の手に握られている、と言って憤慨する者も多かった。ある連邦議会議員が一八三二年に述べたように、「アメリカ金融市場の動向は、ロンドンの証券取引所次第」だった。大西洋を渡るこのお金の流れをうまく利用しようとしたピーボディは、ロンドンの各銀行が代表者をアメリカに派遣するという当時の傾向の逆を行って、アメリカの州債をロンドンで取り扱う大手業者にのし上がった。

ピーボディは、英国の環境に溶け込まずに、抜け目なくアメリカ色を誇示した。たとえば、ジョージ・ピーボディ商会は「アメリカの商会であるから、アメリカの新聞・雑誌を備えるなどして、アメリカに関する諸々のニュースの中心とし、またロンドンを訪れるアメリカの知人たちが気軽に立ち寄れる場所にすべくアメリカ的雰囲気」を与えたい、と述べた。だが、そうした愛国者的な誇りの裏に、一種の劣等感の表れだろうか、植民地人根性がひそんでいて、「ロンドンのどのアメリカ人商会も債権を長く支えられまい、と英国人の間で物笑いの種になりかけていた」ときなど、しゃにむに反論したがった。

ピーボディは、表向きは愛想がよかったが、心のうちでは徹底したけちん坊だった。たまに魚釣りに行く以外は休まず、一日平均十時間は働いた。十二年間というものアメリカへ一回も帰らなかったが、その間にアメリカの州債の価格ががた落ちするにつれ、彼の性格も陰気になっていった。一八四〇年代初めの厳しい不況時に——この十年間は飢饉が大不況を引き起こし〝飢餓四〇年代〟と呼ばれた——州債の価格は一時の半分にまで暴落した。最悪の事態になったのは、ペンシルベニア、ミシシッピ、インディアナ、アーカンソー、ミシガンの五州に加え、フロリダ准州が利払いを履行しなくなったときだ。州債を買った英国の投資家たちは、アメリカを詐欺師や破廉恥漢や恩知らずどもの国と非難した。各州の債務不履行は、アメリカ連邦政府の信用も傷つけた。たとえば、ワシントンが一八四二年に財務省の代理人をヨーロッパに派遣したときなど、ジェームズ・ド・ロスチャイルドは「いいか、ヨーロッパの金融界の頭に立つ人に会って頼んだが、一ドルたりとも貸さぬ、と言われたと伝えろ。一ドルたりともだぞ」と怒鳴ったという。文豪チャールズ・ディケンズですら、受けた打撃に抗し切れず、自作の『クリスマス・キャロル』で主人公の守銭奴スクルージの持っていた堅実な財産が「アメリカ合衆国の債券というたった一片の紙きれ」に変えられる悪夢を描いている。

愛する故郷メリーランド州が債務不履行に陥ったとき、ピーボディもまたまぎれもない悪夢に捕らわれた。英国人の投資家に会うごとに、誠にお恥ずかしい、と弁解した。彼は、メリーランド州債の半分近くをヨーロッパの個人投資家に売り込んで大もうけしただけに、ロンドン界隈では〝好ましからざる人物〟扱いをされた。タイムズ紙によると、債務支払いの約束を破った国の出身者だという理由で、大蔵省の役人らのたまり場だったリフォーム・クラブへの入会を拒否された。憂うつになったピーボディは、「以前のように、わが国のことを一点も恥じることなく、ヨーロッパで自分が堂々とアメリカ人だと言えるような良き時代がきっとやって来ると思う」と友人に書き送っている。

マーチャント・バンカーの特質は、自分が引き受けて売った有価証券の価値を保証することにあった。ピーボディは最初のうちは、メリーランド州の利払い再開を訴える手紙をボルチモアの友人たちに出す程度だったが、ついに一八四五年、一緒に州債を引き受けた英国のマーチャント・バンクであるベアリング商会と共謀して、メリーランド州に債務返済を迫る作戦に乗り出した。まず買収資金を使って、地元メリーランド州で債務返済をあおる宣伝活動を広めるとともに、同調する政治家の選挙運動を応援した。ときには牧師たちを抱き込んで、契約は神聖な義務であると説教までさせた。秘密の口座を使ってボルチモアに注ぎ込んだ資金は一千ポンドにのぼり、九〇%をベアリング商会、一〇%をピーボディが負担した。なかでも驚くのは、ベアリング商会が雄弁家にして政治家のダニエル・ウェブスターを買収して、債務返済を促す演説をさせたことだ。半面、両者はこうしたさもしい手段に後ろめたさを感じていたわけで、ベアリング商会幹部のジョシュア・ベイツは「ウェブスター氏への支払いが表に出たら、うまくないぞ」と、この裏工作のアメリカ側責任者のトマス・ウォードに警告している。

だが、良心のとがめがどうであろうと、この企みは成功した。債務返済を支持するホイッグ党議員がメリーランドとペンシルベニア両州の議会で選出され、ロンドンのマーチャント・バンカーたちは、再び両州から利払いを受けられるようになった。一度受けた痛手は決して忘れないたちのピーボディは、最もしぶとい債務者であるフロリダとミシシッピの両州を、将来の慈善寄付の対象からきっぱり締め出した。

なお、一八四〇年代初めに州債が暴落したとき、ピーボディはこれを多く買い占めておいたので、利払いが再開されたおかげで一財産つくった。その後、一八四八年にブルジョア革命がヨーロッパ大陸の各国に沸き起こり、アメリカの債券は資金の安全な避難先とみなされるにいたった。それに加え、カリフォルニアのゴールド・ラッシュとメキシコ戦争のおかげで、一八四〇年代末までにアメリカでは不況の名残が一掃され、ピーボディは祖国を改めて自慢できるようになった。

一八五一年七月四日には、アメリカの独立記念日を祝う夕食会を初めて主催し、英国の長老政治家ウェリントン公爵を主賓として招いた。その席ではワシントン駐在英国公使とロンドン駐在アメリカ公使が親愛の杯をあげ、ロンドン万国博覧会の開幕を祝した。ただ、それからピーボディが毎年開いたアメリカと英国両国の友好を祝う独立記念日の行事は、すべて彼の思惑通りに進んだわけではなかった。一八五四年の夕食会でピーボディが乾杯したとき、ビクトリア女王の名前を先にしてアメリカのピアース大統領を後回しにしたため、当時のロンドン駐在アメリカ大使で後の十五代大統領のジェームズ・ビューキャナンが怒って席を蹴る一幕もあった。

ピーボディは、マーチャント・バンカーであるとともに、ロンドンに来るアメリカ人のよき相談相手として多忙な毎日を送っていた。たった一週間でアメリカ人旅行客八十人と夕食を共にし、三十五人をオペラに招待したこともあった。こうした彼の行動は、アメリカ商人階級を見くだす英国貴族たちのひどい蔑視にいつもさらされた。

ピーボディが一八五〇年代に中国との絹貿易からアメリカへの鉄道レール輸出まで様々なことに融資して稼いだ財産は二千万ドルに達し、そのほとんどが次の恐慌に備えて蓄えられた。彼は一八五二年にある友人に「私の資本は……たっぷりある……が、これまでにいやというほど何回も金融恐慌を切り抜けてきた……だから私自身も慎重を期さねばならない」と語っている。

一八五四年にピーボディ商会のパートナーになったジューニアス・モルガンがのちに語った話だと、ある朝、出勤してきたピーボディの気分がすぐれないのに気づいた。「ピーボディさん、こんな寒さじゃ店にいないでお帰りになった方がいいですよ」と声を掛けると、ピーボディはそれを聞き入れて帰って行った。だがそれから二十分ほどして、モルガンは、王立取引所へ行く途中で、雨に打たれて路上に立っているピーボディを見つけた。「ピーボディさん、もう帰られたかと思いました」とモルガンが言うと、「ああ、帰る途中なんだが、モルガン、まだ高い料金の乗合馬車しか来ないので、安いのを待っているのさ」と答えたという。このとき、ピーボディの銀行口座は百万ポンドを超える額にふくれ上がっていたにもかかわらず、である。

ピーボディを補佐したトマス・パーマンは、主人の名誉を汚すような意地の悪い話を数々残している。たとえば、彼のボスは毎日、自分の机で昼食を食べ終えると、給仕にリンゴを一個買いに行かせるのが習慣だった。そのリンゴの値段は一ペニー半だったので、給仕には二ペニー持たせたが、残り半ペニーのおつりを給仕がチップにもらいたいと思っても、ピーボディはいつもそれを取り戻したという。

一八五〇年代初めになると、ピーボディは六十歳近くになり、持病の痛風とリューマチに苦しんでいた。それでもお金を貯め込む根性はびっくりするほどで、年収三十万ドルのうちたった三千ドルしか使わなかった。だが、これほど豊かでこれほど倹約家だったピーボディでさえ、心境の変化を迎える時期に来ていた。のちに自身で語ったように、「病苦が襲ってくると、わが身が不死身でないとわかった……私がお金を貯めるのと同じくらい熱心に、貧しく困っている人たちを助ける人々が世の中にいるのに気づいた」のである。

慈善活動に専念したいと思ったが、ピーボディにはたった一つ問題があった。ワンマン経営者だったから、権力を分かち合う後継者に欠けていたのだ。普通なら、自分の息子か甥を選んで後事を託しただろうが、ピーボディは独身だったので、相続人を外に探し求め、赤の他人に自分の帝国を遺贈せざるを得ない異常な立場にあった。ただし、彼は女の世界を知らぬ無粋者では決してなかった。タバコも吸わず酒も飲まなかったが、後ろ暗い禁じられた愉しみの世界にはよく通じていた。噂をばらまくあのパーマンによると、ピーボディにはブライトンに愛人がいて、気前よく二千ポンドもの前借金を支払ってやったというが、この女性とその間にできた娘を遺言書から除外したため、ピーボディが死んでから何年間か、彼の娘のトマス夫人がよく金をせびって、モルガン商会側を苦しめたものだ。一八九〇年代末に、夫人の息子二人が金が欲しいと訴えてきたので、パーマンが本当にピーボディの血を引く者かどうか確かめに行ったが、戻ってくると、びっくりしたように大きな溜息をついて、「あの老人そっくりの鼻をしていました」と報告した。

ピーボディが、なぜ女性への愛情を自分の生活の暗い片隅に追いやったのか、理由はわからないが、一般論として、彼は抽象的な人道的行為には気前がよかったが、身近にいる個人には徹底的にけちだったのである。

彼は、自分の後継者となる者の必要条件をはっきり決めていて、家族持ちで、外国との取引経験があり、しかも交際上手なアメリカ人を望んだ。その頃、ボストンの商売仲間のジェームズ・ビービが、自分の店で三年ほどジュニア・パートナーとして働いてきたジュニアス・スペンサー・モルガンを後継者に推薦してきた。一八五三年五月、モルガン一家はロンドンへやって来た。息子のジョン・ピアポントも一緒だった。ピアポントは、初めて触れた英国の文化に心躍らせ、バッキンガム宮殿、ウェストミンスター寺院などを見て回り、イングランド銀行で実際に金塊を手に持って興奮した。その間、父のジューニアスはピーボディと仕事の話に忙しかったが、ピアポントはその時、ピーボディのことを

「愛想はよいが地味」であり、一口で言えば、奇妙な、魅力のある、年とったノスリのようだと思った。

ジューニアス・スペンサー・モルガンは、長身でなで肩で、たくましいが、とくに机に座って仕事をする人特有の、厚い胸をしていた。機知に富んで愛想がよかったが、そうしたにこやかな表情の背後には他人と容易に打ち解けない警戒心がひそんでいて、いつもひどく老成した雰囲気を漂わせていた。相手を疑い深く見る目はなかば閉じられていて、銀行家特有の用心深い風があった。そこからは、屈託のない若者だった頃の姿を想像するのは難しかった。しかつめらしく商売一筋で、いつも感情を抑えて表に出さなかった。

ピーボディはモルガンに、パートナーとなって自分の築いた金融帝国をそっくりそのまま引き継いでくれるよう頼んだ。ジューニアスの孫、J・P・モルガン二世の回顧録によると、その場のやりとりは次のようだった。

「いいかね、私はそんなに長くやっていきたいとは思っていない。もし君がパートナーとして十年やってくれるなら、そのときに私は引退するつもりだし、私の名義を君に託す用意がある。また、そのときまでに君が十分な事業資金を貯めていなかったら、私のお金も一部君に残すつもりだから、君はこの商会の長としてやっていけるはずだ」

ピーボディはそう口を切った。モルガンは答えた。

「ええ、ピーボディさん、それは非常に有難いお話ですが、考えるべきことがたくさんあります。ここの帳簿類に全部目を通して、ここの仕事と仕事のやり方を多少なりともわかるまでは、ご返事を差し上げられるとは思えません」

モルガンがこの幸運に飛びつかずに、冷静に自制して答えたのは見事である。どうやら彼は帳簿類を見て、ピーボディ商会が四十五万ポンドの資本を有し、ベアリングとロスチャイルドの両商会に次ぐ力量を蓄えた金融業者であるのを知って、いたく心が動いたようだった。そういう次第で一八五四年十月、彼はパートナーとして受け入れられ、オールド・ブロード・ストリート二二番地の社屋のウォールナッツ鏡板張りの役員室に納まった。パートナーシップ契約書によると、商会の仕事は株券の売買、外国為替取引、信用供与、鉄道レールなど各種商品の取引仲介と定められていた。アメリカからやって来るお客の接待用に、ピーボディは、年間二千五百ポンドの社用交際費をモルガンに認めた。当時としては、一財産に匹敵するお金をくれたわけである。

モルガンが一八五四年にロンドンに移り住んだ頃は、あの憎むべきメリーランド州債が激しく非難されていた一八三〇年代とは違い、アメリカ人金融業者がずっと商売しやすい時機だった。クリミア戦争のおかげでアメリカの穀物価格は急上昇を続け、それにつれて穀物を輸送するアメリカ西部の各鉄道会社も好況に沸き、鉄道株を狙う熱狂的な投資家を生んだ。ピーボディ商会は、アメリカの鉄道株を手広く扱うロンドンでは大手の業者だったので、この狂乱景気でしこたまもうけた。

ところが時が経つにつれて、ジューニアス・モルガンは、一家をあげて英国へ移り住んだことが賢明であったかどうか、疑問を抱き始めていたに違いない。ピーボディと一緒に働くのが非常につらく、二人の間に温かみなど感じられなかったからだ。モルガンからすると、ピーボディは心が狭く、執念深かった。辻馬車の御者が料金をふっかけたときなど、ピーボディは二、三時間がかりで可哀相にもその御者を警察へつき出した、とモルガンは語っている。

やがて一八五七年になると、モルガンは約束された財産をもらえそうにない形勢になった。クリミア戦争の終結とともに穀物価格が急落し、アメリカの銀行や鉄道会社は苦境に陥っていた。十月に入ると、ニューヨークの各銀行が金の支払いを停止したため、アメリカの取引先がロンドンのピーボディ商会へ送金できなくなった。一方、ロンドンの投資家がアメリカの証券を売りに出したので、ピーボディ商会は資金を吸い上げられ、深刻な資金難に陥った。ジョージ・ピーボディ商会が間もなく支払い不能に陥る、との噂がロンドン中を駆けめぐり、かねてからこの年老いたアメリカ人を嫌っていた競争相手たちは、その状況を心から喜んだ。

その頃、ロンドンの主だったマーチャント・バンクがジューニアス・モルガンに対し、我々は危機を救う用意があるが、ただし一年以内に店を閉じるのが条件だ、と言ってきた。この露骨な脅迫文句をモルガンがピーボディに伝えると、老人は「手負いの獅子のように」猛然と反発した。結果的にジョージ・ピーボディ商会は、イングランド銀行の緊急融資八十万ポンドで救われたが、ベアリング商会が融資の保証人となった。執念深いピーボディ老人は、ベアリング商会が冷酷に債務返済を迫っているとひがみ、自分の商会を救済してくれた各行の名前の一覧表からベアリング商会の名前を消すよう命じたほどだ。

一八五七年の金融恐慌は、モルガンの二十歳になった息子のピアポントにも強い感銘を与えた。当時のピアポントは、アメリカに戻ってウォール街のダンカン・シャーマン商会の無給の見習になったばかりで、混乱していたアメリカの銀行制度の底知れぬ謎を解く勉強をしていた。アンドルー・ジャクソン大統領が一八三二年に第二合衆国銀行を廃止して以来、アメリカには統一通貨がなく、銀行は各州ばらばらで、州と州との間の債務の清算を外国通貨でできるところが多かった。ウォール街に来たばかりのピアポントは、父の店が倒産しそうだとの噂に心を痛めたが、そのうちにイングランド銀行による救済の知らせが入って、ほっとした。のちの二十世紀初めにアメリカの中央銀行ともいうべき連邦準備制度が提案されたとき、彼がこれを受け入れたのは、イングランド銀行の手で父の店が救済されたことが頭にあったせいだろう。

一八五七年の金融恐慌は、モルガン一族にとり最初の厳しい試練であった。これに動転した父親のモルガンは以前よりいっそう用心深く、かつ疑い深くなった。そして息子に対しても、しばしばくどいほどに慎重な商売の仕方を身につける必要を説き始めた。たとえば、息子への手紙に「お前は、多事多難なときに人生の船出をしたが、いま目のあたりにしている事柄を決して忘れず、心に刻みつけておきなさい……若者は誰でも〝ゆっくり着実に〟を処世訓とすべきだ」としたためている。一方、ジューニアス・モルガンは、引き受け料や金利の引き下げ競争を超然と軽蔑し、ロスチャイルド、ベアリング両財閥並みに、お客の方からやって来るのを待つ堂々たる態度をとるようになった。

そのうちに、また災難が襲ってきた。ロンドンのマーチャント・バンクは、フランスの投資銀行やドイツの証券業務兼営銀行と同様、投機的事業《ベンチャーズ》に出資していたが、そのなかでも最も先を読んだ賭けとして挙げられるのは、アメリカの資本家サイラス・フィールドによる大西洋海底電信ケーブル敷設計画に十万ポンド投資したことである。一八五八年八月、ビクトリア女王の第一声がケーブルによる海底電信の形でジェームズ・ビューキャナン大統領に届いたとき、この事業は、将来かなり有望にみえた。国民的誇りを一挙に爆発させたかのように、ニューヨーク市は、二週間も花火を打ち続けてお祝い気分にひたった。「あなたのいまのお気持ちは、アメリカ大陸を発見した直後のコロンブスのそれに似ているに違いない」とピーボディはフィールドにお祝いの手紙を書いた。ところが、この言葉は早すぎた。翌九月に海底ケーブルがぷっつり断線してしまったのである。同事業の株価は下落し、ピーボディとモルガンは途方もない赤字を背負い込んだ。以後、海底ケーブルが完全に復旧するまでには、八年を要した。

一八六四年までは、ピーボディが名目的にジョージ・ピーボディ商会の最高責任者だったが、実質的にはその五年前の一八五九年に、ジューニアス・モルガンが商会の実権を握っていた。アメリカ大陸で南北戦争（一八六一〜六五年）が起きると、モルガンは北軍の債券を取り扱ったが、その価格は個々の戦闘の結果次第で上下した。一八六三年七月に南軍の要地ビクスバーグが陥落し、北軍債券の急騰によってモルガンがひともうけできたのも、息子のピアポントがロンドンの父にその旨を電信で急報したおかげだった。こうした相手の不幸に乗じるような取引きでも、マーチャント・バンカーたちの間では後ろめたい行為とは考えられず、むしろ名誉ある実績とされた。ロスチャイルド家のある人物が述べたように、「パリの街頭が流血の巷と化したならば、私なら買いだ」ということなのである。

モルガンは、南部と戦う北部諸州の人々に同情的だったが、債券を引き受けて北軍の資金調達をするのには様々な妨害を受けた。とくにシティは、ランカシャー州の織物工場とアメリカ南部の綿花栽培地との親密な関係から、北部のための大掛かりな資金調達には冷淡だった。いわば南北戦争は、モルガン財閥が不利な政治的状況下で関わった大きな戦争だったともいえる。これからのち、モルガン系各行が政治的に動くときはいつも、利益のあがる機会とぴたり一致することになる。

南北戦争の頃を境に、ジョージ・ピーボディは、守銭奴から一転、慈善家に変身した。かつては冷酷な金融業者、浅薄な蓄財家のお手本で、当時の人の言うように、「金もうけ以外にまったく能がなかった」この陰気な男が、突然に惜しみなく人にお金をくれてやるようになり、その度の過ぎようはかつての金銭欲並みだった。「長年、懸命に働き苦労して貯めた富を手放すのは容易ではない」と告白しながらも、一挙にそれまでの吝嗇ぶりを償わんとして、一生かけて貯めた財産をどんどん吐き出した。ともかくピーボディは、何事も中途半端では我慢できず、慈善活動でも極端に走ったのである。

一八五七年になると、故郷ボルチモアに設けるピーボディ・インスティチューションの基金の寄付に乗り出した（のちのモルガンの寄付の方法は目立たぬように匿名の例がよくあったが、ピーボディはそれとまったく対照的で、自分の寄付したどの図書館や美術館にも自分の名前をつけることを望んだ）。一八六二年には、十五万ポンドの信託基金を充てて、ロンドンに貧困者向けアパートを建て始めた。その建物は、ガス灯と水道が完備しており、当時としては立派なものだった。この世間を驚かすような博愛行為のおかげで、ピーボディは、アメリカ人としては最初にザ・フリーダム・オブ・ザ・シティ・オブ・ロンドン勲章を受け、ロンドン市長公邸での夕食会で、「この日を迎えて、五十年にわたった事業家生活の労苦がやっと報われた」と述べた。

晩年に入ると、彼の慈善行為の範囲は、めまぐるしいほどどんどん拡がっていった。エール大学に自然史博物館、ハーバード大学に考古学・民族学博物館をそれぞれ寄付したかと思うと、奴隷から解放されたアメリカ南部の黒人たちのために教育基金を設けた。ピーボディがこのように一人で慈善福祉事業に奔走するようになると、かつての守銭奴のうちに至高な人徳を認める賞賛者が出てきた。たとえば、フランスの文豪ビクトル・ユーゴーは「この地球上には、憎むべき人と愛すべき人がいる。ピーボディは、後者の一人だ。こうした人々の顔の上にこそ、神の微笑は宿る」と賛えた。英国の政治家グラッドストーンは、ピーボディは「お金の奴隷になるのではなく、お金の正しい使い方を人々に教えた」と語った。ビクトリア女王は、彼を准男爵に叙そうとしたが、辞退したので、その代わりにロンドンの貧しい人々に対するピーボディの「物惜しみしない気前のよさ」を賛える言葉にそえて、百六カラットの大きなコーイヌール・ダイヤモンドのついた王冠を戴き、ガーター勲章をつけて正装した女王自身の小型肖像写真を同封した手紙を送った。

ピーボディはこのように世間から賞賛されていても、パートナーのジューニアス・モルガンに対しては寛大な手を絶対に差しのべなかった。一八六四年に共同経営の契約期限が切れると、ピーボディは引退した。本来なら、モルガンをロンドンに呼び寄せたときの約束通り、この時点で商会の名義と恐らくは資本もモルガンが引き継ぐはずだったが、ピーボディは、名義も資本も引き揚げることに決めた。世間から崇敬されるようになったピーボディにすれば、自分の名前を金融業界からすっかり抹殺して、慈善行為という神聖な世界に大事に奉っておきたかったのだろう。ところが、モルガンにすれば、孫のJ・P・モルガン二世がのちに記したように、「ピーボディが昔からの商会名の継続使用を許してくれなかったのは、生涯で最もひどく落胆させられた事態だった」。ジューニアス・モルガンは、やむなく名前をJ・S・モルガン商会と改めた（この名称は一九一〇年にモルガン・グレンフェルができるまで存続する）。ピーボディはモルガンに、オールド・ブロード・ストリート二二番地の社屋の賃借権を買い取るようにも迫った。それでも、十年間にわたる共同経営期間中に四十四万四千ポンドを超える巨額の利益をあげ、それを折半したので、ジューニアス・モルガンのピーボディに対する憤懣は、かろうじて収まった。こうして彼は、ロンドンでは随一のアメリカ系マーチャント・バンクをやっと相続したのだ。

ピーボディが一八六九年に七十四歳で亡くなったとき、英国政府は国王や著名人の眠るウェストミンスター寺院内に墓を用意したが、彼が臨終の床で「ダンバーズに葬ってくれ、忘れるでないぞ」と言い残したので、それは無駄になった。代わりに、王立取引所の裏にピーボディの像が建てられ、英国皇太子の手で除幕式が行なわれた。ビクトリア女王は、建造されたばかりの新鋭装甲艦マナク号にピーボディの遺骸を乗せて故国へ送った。アメリカへ着くと、葬式の準備を担当したピアポント・モルガンの考えで、英国とアメリカの両国の兵士がこの金融界の大物の棺の後について行進し、葬儀に壮厳な趣をそえた。

第二章　口やかましい人

「組織というものは、一人の人間の長い間にわたる投影である」と述べたエマソンの言葉が正しければ、モルガン財閥におのれの姿を投影した人物は、ジューニアス・スペンサー・モルガンであった。彼が息子のピアポントにたたき込んだ数々の教訓が土台となって、モルガン財閥の一世紀にわたる基本哲学は築き上げられた。彼は、息子と商売のことを両方絶えず気にかける堂々たる大人物だった。あるジャーナリストによれば、「モルガン一族は、専制君主制を信念とし、ジューニアス・モルガンが生きていた間はずっと、彼が一族と商売——つまり息子とパートナーたちを支配した」わけで、一八九〇年に亡くなるまで、彼はどこにあっても息子の生活ににらみをきかせていたのである。

ジューニアスは冷静沈着で、めったに本心を明かさなかった。そつがなく、愛想のよい態度だったが、自制心はきわめて強かった。時折、その石のような表情がくずれることもあったが、それとて他人からはわかるかわからない程度のものであった。友人のジョージ・スモーリーによると、「彼が怒ったのを一、二度見たことがあったが、突然ものを言わなくなり、それで怒ってるのだなとわかった」という。

ジョージ・ピーボディには、若い頃に苦労した跡が見られたが、ジューニアス・モルガンは、豊かな富に恵まれた育ちのよさがあった。モルガン一族は、貧しい生活から這い上がってきた成上り者ではなく、十九世紀初めにはすでに裕福だったから、ヨーロッパの貴族社会から拒絶されることもなかった。

アメリカ大陸に最初にやって来たモルガン一族の祖は、マイルズ・モルガンで、メイフラワー号がプリマスに着いてから六年後に、英国のウェールズ地方から現在のマサチューセッツ州スプリングフィールドに移民した。彼は農民として成功し、その子孫が次第に大地主としてのモルガン一族を形成していった。子孫の一人のジョーゼフ・モルガンが一八一七年、祖先の地のウェスト・スプリングフィールドの農場を売却し、コネチカット州のハートフォードに移り住んだ。この人物は、自分の子や孫たち同様のやり手の実業家で、駅馬車や両替商を営み、エトナ火災保険会社の創立にも一役買った。それだけではなく、ホテル経営、海運投資にまで手を伸ばしたほか、銀行の取締役に納まってハートフォード・アンド・ニューヘイブン鉄道の建設にも融資した。

一八三六年、ジョーゼフは息子のジューニアスに、ハートフォードのハウ・アンド・マザーという織物商の共同経営権を買い与えた。同じ年、ジューニアスは、ボストンの教会牧師ジョン・ピアポント師の娘、ジューリエット・ピアポントと結婚した。このモルガン、ピアポント両家の結び付きから、翌一八三七年に息子ジョン・ピアポントが生まれたが、これはまったく考えられない遺伝子結合の所産といえた。母方の父ジョン・ピアポント牧師は、詩人肌の厳しい奴隷制廃止論者で、顔はいかつく髪の毛はもじゃもじゃで、モルガン家の商人根性を頭からはねつけるような人柄だったからだ。モルガン一族には後世になって控え目ながらロマン主義や道徳主義の傾向が頭をもたげてくるが、それはこのジョン・ピアポント牧師の血筋を引いたせいだろう。のちにモルガン財閥がウォール街の良心的存在だと自覚し、牧師や教職者の子弟を多く魅きつけるようになったのは、単なる偶然ではない。

ジョーゼフ・モルガンが一八四七年に亡くなったとき、百万ドルを超える遺産が残った。その四年後、息子のジューニアスは、もっと大きな商売をしようとボストンに移り住み、J・M・ビービ・モルガン商会と名前を改めた、ボストン随一の商社のパートナーに納まった。そして、世界各国を相手に、ボストン港から積み出される綿花など各種商品の輸出と金融に従事した。彼がジョージ・ピーボディの目に留まったのは、この頃のことだった。

この頃、息子のピアポントは、すでに矛盾した性格を表していたようだ。彼は経済的にはまったく合理的に行動するホモ・エコノミクスであって、少年なのに細かく小遣い帳をつけたり、自分のジオラマを仲間に見せるのに見物料をとったりしたほどだ。若者らしく元気いっぱいだったが、怒りっぽくて突然気の変わる躁うつの傾向があった。また、いつも顔面の吹出物が悩みの種で、それがために人前では病的なほど内気だったし、幼い頃は絶えず病気にかかっていた。ピアポントがこのように経済的にはしっかりしていた半面、手に負えぬほど気弱だという矛盾した性格だったため、父のジューニアスは、息子にひどくやきもきしたのだろう。決然たる態度でピアポントを鍛え始め、「みんなの影響を受けると、きっとよい結果になる」と言って、学友たちと付き合うよう命じた。この口やかましい文句は、その後何十年間も息子の耳にものうく響き続けることになる。

ピアポントは、ボストンのハイスクール在学中に急性関節リューマチを患い、その後遺症で片足が短くなった。その後もさまざまな病いに悩まされ、毎月何日かは病床に伏すのが習慣となった。

父の将来の事業計画のうちには、早くからピアポントのことがあった。父の頭には、ベアリング、ロスチャイルド両商会が主として家族経営を旨とし、傘下の各事業部門を相続させるべく息子たちを仕込んだ前例があった。事実、ロスチャイルド家の五本の矢の紋章は、ヨーロッパの五大都市にそれぞれ送り込まれた五人の息子たちを称えたものである。英国の経済学者でジャーナリストのウォルター・バジョットによると、「銀行家なる職業は世襲的なもので、銀行の信用は父から子へ伝えられる。この金銭に代え難い富を継承することで、商売の極致を継承する」。つまり、マーチャント・バンカーは貿易金融を手掛ける手前上、自分の発行した手形の一覧払いを遠隔地で引き受けてもらわねばならず、それだけに自分の銀行の名前が信用の元であったのだ。こうした家族経営方式には、銀行の資本を確実に守れるという利点もあった。

ピアポントには、三人の姉妹のほか弟が一人いたが、十二歳で夭逝したので、父のジューニアスが金融帝国を築く大望を託したのは、男子相続人たるピアポントであった。その準備の紳士教育として、外国語を習得させ外国の事柄に慣れさせせようと、一八五四年に息子をスイスの寄宿学校へ送り込んだ。ピアポントは、その後一八五六年にドイツのゲッチンゲン大学に一時学び、数学で優れた成績をとった。表向きは粗野で威張った態度をとったが、芸術好きな繊細な心の持ち主で、大統領など有名人の肉筆や大聖堂の敷地内にあるステンドグラスの破片の収集に熱をあげた。

息子の怒りっぽい気性を心配したジューニアス・モルガンは「いったいピアポントをどうしつけたらよいものか?」と友人に嘆き、息子には「自制心」が必要だと述べ、強い責任感を教え込む努力もいろいろ行なった。ピアポントが二十一歳を迎えたとき、息子に「相談相手になれるのはお前一人なのだ……そうした重大な責任を担う準備が必要なことをお前にたたき込みたい――責任がお前の肩にかかってきたらいつでも、それを引き受けて果たせる用意があるようにしたい」と語った。若者にとっては、荷の重い命令であった。

ピアポントは、一八五七年の金融恐慌のさなかにウォール街のダンカン・シャーマン商会で働き出したが、驚くべき人騒がせな早熟の才を発揮した。たとえば、一八五九年にニューオーリンズ出張中に、社の許可なしに買い手のないブラジル産コーヒー豆を船一隻分買い占め、これを売り抜けてあぶく銭を稼ぐという恐ろしい大博打をやってのけた。この思い切った大胆な行動に、ダンカン・シャーマン商会のご老体どもはびっくり仰天した。この同商会がピアポントをパートナーに受け入れるのを拒んだのは、恐らくこの一件が災いしたのだろう。一八六一年、ピアポントは独立して、従兄弟のジェームズ・グッドウィンとともにエクスチェンジ・プレース五四番地にJ・P・モルガン商会を設立し、ジョージ・ピーボディ商会のニューヨーク代理店となった（このJ・P・モルガン商会は短命だったが、一八九五年に復活する）。この頃のピアポントの写真を見ると、十代の軽薄な面影はもはやなく、たくましくなり、天神ひげを蓄え、鋭い目つきである。だが、どっしりした父親とは違って、落ち着かない気質がすでに現れているようだ。

ピアポントのニューヨークでの主な仕事は、父親に政治・金融情報を送ることだった。マーチャント・バンクにとって、政府の資金調達や得意先企業の信用状況についてのニュースは必須のもので、こうした情報の入手には力を注いでいた。ロスチャイルド家などは、ドーバー海峡に面したフォークストンに伝書バトの群れと急報用船便を用意しており、「英国内閣にはいつもロスチャイルド家から万事知らせが入るが、それはスチュワート卿（首相）の至急報より十ないし十二時間早い」とフランスの政治家タレーランを嘆かせたほどである。

ピアポントがアメリカの政治・経済情報を報告する長文の手紙を送ると、父のジューニアスは、火曜と金曜の夜をその精読に充てた。三十三年間、父はこれを精読し消化するだけでは飽き足らず、きちんと製本して本棚に飾っておいた。その父ほどセンチメンタルでなかったのか、あるいは改めて読み直した内容に辟易したのか、ピアポントは、父の死後の一九一一年にこれを全部焼却してしまった。

この三十三年間、ジューニアスとピアポントの父子は、一心同体となって働き、毎年秋には父がアメリカを訪問し、春には息子がロンドンにやって来るのが慣例であった。だが、大西洋が二人を隔てている間は、父として、息子が何をしでかすかとそればかりが心配で、絶えず教え諭すのに忙しかった。ピアポントの生活のどんな些細な点をも見逃さず、「お前は概して食事の平らげ方が速すぎる。そんなことをしていると健康によくない」とまで口出しした。

父は、かねてから息子の向こう見ずな点を心配していたが、南北戦争中にその心配を裏付けるようなことをピアポントがやってのけた。一八六一年、ウォール街の戦争景気のさなか、非良心的ではないまでも明らかに思慮分別に欠ける商取引に資金を融資したのである。話は、当時ニューヨークの政府兵器庫に貯蔵されていた旧式のホール・カービン銃五千丁を、ある男が一丁三ドル五十セントで払い下げを受けたのが始まりだ。これを一丁十一ドル五十セントでまた買い受けたサイモン・スチーブンズなる男に、ピアポントが二万ドルのお金を用立てた。スチーブンズは、この旋条のない旧式銃にらせん状の旋条をつけて射程と命中精度を大きくしてから、北軍の司令官に一丁二十二ドルで転売した。この間三カ月で、改造の手が加えられたとはいえ、政府は当初の六倍強にもはね上がった値段で自分が売った銃を買い戻した計算になる。しかも、この元手はすべてJ・ピアポント・モルガンが出したわけである。

ホール・カービン銃売買事件でピアポントが果たした不埒な役割は、今日に至るまで絶えず論議の的になっている。文句なしに間違っているのは、ピアポントが南北戦争を国家のために尽くす機会ではなく、お金もうけの機会とみなした点である。また当時の豊かな若者たちがよくしたことだが、ピアポントも徴兵されると三百ドル払って替え玉を立て、後年、その身代わりになった者のことを「もう一人のピアポント・モルガン」と冗談めかしたものだ。さらに、南北戦争中に北軍の勝ち負けごとに激しく上下する金投機にも首を突っ込み、仲間と金相場を操作して十六万ドルの利益をあげた。

ピアポントは、このように南北戦争景気で騒々しく明け暮れたウォール街ですっかり堕落したかと思うと、思いがけないほど優しい心を見せることもあった。ホール・カービン銃の一件のあった一八六一年、二十四歳になった彼は、二年来の知り合いだった病弱な少女、アミーリア・スタージェス嬢と、まるで騎士気取りの恋に落ちた。彼女の両親の家の客間で結婚式を挙げたとき、ミミことアミーリアは肺病の末期だったから、挙式の間中ずっとピアポントが脇から支えないと立っていられないほどで、式が終わると待たせてあった馬車まで花嫁を抱いて運んだ。

二人の新婚旅行は、感動的ではあるが奇妙なものだった。ピアポントがミミを抱きかかえたりおぶったりして、温暖な地中海沿岸を転々とした。四カ月後にミミがニースで亡くなったとき、ピアポントは悲しみに沈み、彼女を心から熱愛する念はその後も決して消えることがなかった。彼がのちに初めて買った油絵は、臨終の床にある若い女性を描いたもので、暖炉の炉棚の上の大事な場所に掲げた。ピアポントはこのミミとの体験で懲りたのか、彼の心根のなかで最も優れたもの、つまり心の奥深くひそむ熱烈な愛情が表に現れるのを恐れ、これを抑えねばと考えるようになった。モルガン一族は、表から見ると誰も堅苦しい顔つきだが、心のうちはいつも感傷的な人々ばかりで、人前での冷淡な態度が心底からつき上げてくる個人的感情と争う例がよくあった。

息子の無謀な商売の仕方やあっと驚く妻のめとり方を見ていた父ジューニアスは、ピアポントの生活をしっかり監督することに決めた。たとえば、一八六四年にジューニアスは、当時二十七歳のピアポントに三十歳年長のチャールズ・H・ダブニーを引き合わせ、ダブニー・モルガン商会を新設させた。そして、自身もこれに一部出資してJ・S・モルガン商会のニューヨーク代理店にするとともに、その引受ける信用供与先と選ぶ取引先に最終的なにらみをきかせることにした。それから死ぬまでの二十六年間、ジューニアスは絶えず息子のそばでその暴走を抑える父親役を果たし続けた。

個人生活の面でも、ピアポントは、父親に歩調を合わせた。一八六五年五月、フランシス・ルイーザ・トレーシー、愛称ファニーと再婚したが、彼女は背の高い美人で、まったく無難で、上品に見受けられた。ミミがピアポントの一時的に正気を失った結果であるとすれば、フランシスとの結婚は正常に戻った証拠だったが、それでもミミの想い出はピアポントの脳裏をはなれず、フランシスとの〝便宜的〟結婚はのちに失敗に終わり、二人ともひどく傷つくことになる。亡きミミに対するピアポントの片思いで、ロマンチックな思いは、年を経るごとに募るばかりで、やがて他の面にはけ口を求めるようになったのである。

金融業界がその権力を大きく伸ばすにつれて、ジューニアスとピアポントの父子二人組が国際金融の舞台に登場するときがやって来た。この時代を〈金融王の時代〉と呼ぶことにしよう。この時代は鉄道、重工業など新しい事業の勃興期と一致し、どんな大富豪や金持ち一族でも応じ切れないほど資金需要がふくれ上がっていた。それでも金融市場の余力は限られていて、各銀行は乏しい資金の配分に追われていた。当時は証券発行や目論見書を規制する政府機関がなかったから、まだ未知数の新会社が健全な内容か否かを投資家に納得させるのは銀行しかなく、それだけに銀行が新しい各種事業を動かす中心となった。そして、各会社は銀行と一心同体と見なされるようになり、たとえば、ニューヨーク・セントラル鉄道などはのちにモルガン鉄道と呼ばれた。

新興各社はダイナミックに活動していたが、その経営は非常に不安定だった。猛烈に成長を推し進める風潮のなかで、無節操な事業屋、山師、相場師の手中に陥る企業が多かった。夢を追う企業家でも、自分の着想を実際の事業に変えるに必要な経営技術に欠けていたし、中核となる管理職などまだ存在していなかった。そのため、銀行家は企業の有価証券を引き受けるだけでなく、企業が債務不履行に陥れば、結局その経営も引き受ける例がよくあった。この〈金融王の時代〉が進展するにつれ、やがて金融と企業との間を画す一線があいまいになり、ついに産業界の大部分が銀行の支配下に入る結果となった。

各企業に対し強大な影響力を持った各大手銀行は、高慢な態度を取り始めて金融王のように振る舞い、得意先が逆にそのご機嫌を窺う有様になった。各銀行はのちに〈紳士銀行《ジェントルマン・》家行動規範《バンカーズ・コード》〉と呼ばれることになる一定の慣例に従って行動した。この規範に基づき、各銀行は進んで投資先を見つけ出したり新しい取引先を求めたりせず、顧客の方が然るべき筋から紹介されて来るのを待った。また、支店を設けなかったし、それ以前の取引銀行の承諾のないかぎり新しい会社を引き受けなかった。これは公然とではないが銀行間の競争を避けるためだった。というわけで、宣伝広告もしなければ、他行の得意先を横取りすることもなかった。こういう暗黙の取決めは、既成銀行に有利に働き、得意先はつねにみじめな従属的な立場に置かれた。これは競争を避ける銀行間のカルテルではなく、いわば相争う剣を一応さやに納めた、一種の様式化された競争形式であった。その表面穏やかなところに幻惑されて、底にひそむ銀行間の敵意に満ちた醜い関係に気づかない人が多かった。

銀行家たちは、産業界に対するのと同じく主権国家に対しても、あれこれ条件を押し付けたので、各国は各企業と同様、それぞれ〝昔からの銀行系列〟のもとにあった。英国の政治家ベンジャミン・ディズレイリは「ときにはその采配一つで国王や帝国の運命を左右するほど強大な金融業者」と述べている。マーチャント・バンカーがそれほどの権力を握ったのは、いざ戦争になると戦費を賄うに足る高度な税制に欠ける政府が多く、マーチャント・バンクが大蔵省ないし中央銀行の代役を務めたからだ。といっても、ロンドンの各銀行が自腹を切って融資するのではなく、大規模な公債発行を引き受ける形をとり、こうして各銀行は各国政府と密接に手を結ぶことで、準政府機関的な独特な雰囲気を帯びた。『マーチャント・バンカーの内幕』を書いたウェッシュバーグは、マーチャント・バンカーの活動の舞台が「政治と経済の重なり合う曖昧模糊たる領域」にあると記している。これこそモルガン一族がのちに得意とした縄張りであり、取引相手国の為替取引や公債利払いも担当するので金銭的にうまみのある縄張りでもあった。

ロンドンのどのマーチャント・バンクも、著名な国々の借用証書を広げて見せることができた。たとえば、ロスチャイルド商会は、ウェリントン将軍の半島戦争出兵やクリミア戦争の資金を調達し、ロスチャイルドの富は各国の破産のおかげだ、と言われたほどである。また一八七五年にフランスに渡ろうとしていたスエズ運河の支配権を英国が入手しようとしたとき、ロンドンのロスチャイルド家の当主ライオネルがその資金四百万ポンドを政府に用立てたことさえあった。

ロスチャイルドと肩を並べるマーチャント・バンクのベアリング商会は、ワーテルローの大敗後の賠償金支払いに充てる資金を用立て、当時のフランスの政治家リシュリュー公爵から「ヨーロッパには六大列強がいる。英国、フランス、プロイセン、オーストリア、ロシア、それにベアリング・ブラザーズ（商会）だ」と賞賛された。一八四五年のアイルランドのジャガイモ不作による大飢饉の際には、ベアリング商会がアメリカからの穀物購入に一役買った。また南北戦争（一八六一～六五年）の頃には、ロシアなどヨーロッパ各国のほかチリ、アルゼンチン、カナダ、アメリカなど北・南アメリカ諸国の代理銀行《エイジエント・バンク》にのし上がっていた。そうした功労を認められ、貴族の爵位を授けられた同商会の関係者は、十九世紀末当時で四人を数えた。

このようなマーチャント・バンクと国政との完全な一心同体の関係は、なぜ生まれてきたのか？ 同族的な共同経営で小所帯のマーチャント・バンクは、うるさい預金者や株主がおらず、自分の好きな政治的立場をとれた。部外者の監視に服する必要がないのに加え、すべてに慎重な態度が身についていたので、マーチャント・バンクには外交駆引きの場に登場するための、うってつけの条件がそろっていた。さらに、海外諸国を相手に金融活動をしていたから、英国の産業界や商店経営者相手の銀行より考え方がずっと開けていた。

マーチャント・バンクのなかでも選り抜きのロスチャイルド、ベアリング両商会の商売領域は、それまではアメリカ人金融業者の立ち入れない世界であり、それだけにジューニアス・モルガンが足を踏み入れたいと渇望した世界であった。共同経営者のピーボディの死後、彼は何か世界があっと驚くような大胆な行動に出て、一挙にビクトリア女王治世下の英国金融業界のトップクラスに躍り出たがっていた。

やがて、ジューニアスが一国を相手に資金調達を行なう大きなチャンスがやって来た。一八七〇年、ナポレオン三世が普仏戦争に敗れ、いつもはお金に困らぬフランスが海外で資金を募る必要に迫られるという、百年に数回あるかなしかの好機であった。ベアリング商会は、すでにフランスの敵方のプロイセンの公債発行を引き受けていたし、ロスチャイルド商会は、フランスのために働いても望み薄だと蹴った。その頃、メキシコやベネズエラの債務不履行が相次ぎ、シティは動揺していた。どこもリスクを冒して外国の公債を引き受けようとはしなかった。そこへジューニアスが登場して、一千万ポンドのフランス公債を何人かで組んで協調引受けすることにしたのである。

　このフランス公債引受けは、ジューニアスの冷徹な表情の裏に博打打ち根性がひそんでいることを実証した。フランスを助けたために、彼はプロイセンの宰相ビスマルクと争わざるを得なくなったが、フランスの蔵相の個人秘書がプロイセン側のスパイで、取引きの逐一がビスマルクに毎日報告されていたことが後になって判明した。

　当時のヨーロッパ金融業界の新しい行き方として、債券発行を数行が共同で行なうシンジケート（債券引受銀行団）があった。公債発行を単独で引き受けるのではなく、いくつかの銀行が共同出資して、引受けリスクを分担する。このフランス公債のリスクが途方もなく大きいことを考慮して、モルガン商会を中心としたシンジケートは、償還額面を一五ポイントも下回る八五で売りに出した。この大幅割引の狙いは、尻込みする投資家たちを買う気にさせるためだった。フランス側は、足元を見すかされた感じで、ペルーかトルコ相手ならいざ知らず、この売出し条件をひどい格下げとみた。ところが、ジューニアスのリスク過大視は行き過ぎではなかった。翌一八七一年一月のパリ陥落に続いてパリ・コミューンが誕生するや、公債の相場は八〇からさらに五五へ下落した。ジューニアスは、必死に買い支えに回ったが、あやうく身上をすりつぶさんばかりになった。

リスクの大きさもさることながら、一介のアメリカ人金融業者がロスチャイルド並みに肩で風を切り、巨額のお金を動かす行動に出るのは、無謀な経験であったに違いない。のちのモルガン・ギャランティ・トラスト社の社史には、当時のエピソードが生々しく書き残されている。「パリとロンドン間の連絡には伝書バトが使われ、かさばる文書類は気球で送られた」が、ハトが途中で撃ち落とされ、飢えたパリ市民の胃袋に納まることもあり、重大な交渉の最中にフランス側政治家がまったく何も知らされない状態に置かれたという。

普仏戦争が終わって一八七三年になると、フランスが額面つまり一〇〇で公債を満期前に償還した結果、ピーボディがメリーランド州債でもうけたように、ジューニアスの懐にも思わぬ一財産が転がり込んだ。公債による純益はなんと百五十万ポンドにのぼった。これでJ・S・モルガン商会の資本は大きくふくれ上がり、一挙にトップクラスの政府資金《ガバメント・フ》調達銀行《アイナンシング》の仲間入りを果たした。それから、J・S・モルガン商会の名前は、引受けシンジケートの一員として〝墓石広告《ツームストーン・アド》〟（墓石のように地味な長方形の広告で、新聞の死亡広告ページに掲載されるためにこの名前がある）にしばしば登場することになる。

一八七〇年のフランス公債のおかげで、友人ジューニアスは単なる成功者ではなくシティの大物にのし上がった、とジョージ・スモーリーは述べている。これに対し、ジューニアスは控え目で、一七八九年以降の十二代のフランス政府の歴史を調べたら、「他者と結んだどんな金融上の義務の法的効力でもこれを否認ないし疑問視した政府が一つもなかった」までの話だと語っている。だが、スモーリーはそんな体裁のよい言葉にだまされなかった。スモーリーは、「そう語る彼の目はぎらぎら輝き、自分が手中にした大勝利に無関心でないことを物語っていた。彼の大勝利は英国金融史上の注目すべき出来事だと受け取られたのである」と記している。

ジューニアスは、こうしてロンドンで一番金持ちのアメリカ人金融業者に成長していったが、同時に、身のまわりを壮麗に飾り立て始めた。ハイドパークの南側に面したプリンセスゲート一三番地に、ネオクラシズム様式の五階建ての邸宅を構え、執事にかしずかれた家族が正装でディナーをとり、食後に赤ぶどう酒を飲み、ハバナ葉巻で一服するのが常だった。信心深い一家でもあって、毎朝、ジューニアスが召使い全員を集めてお祈りを捧げた。マーチャント・バンカーの伝統に従い、ジューニアスも美術品収集に手を出しギャラリーめぐりをしたが、友人の話だと、その邸宅は美術館さながらで、レナルズ、ロムニー、ゲインズバラの傑作が揃っていた。

そこから七マイル離れたロンドン郊外のロウハンプトンにドーバー・ハウスと呼んだ別邸を購入したが、九十二エーカーにのぼる地所内の緩やかに起伏する芝生は、テムズ河畔まで広がっていた。その牧場からは新鮮な牛乳がいっぱいとれ、温室にはさまざまな花が咲き乱れ、庭番がイチゴの苗床の世話をし、子供たちが遊び場のぶらんこに興じていた。

一八七六年当時の写真を見ると、ジューニアスが山高帽子に三つ揃いの背広姿で、ラケットをクラブみたいに握ってテニスをしており、くつろぎの場にはまったく場違いな感じがある。

ジューニアスが背が高く、社交好きで、うぬぼれが強かったのに対し、夫人のジューリエット・ピアポント・モルガンは背が低く、小太りで、内に引きこもりがちだった。二人は奇妙な組み合わせだった。夫人はよくホームシックになって、息子ピアポントのいるニューヨークへ行ったものだ。晩年は病人同然となって寝室に閉じ籠もりがちで、年齢の割には早く老衰していたと思われる。そして病身の妻と暴君的で頑固な夫というこの組み合わせは、息子ピアポントの場合でも繰り返されることになる。

第三章 王子

父ジューニアス・モルガンのウォール街での代理人として活躍した三十年間、ピアポントには、常に巨大な力を持つ英国資本が後ろ盾にあった。彼のヨットのコーセア（海賊）号は星条旗の上に海賊旗、さらにその上に英国国旗のユニオンジャックを翻している、と当時のウォール街ではよく冗談に言われたものだ。若い頃のピアポントは、アメリカの屈強な無法者に英国の洗練された服を着せたような観があった。幅広い肩と厚い胸、ボクサー並みの両手をした六フィートを越す長身に、碁盤縞のチョッキがよく似合った。だが、父ジューニアスが誰にも心の底をのぞかせない冷たい目をしていたのに対し、ピアポントの茶色い目は悲しげにうるんでいた。また、ジューニアスが常に沈着冷静だったのに対し、ピアポントは移り気だった。若い頃の写真を見ると、一勝負したくてうずうずしているような、いらいらした表情がうかがえる。

南北戦争直後の無鉄砲なアメリカの鉄道建設ブームには、勝負を賭ける仕事がたくさんあった。誰もがとてつもなく大きな事業意欲に燃えていた。「わが国が世界一の資源豊かな国であることをいつか実証してみせる」とピアポントは予言したが、鉄道の発達はやがてアメリカの広大な荒野に秘められた各種資源の扉を開くことになる。鉄道ほどめざましく発展した例は、これまでにない。南北戦争後の八年間に、鉄道線路は倍に延びて七万マイルに達したが、それは何千万エーカーもの連邦政府の土地払下げによるところが大きかった。鉄道はもはや単なる一事業の域を越えて、その上に新しい世界を築く足場と化した。鉄道線路に沿って市や町が次々に生まれ、鉄道で運ばれてきたヨーロッパ系移民たちが定住し始めた。

鉄道株に対する投機が盛んになってくると、何もわからないヨーロッパ各国の投資家は、つまずき出した。当時の学童用地図を見ると、現在のカンザス州とロッキー山脈の間に大アメリカ砂漠と呼ばれた空白地帯があったほどで、ヨーロッパの投資家はこうしたいわば〝株の荒野〟をうまく通り抜けるのに、アメリカの金融業者の手引きに頼った。ウォール街金融業者の間ではすでに、ヨーロッパの投資家をめぐって競争が激化していた。ジョーゼフ・セリグマンらユダヤ系金融筋はドイツの投資家に鉄道株を売り込み、ピアポント・モルガンらヤンキー系金融筋はロンドンの資金に頼った。

鉄道事業は初めから混乱状態にあった。鉄道は固定費が途方もなく高くつくから、本来は公益事業とすべきだったのだが、我勝ちに事業に手を出す利己主義の横行する時代だけに、それは不可能だった。そのため、売込み屋と詐欺師どもが手を組んで、実際に必要な分の二倍ものにわか造りの線路を敷く結果を生んだ。そして、あるときまで堅実だと思われた鉄道株が、ある日突然にとんでもない水増し株だと正体が暴露される始末だった。歴史家のヘンリー・アダムズの言葉を借りれば、「一八六五年から九五年までの三十年間はすでに鉄道の抵当に取られており、その三十年間の実体をよく知る者は一人としていなかった」のである。

　このような乱脈状態は、ピアポント・モルガンのような若い金融業者を刺激せずにはおかなかった。若い頃からピアポントは、ウォール街の若いやり手筋の度し難いほどの行状の数々を目のあたりにしてきた。たとえば、エリー鉄道会社の取締役でいながら抜け目なく自社株を空売りして大もうけしたダニエル・ドルーとか、エリーなど鉄道数社の支配権を狙うために惜しみなく金を使って議員たちを買収したジェイ・グールドらである。父ジューニアスは、シティというお上品な世界に住んでいたが、ピアポントは、ウォール街の汚れた面とも付き合わざるを得ず、そこに反発したり逆に魅かれたりもした。少なくとも若い頃の彼の行状は、自分の戦う相手と思っていた悪徳資本家《ラバー・バロン》どもと必ずしもはっきり区別できるものではなかった。

　たとえば、一八六九年に三十二歳を迎えたピアポントは、ニューヨーク州北部のある小さな鉄道会社の紛争に介入を求められ、これで自信あふれる青年銀行家という定評を確立することになるのだが、このときも自分の手を汚すことを決して恐れなかった。問題の鉄道とは、人口希薄なキャッツキル山脈地帯のオールバニーとビンガムトン間百四十三マイルを結ぶ、オールバニー・アンド・サスクワハナ（A&S）鉄道という取るに足らない小会社だった。それでも、そこが経営権を争う戦場となったのは、あのジェイ・グールドが、この鉄道を手に入れれば自分の会社のエリー鉄道の財産価値を高められると決意したためだった。

この目的を達成しようと、グールドは、A&S株を大量に買い占め、重役陣のなかの反対分子たちと手を組んで、創業者のジョーゼフ・H・ラムジーを重役陣から追放した。ラムジーもこれに対抗して、裁判でグールド派重役たちを解任した。ラムジーとグールドの両派は法的手段に訴えるより、時には徹底した暴力沙汰に出ることもあった。たとえば、グールドの一の参謀のジム・フィスクは、ニューヨークの下町から掻き集めてきたならず者ども八百人ほどと列車に乗り込み、ビンガムトンから東へ向かった。一方、ラムジー一派も、四百五十人ほどを詰め込んだ列車でオールバニーから西をめざした。映画もどきのフィナーレとして、双方の列車はビンガムトン近くのトンネルの中で正面衝突し、機関車一両が一部脱線、グールド派に射殺された者も八ないし十人出た。ホフマン知事が州兵を動員し、この流血の惨事を止めねばならなかったほどだ。

一八六九年九月七日、両派は一時休戦して、A&S鉄道の年次取締役会に出席した。このときすでにラムジーは、ダブニー・モルガン商会を代表して六百株を買ったピアポントを取締役にとり立てていた。ピアポントの義理の息子ハーバート・サッタリーがのちに語った話だと、その日の取締役会でピアポントは丸々と太ったジム・フィスクを階段の踊り場へ投げ飛ばしたという。この話は真偽が疑わしいが、ともかく取締役会は非常に緊迫した。両派が競って相手方取締役の職務停止を求める差止命令を裁判所に求めてにらみ合い、それぞれ別個に取締役を新たに選んで支配権を握ったと称した。

ピアポントの入れ知恵で、ラムジー派は物わかりのよい判事を見つけてきて、対立派の取締役たちを追い払ってもらった。これで支配権を取り戻した同派にピアポントはさらに、仲のよいデラウエア・アンド・ハドソン鉄道との合併を勧め、これは一八七〇年二月に実現した。紛争を解決したピアポントが手中にした報酬は、金銭だけにとどまらず、権力という形もとり、合併した新会社の取締役に納まった。この一件は、新しい時代の前ぶれであって、金融業者が企業の取締役会の一員になり、やがては企業を支配する時代が始まったのである。一八七〇年代を通じ、ピアポントは自分を企業に対する単なる資金提供者ではなく、それ以上のもっと重要な存在として位置づけ始めた。つまり、企業の法律顧問、最高指導者、相談相手になるのを望んだのである。このような特定企業と特定銀行との結び付き――つまり、〝縁故金融銀行業《リレーションシップ・バンキング》〟は、来るべき二十世紀の民間銀行業務の一つの基本的特徴となるのだが、そうなるのは銀行側が強かったからではなく、企業の方がまだ弱体であったからである。

ピアポントの生活は、いまや好調で安定していた。年収は、七万五千ドルの巨額にのぼった。モルガン邸は、現在のニューヨーク市立図書館から五番街の通り一本へだてた、斜め向かいの東四〇丁目通り六番地にあったが、邸内は立派な絨毯や家具が一杯で、壁には金箔の額縁入りの油絵が重なるようにびっしりかかっていた。一八七二年には父ジューニアスのドーバー・ハウスの向こうを張って、ウェストポイント近くのハドソン河畔に三階建ての白いビクトリア朝風の別荘を買った。そこには厩舎、牧場、テニスコート、コリー繁殖用犬舎まで揃っていた。四月から十月まで、ピアポントはここからウォール街に通勤した。まず八人乗りの自家用汽艇のルイーザ号でハドソン川を渡ってから、汽車でマンハッタンへ通った。子供はルイーザ、ジョン・ピアポント二世（ジャック）、ジューリエットの三人がすでにいて、間もなく三人目の娘アンがこれに加わることになる。

表向きは早熟でゆったり構えていたが、若い年齢の割に悩みが絶えなかった。頭痛、失神、そして皮膚の炎症にいつも苦しめられていた。一八七一年には、共同経営者のチャールズ・ダブニーが引退したので、ピアポントも引退を考えたが、自身の野心を抑えることができなかったようで、とてつもない責任を一人で背負い込んでは、それでまた苦しむのが常だった。その後の一生を通じて、彼は平穏な生活を渇望しながらも、いつもそれをつかまえられなかった。

ダブニーの引退によって、父ジューニアスは、ピアポントのために新たなパートナーを見つける必要に迫られた。モルガン商会の守備範囲をロンドンとニューヨークを結ぶ中心軸からもっと拡大して、国際的な証券取扱い業務を強化したいとの希望もあった。国際金融というと最近考え出されたものと思いがちだが、ビクトリア朝時代の十九世紀のマーチャント・バンクは、当時すでに組織が多国籍化し、考え方が国際化していたのだ。たとえば、当時のマーチャント・バンクは、支店を持たずに、各国の首都にあるマーチャント・バンクと事業提携していたが、これこそジューニアスがそのとき、そうしようと決めたことであった。一八七一年一月、ロンドンの彼のところへ、トニーことアンソニー・J・ドレクセルが、フィラデルフィアにある自分の銀行とモルガン一族との合併話を持ち掛けてきた。数あるフィラデルフィアの銀行の中で、政府資金取扱いの点では、ドレクセルは、ジェイ・クック商会を除けばどこにもひけをとらなかった。かつてジョージ・ピーボディがジューニアスに共同経営の話を持ち掛けたときと同様、またも一財産が自分の言いなりになりそうだったのである。ジューニアスは、当時のアメリカ人金融業者としては最高の切れ者であっただけでなく、その点では最高の運に恵まれた幸せ者でもあった。

当時のウォール街は、金融勢力の中心が従来のフィラデルフィアやボストンからニューヨークに移るにつれて、資金の受け手だけでなく出し手としても発展しつつあった。この金融業界の地殻変動を敏感に察したドレクセルは、ニューヨークでの事業活動の強化を求める一方、ジューニアスも、以前のチャールズ・ダブニーとの共同経営の前例にならって、若年の息子ピアポントの無事を願い、誰か年長者の指導の下に置きたかった。そこでドレクセルに対し、ピアポントをニューヨークにおけるチーフ・パートナーに受け入れて欲しいと提案した。

ピアポントの才能がいかにけた外れに大きくとも、まだまだ父ジューニアスの手でつくられたでくの坊でしかなかった。そこで、ピアポントは、父に言われた通り、その年の五月にフィラデルフィアにドレクセルを訪ね、パートナーシップ契約を結んでニューヨークに帰ってきた。これによりピアポントは、フィラデルフィアのドレクセル商会とパリのドレクセル・ハージェス商会のパートナーとなる一方、ニューヨークに合併してできる新しいドレクセル・モルガン商会の経営にも当たることになった。この新しい商会のドレクセルとモルガンという名前の順序は、パートナーとしての重要度を反映していた。トニー・ドレクセルと二人の弟のフランシスとジョーゼフが合わせて約七百万ドル出資したのに対し、ピアポントの出資分は取るに足らぬ三十五万ドルにすぎなかったので、釣合いをとるべく、父ジューニアスが五百万ドル注ぎ込んでくれた。ピアポントは、いつも父には頭が上がらないと認め、決して独力でやりとげたふりをせず、また後に「自分が与えられた地位でこれまで成功できたとするならば、それは何よりも父の知人たちの引き立てのおかげだ」とニューヨーク州のクリーブランド知事に語っている。ともかく、この新しく誕生したドレクセル・モルガン商会が、のちのＪ・Ｐ・モルガン商会の前身となるのである。

取決めに署名調印する前に、ピアポントは奇妙な条件を一つつけた――新しい商会で働き出すまでに時間的猶予を置いて欲しい、と申し出たのだ。というのも、彼は神経衰弱に陥る寸前だったので、医者の指示で十五カ月の休暇をとり、ウィーン、ローマへ旅行し、ナイル川を帆船で上ったりした。仕事に戻ると、まったく息抜きできなかったため、仕事から脱出したいという強い願望が次第に高まっていった。そこで毎年三カ月の休暇をとることにし、自分なら残る九カ月で十二カ月分の仕事をこなせる、とよく冗談を言ったものだ。

誕生から二年後の一八七三年、ドレクセル・モルガン商会は、ウォール・ストリートとブロード・ストリートの交わる一角に移った。ここはニューヨーク証券取引所に面した〈ザ・コーナー〉と呼ばれたところで、のちに金融業界きっての有名な住所、すなわちアメリカの金融十字路とも称されるようになる。トニー・ドレクセルがここに一筆の土地を買ったとき、一平方フィート当たり三百四十九ドルで、この地価はその後の三十年間、つねに最高記録であった。彼がそこに建てた重々しい六階建ての大理石造りの建物は、マンサード屋根に屋根窓が突き出て、正面に凝った装飾を施し、玄関の張り出し屋根に寓話の彫像を並べ、しかも市内でははしりのエレベーター付きだった。交差点とはすかいについた建物玄関は、同時にナッソー・ストリートの財務省分局ビル（財務省の最も重要な出先機関）とウォール・ストリートの証券取引所に面していて、きわめて象徴的であった。ドレクセル・モルガン商会は、やがて鉄道と政府の双方の資金調達を専門とするにふさわしい存在として、ウォール街とワシントンに対し大きな位置を占めるのである。

人間関係の観点からすると、ドレクセルとモルガンの二人の間柄は穏やかでなかった。ピアポントは、以前からぶっきらぼうで気難しく、我を通したがる傾向があった。同業者のジョーゼフ・セリグマンは彼のことを「気性が激しく、粗野な男で、いつも店でドレクセルと口論ばかりしている」と述べている。しかし、ピアポントの行き過ぎを宥めるという点では、この両者の合併は父ジューニアスの狙った通りの効果があった。初期のR・G・ダン興信所の調査報告によると、「この青年は利口で、同商会の中で一番やる気があると思われるが、いつもドレクセル一族に頭を抑えられている」とある。

ドレクセルとの合併で、モルガン側は、新たに国際的な厚みをつけた。というのは、一八六八年にドレクセルがジョン・J・ハージェスをパリに派遣して店舗を設けたが、その店がパリ・コミューンの際に活躍し、さらにアメリカ人の旅行者や実業家向けに事業をスイスにまで拡大していたからだ。また、ドレクセル一族がフィラデルフィアの名家の多くと婚姻関係のある社交界の名士揃いだったから、モルガン側に上流社会のイメージを付け加えてくれた。両者の事業提携によって、モルガン側は、いまやニューヨーク、フィラデルフィア、ロンドン、パリの各地に拠点を擁することになり、それから一世紀にわたり、これら各拠点はモルガン商会という星座の中で、ひときわよく輝く星としてとどまるのである。

両者の合併からほどなくして、三十六歳を迎えたピアポント・モルガンをアメリカ金融界の天空高くに打ち上げる出来事がやってきた。一八七三年、ワシントンの連邦政府が南北戦争当時から持ち越した長期負債三億ドルをもっと低利の公債発行で償還する方針を決めた。それまで連邦政府の資金調達を一手に扱っていた業界の帝王は、トニー・ドレクセルのフィラデルフィアでの第一の商売敵、ジェイ・クック商会だった。クックは、偽造通貨を見破るのが巧みな銀行出納係からたたき上げた苦労人で、国債の引取り手が大金持ちやヨーロッパの銀行だけに限られていた時代に、これを一般大衆相手に売った。南北戦争の最中には、二千五百人もの待機中の〝民兵《ミニットマン》〟を販売員に仕立ててアメリカ各地で北軍債を売らせ、リンカーン大統領から感謝されたほどである。一八七〇年代の初め頃に「ジェイ・クックのような金持ち」と言えば、後世の「ロックフェラーのような金持ち」という文句と同様な不思議な響きがあったものだ。

クックは、無敵で競争相手がないかに見えた——少なくとも彼が一八六九年にノーザン・パシフィック鉄道の資金調達を手掛けるまでは、そうだった。そのときの一億ドルにのぼる同鉄道社債発行のお膳立ては、でたらめをきわめた。鉄道の沿線にヨーロッパから移民を誘致するため、この世のものと思えぬ、厚かましい嘘の塊をでっち上げた。たとえば、五大湖沿線に果樹園のひろがる綺麗な宣伝ポスターをつくったりしたので、この鉄道は〝ジェイ・クックのバナナ共和国〟という異名を頂戴した。ところが、普仏戦争後に穀物価格が下落するや、ノーザン・パシフィックなどの鉄道ブームにかげりが出てきた。かくして、ジェイ・クックの没落が始まった。ノーザン・パシフィックでミソをつけたクックの弱味が、やがてドレクセル・モルガン商会が政府資金調達という高貴な地位を彼から奪う突破口を開くことになる。

一八七三年、クックは、強力な競争相手であるドレクセル・モルガン、J・S・モルガン、モートン・ブリス、ベアリング・ブラザーズの各社を向こうに回して、総額三億ドルの借換え国債を一手に引き受けようとして、ユダヤ系金融業者二社――ウォール街のセリグマン商会とヨーロッパのロスチャイルド商会――と手を組んだ。このような巨額の資金調達となると、金額もさることながらリスクも大きすぎて一社では背負い切れないため、力のある銀行シンジケート間の争いという形を次第にとり始めていたのである。ドレクセル・モルガン派は、クックの独占体制に正面から挑む一方、クックが借換え国債獲得に躍起なのはノーザン・パシフィックでの損失を取り戻すためだと、よからぬ噂をこっそり流した。財務長官は、ドレクセル・モルガン派のこうした圧力に屈し、ついに両派に半分ずつ国債を引き受けさせることにした。

一八七三年は、金融恐慌に見舞われた年でもあった。金融市場に最初にケチがついたのは、ユニオン・パシフィック鉄道の建設を担当し、腐敗汚職の巣と暴露されたクレディ・モビリエ社事件だった。この事件で、同社株を渡され買収された連邦議会議員が多数出て、議員の評判が傷つけられた。だから、当時のロンドンの投資家たちは、ある記者の表現だと「神の天使が署名していても」、アメリカの債券には手を触れたがらなかったほどだった。そういうところへ、ノーザン・パシフィック鉄道がついに命取りになり、かくも強大なジェイ・クック商会も、同年の九月十八日に倒産した。これがブラック・サースデー（暗黒の木曜日）だった。

この倒産が口火となり、本格的なウォール街恐慌が始まった。創設以来初めてのことだが、ニューヨーク証券取引所は、十日間閉鎖された。「愁嘆場の中心は、もちろん、ブロード・ストリートとウォール・ストリートの交差する角のザ・コーナーであった。人々が財務省分局ビルの階段に群がり、ブロード・ストリート一杯の騒然たる群衆を眺めていた」とある記録作家は記している。ピアポントは、貸金を回収する一方、父ジューニアスに「事態は予想外に悪化し続けている」と電報を打った。クック商会の引き起こした大混乱に引きずり込まれた会社は五千社、株屋は五十七店に及んだ。金融ジャーナリストのアリグザンダー・デーナ・ノイズはのちに「一八七三年九月の金融恐慌は、一九二九年十月の大恐慌と同じく……人々の記憶に残る画期的な出来事であった」と回想している。

現在と比べると、当時のウォール街は、まだ牧歌的なたたずまいを残していた。一番高い建物といえば、トリニティ教会しかなくて、街路上のガス灯の方がまわりの建物より高いところが多かった。そうした中で六階建てのドレクセル・ビルは、周囲を圧してそびえていた。けれども、クック商会が倒産すると、ウォール街は市民たちから罪悪の街であり、清純なるフロンティア国家の節度と品行を腐敗させた張本人だとみなされた。これが最後というわけではなかったが、アメリカ全体が清教徒的伝統を蹂躙されたと怒り、清純無垢さを犯されたと感じて、ウォール街に背を向けたのである。当時のハーパーズ・ウィークリー誌に載ったトマス・ナストの時事漫画では、トリニティ教会の前に殺された牛の死骸が山をなし、教会自身は尖塔高く「それごらん、品行を」という文字をでかでかと揚げて、しかめっ面をしていた。

のちのモルガン商会が一九二九年の大恐慌でもうけたのと同じやり方で、ピアポントは一八七三年の恐慌の年にまんまと利益を手にした。もうけは百万ドル以上にのぼり、父ジューニアスに「これほどの実績をあげ始められる社が他にあるとは思いません」と得意満面で書き送った。クック商会が都合よく抹殺されたおかげで、ドレクセル・モルガン商会が、まったく思いがけなく、アメリカ政府の資金調達を扱う頂点に立つことになった。だが、一八七三年恐慌が尾を引き不況が長びいたので、同商会がすぐにその名声に乗じ華々しく活躍することはできなかった。ジューニアスは「いつも一つのことを忘れるな……アメリカではつねに〝強気《ブル》〟で行け」とロンドンから叱咤激励したものだが、不景気な間はその言葉をなんとも信用できなかった。

モルガン商会のその後の一貫した営業方針は、この一八七三年の暗澹たる不況期に形成された。恐慌の打撃を受けたヨーロッパ各国の投資家たちは、アメリカの各鉄道株で六億ドルを失った。鉄道各社の破産で一杯食わされたピアポントは、その後の取引相手を選り抜きの優良企業だけに限ることにした。「私が関与したい類の債券とは、利払いや満期償還の点で一点の疑念もなく推奨できて、事後の不安のないようなものに限ります」と父ジューニアスに書き送っている。この言葉がその後のモルガン営業戦略――つまり最も強力な企業とだけ取引きして投機的な事業は避けるという一貫した方針を要約している。〈紳士銀行家行動規範〉に基づき、銀行家たちはつねづね、自分の売った債券に責任を持ち、事態がおかしくなったら間に入って解決する義務があると考えていた。そこへ、鉄道がおかしくなってきた。一八七三年の恐慌の前からもうすでに、鉄道というやくざな事業を相手とする新しい商法が出現していた。それはジェイ・グールドが最初に思いついたものとは考えられないが、一八七一年に投資家がエリー鉄道の社債発行に反対すると、彼は外部の炭鉱会社、鉄道会社、銀行を〝議決権受託者《ボーティング・トラスティーズ》〟として鉄道の経営に参加させる案を出して、エリー鉄道の過半数株を握ろうとした。それに難色を示すウォール街とシティの保守層をなだめるために、ジューニアス・モルガンを受託者の一人にすることも提案した。この案は日の目を見なかったものの、のちによみがえった。つまり一八七〇年代の中頃、鉄道各社間の運賃競争は投資家の信頼を損なう恐れがある、とジューニアスが警告しているうちに、その翌年、エリー鉄道が破産すると、今度は怒った社債保有者たちが逆に〝議決権信託〟で鉄道を厳しく拘束し、直接経営に当たることになった。これは、債権者が債務者に対し、つまり銀行が鉄道会社に対し報復したという意味で、一つの重要な転機であった。のちにピアポントの手にかかると、この議決権信託なる簡単な方法がモルガンをアメリカ一の大立者に仕立て、アメリカの鉄道会社の大半を彼の個人的な支配下に置くとともに、金融業者の従来の地位を、得意先に仕える召使いから逆に得意先を支配する主人役に引き上げることになる。

　ピアポント・モルガンは、若い頃の道徳的信念が高じてなった、一種の頑固な暴君であって、自分の考え方の完全無欠さを絶対的に確信して譲らぬ傾向を見せた。物欲や権力欲だけに貪婪だった南北戦争後から一八七三年恐慌までの〈金ぴか時代〉と呼ばれた好況期の悪徳資本家《ラバー・バロン》どもとは違っていて、金銭欲には不思議にも理想主義的考えが幾分かまじっていた。自分が正しいと信ずる事業観に背くような経済行為にぶつかると、彼は独特の頑固な倫理観に駆られて、事態の根本的是正に熱中した。経済はどうあるべきか、また人間はどう振る舞うべきかを自分はよく承知している、というきわめて傲慢ともいえるほどの確信が、彼にはあった。彼がキリスト教青年会（YMCA）の一員になって、労働者階級の間の賭け事の撲滅に活躍したのも、決して偶然ではなかった。

その反動で、ピアポントは人々をがみがみ怒鳴りつけるとの評判を生み、この傾向は彼の名声と裏腹に強まっていった。R・G・ダン興信所の一八八一年の調査報告書は、ピアポントの「独特のぶっきらぼうな態度」にふれて、そのせいで「彼と彼の商会を快く思わない人々が多い」と述べている。彼は、ウォール・ストリート二三番地の本店のガラスで隔てられたマホガニー造りのパートナー室にふんぞりかえって、太い葉巻の吸い口を絶えず噛みながら、外国為替の売買について「よし」とか「駄目だ」とか怒鳴っていた。外国為替を取引きするときは、うるさく値切らずに思い切りがよかった。このように何事につけ善悪の判断がはっきりしていたので、たちまちにしてみんなを牛耳ることに慣れていった。

だから、彼が権限を部下に譲るのを渋り、自分以外の者の知能を見下したのは、驚くには当たらなかった。当然のことながら新しいパートナーの人材発見に苦しんだが、彼の厳しい基準に合格するような者は皆無だった。一八七五年に、ふさわしい候補者を探し出そうと、ニューヨーク、フィラデルフィア、ボストンの各市の商工人名録をじっくり調べてみたが、無駄だった。彼は、「私が長生きすればするほど、優秀な頭脳の持ち主——とくにしっかりと均衡のとれた頭脳の持ち主のいないことが一層歴然としてきます」と父ジューニアス宛に手紙を書いて、またもや金融業を辞め、仕事という苛酷な重荷を投げ出そうという考えにふと心ひかれた。翌一八七六年にジョーゼフ・ドレクセルが辞めたとき、ピアポントもそれに従いたかったが、なんとか思いとどまった。一種の使命感で商会につながれていて、それを断ち切れなかったのだ。この彼みたいに嫌々ながらかくも強大な権力を蓄積した者は、金融史上ほかに誰もいないだろう。

ピアポントは、生まれながらにしてウォール街を牛耳る器であった。一般大衆がモルガン一族のことをどう考えようとも、経済人たちは、一族の誠実な商売ぶりを高く評価した。同業のオーガスト・ベルモント一世は、ピアポントのことを「無愛想だが公平」な人間だと考えた。アンドルー・カーネギーは、一八七三年恐慌のときに自分の持っていた鉄道株をモルガンの手で売却してもらった一部始終をこう語る。

株は一万ドルで売れたが、ピアポントの店にそれ以前に五万ドル預けてあったので、合計六万ドルの払い戻しを求めると、ピアポントは、七万ドル返してよこして、あなたの持ち株を低く評価しすぎていたので、一万ドル余計に受け取ってもらいたい、と言い張って譲らなかった。

カーネギーも困って、「それじゃ、この一万ドルは私の心からのお礼だと思って受け取ってくれないか」と頼むと、ピアポントは「いや、せっかくですが、それはできません」と答えたという。

ドレクセル・モルガン商会の業界に占める地位は、一八七〇年代を通じて着実に上がっていった。一八七七年に議会の承認がこじれて遠い西部でアメリカ先住民のネパース族と戦っていたマイルズ将軍の部隊に対する給与支払いが止まってしまったときなど、時を得たりとばかりドレクセル・モルガン商会は、一%の手数料でお金を用立て、ピアポントを一躍兵士たちの人気者に仕立てた。一八七九年には、旭日昇天の勢いを駆って、オーガスト・ベルモントとロスチャイルド商会と組んで、南北戦争の負債の最後の借換債の発行に乗り出し、大成功を収めた。

ピアポントは、このようにロスチャイルド商会と肩を並べるにいたったことに感激するどころか、逆に、相手が思っていた通り高飛車に出たため感情を害された。引受けシンジケートを結ぶ際はいつでもロスチャイルドを加えるべきだ、と父ジューニアスがなだめればなだめるほど、すこぶる我の強いピアポントは一層譲らなかった。自分の義弟でロンドンのジューニアスのパートナーとなっていたウォルター・バーンズに彼が書き送ったように、「言うまでもないことだが、この問題でロスチャイルドとベルモントの連合勢力と取引きするのはきわめて不愉快で、なんとしても彼らを除外したいものだ」という気持ちだった。だが実際にはそれどころか、ロスチャイルド側は国際金融の将来に占めるアメリカの重要性をひどく誤算しており、それが取返しのつかぬしくじりだったことがのちに判明するのである。アメリカにおけるロスチャイルド商会の代理人、オーガスト・ベルモントは、ロスチャイルド側が「アメリカ経済の重要性についてまったく無理解」なのを嘆いた。かくしてモルガンなる星は輝きを増し、それから三十年以内にロスチャイルドとベアリングという両既成財閥を影薄き存在とするのである。

仕事の鬼だったジューニアスはそれまで、自分にかかってくる一切の激務をなかなか思い切れなかった。息子ピアポントは、父が六十歳になった一八七三年当時すでに仕事を減らすよう勧めて、「私と同じくらい休養を取る必要があると思いますのに、なぜ週に二日の休みが取れないのか不思議です」と書き送っている。

やがて老モルガンは半ば引退者の礼遇を受け始めた。一八七七年十一月八日、彼を主賓とするニューヨーク財界主催のデルモニコズでの夕食会に出席して、故国での最後の酒宴を楽しんだ。この心温まる会合には、のちの第二十六代大統領のシーアドア・ローズベルトら百人余りの名士が出席し、司会の元ニューヨーク州知事サミュエル・J・ティルデンがジューニアスに乾杯して、「旧世界の殿堂でアメリカの名誉を傷つけずに守った」と賛えた。ジューニアスはこれに応えて、自分の終生の使命はアメリカの悪口を一切言わせないようにすることだった、と述べた。当時のアメリカ人で、英国は育ちざかりのアメリカの面倒をみる義務があるなどと言う者は一人もおらず、アメリカ人はどのようにして英国人債権者のご機嫌をとるべきか、と言う者ばかりだった。だが、ジューニアスの息子ピアポントの代になると、この両国の金融的立場ははっきりと逆転することになる。

ピアポントの父との関係は、彼の人格形成に最も重要な役割を果たした。ジューニアスは、ひどく厳しいタイプの父親で、息子をほめることはあまりなく、厳格な基準ばかり設け、つねに精神的圧力を加えて自分の力で何でもやらせた。こうして厳しくしつけることで、つねに前より努力するよう自らを駆り立てても、結局は病気か疲労困憊か意気消沈状態に陥るしかない息子をつくり出した。ピアポントには、抑え難い目的達成意欲、極端な責任感、無秩序への嫌悪感など不屈の気性がすでにあったが、ジューニアスのしつけはこれらをさらに強固にした。モルガン一族は家父長を重んじ、反抗は一切許されず、尊敬あるのみだった。

だが表向きは厳しいその顔の下で、ジューニアスは、明らかにピアポントを熱愛していた。異常なほど厳しいしつけをしたのも、息子の才能を認めていたからこそであった。彼は一八七六年、ピアポントに気前のよい贈物——つまり当時の世界で一番人気の高かったと思われる、ゲインズバラ作の油絵『デヴォンシャー公爵夫人』を買ってやることを決めた。ロスチャイルド家がすでにその絵を入手せんとしていたので、ジューニアスは、ボンド・ストリートのアグニュー画廊に五万ドルを出しても競り落とす覚悟だった。ところが、競争入札が行なわれる前に、その絵がアグニュー画廊の店から盗まれ、一千ポンドの報償金を出しても取り戻せなかった。面白いことに、その絵が一九〇一年に再び現れると、ピアポントが三万ポンド（十五万ドル）で急いで買い取った。「真相が知れたら、私は気が狂ったかと思われかねない」と彼は述べたが、この途方もなく高額な絵は亡き父ジューニアスへの心からの尊敬のしるしだった。

ピアポントは一八七九年になって、やっと父の影から脱して大きな取引きを自分でこなし始めた。ニューヨーク・セントラル鉄道の株式二十五万株という、当時としては史上最大の株式公開の仕事を任されたのである。

同鉄道を創業した通称〝コマドー・バンダビルト〟ことコーニーリアス・バンダビルトがその二年前に八十三歳で亡くなり、約一億ドルの財産を残した。この人はアメリカ一の大金持ちとされ、その死によって同鉄道は、家族経営から株式公開への重大な転機を迎えた。自分の築いた鉄道王国を無傷に保とうとして、コマドーは、同鉄道株の八七％を長男のウィリアムに遺贈した。ウィリアムは、もう六十歳に近かったが、ぱっとせず、頭が鈍く、父コマドーからのろまとみなされて、いつも小言ばかり食い、当時はスタテン島の農園に追いやられていた。そういうわけで、ニューヨーク・セントラル鉄道の経営を託せるような二世教育を受けていなかったことは確かだった。

これに対して父コマドーは、十一の中小鉄道を合併して、総延長四千五百マイルのニューヨーク・セントラル鉄道をつくり上げた経営者である。その路線は、ニューヨーク市から北上してオールバニーに延び、そこから西へ進んで五大湖地方にいたり、内陸部を東部諸港につないでいた。このような強大な鉄道網が息子のウィリアム・バンダビルトの手に移るとなって、多くの人々は愕然とした。英国の政治家ウィリアム・グラッドストーンがバンダビルト家の顧問弁護士のチョーンシ・ディピューに書き送ったように、「君の国には一億ドルの資産があり、しかもそれを自由に現金に替えられるような人間がいる。一人の人間がそんな力を持つのは危険すぎるから、政府が取り上げるべきだ」という空気があった。そんな世間の批判のある、ぐうたら息子のウィリアム・バンダビルトでは、一般大衆を納得させるのに役立たなかったが、「一般大衆など放っておけ。おれはおれの株主のために働くのだ」と反駁した言葉を歴史書に残している。バンダビルト家の巨額な富は、こうして世間に不安を拡げ、企業の社会責任を問う声を引き出した。

ウィリアムについにニューヨーク・セントラルの持株を減らす決意をさせたのは、一八七九年のニューヨーク州議会の調査で経営の実態が喧伝されたためだった。この調査委員会が、ニューヨーク・セントラル鉄道が石油精製所に優遇運賃を認めた秘密取引を暴露するなど不利な事態になったため、その対抗策として、これはチョーンシ・ディピューの入れ知恵と思われるが、ウィリアムはモルガンに話を持ちかけた。その頃、ニューヨーク州が同鉄道から懲罰的税金の取立てに動き出していたので、ウィリアムに持株の大部分を処分させて少数株主にすれば、州議会の追及が和らぐかもしれない、と期待したのである。

一番の問題は、二十五万株もの大量の株式を相場を崩さずにいかにして処分するかで、この微妙な仕事をバンダビルト家が弱冠四十二歳のピアポントに任せることにしたのは、アメリカと英国の両国に店を構えるモルガン商会の性格に着目したせいだろう。モルガンを主幹事社に早速結成された引受けシンジケートは、以後一年間ないし引き受けた株全部を売りさばくまで、それ以上の株の放出を控えるよう、バンダビルト家に求めた。大量の株の一斉売却を隠蔽するもう一つの方法は海外各国で売ることで、ロンドンのJ・S・モルガン商会も手始めとして五万株引き受けた。英国の投資家がまだアメリカの鉄道のおかげで散々な目にあっていたうえに、さらに何十社もの鉄道がその年に倒れていたので、ジューニアスの売り込みは容易な仕事ではなかった。しかも、この〈金融王の時代〉は政府の規制がなく野放しだったから、株式目論見書などは馬鹿げたほどお粗末だった。たとえば、ニューヨーク・セントラル鉄道の目論見書は、仰々しい言い回しの割にあいまいで、「当社の信用状態は周知の通りであるので、改まって公言する必要はほとんどない」といった具合いだった。会社自体の情報がこんなに乏しかったため、株式を引き受けた銀行側の評判が絶対的にものをいった。

このニューヨーク・セントラル鉄道の株式売却には、明言されていない問題が一つあった。シンジケートが、あのジェイ・グールドらに四万五千株をとくに割り当てたのだ。いかがわしいグールドを一枚加えたのは、バンダビルト側のニューヨーク・セントラル鉄道とグールド側のウオーバッシュ鉄道との間の喧嘩に手を打つしるしだった。最初、バンダビルト側はこの喧嘩をこわがっていなかったが、グールド側がニューヨーク・セントラルのウオーバッシュへの乗入れを止めるぞと脅して、まんまとシンジケートに割り込んだわけである。

どういう手を使ったかわからないが、ともかく巨大な量のニューヨーク・セントラル株を売却し終えた、とピアポントが発表したとき、金融業界は唖然とした。その取扱い手数料は、三百万ドルの巨額にのぼった。それに加え、A&S鉄道の経営権争いを調停したときと同様、ピアポントは、ニューヨーク・セントラル鉄道の取締役の椅子を要求した。ジューニアスが語ったように、ピアポントはそうすることで「ロンドンの利益を代表する狙い」があった。アメリカの鉄道会社の追いはぎ的行為に苛立っていた欧州の投資家たちは、このときとばかり復讐しようとした。倒産、無配、乱脈経営など、アメリカの鉄道各社の詐欺的商法には、みんなほとほとあきれ果てていたのだ。だから、ピアポント・モルガンが重役に納まれば、アメリカの鉄道会社に責任ある行動をとらせる格好の武器になる、と考えた。かつてピアポントは、「君の鉄道だって！　とんでもない、君の鉄道は私の得意先の皆さんの所有物なのだ！」とある鉄道の社長を怒鳴りつけたことがあった。鉄道は絶えず設備投資の資金を必要とし、事業家一人の資力だけではもたなかったから、こうした銀行家の支配に屈する素地が十分にあったのである。

意図した通り、ウィリアム・バンダビルトの株式売却で、ニューヨーク州の厳しい追及の手は緩んだが、州側が予期しなかったのは、ピアポントがばらばらだった株を集めて、議決権を代理行使するという形で権力を再び効果的に握ったことだ。ピアポントは、ロンドンの株主の議決権を代理行使することのほかに、ニューヨーク・セントラル鉄道が年八ドルの配当を五年間続け、その配当支払いを行なう財務代理人にニューヨークとロンドンの両モルガン商会を充てることも要求した。やがてニューヨーク・セントラルは、モルガンの鉄道と化し、同社の株式は、モルガン商会が最も頻繁に推奨する株となるのである。

英国の債権者の利益をはっきり擁護する立場をとったことで、ピアポントは、自身を外国権益と一体化する危険な一歩を踏み出し、その政治的忠誠心が英国とアメリカのどちらにあるのか、一般大衆にはわけがわからなくなった。このときから以後ずっと、ピアポントは、ロンドンの銀行家たちの単なる手足との批判をしばしば浴び、「いわば植民地行政官で、英国の金融力のアメリカでの代表者だ」と言われた。モルガン商会の英国とアメリカの両国に跨る性格をめぐるこのあいまいさは、のちにアメリカ本国でかなりの被害妄想を助長するだけでなく、モルガン帝国そのものの内部にも主体性の危機を生み出すもとになるのである。

ともあれ、ニューヨーク・セントラル鉄道の問題でウォール街が沸いているというのに、ピアポントは、ちっとも喜んでいる風はなく、意気揚々どころか、疲れ果ててがっくりしていた。そしてまたもや仕事から手を引く考えが頭をもたげてきた。一八八〇年に従兄弟のジム・グッドウィンに宛てた手紙を見ると、彼が自身を大多数の投資家の利益代表とみなし始めていることがはっきりわかる。手紙の一部を引用すると、こう書いている。

私は非常に苦しんでいる……私の健康はこれまでの何回かの冬のときよりましなのだが、それでものんびりしている暇などない。私自身だけに関係する問題にすぎないのなら、すぐに問題を解決したいのだが、自分以外の多数の人々の利害が私の肩にかかっているので、そうすることもできない……。

ピアポントは、個人生活の面では肺病を病むミミと結婚したり、商売の面では「ロンドンの利益」を守ることに使命感を抱いたりしたので、彼に〝救済者コンプレックス〟を見てとる評者が数多い。このはっきりした自己犠牲観のせいで、他人の批判に対し非常に敏感になるとともに、本当の自分が認識できなくなりもした。もっと極端な場合には、自己犠牲観のせいで誇大妄想を招く恐れがあった。誇大妄想に陥ると、本当の目的が利己的なものであっても、もっと高尚な目的を唱えて、きわめて容易にうわべをごまかせたからだ。とはいっても、彼がまったくの利己的動機だけから行動した例はなく、当時の大部分の銀行家よりも幅広い社会的関心を持っていた。将来、モルガン一族を熱心に支持する人々は、同商会の高い倫理基準と公正だという定評を賞賛するだろうが、批判的な人々は、その自己満足的な言辞を殊勝げな偽善的な発言とみることだろう。そしてのちには、両者の言い分がともに正しかったことがわかるのである。

第四章　コーセア（海賊）号

一八八二年当時、ピアポントは年間五十万ドルほどのお金をもうけていたので、モルガン帝国内部の力の均衡は、ロンドンからニューヨークへ傾き始めていた。自分たちの新しい財政的地位を示すために、ピアポント夫妻は東四〇丁目通りの家を売って、三六丁目通りの北東角のマジソン・アベニュー二一九番地の褐色砂岩造りの邸宅を買った。ここは旧邸のあったところと同じ住宅街のマレーヒル界隈で、まだあまり家が立て込んでおらず、居ながらにしてイースト・リバーを見通せた。実業家たちがぜいたくにふけり、どこを見ても物欲むき出しで、すべて豪奢に走る当時としては、モルガン邸は、堂々とはしていたが、簡素だった。天井の高い、マホガニー材の鏡板を張った書斎のど真ん中に、ピアポントはどっしりとした大きな机を据えたが、その有様はマーチャント・バンクのパートナー執務室を思わせた。そこは非常に無気味な、薄暗い場所だったので、十二人いた召使いたちが「陰気な書斎」と呼んだほどだ。

モルガン邸の目新しい特徴は電気を使った点で、ニューヨークの個人住宅で電灯を用いたのはここが最初だった。ピアポントがこの新しいエネルギー源に関心を持ったのは、トマス・アルバ・エジソンが一八七八年に、モルガンらの出資を得てエジソン電灯会社を始めた、という取引関係からだった。ダウンタウンにあるドレクセル・モルガン商会を会場にして、エジソン電灯会社の会合が何回か開かれ、一八八二年には同商会がウォール街では真っ先に近くのパール・ストリートにあるエジソンの発電所から電気を引いた。ウォール・ストリート二三番地の同商会の点灯式には、エジソン自身がダブルのフロックコートで正装して姿を現し、同商会に個人口座を開いた。

ピアポントが家を買い替えてもなお古くからの住宅街マレーヒル地区にとどまることを決めたのは、にわか成金《ヌーボー・リーシュ》を軽蔑するモルガン一族の性格をよく物語っていた。彼がその界隈に居を定めたとき、いわゆる〝上流階級〟はもうすでにそこより北のアップタウンに移りつつあり、五番街に沿って、自己宣伝癖の強い大実業家たちが、欧州のシャトーからところどころかっぱらった様式の、派手で俗っぽい御殿を競って建てていた。たとえば、五一丁目通りと五二丁目通りにまたがって、きざっぽく不様にそびえていたのは、例のウィリアム・ヘンリー・バンダビルトの豪邸だったし、ウィリアムの息子のコーニーリアス・バンダビルト二世の御殿は、五七丁目と五八丁目通りにかけて建っていたが、現在はその跡をバーグドルフ・グッドマン百貨店が占めている。

伝記作家のマシュー・ジョーゼフスンは、南北戦争後から一八七三年恐慌頃までの〝金《ギル》ぴか時代《デド・エイジ》〟の成上り者根性を次のように描写している。

有名なレストランのデルモニコズでは、社交界の名士たちのシルバー・ディナー、ゴールド・ディナー、ダイヤモンド・ディナーが絶えることなく次から次へ続いた。ある夕食会では、列席のご婦人たちが各自のナプキンを広げると、招待者のモノグラム入りの純金のブレスレットが出てきた。別の夕食会では、百ドル札で巻いたタバコが、コーヒーの出た後で招待客の間に回され、相当なスリルを感じながら吸われた……ある者はつれてきた飼犬に本格的なディナーを与え、一万五千ドルもするダイヤモンドの首輪をつけさせた。全部で二万ドルかけたある夕食会では、それぞれの招待客が生ガキの殻をあけると、中からすばらしい黒真珠が現れた……。

コネチカット州生まれのヤンキーとロンドン育ちの貴族の気質の混じり合ったモルガン一族としては、もっぱら放縦に走るのを避け、一族の生活が新聞種になるのを防いだ。欧州の大手銀行一門と同様、モルガン一族も非常に秘密主義だった。ピアポントは、おかしいほどプライバシーを気にしたので、写真を撮ろうとするカメラマンにステッキを振るいながら怒鳴りつける、シルクハットをかぶった財界巨頭、といった固定観念を一般大衆の間に生み出した。彼は十九のクラブの会員だったが、ほとんどはアングロサクソン系キリスト教徒に限られており、そうした古い家系のお金持ちたちと交際するのを好んだ。また、新しいクラブをつくるのが好きで、メトロポリタン・クラブを設けて初代会長に納まり、ミリオネアズ・クラブの異名を奉られた。

ピアポントにとって、紳士とは、金持ちではなく一定の社会階級の一員を意味した。彼がヨット遊びについて述べた二つの発言があるが、それが彼の基本哲学をうまく要約している。第一は「商売は誰としてもよいが、帆走は紳士としかしてはいけない」であり、第二は「ヨットの維持費を問題にするような人間にはそれを買う資格はない」である。彼は、成上り者を嫌い、クラブや酒場で女性を追いかけ回す、金持ちの若い道楽者たちを軽蔑した。モルガン一族は、つねに勤勉さと金持ちたる者の義務感を強く意識して、社交界の名士ウォード・マカリスターが本当にお金持ちの数に入るのは「わずか四百人ほどだ」と述べた言葉に代表される、鼻持ちならぬ上流社会とは一線を画していた。

ピアポントはもったいぶっていて、自分より年上の落ち着いた老人たちとチェスやカード遊びをするのが好きだった。そして、古くからの慣習を重んじ、つねにその折々にふさわしい服装を守り、たとえば、冬は山高帽子、夏はパナマ帽といった具合いだった。「外面的にも内面的にも、モルガンは伝統的な昔のロンドンの銀行家の姿を再現していた」とアリグザンダー・デーナ・ノイズは書いている。店で執務机の前に座る彼は、堅いウイングカラーにアスコットタイを締め、糊のよくきいたシャツを着た正装で、几帳面な銀行家のお手本みたいだった。上着を脱ぐのは、うだるような暑さの日だけに限られた。父ジューニアスと同様に、自身をマーチャントと呼び、店を会計事務所と称した。

ピアポントは一八八〇年代初め頃から、それまでの元気のよい、たくましい青年実業家から、いかめしい容貌とふくらんだわし鼻をした、かっぷくのよい財界大御所に変身した。いまや四十代に入り、髪や眉毛に白いものが混じり始めたが、まだ天神ひげを蓄えていた。若い頃から悩みの種だった紅斑性痤瘡が鼻に根づいて、ウォール街の噂にのぼるほど大きな赤鼻となっていた。それは、長年のうちに崩れてカリフラワー状の肌になってゆく。この鼻とピアポントの激しやすい気性との間に関係があるとみる人は多い。この鼻が情緒不安定と社会的な落着きのなさの一因になっていたのは確かで、その照れかくしのために怒鳴ったり暴君的な態度をとったのだろう。

鼻とともに、腹も出っ張ってきた。ピアポントは、一日の仕事が終わるとみんなと一緒にテニスをするよりは、むしろクラブでカード遊びをするのが常だった。たまに亜鈴を上げることはあったが、一八八〇年代末にある医者から、「どんな形の運動でもお止めなさい。歩くのも止めて、できるだけ馬車を利用しなさい」と勧められた。医師のその助言を忠実に守る一方で太巻のハバナをすぱすぱとやり、昼間は絶対に禁酒した――モルガン系の各銀行は、伝統的に昼食にアルコール類は一切出さない――ものの、夜になると節制した分余計にがぶがぶ飲んだので、当時の金融界の大物並みに胴回りが太り始めてきた。

また、マーチャント・バンカーとして顧客と交際を深めなければならなかったので、ピアポントの毎日の仕事には当然、交際や接待がつきものだった。のちにベアリング商会のある会長が述べたように、「この商売のこつの一つは、お客にしようとする人々と仲よくやっていかないと、自分が締め出されるだけだということだ」。そういうわけで、ピアポントは絶えず騒がしい夕食会や社交活動に追われていた。

こうした仕事上の無理のしわ寄せが、彼の結婚生活に現れてきたが、夫婦の間はそれ以前にすでに冷たく、形骸化し始めていた。夫人のファニー・モルガンは、非常に内気な人で、マーチャント・バンカーの奥さんの義務である社交的な務めを果たす気がまったくなかった。むしろ家庭内で読書を楽しんだり、親しい人々とおしゃべりするのが好きで、にらみつけるような鋭い目のピアポントよりもずっと子供たちや孫たちに人気があった。あまりにも似た者夫婦だったためにうまくいかなかったのだ、とみる人々もいる。二人とも傷つきやすい性格で、いつも神経が張り詰めていて、しかもふさぎ込みすぎるたちだったので、お互いに慰め合う余地がたいしてなかった。ファニーは、憂うつ癖に落ち込んだ夫を元気づけなかったし、ピアポントにすれば、いうまでもなく仕事が忙しすぎて妻を顧みる暇がなかった。この形ばかりの、便宜的な結婚生活は、ミミとの最初の純愛結婚の反動と考えられるが、いまやちっとも実際の役に立たぬものと化してしまったのである。

父ジューニアスがニューヨークでの歓迎夕食会に出席してロンドンに帰った翌年の一八七八年から、ピアポントの毎春恒例の海外旅行にファニーは同行しなくなった。そのため、ピアポントは、娘の一人を代わりにつれてヨーロッパ旅行に出掛けるようになり、毎年、何カ月か夫婦別々に生活する習慣が生まれた。このヨーロッパ旅行は、仕事と楽しみを兼ねたもので、旅行を口実に彼が不貞を働くこともあった。別居生活が長びいても、公の場では妻の体面をきちんと守ったが、年月が経つうちに、ファニー夫人の方は、だんだん気難しく、病人みたいになり、悩みをとりわけ息子のジャックに打ち明けるようになった。

ピアポントは、愛情のない結婚を甘受できるような類いの人間ではなかった。ミミに捧げた純愛でわかるように、非常にロマンチックな性格だった。ミミと結婚した日や死んだ日には、毎年、コネチカット州フェアフィールドまで行って、その墓参をしたほどだ。人を寄せつけないときの彼は、誰とも分かち合えない深い絶望感を一人で持ち歩く、まったく孤独な人だった。結婚生活がかくも不幸であったがために、彼は、商売成功の楽しみを味わうことも拒否して、一層深く仕事にのめり込んでいったのだろう。

ピアポントの慈善活動における交際関係も、彼の取引関係と同じくらい幅広かった。慈善寄付をする対象は宗教、文化、教育活動が主で、社会福祉組織には関心がなかった。貧困という社会問題の解決には努めず、民間のエリート団体の育成強化を望んだ。たとえば、メトロポリタン美術館の設立当時の後援者だったし、メトロポリタン歌劇場のボックス席を一つ持っていた。また、父ジューニアスのパートナーとなったS・エンディコット・ピーボディの息子の牧師が、大学進学者向けのグロートン校を設けるためにボストン郊外に九十エーカーの土地を購入する際に資金援助した。英国のラグビー校にならって、この進学予備校《プレップ・スクール》は、善良にして、男らしい、クリスチャンの性格を持つ学生を育成する予定だったが、皮肉なことにここは、モルガン財閥の最大の敵——フランクリン・デラノ・ローズベルト大統領を生み出した。

めったになかったが、ピアポントが貧民救済にお金を出した例が一件ある。一八九三年のことだが、友人にして主治医のジェームズ・W・マーコー博士が彼に、安アパートの台所で移民の母親と赤ん坊の命を救う応急手術をしてきたところだ、と話した。これを聞いたピアポントは、百ドル札を三枚、数えながら差し出して、「その人に適切な処置をしてやってくれ」と博士に手渡した。そのうちにマーコー博士が彼を説得して、貧しい妊婦専用の産科病院を新設するために百万ドル以上もの資金を出させた。

しかし、ピアポントの関心を最も奪ったのは、英国国教会派に属する聖公会であった。宗教は、美、秩序、社会階層、伝統崇拝、華麗、威風を重視する彼の価値観と一体であるとともに、彼の仕事の原動力となる倫理観、アメリカの取引慣行を怒る彼の心の奥底にひそむ倫理観を必然的に伴うからだった。それに、彼の母方の祖父は伝道者であったし、父ジューニアスはいつも警句風の説教口調で商売上の教訓を垂れたものだ。

ピアポントとファニーのモルガン夫妻は、毎日曜日は宗教に捧げて、昼はピアポントが一八六八年から教会委員を務めるスタイヴァサント広場のセント・ジョージズ教会の礼拝に出席し、夜は賛美歌を歌って過ごした。ファンダメンタリストだったピアポントは、聖書に書かれたことをまるで子供みたいに文字通り信じて疑わなかった。後年、自分の司書のベル・ダ・コスタ・グリーン女史に、自分は聖書の一字一句をそのまま信ずる、と述べているし、ウィリアム・ローレンス主教とナイル川下りをした際、赤ん坊のモーセがナイルの岸の葦の茂みの中から拾われたその場所を指摘して、聖書に述べられた通りモーセはここで拾われたのだ、と主張した。このように物事をまともに信じ込みやすい性格から考えると、彼がオカルトに凝っていたというのも驚くに当たらない。たとえば、占星術師のエヴァンジリーン・アダムズに長年、政治から株の相場まであらゆるものについて自分の星を占ってもらっていた。息子のジャックが生まれたとき、その子の天宮図が不況を連想させる深紅の十字を示したが、これがモルガン一族にとって適切な予言となり、一九二九年大恐慌をうまく切り抜けたのである。

一八八三年、ケンブリッジ大学出身で弱冠三十三歳のウィリアム・S・レインズフォード師がセント・ジョージズ教会の教区牧師となると、教会を大衆のものにして貧しい人々にも開放したい、とピアポントに訴えた。彼が「承知した」と答えたので、レインズフォード師は、教会の会衆席に貧しい人たちを迎え入れた。そのうちに二人は非常に親密になり、マジソン・アベニュー二一九番地のモルガン邸で毎月曜日に朝食をともにするほどの仲になった。

ところが、レインズフォード師は、いつもモルガン邸の例の「陰気な書斎」で会合している教会委員の拡大と大衆化を図ろうとして、ピアポントと面倒なことになった。同師のこの考え方は、大衆とは距離を置く慈善活動を重視する彼の信念に逆らうものだったから、「教会委員の大衆化は望ましくない。私の家の書斎での会合をお願いできて、しかも自腹を切って教会の赤字をうめられるような紳士の集まりのままでありたい」と彼はそっけなく答えた。そして、教会委員幹事の辞任状をレインズフォードに送ったが、相手は頑固に受け取るのを拒んだので、二人は恒例の月曜日の朝食会を気まずい空気で何週間か過ごすことになった。このよそよそしい関係がしばらく続いた後、ピアポントが欧州へ旅立つ前にレインズフォードを自宅に招き、相手を抱き締めて、「レインズフォード君、私のために祈ってくれ、私のために祈ってくれ」と大声で言った。この大げさな悔い改めで、両者の反目は終わった。

レインズフォードは、ピアポントの信仰について、「信心とはあの人にとって家宝みたいなものだった。ロシア人が一家の主人にあいさつする前にその家の〝聖画像《イコン》〟に頭を下げるように、信仰に頭を下げる」と興味深いことを述べている。また彼から見れば、ピアポントにとってキリスト教とは、積極的な改革の精神ではなく、古来の美の宝庫であり、古めかしく不変であるが故に力強いものであった。レインズフォードは、ピアポントが熱烈な信仰心とまっすぐな心の持ち主だったとして、「あの人が何か発言するとき、発言しながらこちらの目をじっと見つめるとき、あの人の言うことを疑うことはできなかった」と語る。六十年近く鉄道会社の社長たちと産業界の大立者たちの目を射すくめてきたのは、まさにこの目つきであった。

ピアポント・モルガンの毎日は、鉄道の仕事で縛られていたが、鉄道よりも強く心を魅かれていたものとして海があった。当時のお金持ちの間では、専用鉄道車両を持って見せびらかすのが普通だったが、ピアポントは絶対に持たず、意気消沈したときとか、仕事の不断の緊張から逃れるときは、海が何よりの薬だった。ニューヨークの上流階級の間でヨット所有が流行ってくると、一八八二年にコーセア（海賊）号という最初の大型外洋ヨットを購入し、ニューヨーク・ヨット・クラブの会員になった。

彼の結婚生活の崩壊が初めて明らかになった直後にコーセア号を買ったのは、きっと偶然ではないだろう。このヨットは、ファニー夫人や子供たちにもまさる社交の道具立てとなったし、のちには数々演じられた飲めや歌えやの船上パーティの物語の主役となる。コーセア号のあったおかげで、形式的な結婚生活の堅苦しい束縛から解放され、無茶な生活を楽しめた。たとえば、コーセア（海賊）・クラブと称する友人仲間をつくり、これを出しに女性たちをひそかに船内に連れ込んだり、ヨットを別荘代わりにして、船上で夕食をとったり、マンハッタン沖に停泊中は寝泊りもした。

コーセア号の購入と時期的に同じ頃、ピアポントは、鉄道専門の金融業者であるだけでなく、鉄道各社間の経営紛争の調停役となり、仕事上の新段階を迎えた。その面でヨットは、紛争解決の密議の場所、スパイの目を避けるのによい場所として役立った。これが最もよく実証されたのが、一八八五年にウェスト・ショアという小さな鉄道をめぐってペンシルベニア鉄道とニューヨーク・セントラル鉄道の両社間で紛争が起きたときであった。

ピアポントがこの件に関わり合ったのは、個人的な行きがかりもあった。一八八二年のことだが、ハドソン川左岸にある自分の別荘の下で新しい鉄道工事が始まり、荒くれどもの工事人たちが子供たちを怖がらせるうえに、爆破工事の音が別荘の窓ガラスを震わせ、静かだった一帯が騒々しくなり始めた。

これがウェスト・ショア鉄道で、当時の鉄道の厄介者――つまりゆすりたかり鉄道であった。ゆすりの技に長けた者が、既存鉄道に買い取らせるだけの目的で並行した路線を敷く例がよくあった。鉄道はおのずから独占事業であって、直接の競争相手がたくさんいたら成り立ち得なかったから、小物の競争相手に簡単に脅かされる素地があった。このウェスト・ショア鉄道は、ハドソン川の反対側を走るニューヨーク・セントラル鉄道に並行して川の西岸をさかのぼり、バッファローまで延びていた。ウェスト・ショアの背後で強大なペンシルベニア鉄道が糸を引いているのは周知の事実だったので、ニューヨーク・セントラル側はその報復措置として、フィラデルフィアからピッツバーグまでペンシルベニア鉄道と競合するリウス・ペンシルベニア鉄道なる新路線の建設に着工した。

やがてウェスト・ショアとニューヨーク・セントラルの両鉄道間で激しい運賃値引き競争が始まったおかげで、両社とも株価と社債価格ががた落ちし、ピアポントの競争嫌悪感をいっそう強める結果になった。鉄道の資金調達を手掛けていた金融業者たちにとっては、時期もまずかった。一八八三年の株相場暴落のさなかで、アメリカの鉄道株をめぐってロンドンはパニックに近い状態にあり、こうした鉄道各社間の経営紛争を意のままに調停できる金融界の帝王の登場を待望する声が次第に高まっていた。ロンドンで父ジューニアスが唖然として見守るうちに、ニューヨーク・セントラル株は、発行以来初めて額面を割り、配当が半分に減らされた。一八八五年初め、ピアポントは、父ジューニアスと相談するためにロンドンに渡り、「愚かなトップ争い」のせいでアメリカの鉄道各社が共倒れしかねない内輪もめに陥っている、と二人で慨嘆した。同年春には、ウェスト・ショアがついに管財人の手に渡る一方、財政難に陥ったニューヨーク・セントラルも大事な保線作業を繰り延べざるを得ないほどになった。

アメリカの著名な資本家が競争を重視する自由市場経済の不倶戴天の敵だったとは異様に思えるが、十九世紀末当時の鉄道各社の乱脈経営からすると、当然の結果であった。ピアポントは、鉄道の技術的な面の知識はほとんどなかったが、ニューヨークとロンドンで売られた鉄道社債の金利負担という固定費を賄うのに着実な収入が必要だということだけは、しっかり承知していた。一八八〇年代半ばの鉄道運賃の下げ足は、猛烈な値引き圧力に押されてひどいものだった。ついにピアポントは意を決して「大事な打つ手としては、ペンシルベニア、ニューヨーク・セントラル両鉄道の融和を図ることしかない」と考えた。

一八八五年七月二十日の蒸し暑い朝、ピアポントは、万事を取り仕切る才を発揮して、アメリカの二大鉄道会社の和解のお膳立てをした。例のコーセア号にニューヨーク・セントラル側のチョーンシ・ディピュー社長とペンシルベニア側のジョージ・H・ロバーツ社長、フランク・トンプスン副社長を乗せ、ハドソン川を上り下りした。その間、ヨーロッパの投資家たちがアメリカの鉄道各社の現状に腹を立てている点を強調したが、主として当事者間で論議するのにまかせた。全般的に、彼が用いた交渉策略は二つあった。第一に、いわば〝出口なし〟の状況をつくり出し、さらに競争相手同士にともにデッドラインに直面しているとの強迫観念を植えつける——緊張を高めて当事者の気力を削ぐ一種の戦法である。第二に、みずからはほとんど発言しないで、誠実なる仲介者の役割に徹し、対立者自身にそれぞれの怒りを思う存分にぶちまけさせた。ピアポントは、生まれつき無駄口をきかない、ぶっきらぼうな性格で、じっくり物事を分析する才はなく、突然のひらめきで事を片づけるのが得意だった。ある弁護士が述べたように、「モルガンには、一つの大きな知的財産――思考を五分間集中できるものすごい力があった」。その日の夜七時に話し合いが終わって、両社の当事者がヨットを降りたときには、互いに相手の競合路線を買い取り、互いに破滅的な戦いはやめる、との合意ができていた。

新聞各紙は、この一八八五年の二大鉄道取決めの仕掛人を名士扱いしてもてはやし、取決めは海賊盟約《コーセア・コンパクト》とも呼ばれた。ピアポントがこんなにも素晴らしい離れ業をやってのけたので、あまり人を賞めたことのない父ジューニアスでさえ、ファニー夫人に「ピアポントは、私以上に手際よくウェスト・ショア鉄道事件を処理した」と語ったほどだ。ピアポントは、このとき四十八歳だった。またも彼は産業界のもめごとをまとめる任務を果たしたわけだが、後年、この種の仕事は裁判所や政府各委員会の手にまかされることになる。だが、〈金融王の時代〉のこの乱世では、企業間の競争があからさまで、しかも無茶だったうえに、各社が共通の問題を協議できるような業界団体がなかったから、銀行家が第三者として介入することができたのである。ピアポントは、腕っききの弁護士たちをよく使ったものだが、それでも彼が好んでとった紛争調停のやり方は――密約、ブランデーや葉巻を口にするくつろいだ雰囲気での握手、クラブの部屋でフロックコートと堅いカラーの正装姿で銀行家同士がする誠意ある立ち話など——英国式だった。モルガン一族は、あまり訴訟好きではなかった。ある鉄道会社の紛争のとき、ジューニアスは息子に、「訴訟を起こす気になど絶対になってはいかん。そんなことをしたら、命が縮まる」と書き送っている。

鉄道各社間の流血の戦いは一八八〇年代に激化したが、何社かは破産を辛うじて免れた。一八八六年にドレクセル・モルガン商会は、フィラデルフィア・アンド・レディング鉄道という大きな鉄道会社を再建した。これには、同鉄道にかかる負担を軽減するために、低利の借換債の発行とその株主への割当てが必要になった。同鉄道はこうして立ち直ってから、モルガンの商売仇のA・アーチボルド・マクラウドなる者に買収されたが、この男はのちにモルガンに勝手気ままに盾突き、モルガンの支配下の各鉄道の縄張りを侵した。この苦い経験から、以後、モルガンは、自分が再建した会社の支配権は絶対に手放すまいと決意することになる。

当時のアメリカの鉄道経営の根本的な弱点は、鉄道会社の乱立にあり、運賃引下げと賃金引下げという際限ない悪循環に迫られ、毎日借金の利払いに追われていたことである。それと同時に、鉄道各社からすれば巨大な力を持つ、最大の得意先——とくに石油業界のロックフェラーと鉄鋼業界のカーネギー——が大型荷主に対する運賃の優遇割引を迫り、これが西部の農民や中小企業主の反発を買い、政府規制を求める声を刺激した。鉄道独占の象徴的存在だったピアポント・モルガンにとって、完全なる自由競争は決して好むところではなかった。何年かのちに彼は、「鉄道各社間の競争によって国民の利益が守られるといった、とてもありえない考え方は、五十年以上も前に捨て去っておくべきだった」と述べている。これからも本書で繰り返しお目にかかるだろうが、モルガン財閥はつねに、市場競争よりも政府規制、その両者よりも民間の自主規制を支持していたのである。

一八八七年、合衆国連邦議会は州際通商法を成立させ、これに基づいて自由競争を政策指針として掲げる一方、問題の多い運賃割引をなくす、州際通商委員会という最初の政府規制機関が発足した。この法律の支持者は、中小規模の荷主から鉄道会社自身まで幅広く、とくに鉄道会社は、政府規制やむなしとこれを受け入れ、これが適切な形で運用されれば、焦眉の急だった業界の安定がなんとか達成されるのではないかと期待した。ところが、六カ月もたたないうちに、運賃割引が再発した。そこで鉄道各社の首脳たちは翌一八八八年、ピアポント・モルガンの後押しのもと、州際通商委員会の枠組みの上に独自の自主規制を敷くことに決めた。

同年十二月のことである。新聞記者たちがモルガン邸のまわりに張り込んでいると、鉄道各社の社長や銀行家が続々と邸内に消えていった。やってきた人々の中には、ユニオン・パシフィック鉄道のチャールズ・フランシス・アダムズや、ミズーリ・パシフィック鉄道のジェイ・グールドらがいた。邸内では、書斎のテーブルの上座に座ったピアポントが、冒頭のあいさつをこう述べていた。「本日の会合の目的は、皆さんが不当な損害を受けたと思われたときに、もはやてんでんばらばらに勝手な対抗措置をとらないよう、お願いすることにあります……こういう事態は、他の文明社会では通例となっておりませんし、こうした慣行が鉄道業界で今後も続いてよいという理由は何も存在しません」。

ピアポントはそう前置きしてから、鉄道各社が激烈な運賃割引競争を自粛するなら、金融業界側も競争し合う各社の引受け業務を控える、という協定を鉄道側に提案した。ウォール街が鉄道側の無責任な行動を非難したのに対し、鉄道側もウォール街が株券、債券を発行しすぎて過剰投資を生み、運賃競争のもとをつくったと責めていたので、これは賢明な妥協案であった。一八八八年十二月のこの会合で、現行運賃を六十日間維持したのち、再びモルガン邸で会合する、との紳士協定が成立した。

翌一八八九年一月にピアポント邸の例の「陰気な書斎」で開かれた第二回会合で、鉄道各社全体を自主規制する巨大な中心組織——州際通商鉄道協会を設ける案が出された。この巨大組織は、運賃を定め、紛争を調停し、違反する鉄道に罰金を科する一種のカルテルで、ピアポントがその最高責任者に納まることになった。ニューヨーク・サン紙はこれを「鉄道経営方式の革命に近い」と評したが、新しい業界組織は、西部の運賃競争に押されて、やがて空中分解してしまった。

ピアポントは一八九〇年十二月十五日、業界安定化をめざす最後の切札として、東部だけでなく、イリノイ・セントラル、グレート・ノーザン、ノーザン・パシフィックなど中西部の鉄道会社の首脳たちも集めて、会合を開いた。そこで西部交通協会の設立案を出したが、この協会には各社から取締役一名が代表として参加し、統一運賃を決めて、これを出し抜く社は除名する定めだった。ピアポントは、この案にいたくご満悦で、いつになく人前でも率直に喜んで、「さあ考えても見給え――これでシカゴやセントルイス以西の競合関係にある鉄道すべてが、約三十人ほどの人間の管理下に置かれるのだぞ！」と記者たちに語った。この発言はまったく無邪気だが、危険なほど現実をよく認識していない。ピアポントは、自身が何事につけても公正かつ善良に判断する性格だったあまり、アメリカ経済の大きな部分を占める鉄道が自分の個人的な支配下に入る危険がわからなかったのである。ニューヨーク・ヘラルド紙がさっそく「鉄道王、巨大なカルテルを形成」と騒ぎ立てた。そして間もなく、この案も立ち消えになる。

要するに、これら一連の紳士協定は、これまでの数々のカルテルと同じく歴史的な宿命をたどったのである。カルテル非加盟の中小鉄道が運賃割引に走り、大手競争相手の裏をかき、新しい顧客を獲得するのを規制できなかった。このようにこそこそと出し抜かれても、取り締まる手段がないため、紳士協定はやがてご破算になったのだ。当時としては途方もなく大きなピアポント・モルガンの権力をもってしても、多すぎる鉄道各社が少なすぎる利用客を追い求めて、手にあまる負債を背負い込むという鉄道業界の構造的問題をなんとも解消できなかった。一八九三年の恐慌で破産する鉄道が多数出てきたとき、ピアポントは、多数の社の再建に乗り出すが、今度は秩序を回復するために問題の多い新しい再建方法を用いることになる。

この段階のピアポントの生活を見ると、彼の本当の欠点が金銭欲ではなく、権力欲であることがよくわかる。これは病的な権力欲、つまり弱い者いじめをして自分だけ一人が悦に入るといった欲望ではなく――その気は多少あったものの――自分で滅茶苦茶な状態にあるとみる金融界の現状に取り組み、これを正さんとする意欲であった。悪徳資本家《ラバー・バロン》と呼ばれた、十九世紀末の数ある搾取的金融業者のうちで、彼だけは、極端な倫理観に取り憑かれた変わり者だった。他のみんなが物すごい迫力と速度で進む経済の変化に面食らっているときに、自分だけは時代の抱える諸々の問題をうまく解決できる、と確信していたのである。

このようにして新しい権力がモルガン財閥に生じて、同財閥がアメリカきっての銀行にのしあがったとき、非常に厳しい責任がピアポントの双肩にかかってきた。それでも、彼の店は従業員わずか八十人という手薄さで、ピアポントの下には常勤の秘書すらいなかった。父ジューニアスは息子に、あまり身を粉にして働きすぎるな、と相変わらず忠告し続け、「どんなに頑健な人間でも、この二年間のお前みたいだと体力や精神力がもたない。本物の休息をきちんととらないと、遅かれ早かれその報いがくるよ」と書き送った。

一八八〇年代末になると、健康の衰えを感じ始めたジューニアスは、だんだん仕事から手を引き始めた。モルガン一族物語の初代に当たるジューニアスは、もうその頃すでにロンドンでは最も影響力を持つアメリカ人銀行家にのしあがり、ベアリング、ロスチャイルド両財閥と肩を並べて国際的な——たとえば、エジプト国立銀行、ロシアの鉄道、ブラジルの各州政府、アルゼンチンの公共事業などを相手の——各種の資金調達に参加していた。健康にどんな問題があろうとも、はた目には盤石のように揺るぎない存在感があり、タイムズ紙が「年齢の割には元気で精力的な人だ」と書いたほどだ。

一八八四年、ジューニアスの夫人、ジューリエットが六十八歳で亡くなった。好きで集めた陶磁器の犬たちに囲まれて晩年を過ごした夫人は、モルガン一族のそつのない言い方によれば、「誰も見分けがつかない《コンフューズド》」状態で、二階の自室に閉じ籠もりきりだった。夫人の死後のジューニアスの淋しさを慰めたのは、週に二回くる息子ピアポントからの手紙と一族の者たちからジャックと愛称された孫のJ・P・モルガン二世の訪問だった。ジャックは、祖父を尊敬し、プリンセスゲート一三番地のジューニアス邸の英国式の格式張ったところがとくに好きだった。ジューニアスは、相変わらず息子のピアポントを愛していて、ピアポントが南フランスの別邸に自分を訪ねてきた後で、「ピアポント一家が今日去った——家内がひっそりしている——みんなが帰ってしまって、ひどく淋しい」と記している。

何とかかんとか言っても、こうした家族の見舞いは、彼の大きな楽しみだった。ジューニアスは、冬は地中海の眺めの素晴らしいモンテカルロのヴィラ・アンリエッテで過ごし、友人たちと会食し、午後は馬車に乗ってあたりをひとまわりした。一八九〇年四月三日の午後、いつものように馬車で遠出したが、馬が突進してくる汽車に驚いて、石の積み重ねられた山に馬車が突っ込み、ジューニアスは、壁に強く叩きつけられて脳震盪を起こした。五日間、意識不明だったのちに亡くなった。体力が徐々に衰えて亡くなるより、このように一瞬にして死に見舞われた方が、むしろよかっただろう。タイムズ紙はその死亡記事のなかで、ジューニアスは生涯病気らしい病気をしたことがなかった、と述べた。それにしても、田園風景を騒がす汽車の轟音がロンドン有数の鉄道資本家の一人の命を奪ったとは、奇妙な符合と言わざるを得ない。

ジューニアスは、故郷アメリカのコネチカット州ハートフォードのシーダーヒル墓地に埋葬された。息子ピアポントは、この傑出した古強者にふさわしい葬儀を考え出した。葬列の進路に沿ったハートフォードの商店街は店を閉ざす一方、州議会議事堂には半旗が掲げられた。のちにジューニアスのためにハートフォードのワズウォース美術館にモルガン記念館を建てたときの、ピアポントの献呈の碑には、「マサチューセッツ州に生まれ、ハートフォードで貿易商となり……のちにロンドンで金融資本家となりしジューニアス・スペンサー・モルガンを心からしのんで」と彫られている。

ピアポントが生前の父にどんな憎しみや反発を抱いたとしても、一切はこの巨大な記念碑的建物の下に埋められた。亡き国王を悼んだハムレットのように、父ジューニアスを敬ったピアポントは、その死から十二年かけて、モルガン記念館を設けようと、ハートフォードのワズウォース美術館周辺の土地を買い集め、工費百四十万ドルをかけて英国ルネサンス様式のピンクの大理石造りの建物を建てたのだ。また、自邸の書斎のウェスト・ルームの赤いダマスク織の布壁の上の一番目につく所に、ジューニアスの肖像画が、幼きキリストを抱えた聖母マリアの絵画に囲まれて掲げられることになる。このマジソン・アベニュー邸が小火《ぼや》を出した直後、何を真っ先に運び出すか、と質問されたピアポントは、ためらうことなく「父の肖像画だ」と答えた。

その頃、ある雑誌がピアポントとジューニアスをアメリカ一の大金持ちにあげたが、いまやピアポントは一千二百四十万ドルの遺産を相続し、一挙に個人財産が倍増した。一族の金融帝国の支配権も遺贈され、シティで父が占めていた地位も受け継いだ。こうして父同様に、英国からアメリカへの資金の流れにまたがり、新しい二十世紀に入ってその流れが逆転するにつれ、大いに利益をあげることになる。

父ジューニアスの死後、ピアポントの心を束縛していたものが多少はなくなり、堂々たる態度が身につき、大実業家にして芸術のパトロンたるJ・ピアポント・モルガンを自負するようになった。父の生前、ピアポントの美術品コレクションはささやかなものだったが、いまや豪華な散財をして美術品を買い込み始め、やがては世界最大の個人コレクションを生むことになる。新生J・P・モルガンを自己宣伝するために、友人のJ・フレドリック・タムズに頼んで、金に糸目をつけずにコーセア二世号を設計させた。美しい黒い船体に黄色い煙突を備えた優美な形をした、この新しいコーセア二世号は、娯楽用の船としては世界最大と称された。やがてコーセア二世号が外国の港に姿を現しただけで、まるでアメリカ資本の侵攻が差し迫っているみたいに、地元の人々を驚かせ、また警戒させることになる。

マーチャント・バンキングを営む一家では、家業の負担はすべて一族の男子の子供の肩にかかってくる。株式公開の会社と違い、マーチャント・バンクは株式を公開しない一種の合名会社《パートナーシップ》であって、それを経営する一族の知名度、資金、信用に依存する例が多かった。もし一族の男子相続人が家業を引き継ぐのを嫌がれば、廃業せざるを得ない場合もあり得た。そういうわけで、モルガン家の期待は、まずジューニアスによってピアポントに、それからピアポントによってジャックにかけられた。どちらの場合も、家業を継ぐという心理的圧力が影響して、典型的な父子の間の緊張をとてつもなく高めることになるのである。

最初から、ピアポントとジャックとの父子関係は、彼自身のジューニアスとの関係とは違っていた。ピアポントが父ジューニアスのかまいすぎをときには息苦しく感じたのに対して、ジャックは逆に、父ピアポントからほったらかされるという悩みを味わった。父から愛してもらいたがったが、父は、かけ離れすぎ、仕事に専念しすぎていて、子供の望みなど顧みる暇がないようだった。ジャックと父ピアポントとの間には、いつも何らかの距離、何とも言いようのないよそよそしさがあって、ジューニアスとピアポントとの関係とは大きな違いがあった。心が繊細で自信のないジャックにすれば、ぎらぎら目を輝かせ、機関車みたいに驀進していく有名な父親にはついていけなかった。

無鉄砲で、わがままで、しっかり押さえておく必要があった父とは違い、ジャックは、ともすればくじけがちな勇気を、父に支えて元気づけてもらう必要があった——だが、ピアポントはそうしなかった。ジャックは、おとなしくて活発でなく、覇気に欠けていた。金持ちの子弟をスパルタ式のヤンキー教育で鍛えることで有名なニューハンプシャー州コンコードのセント・ポールズ・スクールで学んだが、ピアポントが少年時代にナポレオンの剛勇を賛える作文を書いたのに対し、ジャックは、むしろ弱者をかばう気風があった。たとえば、十三歳のとき(一八八〇年)、厳しい父親と気弱な息子の関係を描いたチャールズ・ディケンズの小説『ドンビー父子』を読んで、声をあげて泣いた。なりは大きくても、おずおずとして素直なジャックは、十二歳にしてすでに中年男のような口をきいた。

たとえば、母親のファニーに「指の関節が疲れて、ひび割れするにしては割に合わない」から、もう玉はじき遊びはしない、と語った。

ジャックには、見るからに怖くて足元にも寄れない父に反抗する勇気などなかった。ピアポントが父ジューニアスに正面からぶつかるほど剛毅だったのに対し、ジャックは、もっぱら母親に頼って感情的に支えてもらった。そして、父のことを移り気で感情の激しい人とみなし、一族のしてはならぬ事柄がたくさん込められている金銭のことになると、ジャックは、とりわけ神経をとがらせた。青年時代のピアポントと同様に、自分の使ったお金をきちんと記し、学校の図書館の罰金十セントまでこと細かに記録している。話題がピアポントとお金のことにぶつかるといつも、びくびくしていた。「パパはお金のことで話に来られるのをひどく嫌うから、この代金を払って欲しいなどとほのめかすことは決してなかった」と母親に語っているように、こうした気持ちは彼の少年時代の手紙の中にふんだんに見られる。

これらの手紙で明らかなように、ジャックは、心から母親を慕っていた。お互いにふさぎ込みがちなのがよくわかっていた二人は、J・ピアポント・モルガンというまったく謎の人物に等しく悩みながら、慰め合って四十年間を過ごした。少年時代のジャックは、甘え一方の母親っ子であって、「……一週間足らずでお会いできるかと思うと、嬉しさで一杯です」と彼女に書き送っているほどだ。母ファニーが次第に気が滅入り、病床に就くようになると、懸命になって元気づけた。

ところで、父ピアポントがドイツのゲッチンゲンでほんの少しばかり大学教育を受けただけだったのに対し、ジャックは、モルガン家では学士号を得た第一号で、一八八九年にハーバード大学を卒業した。ハーバード在学時代は父親に反抗することがまったくなく、可の成績でやっと合格するなど、のんびりと日々を送り、最終学年は海草の研究で過ごした。

父と同じく、ジャックは、文学が好きだったが、暗い世界観には心ひかれなかったようだ。まともで神経質だったから、ゲーテの『ファウスト』第一部の悲劇的な結末には心をかき乱され、デュマ作『椿姫』を読んで憂うつになった。ジャックの青春時代には、父のように永遠の恋人で肺病を病むミミもいなければ、涙にぬれた恋の冒険もなかった。一八八七年に船で欧州へ旅したとき、「船上に佳人と呼べる女性は一人しかいませんが、非常に凡俗に見えるので、極力、彼女から離れているように努めています」と手紙に書いている。危険な主義主張に見境なく飛びつくことはなかったし、おせっかいな連中にはもう我慢がならず、実際、手紙にこう書いている。「非常に多くの人々が……なぜ、商売のことを、すべての大望と知力を押し流してしまう、嫌な下水道管みたいにみなすのか、さっぱりわかりません。正直に言って、誠実に無理なくできるのなら、少々のお金儲けをしても害はありません」。

ジャックと父との間には、両者を画然と分かつ感情の隔たりがあった。その点について、彼自身が皮肉な話を述べているが、それは父ピアポントがいかに自分のことしか頭になかったかという側面もよく物語っている。その話とは、ジャックがハーバード大のある学友をクラグストンの別邸に招いたことが始まりで、その青年はピアポントと一緒にコーセア号に乗船した。ピアポントは、あいさつもそこそこにすぐ新聞に読みふけり、船から降りるときになって、息子に「これまでに会った若者のうちでは一番いいほうだな」と一言もらしたという。

ジャックの性格が軟弱かつ消極的で、自分が若い頃に持っていた積極性に欠けていることに、ピアポントははっきり気づいていた。そこで一八八四年と八五年の両年、優れたスポーツマンでもあった、セント・ジョージズ教会のウィリアム・レインズフォード教区牧師に頼んで、息子をロッキー山脈へ狩猟の旅につれて行ってもらった。たくましく鍛えてもらおうと期待したが、ジャックの心の内は、依然として母親から離れなかった。

一八八九年、ジャックは、ハーバードを卒業し、ボストンの銀行家兼工場主のヘンリー・スタージス・グルーの娘、ジェーン・ノートン・グルーと出会った。先祖に数々の名家を抱えるジェーンことジェシーは、ボストンでは一応は由緒正しい家系の出身だったが、それでも結婚相手を認め合う前に、モルガンとグルーの両家はお互いに相手のまわりを慎重に調べて回った。ジャックは、ジェシーの血統をそういうことにうるさい父に伝え、結婚の相談をしたいと絶えず求めていた。やっとピアポントが、次にボストンに行くときに相談に乗ろうと同意してくれたが、結果はどうだったか？　腹を立てると同時に悲嘆に暮れた母宛の手紙の中で、ジャックは、その顚末をこう記している。

土曜日、パパは、ボストンに二、三時間滞在するから僕に会いたい、と電報を寄こしました。それで、一時間くらいパパと一緒にいられるなと思ったのですが、それどころか、パパの乗った汽車が遅れ、パパに会えるどころか、雨に濡れて一時間も待たされました。駅からクラブまで、やっとパパと同じ馬車に乗る機会に幸いにも恵まれましたが、今回のパパの訪問にはややがっかりしました。いかに立派な人であろうとも、忙しく仕事に追われる人には確かに多少の欠点はあるもので、あなたも時折お気づきのことと思います。

非常に示唆に富んでいるのは、この手紙の末尾部分で、ジャックが自身と母ファニーの二人をともにピアポントの犠牲者として描いていることである。父を恐れていたジャックは、それでも父から少しでも色よい返事を受けると、いつもほっと安心し感謝したものだ。父とその後に会って話したことを、母宛の手紙の中で「パパが僕の話を聞いてくれた嬉しさ、僕がパパに打ち明けた満足感は何と言ったらよいかわかりません。これで数カ月来の憂うつさがなくなりました」と述べている。一八九〇年十二月十一日、ジャックとジェシーは、ボストンのアーリントン・ストリート教会で式を挙げ、これはニューヨーク・タイムズ紙の一面で報じられた。

モルガン家の言い伝えによると、ジャックは、本当は医者になりたかったが、父が一族の名誉の問題だからと迫ったのでやむなく銀行家になった、という。一八九二年に二十五歳で、ジャックは、ニューヨーク、フィラデルフィア、パリにあるモルガン系各銀行のパートナーの一人となった。

ジャックがこうして一員に加わった頃、モルガン帝国は重大な局面に直面していた。まず一八九三年六月、大物パートナーのトニー・ドレクセルが、旅先のオーストリアハンガリー帝国のカルルスバートで急死した。あとに残されたドレクセル一族は、ニューヨークの経営権はピアポントに譲ったが、フィラデルフィアのドレクセル商会とパリのドレクセル・ハージェス商会の経営権は手放さなかった。次いで同じ年の十月、アンソニー・ドレクセル二世が引退する方針を決めたので、ピアポントがニューヨーク、フィラデルフィア、パリ、ロンドンの各行のパートナー兼任体制を強化できることになった。ニューヨークのメトロポリタン・クラブで開かれた夕食会――これがニューヨークとフィラデルフィアのパートナーたちが一堂に会した唯一の機会だった――の席上、ピアポントは、集中的管理をめざす新計画を発表した。

一八九五年の組織改革で、ドレクセル・モルガン商会は、J・P・モルガン商会と名義を改め、パリのドレクセル・ハージェス商会もモルガン・ハージェス商会となった。フィラデルフィアだけはドレクセル商会のままだったが、ドレクセル一族が経営から手を引いたので、ピアポントは、フィラデルフィアの製糖業者の息子のエドワード・T・ストーツベリーを同商会の責任者に据えた。ロンドンのJ・S・モルガン商会も、やがて大幅な人事の入れ替えを受けることになった。

以上四つのモルガン系合名会社《パートナーシップス》のどこにも名前を連ねたのは、経営の全権を握った上席《シニア》パートナーとしてのピアポントであって、これに比べて彼の同僚たちは、どこか一、二の合名会社のパートナーではあっても、全部に名前を連ねることはなかった。これによってピアポントは、四つの系列商会全部の利益の合計額の三五％を取ることになる。権力はいまやロンドンからニューヨークへ移り、ニューヨークがモルガン帝国の戦闘指揮所となる。モルガン帝国は、多国籍構造をなしているものの、本拠はあくまでもアメリカであって、ウォール・ストリート二三番地にいるパートナーたちが絶大な権力を全世界に向けて振るうことになる。巨大な各種トラスト（企業合同）の輩出を見る史上空前の産業ブームの到来を直前に控えたアメリカにあって、モルガン財閥は、その事業活動の重点を大西洋の彼方のロンドンからニューヨークへ移す機会に恵まれたのである。

ピアポント・モルガンの堂々たる風采は、ウォール・ストリート二三番地のJ・P・モルガン商会内のガラスで囲んだ鏡板張りの彼の執務室を訪れる人々にはすぐに感じとれた。いつもはブロード・ストリートに面したロールトップ・デスクの前の回転椅子に座っていたが、必要があると、立ち上がってパートナーの所まで歩いて行き、よく質問したものだ。長っちりの訪問客には、ただ書き物に打ち込んで顔を上げないで、相手をたじろがせた。側近の者の話によると、「パートナーたちは、呼ばれないかぎり近寄らなかったし、呼ばれると驚いた顔をして給仕のように駆け込んできた」という。同格のパートナーたちでも、ピアポントのことを丁寧にミスター・モルガンとかシニア（上席）と呼んだ。呼びつけたご当人は、まるで見せ物の蝋人形みたいに無表情で座っていたが、彼の発する妖気にはひどくぞっとするものがあって、街路上で出会った人々が避けて通るほどだった。かつて聖公会のある主教がクラグストンの別邸を訪ねた帰途、ピアポントは、真夜中だというのに信号旗を振ってウェスト・ショア鉄道の列車を途中で停め、主教を乗せてマンハッタンへ送り返した。

ピアポントのぶっきらぼうで短気な性格と、人との応対のそっけなさを物語る逸話は、たくさんある。彼は一つのことに注意力を長く集中できないたちで、たとえば、午前十一時から午後三時ないし四時頃までしか仕事をしないことがよくあった。その間にサンドイッチとパイとコーヒーの昼食をとる時間も含めてだ。ある取引先の危機を救ってやったら、相手が感謝して泣き出したので、「もう結構です。忙しくてそんなことにつき合っている暇はありません。さようなら」と言ったという。

父ジューニアスの死後、仕事の絶対量が大きくなりすぎて自分一人ですべての采配を振るい切れなくなったので、ピアポントは、独裁的な統率力を緩める必要があった。かねてから自分自身では権限委譲がなかなかできないのを嘆いて、「これは自分の性格なので仕方がない」と言い、一九〇七年の恐慌の直後までパートナーを集めた正式の会議を一度も開かなかった。また、その視野の広さにもかかわらず、細かい点にまで非常に目が届き、「私は銀行内のどんな事務の仕事でもこなせる」と自慢していた。自分の事業の隅々まで知っていないと気の済まない、創業者にありがちな気持ちを捨て切れなかったのだ。だから毎日の現金収支に目を光らせ、勘定元帳をさっと見ただけでごまかし数字を見抜き、毎年元旦に会計帳簿をみずから監査した。それで間違いを発見されるや、責任者にとっては忘れられないような結果になる。

ピアポント・モルガンの権力が全盛を誇った頃、産業界は、一八九三年に始まったひどい不況の最中にあった。景気収縮のおかげで一万五千を超える会社が倒産し、階級闘争と半ば革命的な労使紛争が合衆国内の各地で起きた。カーネギー鉄鋼会社を中心に労使の流血の暴動を生んだ一八九二年のホームステッド・ストは、一八九四年のプルマン・ストに対する政府の情け容赦のない弾圧を招いた。支払い不能になって、銀行の手で立て直された会社は、結局は銀行のいいなりになる存在になり下がった。一八九二年にエジソン・ゼネラル・エレクトリック社とトムソン・ヒューストン・エレクトリックが合併して、ゼネラル・エレクトリック（GE）社が生まれた。ところが、その翌年に早くも支払い不能状態に陥ると、ピアポントがこれを救済したのを機に、GEは、その後一貫してモルガン財閥寄りの姿勢をとることになる。

　借金と手の広げすぎに経営が圧迫されて、国内の三分の一を超える鉄道会社が管財人の管理下に落ちたので、英国の投資家たちは、その立て直しをピアポントに迫った。ピアポントは、例の投資銀行間の紳士協定に妨げられ、他の銀行の息のかかった鉄道には手を出せなかったので、別のやり方で鉄道カルテルの形成に努めた。つまり、破産した鉄道を再建し、支配権を自身に移すことにしたわけだ。そうすれば、政府や対立する鉄道界首脳たちの気まぐれに左右されないという考え方だった。こうして鉄道会社を再建していくことで、彼は、他の民間経済人がまだ到達していなかった、新しい権力の座に昇りつめた。彼の支配下に入った鉄道は、エリー、チェサピーク・アンド・オハイオなど多数にのぼり、ミシシッピ川以東のほとんどすべての倒産鉄道が、結局はモルガンの手による再建の過程をたどった。そうした鉄道の再建《リオーガニゼーション》を、人々はモルガンをもじってモルガニゼーション（モルガン再編成）と呼んだ。延べ約三万三千マイルの鉄道――アメリカ国内の鉄路の六分の一――がモルガン再編成の対象となり、対象鉄道会社全体からあがる収入は、合衆国政府の歳入の半分に匹敵した。

鉄道会社の株は、当時のニューヨーク証券取引所の上場株全体の六〇%を占めていた。公益事業株や工業株は、機関投資家たちから極めて投機的すぎると見なされていたので、鉄道株はおのずから優良株にのし上がっていった。それに加え、政治家に無料パスを出すことで、鉄道各社は地元の各州議会を堕落させる絶大な影響力を振るっていた。自分の銀行が倒産鉄道各社の資金の面倒をみる巨大な存在と化すに及び、ピアポントが定期的に稼ぐ手数料は百万ドルに達した。

モルガン再編成によって、鉄道各社の固定費は切り詰められる一方、各社の債務返済を再開可能にすべく、債権者側はもっと低い利率の社債との交換を迫られた。さらにピアポントは、鉄道各社の持つ広大な土地と鉱物資源に物的担保をつけ、それが勝手に売られてお金が鉄道以外の事業に転用されないようにした。こうした取決めがいかに強い法的拘束力を持ったか、それからほぼ百年後のある訴訟の例を見れば明らかだろう。一九八七年にバーリントン・ノーザン鉄道は、その前身のノーザン・パシフィック鉄道が一八九三年に管財人の管理下に落ちたときにピアポントが同鉄道の社債につけた約定の拘束力を解こうとして訴訟に頼るなど、散々苦労した。ピアポントは、百九十万エーカーの土地と二百四十万エーカーの鉱区権に物的担保をつけていたのだが、そこからあがる石炭、石油などの価値は数十億ドルにも相当するといわれ、草葉の陰から彼は、債権者たちに代わってしっかりとにらみをきかしていたわけである。

鉄道会社の無駄遣いを監視するもう一つの措置として、各社の過半数の株式が〝議決権信託〟に移された。議決権信託とは、金融機関などの大手債権者が企業の業務執行に影響力を与える目的で、多数の株主から議決権を一定期間信託してもらい、これを株主に代わって行使する仕組みだが、一般にピアポントと三、四人の配下による鉄道経営のための一種の隠れ蓑であった。いわばお金を権力にすり替えるピアポント独特のやり口の延長であって、もはや顧客のために資金を調達し、金融上の助言をなすという投資銀行家本来の役割を果たすのではなく、企業の経営に直接介入することになった。金融界と産業界との区別は、こうして危険なほどなし崩しにされていったのである。

それでは、何千人何万人という株主が、なぜ信託証書という一片の紙切れと交換にウォール街の教皇たるピアポント・モルガンに株式を託したのかというと、その答えは、十九世紀の金融界の特殊性にある。会社が支払い不能になると、当該会社の株主たちに株式代金の払込み追徴の形で支払い請求がうるさくくる心配があったから、そうした追徴金の恐れを避けようと、株主たちは急いで持株を見捨てたわけだ。ピアポントは、こうしてまったく新しい種類の悪徳資本家《ラバー・バロン》——欲望をむき出しにはせず、競争相手企業を粉砕するロックフェラー型ではないが、ぶっきらぼうで法的仕組みを十分に整えた銀行家——となった。

モルガン再編成は、銀行内では株主から受託された責任を履行するものとして好意的に受け取られた。だが、ピアポントとしては、何か壮大なことを前もって企んで行動したわけではなかった——その点では、彼は直観的すぎるほど直観的に動く性質で、遠大な計画が入りこむ余地はなかった。のちにモルガン商会のパートナーとなったトム・ラモントによると、「目の前の状況や仕事に場当たり的に取り組むという点では、モルガン氏の右に出る者はいなかった。氏が再編成を計画的に考え出し築き上げたなどといった話は、まったくのたわごとだ」という。ピアポントは、支配力を得ようと事前に策をめぐらすことはしなかった。むしろ自分なら事業を立て直せるといった使命感に近い信念が先行していた。そして、自分が他の誰よりもうまくアメリカをきちんと整理できるならばやってみよう、というわけで、議決権信託なる手法を使って、企業に対する支配力を際限なく強めていった。ウォール・ストリート・ジャーナル紙の編集者セレノ・S・プラットがのちに述べているように、「彼の支配力は、何百万株という自身の持株ではなく、自分が受託者となった何十億株という他人の持株のなかにあった」のである。

ただし、この議決権信託なる手法は、何らやましいところがなかったとしても、ウォール街に企業支配力を恐ろしいほど集中させる結果を生んだ。モルガン再編成期以前なら、アメリカの鉄道各社の三分の二以上がニューヨーク以外の地に本社を置いていたのに、いまやほとんどの社がここに本社を設けるにいたった。一九〇〇年になると国内の鉄道各社は、J・P・モルガン商会とクーン・ローブ商会をはじめとするウォール街の投資銀行家たちの手で六つの大鉄道網に整理統合された。こうしてピアポントは、鉄道を再編成しただけではなく、鉄道各社の株の受託者ないし大株主となることで、鉄道各社をウォール・ストリート二三番地へ完全に隷属させた。投資銀行の立場が強まったのは、鉄道各社が弱体化したからであって、ピアポントが鉄道側の経営不安定をどんなに嘆こうとも、実際はそうした混乱に乗じて彼は大もうけしたのである。

ただ、ピアポント一人だけではモルガン再編成の大事業を成し遂げられず、パートナーたちが重要な役割を果たすことになる。ものの本には、モルガンのパートナーたちは、表に出ないで裏でこそこそ働く小物みたいに書いている例が多いが、それなりの大物が多く、いわばモルガン政権の影の内閣だった。

ピアポントがパートナーを選ぶ基準としたのは、候補者の持つ富とか、自社の資本を強化するといった狙いではなく、候補者の頭脳と才能を中心にした実力だった。だから、社内には一流の専門家が多かった。たとえば、鉄道の専門家のサミュエル・スペンサーは、鉄道のことなら「車両の制動機の製造原価から終着駅の不動産評価にいたるまで」あらゆることを国内の誰よりもよく知っているといわれた。もう一人の印象深い社員にチャールズ・コスターがいたが、若い頃に切手の歴史の本を書いたほど物事を組織立て分類する意欲の持ち主で、モルガン再編成の陰の功労者だった。ウォール街のある関係者によると、

「人々が昼間見る彼は、顔色が青白く神経質で、あそこの取締役会からこちらの取締役会へと走り回っているが、夜は夜で、会社の書類を家へ持ち帰って仕事をした」という。議決権信託の持つ摩訶不思議な力のおかげで、彼は五十九社もの会社の取締役会に名をつらねていたのである。

モルガン商会の評判を一言でいうならば、紳士的なクラブとも洗練された人使いの荒い職場ともいえるだろう。モルガン再編成の最中など、他のウォール街の各銀行の灯が消えても、ここの灯は遅くまでこうこうとついていた。パートナーたちの肩にかかる仕事の負担は耐え切れぬほどで、「モルガン商会は、パートナー殺しでいつも有名だ」と新聞に書かれ、事実、犠牲者の数は着実に増えていった。たとえば、一八九四年のある日、パートナーのJ・フッド・ライトが退社後、高架鉄道の駅で倒れて五十八歳で亡くなった。最も痛ましかったのは、一九〇〇年三月にコスターが四十八歳の若さで亡くなったことで、風邪か肺炎で一週間足らずでぽっくり死んだ。同情と怒りを交えて、ニューヨーク・タイムズ紙は、コスターの肩にかかった仕事の量が「常人の耐え切れぬほどに大きく増えた」結果だ、と非難した。また、ジョン・ムーディは、過労で死んだモルガン社のパートナーたちを指して、彼らは「神経の疲れる膨大な仕事、モルガン独特の経営方法の圧力、それにアメリカの鉄道資本の面倒をみるという重い負担に負けた。身を粉にする難行苦行を切り抜け、健康と活力と精気を保っているのは、最高神〝ジュピター〟・モルガンだけだ」と書いた。

ピアポント・モルガンは、きわめて慎みのない人間であって、コスターの葬儀の最中にその後任を選ぶということを仕出かした！ 葬列が粛々と進んでいるかたわらで、ある鉄道会社の顧問弁護士のチャールズ・スティールにパートナーの地位を提供して、「チャールズ、この問題はもう神様におまかせしてよいようだから、パートナーシップの取決めをする話に入ろうじゃないか」と言ってのけた。スティールは、のちにUSスチールやゼネラル・エレクトリックなど三十六社の取締役を兼任して、その蓄積した富はジャック・モルガンに匹敵することになる。

ただ、モルガン商会のあくせくした仕事ぶりが世間でいろいろ物議をかもしたとはいえ、そこのパートナーになることは、金融界に身を置く誰にとっても一番の渇望の的だった。USスチール社のエルバート・H・ゲアリー会長は、「彼（ピアポント）はパートナーたちを全部思いがけぬほどの大金持ちにしてやった」と述べたが、本当に、このうえなく酷使される代わりに、モルガン商会のパートナーたちは、富とアメリカ金融界での高い地位を得ることを保証されたのである。

第五章　ノーザン・パシフィック株買占め事件

ピアポント・モルガンは一八九五年、金本位制を救うとともに、合衆国への金の流出入を一時的に支配するという一大壮挙をなしとげた。合衆国政府は、これに十数年先立つ一八七九年一月以来、ドル通貨を金に兌換すると約束し、これにより通貨価値を維持してきた。そしてこれを空証文に終わらせず、心配する投資家たちを納得させるために、少なくとも一億ドル相当の金貨と金塊を手元に置いておくという方針をとってきた。

ところが、一八九〇年代の初め頃になって、大量の金がニューヨークからヨーロッパへ流出し始めた。巡り巡ってくるのが国際金融の動向の常で、ことの発端はアルゼンチンにあった。それより十年ほど前の一八八〇年代のロンドンのシティでは、アルゼンチンの債券に人気が殺到して、英国の海外投資の約半分がそれに吸収された。中心となってその仲立ちをしたのは、ベアリング商会だったが、これにジューニアス・モルガンも一枚かんでアルゼンチンの債券を大量に売った。そこへアルゼンチン小麦の不作と政治クーデターが相次ぎ、債務不履行の見通しが強まって、さすがのベアリング商会も倒産寸前に立ちいたった。

これを破産の危機から救うため、イングランド銀行が一八九〇年に救済基金を設け、これにJ・S・モルガン商会などかつての競争相手の各行が資金を拠出した。前からあったベアリング商会は解散し、再建された新会社が生まれたが、もはや昔の力を取り戻せず、アルゼンチンでの優位をモルガン系の各銀行と分かち合う始末になった。その間に、アルゼンチンかどこかは問わずすべての外国の有価証券の保有に懲りた英国の投資家たちは、資金を引き揚げ、アメリカから金を流出させた。これに大いに拍車をかけたのが、アメリカの銀行の倒産と鉄道会社の破産を伴った一八九三年恐慌だった。

この頃、アメリカ側が通貨政策をめぐっていろいろ画策したことも、ヨーロッパ各国の神経過敏状態を逆なでした。たとえば、一八九〇年シャーマン銀購入法によって、合衆国財務省が毎月、四百五十万オンスの銀を買い上げ、金ないし銀に兌換可能な証券を発行せねばならなくなった。これでアメリカは事実上——通貨の裏付けとして金と銀の双方を採用した——金銀複本位制をとることになり、通貨供給量を拡大した。金・ドル交換だけに固執するヨーロッパ側にすれば、これはドルの価値を下落させ、以前より安くなったドルで借金を返済しようとするアメリカ側債務者の画策のように思えた。そこでヨーロッパ各国の銀行は、ドルを金に換えて金をヨーロッパに送り出した。ピアポント・モルガンにとって、これはジョージ・ピーボディがかつてアメリカ人は債務を必ず履行するとヨーロッパ各国を説得せねばならなかった一昔前の時代に逆戻りしたような、驚くべき事態だった。モルガンなど各銀行の圧力で銀購入法は一八九三年に廃止されたものの、警戒的なヨーロッパ側は、アメリカ国内のポピュリスト党勢力がまた金本位制をご破算にして、ドルの代わりに欲しくもない銀を受け取れと迫りはしまいか、と恐れた。

多額の負債を抱えたアメリカ南部や西部の農民たちの間では、復活した金本位制は激しい憎悪の的だった。当時の合衆国は、貧しい、借金だらけの農民の数の方が、豊かな大都市の投資家たちを上回っており、農民が金本位制に不満を抱くそれなりの理由がたくさんあった。たとえば、金本位制に戻って通貨供給が収縮して不況になれば、工業製品は関税と企業合同《トラスト》のおかげで価格が維持されるが、農産物価格は下がる一方で、借金返済の負担が実質的に増えることになったからだ。だから農民たちは、銀行や工場に対抗する唯一の道として——とくに農産物価格を上昇させる——インフレーション、つまり金銀複本位制による通貨供給の膨張を歓迎した。

このような不平不満がもとで、銀行家たちは農村地域で格好の憎悪の的にされた。そうした空気が険悪なあまり、西部のいくつかの州では銀行業が禁止され、テキサス州では一九〇四年まで禁じられた。とくに怒りが集中したのは、ヨーロッパ金融界の代弁人と見なされたモルガン商会であって、イングランド銀行とニューヨークの銀行家たちが議会をそそのかして金本位制を制定させた、と一般民衆は主張した。モルガン財閥はアメリカの農民を犠牲にして栄えた冷酷な投資銀行家、英国に雇われた裏切り者だとする俗説が生まれたのは、この頃からである。

一八九三年恐慌が悪化するにつれ、農民勢力を中心に結成されたポピュリスト党が、銀貨を鋳造して安い通貨を生み出すよう政府に迫り、新たに銀を産出し始めた各州が、これを支援した。金本位制から離れたらどんな不利が生ずるかといった考慮など一笑に付して、顧みなかった。ところが、ピアポントにすれば、金本位制の破棄は、アメリカの有価証券に対するヨーロッパ側の信用をくつがえし、自分が生涯かけた努力を反故にするものだ。のちにピアポント自身が述べたように、当時の彼の狙いは、「合衆国とヨーロッパ金融市場との信頼関係を強化して、わが国の必要に用立てるべく向こうからの資本を大量に確保できるようにすること」にあった。

一八九四年の一年間に、合衆国の金準備は一億ドルの底を割り、悪貨（銀）が良貨（金）を駆逐し始めた。翌一八九五年一月になると、金が驚くべき速度でニューヨークから国外へ流出し始めた。この〝資本逃避〟を目の当たりに見て、しゃれたマンハッタンの料理店で博打好きの紳士たちが、いつアメリカが破産して、ドルの金との兌換不能を宣するか、賭けをした。

クリーブランド大統領――彼はピアポントの義父の法律事務所で働いたことがあるなど

モルガン財閥に近い関係にあり、金本位制の頑固な推進者だった――は、いまや進退きわまった。金準備が落ち込むや、金本位制ではなく銀貨の自由な鋳造を支持する、野党共和党の支配する議会が大統領の前に立ちはだかり、農村地域の中西部出身の与党民主党議員も多数これに同調した。こうした険悪な空気の中で、議会は、公債発行により金準備を補充する権限を大統領に認めなかったし、ポピュリスト党の激高ぶりからして、モルガンのような民間銀行に資金を頼ることなどもってのほかだった。クリーブランド大統領は、立ち往生してしまった。

一八九五年一月二十四日、金準備は六千八百万ドルまで落ち込み、金貨は国内九カ所の財務省分局でほとんど底をついた。やむなく大統領は、ロンドンのロスチャイルド商会に頼ったが、これはウォール街の言いなりになっているとの非難をかわすためだと思われる。ロスチャイルド側がこの話をロンドンのJ・S・モルガン商会に持ち掛けると、ピアポントがロスチャイルド商会のアメリカでの代理人オーガスト・ベルモントと一緒にアメリカ側を担当するとの条件で話に乗った。一月三十一日、ピアポント・モルガンとベルモントの二人は、さっそくニューヨークの財務省分局で財務次官補のウィリアム・E・カーチスと会った。具体的措置は何もとられなかったが、浮き足立っていた投資家たちはこの会談の報にほっと一安心し、ニューヨーク港内の船の上にあった九百万ドル相当の金が一夜にして積み降ろされた。一方、ポピュリスト党側は会談を知って、ウォール街・ワシントン共同謀議の疑念を深めた。

この時期にピアポントがロンドンに打った電報を見ると、その心の奥底深くにある考え方――ヨーロッパ世論の尊重、新古典派経済学への傾倒、一部のユダヤ系銀行に対する蔑視――を垣間見ることができる。とくに債権国たる英国との一体感が目立ち、「われわれ全員の利益は、健全なる合衆国通貨の維持に大きくかかっている。何よりも重大なのは、一時的にせよヨーロッパ側が債券を吸収してくれることである」と述べている。

二月に入るや早々に、ニューヨークの財務省分局から金の流失が加速し始めた。そのままでは、政府が債務不履行になる日が差し迫ってきたかに見えた。それでも、カーライル財務長官の話では、閣議は、民間投資銀行に頼る金貨債券の私募発行《プライベート・ボンド・イシュー》を頭から拒否していた。そこで二月四日、まずベルモントがニューヨークからワシントンへ急行し、ピアポント・モルガンが後を追った。そのときピアポントはロンドン側のパートナーたちに、合衆国が「底知れぬ金融混乱のどん底に落ちる瀬戸際」に立っているので、合衆国政府が災難を避ける手伝いをしたい、と語っている。

ピアポントは、重要な会談では寡黙なことがよくあった。ホワイトハウスに着くと、小学生のようにおとなしく、黙ったまま、クリーブランド大統領、オルニー司法長官、カーライル財務長官の議論に耳を傾けていた。内心はいらいらして、火をつけない葉巻の吸い口を噛み続けていたから、ズボンの上にタバコの葉の粉がぼろぼろと落ちて溜まった。大統領は、議会の非難を受けないで済むように、まだ金貨債券《パブリック・ボンド・イシュー》の公募発行に固執していた。ウォール街の国庫に残っている金貨は九百万ドルしかない、と係官が財務長官に報告したとき、ピアポントはやおら口を開き、政府の支払いを求めて呈示される寸前にある額面一千万ドルの為替手形があるのを知っている、と述べた。そして、「この一千万ドルの手形が実際に呈示され、金貨との引き換えを求められたら、政府はそれに応じられず、三時前にすべては一巻の終わりとなるでしょう」と付け加えた。すると、大統領は答えて、「それじゃ、どんな提案をしたいのかね、モルガンさん?」と言った。

ピアポントは、大胆不敵な計画を開陳した。モルガン、ロスチャイルドの両商会が、約六千五百万ドル相当の期間三十年の金貨払い債券と交換に、三百五十万オンスの金(少なくともその半分はヨーロッパ各国から)を集めて政府に売り渡す、という内容だった。また、こうして政府が取得した金を再び国外へ流出させることはしない、とも確約した。この提案の合法性には多少の疑問があったが、南北戦争中に金を購入する緊急権限をリンカーン政権に与えた一八六二年の古い法律を、モルガンかカーライルのどちらかが引っ張り出してきた。この取引きがまとまったとき、ピアポントは、いたく興奮して、「事態は重大だと思う。交渉が失敗してヨーロッパで話がまとまらなければ、合衆国にとりどんな結果になるか、いくら大げさに考えてもおかしくない」とロンドンに打電した。

ポピュリスト党側は依然、金貨債券《パブリック・ボンド・イシュー》の公募発行を要求していた。そこでクリーブランド大統領は現実策として、財務省に長期公債の発行を認めるスプリンガー法案の議会審議の結果を待つことにした。もし議会がこれを否決すれば、ウォール街の投資銀行の力に頼ってもそれほど国民から非難されまい、と考えたのだ。その日の会談で、スプリンガー法案が葬られたら、モルガンとベルモントの両者が再びワシントンに出掛けてくることで話が一応まとまった。その二日後の夕方、同法案が否決されたとき、ピアポントは、もうすでにワシントン行きの汽車に飛び乗っていて、大吹雪の中を到着した。

モルガン・ロスチャイルド金市場操作《ゴールド・オペレーション》の報は、金融市場を鎮静させた。両商会がシンジケートを組んで引き受けた金債券が一八九五年二月二十日に売り出されると、ロンドンでは二時間、ニューヨークではわずか二十二分であっという間に売り切れた。ピアポントは、大喜びすると同時にぐったり疲れ果て、「ひそかにささやくのもはばかるほど危険な状態だったから、これでみんながどれほどほっとしたかわからない」と述べた。とはいえ、両商会の金貨債券引受けシンジケートは、その成功に対する世間の指弾を避けられなかった。シンジケートは金債券を一〇四・五ドルで引き受けて、一一二・二五ドルの始値で売ったが、またたく間に一一九ドルにまで上昇した。批判的な人々は、この急騰ぶりはシンジケート側が政府をだまして、債券を安値で引き取った結果だとみた。わずか二十二分で、引受け銀行側は六、七百万ドルの利益を得た。モルガンの後の述懐によると、この数字はひどく誇張されていて、シンジケートが得た本当の収益は五%足らずだったという。また、自分たちに対する信用のおかげで高い価格がついたのだ、と考えた。

ポピュリスト党の騒ぎ立てぶりは猛烈で、しかもロスチャイルドがシンジケートに加わったことからユダヤ人排斥の色を帯びていた。同党の煽動政治家メアリー・リースは、クリーブランド大統領を「ユダヤ系銀行家と英国の金」の手先と非難し、ニューヨーク・ワールド紙はシンジケートを「強欲非道なユダヤ人と外国人」の一群と呼んだ。

だが、金貨債券引受けシンジケートは、悲しいかな、束の間の勝利でしかなかった。ピアポントでも、金の流出をそんなに長く堰き止めていられなかった。その年の夏頃には、金が再び大量に財務省の金庫から流れ出した。翌一八九六年早々になって、新たな起債が計画されたとき、ピアポントは、ザ・ナショナル・シティ・バンク、ドイッチェ・バンク、モルガン・ハージェスなどを網羅した国際シンジケートを提案した。しかし、クリーブランド大統領がポピュリスト党の怒りを再び買うのを望まず、公募起債《パブリック・ローン》の方針を決めたので、モルガンの引受け分は、総額六千七百万ドルの公債発行の約半分にとどまった。

この金市場操作《ゴールド・オペレーション》は、金銭ずくの行動だったとはいえ、ピアポントにとっては一つの離れ業であった。彼自身がアメリカの一種の中央銀行の役割を果たして、アンドルー・ジャクソン大統領による一八三二年の第二合衆国銀行の特許延長法案の拒否権発動から一九一三年の連邦準備法の成立までの歴史的空白を一時穴埋めしたからである。政府が素朴な金融手段と小規模な予算に頼る、金融的に弱体な状況にあるかぎり、民間金融機関にどうしても依存せざるをえなかった。

だが、クリーブランド大統領は、与党民主党内の農民層の離反を招き、一八九六年の党大会で大統領候補指名をウィリアム・ジェニングズ・ブライアンに奪われた。ブライアンからすればモルガンは、飢えた農民たちを金本位制という黄金の十字架に釘づけにした、ローマの総督ポンティウス・ピラトゥスにも等しかった。そして、彼の非難攻撃の激しさがモルガン商会独特の秘密主義で警戒的な態度に拍車をかけ、ひいてはモルガン財閥の権力をめぐる一般民衆の妄想を大きくふくらませたのである。

ピアポントは一八九六年の大統領選挙戦の際、共和党の政策綱領に金本位制の項目を盛り込むように働きかけた。そして、他の銀行家たちと一緒に同党の大統領候補ウィリアム・マッキンリーの選挙運動に多額の献金をしたのが効き――ウォール・ストリート二三番地のモルガン商会には同候補支援の垂れ幕が下げられた――大統領になったマッキンリーは一九〇〇年、金本位法を成立させた。一方、ヨーロッパの小麦不足で農産物価格が上昇すると、農民対銀行家の対立は、やや収まった。また、カナダ北西部のユーコン川流域のゴールド・ラッシュに加え、南アフリカやオーストラリアでの金鉱発見も、合衆国の通貨供給量の拡大を助けた。こうして、十九世紀末の厳しい通貨収縮政策は和らいできた。

一八九〇年代を通じて、ピアポント・モルガンは、アメリカ人にとっては不愉快きわまりない事実――つまりアメリカが依然として金融面でヨーロッパ依存から抜け切れないという厳然たる事実を身をもって示した存在であった。債務国として、合衆国は否応なしに海外の債権国のご機嫌をとらざるをえなかった。英国は、それから約一世紀後の日本が一九八〇年代の合衆国の予算赤字の大部分の尻拭いをしたときと同程度に、アメリカの経済政策に大きな影響力を行使した。現在の日本と同様、当時の英国は、アメリカが勝手に招いた経済行き過ぎを脇から抑制しようとしたとして批判された。経済学者のケインズが述べたように、「債務国は債権国を煙たがるものだから、善意を期待するのは無駄だ」った。悪意は、ヨーロッパ諸国の利益代弁者たるモルガン財閥に集中したのである。

ロンドンで実地に金融の勉強をしたピアポントには、ポンドの安定こそ英国の富の基礎だとする英国の銀行家たちの考え方がよくわかっていた。ピアポントは、ドルに対しても同じ考え方に立って、合衆国が健全な通貨政策をとることが、アメリカが主要債権国にのし上がる一つの前提条件である、とした。

ピアポント・モルガンの一生のうちでは、事業の成功が拍手よりも物議をかもす例がよくあったが、その意味で、二十世紀はほろ苦い勝利の続いた時代だった。山高帽に黒い外套、磨いた靴の先端まで届く灰色のズボン姿、太鼓腹に懐中時計の鎖を垂らした、めかし込んだ恰幅のよいピアポントは、牧歌的だったアメリカを脅かす産業界巨大化の中心人物、新興の財界巨頭を体現していた。彼のやることなすことすべてが書き立てられ、はやしたてられて、そして神話と化した。たとえば、ライフ誌は、「問／誰が世界を創造したか？　答／神が紀元前四〇〇四年に創造したが、一九〇一年にJ・ピアポント・モルガンとジョン・D・ロックフェラーの手で造り変えられた」といった教義問答を生み出し、長く語り伝えられた。新聞・雑誌の編集者たちが競ってモルガンに奉る称号──トラスト王、全世界のモルガン再編成者、金融界の巨頭、財界の大立者、もっと端的にローマ神話の神々の中の主神で天界の支配者を意味するゼウスないしジュピターといった新語を造り出した。

封建制の伝統のない、共和政体のアメリカ合衆国にとって、モルガンをはじめとする泥《ラバ》棒貴族《ー・バロン》たちは、本来の意味の封建時代の貴族に代わる存在だったから、彼らのやることなすことは逐一、マスコミが貪欲に書き立てる対象となった。一般大衆は、不安や怒りをもってこれに対応したが、自分たちにできないことをやってくれたと同感する面も多少あった。たとえば、交通渋滞に業を煮やしたピアポントが御者に命じて、乱暴にも歩道の縁にまたがって馬車を走らせたとき、その傲慢無礼なやり方に大衆はぎょっとしたものの、一方で彼の強い意志力に感嘆した。

いまや世界一の権力を握る銀行家にのし上がったピアポントは、自身を王族の一員並みにみなし、王族にふさわしい寛大さで民衆に慈善を施した。一例として、ロンドンのセントポール大聖堂の室内の暗さを遺憾に思い、電気照明にする費用を引き受けた。また、ドイツ皇帝を自分のヨットに招待したり、ベルギー国王レーオポルト二世の財務相談にも与った。このとき、ベルギー国王は「父ピアポントがブリュッセルまで出向かないで済む」（息子ジャックの母宛の手紙）ように、船で英国までやってきたという。このように、ときには一国の国王を一般庶民扱いする結果になっても、ピアポントは、断じて自分の領土内で取引きをした。

一九〇六年には、父から相続したロンドンのプリンセスゲート一三番地のタウンハウスに英国国王エドワード七世を招いて、絵画コレクションをお見せした。国王とは財務相談にのる間柄だった。肖像画家サー・トマス・ローレンスの描いた、ダービー伯爵夫人の有名な絵を見た国王が、天井が低すぎる、と言って、「なぜここへ掛けたのか？」と尋ねると、ピアポントは、詳しく説明する必要はないと考え、「ここが好きだからです、殿下」と手短に答えただけだった。ピアポントの娘婿のハーバート・サッタリーによると、国王と銀行家との間柄はまったく対等で、「二人の友人同士も同然で、お互いに気遣いせずに満足しているみたいだった」という。

ピアポントが安らかに昇天したいと敬虔な気持ちになっているときでも、彼を前にすると、聖職者たちは俗っぽい考えに捕らわれたものだ。一九〇五年にピアポントを謁見した後で、教皇ピウス十世は溜息をついて、「モルガン氏に財務相談にのってもらおうと思いつかなかったとは、何たる不覚だ」と残念がった。だが、モルガン商会はのちに、教皇のアメリカ株式購入について助言することになる。

ピアポントは、概して広壮な邸宅をいくつも構えることはしなかった。不動産で財を成した仲間が多かったのに、彼は驚くほどこれに無関心で、いつも「住む所と死んだときの墓地」だけあれば十分と笑いとばしていたものだ。立派な不動産を持たないで、マジソン・アベニューのどっしりしているが簡素なタウンハウスとハドソン川上流のクラグストンの山荘だけで満足していた。

唯一のすばらしい例外は、ニューヨーク州北部のアジロンダック山脈にあったキャンプ・アンカスの山荘だが、それもたまたま友人の建築家がこれを建てるのに借りた金の返済ができなくなり、そのカタとして譲り受けたものだ。面積が一千エーカー以上もあって、敷地内に点在するロッジなどを維持するのに常時三十人ほどの人手が必要だった。ピアポントがここでパーティを開くときは、特別仕立ての鉄道客車に招待客を乗せ、その後から時代もののシャンペンをたくさん積んだ荷物車がコトコトついて行ったものだ。

ピアポントは、まったくじっとしていられない性格だったから、一カ所の土地に長く腰を落ち着けて自然を楽しめなかった。彼が一番生き生きと感じたのは、海の上だった。ピアポントの愛艇は、彼の邸宅よりも人目を引き、まさに彼の富を表徴するものだった。一八九八年、彼が激しく抗議したにもかかわらず、愛艇コーセア二世号が海軍によってアメリカ・スペイン戦争の用船として徴発されてしまった。海軍はその代金として二十二万五千ドルを支払い、砲艦グロスター号に改造したが、サンチャゴ沖海戦で被弾して損傷を受けた。

次に建造したコーセア三世号は、二世号に輪をかけたような誇大妄想的な代物で、いわばファラオの墳墓の現代版みたいだった。恋人が亡き女性を悼むかのように、気の遠くなるほどの大金をかけて、絨毯やその他細々した点までコーセア二世号そっくりに再現した。全長が喫水線で三百フィート以上（約百メートル）、乗組員が七十名のこの黒い外観をもった外洋航行も可能な船は、前よりも華麗な規模で建造された。ピアポントが定期客船でヨーロッパから帰ってくるときはいつも、このコーセア三世号が途中まで出掛けて、客船の甲板上でハンカチを振る彼を出迎えたものだ。そして、コーセア三世号に乗り移れば、三等船客に混じって並ぶ必要なしに検疫を通り抜けることができた。

ピアポントは、よく愛艇で眠ったり、日没を楽しむ航海に顧客たちを連れ出したりした。時々、週末にクラグストンの山荘で友人をもてなした後、日曜日の夜にコーセア三世号にみんなを乗せてマンハッタンへ戻り、船上で一泊して、翌朝たっぷり朝食をとってから下船した。コーセア三世号は、お金がかかったとはいえ、ピアポントの病いを治すのに役立つ格好の玩具だった。彼は、相変わらずどうしても払い除けられぬほどのうつ状態に落ち込む癖があり、商売が成功するたびにその傾向は深まるばかりのようだった。この状態を軽くできるのは、海だけだった。息子のジャックが母宛の手紙で述べたように、

「J・P・Mは、たくさんの問題を抱えて非常に苦労し悩んでいますから、この航海に出るのは、父にとりよい結果になるでしょう……父の健康を本当によくしそうなのは、これしかありません」だった。この文句は――父のお盛んな情事を母の耳に入れさせない――言い訳の口実の面が一部あったが、ピアポント・モルガンにとり、海がいつも最高の良薬であったことも事実であった。

新しい二十世紀の幕開けとともに、アメリカ史上初の大規模な企業合併の波が押し寄せてきた。電話、電信、それに運搬手段の発達に促されて、地方の各市場が地域的、全国的な一大市場に組み込まれた。また、米西戦争に勝ったことで、経済界の関心も国内発展から全世界的な市場探求へと向かった。このような経済の諸変化に迫られて、企業合併の件数は、一八九七年の六十九件から一八九九年には千二百件を超すにいたった。

市場が局地的であるかぎり、産業界が大規模な資金調達を必要とすることはまずなかったから、ウォール街とシティはそれまで、製造業を中小企業と見下す傾向があった。モルガン商会が主に扱っていたのも鉄道各社の有価証券だったが、いまや大きな企業合併の波が勢いを増すにつれ、ウォール街の各一流銀行の目は、鉄道から企業合同《インダストリアル・トラスト》へ移っていった。企業合同では、参加各企業の株主が、その上に設けられる持株会社の発行する〝企業合同証券《トラスト・サティフィケート》〟と交換に株式を信託するのが普通だった。一九〇一年当時で、こうしてできた巨大企業が支配する産業は各分野にわたり、砂糖、鉛、ウイスキー、板ガラス、丸釘、製錬、石炭などに及んだ。

ウォール街の投資銀行は、こうした産業の変身を数々達成したので、企業合同が生まれるたびに、各銀行の権力はふくれ上がっていった。企業合同は、同族会社や少数株主支配の会社を急いでかき集めてつくったので、かつての商売仇と同じ企業合同の傘下に入るのを腹の底から嫌う場合もよくあり、銀行はその間に立って誠実に調停の労をとった。また銀行は、企業合同に参加する各社の財産を評価する立場にあったから、公正である必要があったし、自分たちの出した評価が関係各社すべてに文句なしに受け入れられることなどめったになかったから、厳格である必要があった。だが、それより何よりも銀行は、各社から信頼される必要があった。ピアポント・モルガンは、競争を破壊的で無駄なこととみなし、その解決策として大規模な企業合同を本能的に支持した。あるワイン・メーカーの経営者が業界のいろいろな問題について不満を述べたところ、それなら同業各社全部を買収したらよい、とピアポントは楽しそうに言ったという。

企業の統合を認め、厄介な反トラスト法を発動させなかったウィリアム・マッキンリーは、経済界にとって都合のよい共和党大統領だった。一九〇一年のユナイテッド・ステーツ・スチール社の誕生は、一九〇〇年の大統領選挙における共和党圧勝の後を受けて、政府規制が非常に緩やかだった当時の空気と切り離しては考えられなかった。マッキンリーに対立するW・J・ブライアン民主党大統領候補と彼の企業合同解体論《トラスト・バスティング》の支持者たちが敗北した結果、経済界は、一層大胆に企業合同を推し進め始めた。

USスチール社なるこの鉄鋼企業合同の発端については諸説あり、いまなお論議を呼んでいるが、最も面白い説によると、〝百万ドルの賭博師〟の仇名をもつジョン・W・ゲーツという鉄鋼業界関係者が、ウォールドーフ・アストリア・ホテルで賭けビリヤードをしている最中に思いついたという。有刺鉄線の販売員上がりで、向こう見ずな株の相場師だったゲーツは、汽車の窓ガラスの上を走る雨滴の速度にさえ賭けるほどの博打好きで、競馬で大金を得たことから、この仇名があった。彼は、アメリカの鉄鋼会社だけ集めた企業合同に満足せず、ドイツのメーカーも引き込んで国際カルテルを目論んだという。

もっと真面目な説によると、USスチールの始まりは、アンドルー・カーネギーの鉄鋼会社とピアポント・モルガン所有のフェデラル製鋼、ナショナル・チューブ両社との合同にさかのぼる。カーネギー製鋼は、当時すでに粗鋼のトップ・メーカーだったが、一九〇〇年七月、鉄管や鉄線など完成品の分野にも事業を拡大する方針を決めた。これに対してピアポントは、カーネギー製鋼に次ぐ鉄鋼グループ各社の責任者として、設備過剰と値引き競争を伴ったあの鉄道業界の大混乱の再現を恐れ、カーネギーが市場競争を招いて全業界を「混乱させ」んとしていると非難し、厳しい戦いを覚悟した。

それから数カ月した一九〇〇年十二月十二日、ピアポントは、アンドルー・カーネギーの腹心の部下であるチャールズ・M・シュワブを主賓にマンハッタンのユニバーシティ・クラブで開かれた夕食会に出席した。彼は、主賓シュワブのテーブルスピーチにじっと耳を傾けたが、シュワブは大向こうをうならせる、さわやかな弁舌の持ち主だったから、その開陳する鉄鋼企業合同《スチール・トラスト》構想に並みいるモルガンら八十余人の財界人は魅き込まれた。彼の構想によると、企業合同が実現すれば鉄鉱石採掘から鉄鋼製品販売まですべてを一貫して取り扱うことになり、カーネギーとモルガン両者の系列鉄鋼企業がその中核に予定されていた。また、企業合同による規模の利益のおかげで、発展途上の世界市場で価格を引き下げ、競争していくことも狙える。この構想は、民間経済人による利益追求行為ではあるものの、一種の国家産業政策のはしりでもあった。

夕食会の終了後、興味をそそられたモルガンは、シュワブと三十分ほど話し合った。のちにモルガン商会のパートナーのロバート・ベーコンが述べたように、「明らかに（モルガンは）新しい燭光を見出した」のだ。シュワブが前もってカーネギーの意を体して動いたのか、それともまずピアポントを仲間に引き入れてから、構想をカーネギーに持ち掛ける予定だったのか、その点はいまもって明らかではない。いずれにせよ、モルガン、ベーコン、ゲーツ、シュワブの四者が例のモルガン邸の「陰気な書斎」で夜を徹して、三週間で一つの計画をまとめ上げた。その計画によると、企業合同にはカーネギー製鋼とモルガンのフェデラル製鋼のほか、アメリカン・ティン・プレート、アメリカン・スチール・フープ、アメリカン・シート・スチール、アメリカン・ブリッジ、アメリカン・スチール・アンド・ワイヤー、ナショナル・チューブ、ナショナル・スチール、シェルビー・スチール・チューブ、レーク・スピアリア・コンソリデーテット・マインズの各社が参加し、結果としてアメリカ全体の鉄鋼生産量の半分以上を占めることになる。

こうしてUSスチール社をつくり出すに当たって、ピアポント・モルガンは、アメリカ経済界の両極を代表する二人の産業資本家――アンドルー・カーネギーとジョン・D・ロックフェラー――を相手に交渉しなければならなかった。ロックフェラーがこの話に一枚かんだのは、同社が鉄鉱石会社とスピアリア湖の船会社を所有していたからだった。両者ともに百戦練磨の企業経営者であって、事業資金は豊かな内部留保でもっぱら賄い、モルガンのような金融資本家を頭から軽蔑して相手にしないタイプだった。ピアポントが、両者を粗野すぎて自分の重厚で洗練された好みに合わないと考えれば、両者も、彼を尊大でもったいぶっていると見なした。

例の「陰気な書斎」での会合の後、シュワブはカーネギーに、所有する製鋼会社を企業合同に売却する気があるかどうか打診した。カーネギーは、暫く考えてから、四億八千万ドルと売値を紙片に鉛筆で書き、代金支払いは企業合同で実際の資産を過大評価した水増し株よりは社債にして欲しい、と言った。シュワブがその紙片を手渡すと、モルガンは、じっとそれを見て、即座に「この値段で結構です」と答えた。そして、よそよそしい態度で十五分ほど言葉を交わしてから、モルガンは「カーネギーさん、世界一の大金持ちになられたのをお祝い申し上げたい」と言って別れた。

気むずかしくてへそ曲がりなカーネギーは、この取引きに満足し、「いつもウォール街きってのユダヤ人資本家を味方につけているから、どんなことでもできる、とピアポントは思っている……ユダヤ人の上を行くのがヤンキーだとしたら、そのヤンキーの上を行くのが（この私みたいな）スコットランド人さ」と語った。だが、カーネギーが喜ぶのは早すぎた。のちに彼はモルガンに、売却価格が一億ドルほど安すぎた、と漏らした。モルガンは、相手のこの気持ちに同情するどころか、「まったくその通りですな、アンドルー」と答えた。

言うことをきかぬ会社にうまく企業合同を呑ませようとして、ピアポントは、必要に応じて鞭を振るう調教師の如き鋭い勘を発揮した。たとえば、合併交渉に抵抗した大物の一人に、アメリカン・スチール・アンド・ワイヤー社の経営者で、〝百万ドルの賭博師〟のゲーツがいた。この交渉の行き詰まりを打開すべく、ピアポントは、急に天罰が下るかのような形相をして机をたたきながら、「皆さん、これから十分以内に私の申し出を受け入れないなら、話はなかったことにしよう。自前でワイヤー工場を建てる」と言い切った。このおどしが功を奏してゲーツは屈伏し、会社を売り渡した。

モルガン商会は、概して新しい会社の設立発起人になることはなく、それに伴う株式投機をひどく嫌ったから、一九〇一年初めのピアポントのUSスチール設立推進は、当時の企業合同を求める激しい風潮に〝伝統的な金融資本《オールド・マネー》〟がお墨付きを与えたことになる。一九〇一年という年は、恐慌に見舞われた一九二九年や一九八七年とは違って、株相場がみんなの話題になり、毎日の出来高が三倍に増えていった年である。ウォール街関係者は新時代の到来をはやし立て、新聞はウォール街で一財産つくったホテルのボーイ、会社事務員、ドアマン、仕立て屋などの話を列挙するのに忙しかった。

USスチールの創立は、そうした投機熱をさらにかき立てた。百万ドル台の株式発行でも大事とみなされていた当時で、USスチールは、なんと十四億ドル（一九八九年現在の貨幣価値で二百三十億ドル）の資本金で発足し、アメリカ史上初の十億ドル企業となった。この会社設立資金を調達するために発行される膨大な数の社債や株式を主幹事社となって引受けようと、ピアポントは、三百社にのぼる引受業者を一つの巨大なシンジケートにまとめ上げた。そして、相場操作の名人のジェームズ・R・キーン――鋭い目鼻立ちに加え、尖ったあごひげを蓄えていたので、ウォール街の銀狐と呼ばれていた――を据えて、値付けに当たらせた。キーンは売り買いを同時にやることで相場を着々とつり上げ、膨大な出来高があるように見せかけた。これほど大量の株が市場にあふれたら吸収できない、との前評判を覆して、新株発行は成功したが、これはモルガンの手掛けるものなら「不毛のサハラ砂漠を材料にした」株でも必ず買い手がいる、と豪語したモルガン商会パートナーのジョージ・W・パーキンズの言葉を裏書きする形になった。引受業務の報酬として、シンジケートは、五千七百五十万ドル（一九八九年価値で約十億ドル）相当のUSスチール株を取得した。こうしてUSスチール創立は、財界と産業界の融合を明確にし、〈金融王の時代〉を特徴づけた。さらにモルガンのパートナー四人が企業合同の成ったこの新会社の取締役陣に加わることで、両者の結婚式は文字通り完了したのである。

USスチールの絶大な企業規模を不気味で不自然に感じる人々は多かった。同社の年間の収支が二、三の国を除く世界各国政府の予算規模を上回ると指摘した人もあり、エール大学総長で著名な経済学者のアーサー・ハドリーは、連邦政府による大企業規制の必要を訴えた。だが、そうした批判の声にお構いなしに、ウォール街は記録的な出来高を謳歌し、一九〇一年春のUSスチール発足後の一日の出来高は、従来の記録の二百万株から一挙に三百万株に膨れ上がった。

株式発行で大富豪になる鉄鋼関係者が何十人も出てきて、突然の成金の輩出に、一般大衆は胆をつぶした。USスチールの初代社長に納まったチャールズ・シュワブは、一九〇五年にマンハッタンのリバーサイド・ドライブに七十五室もある大邸宅を建てた。ここにはパイプオルガン、美術ギャラリー、ボウリング場、専用礼拝堂から、長さ六十フィートのプールまで完備していた。鉄鋼産業の本場ピッツバーグにも豪華な邸宅が立ち並び、新興階級のにわか成り金経営者たちの存在を誇示していた。

のちに連邦政府の法人局が評価したところでは、USスチールの実際の資産価値は資本金十四億ドルの半分程度しかなく、同社株を買った投資家たちは、少なくとも半分は熱い期待で膨らんだ巨大なバブルを手に入れたに等しかった。ピアポントは、価値の基準を流動資産にではなく、先行きの予想収益の上に置くからくりをバンダビルトから学び取っていたのだ。USスチールのその後を見ると、同社をけなす者とほめる者の双方ともに一理ある動きをしている。たとえば、始値が三八だった同社株は、五五まで急騰したものの、結局、一九〇三年の〝金持ち恐慌〟の最中に九以下にまで下落した。そして、一九〇四年一月には、配当さえ払えなくなった。ところが、やがて同社はモルガンが思い描いた通りに大きく成長し、アメリカ最大の製鋼会社となり、投資家たち——少なくともその頃まで耐えて株を持ちこたえた投資家たちにはたっぷり報いたのである。

ピアポント・モルガンは、表向きは次第に華やかさを増していったものの、その裏にはいつも一つの泣き所がつきまとっていた。つまり、痛ましい顔つきをしていたことだ。一九〇三年に彼は、写真家エドワード・スタイケンの前に二分間ほど座って、かの有名な肖像写真を撮ってもらった。それを見ると、ピアポントは、深い暗がりの中から、刃のように光って突き出る椅子の腕をしっかり摑んで、じっと正面を見つめているが、緊張したしわを眉間に浮かべ、カラーをこわばらせ、その両眼が冷酷な二つの光りの点となって、威圧的に凝視するさまは、のちに語り草になったほどだ。スタイケンが撮影中に何度も横を向かせようとしたが、ピアポントは、自分の鼻のことを強く気にして真正面を凝視したままだった。この肖像写真は、彼が怒って憤然とした瞬間をすばやく撮ったもので、彼の気に入らず、最初に出来上がった印画をずたずたに破り捨ててしまった。怒りが収まって考え直したピアポントが、五千ドルという桁外れの写真代を払うからと言ったが、ひどく誇りを傷つけられたスタイケンは、二年間ほど写真を渡すのを渋った。

年齢をとるにつれて、紅斑性痤瘡のせいでピアポントの鼻は異常にふくれ上がり、形が醜くなった。公式の発表写真では、この赤鼻が必ず修整されていたので、彼の顔をじかに見た人たちは一層驚いたことだろう。ウォール街のシラノ・ド・ベルジュラックに初めて会ったときの印象を、画商のジョーゼフ・デュヴィーンは、「風刺漫画の鼻でも、こんな巨大な大きさだったり、こんなぞっとするようないぼいぼの出ているものはなかった。私は、驚いて絶句しなかったとしても、顔色を変えたかもしれない。モルガンはそれに気づいて、小さな鋭い目で私を意地悪そうににらみつけた」と記している。モルガンのこの鼻と短気な性格とを結びつける逸話は数多い。自分の鼻を物笑いの種にした者にはいつも怒り狂って復讐したので、「ルビー色の鼻をした大富豪」と書いたのが命取りになり、その後立ち直れなかった作家もいた。また、例の〝百万ドルの賭博師〟ゲーツが彼に〝赤鼻〟という仇名をつけたところ、この冗談は結果的に高くつき、ピアポントの反対でユニオン・リーグ・クラブとニューヨーク・ヨット・クラブから除名されてしまった。

ピアポントは、この鼻の問題の治療にはあらゆる努力をして、英国のアレグザンドラ王妃の勧めた電気療法も受けたが、なかなか治らなかった。その後、達観した境地になった彼は、これを誇るべきしるしにすることに考えを入れ替えた。当時の帝政ロシアの蔵相だったヴィッテ伯爵から手術を勧められたとき、彼は、「私の鼻のことは周知の事実だ。これなくしてニューヨークの街を歩き回ろうたって無理なことだ」と答えている。さらにもっと大きく出て、この鼻は「アメリカ実業界の一部だ」と述べたこともあった。

ピアポントがハンサムな若者を雇いたがったのは、きっとこの鼻のことがあったからだろう。かつてモルガン商会のパートナーといえば、鉄道業界再編成という激務に引き込まれて苦労した専門家という定評があったが、やがてお上品で、最新流行の服を着た、大金持ちの顧客向けにもってこいの、人当たりのよい、良家出身者という定評に変わっていった。「地味な者がモルガンのパートナーに選ばれる機会はまったくなかった」とピアポントのある伝記作者は書いている。

そのお手本は、J・フッド・ライトの急死後の一八九四年にパートナーとして採用されたロバート・ベーコンだ。スポーツマンらしいがっしりした体軀をきちんとした身なりで包み、たくましい角ばった顔に口髭を蓄えたベーコンは、ウォール街きっての男性美の典型《ザ・グリーク・ゴッド》と呼ばれた。彼はハーバード大学出身で、ボクシングをやり、百ヤード競走を走り、フットボール・チームのキャプテンとなり、グリー・クラブの会長を務めた。モルガン商会に彼が登場したことは、モルガン・パートナーの新しいイメージの幕開けを告げるものだった。ピアポントは、ベーコンを猫可愛がりして絶えずそばに置きたがり、まるでベーコンと「恋に落ちた」みたいで、「彼が目の前にいると喜んだ」という。

ベーコンの商会内での昇進は、モルガン帝国に一つの問題が内在することの証左だった。つまり、ベーコンという魅力はあるが軽量な人材を選んだことは、指導的な人材の採用を恐れるピアポントの性癖の表れだったのだ。モルガンは「自分で自由にどうともできる人間に囲まれているのを好む」、虚栄心の強い、危なっかしい専制君主だ、と英国の美術評論家ロジャー・フライは評した。初期の才能あるパートナーたちの大部分は、法律や金融の専門家ではあったかもしれなかったが、指揮官の人材ではなかった。

ピアポント・モルガンの専制君主制の危険が衆目の前にはっきり露呈されたのは、アメリカ史上最も物議を醸した企業乗っ取りとされる、一九〇一年のいわゆるノーザン・パシフィック鉄道株買占め事件のときだった。その年にUSスチール社が上首尾に発足した後、ピアポントは、すべての仕事をベーコンにまかせてフランスへ旅立ってしまったが、ベーコンとしては、仕事が自分の手に余る感じで、責任の重大さによろめいていた。そういう彼に不意打ちを食わせたのが、モルガンを除けばウォール街最強のエドワード・H・ハリマン、ウィリアム・ロックフェラー、ザ・ナショナル・シティ・バンク、クーン・ローブの四者からなる連合勢力だった。これは、ピアポントに断固として敵対する集団だった。

両者の戦いの火は、ピアポントが破産しかけたユニオン・パシフィック鉄道を「広野を走る錆びた二本の鉄路」にすぎないと馬鹿にして、その再建に乗り出さない方針を決めた一八九五年頃から、くすぶり始めていた。ピアポントがこうして南西部諸州を走る同鉄道を喜んで見捨てた結果、部外者が介入する余地が生まれた。まず、エドワード・ハリマンが同鉄道を引き受け、自分の持っていたサザン・パシフィック鉄道と合併させた。ハリマンとその融資をしたユダヤ系銀行のクーン・ローブ商会は、東部と北西部の鉄道を縄張りとしたモルガン商会の向こうを張って、南西部の鉄道を支配する立場に立った。ノーザン・パシフィック鉄道株買占め事件は、ハリマンとモルガンの個人的支配下にあったこの両鉄道網の一大正面衝突だった。

ハリマンは、ピアポントとはまったく違った種類の人間だった。ウォール街に多くいるタイプで、貧しい牧師の伜に生まれた、臆面もなく立身出世を狙う野心家だった。しかも、射撃の名手で狩猟を好み、株取引も荒っぽかった。ピアポントが秘かに商談を進めて握手して話をまとめるのを好んだのに対し、ハリマンは、市場を操作して企業を乗っ取る買収屋だった。また、ピアポントがいつも社債権者の代理人として活動するのに対し、ハリマンは、普通株を買収して企業を直接支配するやり方を好んだ。銀行が議決権信託などの手段で企業を支配できることを証明したとすれば、ハリマンは株式買収で銀行とその系列下の企業自体の双方を支配できることを立証した。

ハリマンの取引銀行のクーン・ローブ商会の幹部で、ドイツ生まれのジェーコブ・シフは、鉄道業界に投資している金融資本家としては、ピアポントに次ぐ大物と目されていた。それほどの重要人物だったから、シフが鉄道で旅に出かけるときは、専用プルマンカー一両で足りることはめったになかった。彼は、堅苦しくて形式張っていて、しかもピアポント・モルガンと同じく傲慢だった。

ロンドンのマーチャント・バンクの経営者と同様、ウォール街に本拠を置くユダヤ系投資銀行の経営者も雑貨商人上がりで、リーマン兄弟は南部アラバマ州の綿花仲買人、ゴールドマンはペンシルベニア州の衣料品店主、クーンとローブはシンシナティの衣服商、ラザードはニューオーリンズの雑貨商だった。これらのユダヤ系各行は、一種の世襲君主制をとっていて、血縁の者か婚姻を結んだ者しかパートナーになれなかった。また、非ユダヤ系の大手各行が手をつけない分野を縄張りとし、お上品な非ユダヤ系銀行が下品だとみなした各種の取引市場に直接手を出した。だから、ゴールドマン・サックス商会は商業手形を、リーマン・ブラザーズ商会は商品取引を専門としていた。一九〇〇年頃になると、ユダヤ系各行も企業の株式の発行引受け業務に乗り出したが、そこでは非ユダヤ系の投資銀行が嫌った、たとえば、百貨店や繊維メーカーの株式が中心だった。その代表的企業に、ゴールドマン・サックスとリーマン・ブラザーズが一九〇六年に手がけたシアーズ・ローバック社がある。こうした割と小規模な新株発行について、非ユダヤ系の各銀行は、「あんなのはユダヤ人にまかせておけ」と鼻であしらったが、そのお高くとまった態度は、二十世紀に入って高い代償を支払うことになる。

シフは、ユダヤ人たちに残された縄張りだけに甘んじたくなかった。数あるユダヤ系銀行家の中で、彼だけは大きな勝負に打って出て、政府公債引受けや鉄道向け融資の面でモルガンと張り合う積極性を持っていた。そして、ピアポントが英国人の資金を扱ったのに負けず劣らずの巧みさで、ドイツ人やフランス人から資金を引き出して、アメリカ企業の株に注ぎ込んだ。クーン・ローブが意外な企業支配力を発揮したのは、主として同商会が多数のドイツ人投資家たちの代理人として議決権を行使したためであった。

ピアポント・モルガンは、シフのことを「あの外国人め」と吐き捨てるように言ったものだ。シフはシフで、モルガンを尊敬していると公言していたが、そのお世辞文句はときにうわべだけで、実際には彼をそねむ響きがあった。たとえば、ピアポントが一九〇七年恐慌の収拾に立派な役割を果たした直後、シフは「銀行家たちをあんな風に動かせた者はいないだろうよ……あの人みたいな独裁的なやり方ではな」と述べた。

一九〇〇年代初頭のウォール街では、政治的、人種的、宗教的違和感が銀行家たちの間に浸透していた。ヤンキー資本とユダヤ資本との分裂は、アメリカ大口金融を二分する最も重要な断層線だった。そして、この二大資本がアメリカの投資銀行業界を支配するようになったので、両者の争いは、モルガン財閥物語を色濃く彩るテーマとしてしばしば登場してくる。ピアポントが反ユダヤ感情を抱いていたのは周知の事実で、「彼が不必要にユダヤ系投資銀行側の反感を買ったことが一度ならずあった」とある伝記に記されている。ユダヤ系大物資本家のジョーゼフ・セリグマンは、ピアポントが彼に対し「硬軟両様の態度」をとるのは、ユダヤ人に不快感を持っているせいだ、と思い込んでいた。軟らかい態度であるときは、二人は証券引受けに協力したし、セリグマンが有名な保養地サラトガのあるホテルからユダヤ人であることを理由に宿泊を拒否されたときは、モルガン商会は、その締め出しに抗議する新聞広告を出したほどだ。

ところで、モルガンに対抗するハリマン、シフ勢力と共同戦線を張ったのが、ロックフェラー一族だった。一族の総帥たるジョン・D・ロックフェラーは、一八八一年のスタンダード・オイル・トラスト創設の際、ウォール街からまったく借りずに、巨額な内部留保で資金を賄った。それ以降、スタンダード石油が次第に大金を生み出し、そして、その預け先にザ・ナショナル・シティ・バンク——現在のシティバンクの前身——を選んだ結果、同行は、一八九三年にはニューヨーク最大の銀行にのし上がった。銀行が産業に対する支配を強めていた時代に、一大企業帝国が銀行の支配権を握ったのだから、これは驚くべき事態だった。J・P・モルガン商会がしばしば鉄鋼銀行と呼ばれたのと同様、ザ・ナナショナル・シティ・バンクは、石油銀行として知られるようになった。さらにザ・ナショナル・シティ・バンクのジェームズ・スティルマン頭取は、娘二人をウィリアム・ロックフェラーの息子二人に嫁がせて、同行とロックフェラー一族との絆を固めていた。

ノーザン・パシフィック騒動の直接のきっかけは、北西部の鉄道網を牛耳るジェームズ・J・ヒルがシカゴ・バーリントン・アンド・クインジ（CB&Q）という中西部を走る鉄道を買収しようと決めたことだ。ヒルは、それ以前すでにモルガンの支援を得て、グレート・ノーザンとノーザン・パシフィックの両鉄道を一つの鉄道網にまとめ上げて、合衆国の北西部一帯の輸送を支配していた。その彼がさらにCB&Qを手に入れれば、シカゴにまで路線を延ばしたり大西洋横断定期客船に接続したりする可能性が出てくるし、ひょっとしたらモルガンが経営するニューヨーク・セントラル鉄道に接続しかねない、とハリマンは恐れた。

シフとハリマンはヒルとモルガンに対し、CB&Qの買収に一枚加えて欲しいと懇願したが、断られた。「よろしい、それじゃ喧嘩だ、あとはどうなっても知らんぞ」ハリマンは執念深くそう言った。シフとハリマンは、それならCB&Qを呑み込んだ鉄道――つまりノーザン・パシフィックそのものを呑み込んでしまおう、と決めた。シフは、買収成功の暁を夢見る半面、モルガンに対する恐怖に心が千々に乱れ、眠れぬ一夜を過ごした末にやっとハリマンの買収案に同意したという経緯があった。モルガン商会はノーザン・パシフィックの大株主であり、こんな攻撃に黙っていなかっただろうから、シフにすれば大逆罪にも等しい途方もない行為だったのである。

買収側のハリマンとシフは、ひそかに株式市場に手を回して、ノーザン・パシフィック株を七千八百万ドル分買い占めた。これは、当時としては史上最大の市場操作《マーケット・マニピュレーション》だった。一九〇一年四月にノーザン・パシフィックの株価が上昇し始めたとき、ピアポントは、これはUSスチール発足に伴う株式市場の強気傾向のせいだと考えた。シフはシフでずるく、CB&Q買収後のノーザン・パシフィックの資産価値の高まりを見越した株価上昇だ、との噂を広めた。ロバート・ベーコンは、まとまった量のノーザン・パシフィック株が手に入ったとき、喜んで売ってしまったし、同鉄道の重役たちでさえ手放した。ハリマン一派がマッキンリー大統領再選後の金融市場の沸き立つような好況に乗じて、巧みに打ったぺてんがまんまと図に当たった形だった。その一方では、うわついた市場の動きに懸念を抱いて、恐慌の到来を予測する投資家も多かった。

やがて翌五月を迎えると、ノーザン・パシフィック株は急騰に急騰を重ねて、天にも昇らんばかりの勢いになった。その頃、ヒルは悪夢に悩まされた。旅先のシアトルで専用寝台車に寝ていた彼の夢の中に「顔色の黒い天使」が現れ、ニューヨークで問題が起きていると警告したのだ。さっそく汽車でアメリカ大陸を横断して、ウォール街に取って返した。五月四日（土曜日）、彼は、破局的な事態が起きつつあるのではないか、とベーコンに注意を促し、二人でフランスの旅先エクスレバンに滞在中のピアポントに電報を打って、指示を仰いだ。

この時点で、ハリマン、シフ勢力は、ノーザン・パシフィックの過半数株にあと四万株というところまで買い進んでいた。その土曜日の朝、ハリマンは、必要な四万株を買い増すようクーン・ローブ商会に命じたが、責任者のジェーコブ・シフがエマニュエル寺院の礼拝に出席中だったので、その買い注文は実行されなかった。このちょっとした手違いが命取りとなった。翌日、ピアポントはベーコンに、値段はいくらでもよいから十五万株買い集めるよう指示した。週明けの月曜日になると、モルガン商会側の仲買人がさっと取引所の立会場に散開したかと思うと、ノーザン・パシフィック株の異常ともいえる売買が始まった。

株価の暴騰ぶりはびっくりするほどだった。翌五月七日の火曜日の終値は百四十三ドルを超え、土、月、火の三日間で実に七十ドルの上げを記録した。翌八日の水曜日には、二百ドルまで暴騰した。これは一種の株買占めであって、投機家たちがはまって出血の犠牲を払うわなだった。これに引っかかった投機家たちは、空売り——つまり、いずれバブルがはじければ安く買い戻してもうけられると確信して、証券、金融会社から株を借りて売り続けた。ところが、ノーザン・パシフィック株は高騰し続ける一方だったから、投機家たちは、借りたノーザン・パシフィック株の代金を精算するために、持っている他社の株

を売却せざるを得なくなった。そういうわけで、った。そういうわけで、問題は株式市場全体に波及していった。それから翌五

水曜日になると、めざましく急騰するノーザン・パシフィック株の手当てのためにお金が全部吸い込まれてしまうため、他の各社株がほとんど全部暴落し出した。それから翌五月九日の木曜日に、史上最大の暴落がやってきた。ノーザン・パシフィック株は、一回の取引きごとに二百ドル、三百ドルとはね上がっていき、ついに一千ドルに達したかと思うと、一挙に四百ドルも下げた。そうなると、投機家たちが空売りの穴埋めをする実際の株券が見当たらないため、取引所は、大狂乱の場と化した。

仲買人がノーザン・パシフィックの株券を持って現れると、それがないと身の破滅だと恐れる投機家たちに四方八方からつかみかかられる始末だった。ある仲買人が五百株の株券一枚を取り寄せようとして、オールバニーから汽車を借り切った例もあった。こうした大混乱のうちに、ピアポント・モルガンは、ノーザン・パシフィック鉄道の支配権を取り戻したものの、まぎれもない本格的恐慌という犠牲を払った。それは、どんな犠牲を払っても戦いに勝とうと決心したあるエゴイストの死にもの狂いな破壊行為以外の何物でもなかった。結果的には、モルガン商会パートナーのジョージ・パーキンズがシフ、ハリマンの両者と一緒に動いて、空売り側が一株わずか百五十ドルでノーザン・パシフィック株を買い取るのを許す、と解け合いを宣したとき、この殺戮の修羅場はやっと終わりを告げた。もし解け合い措置がとられなかったならば、ウォール街の証券仲買業者の半数以上が

ひょっとしたら倒産していたかもしれない。この事件は、極端に貪欲な人間の行為を見せつけたもので、絶大な力を持つ、新興の金融王たちに対する一般大衆の危惧をかき立てる結果になった。一九〇一年五月九日のザ・ニューヨーク・ヘラルド紙の第一面トップの大見出しは、「ウォール街の巨人たち、激しい主導権争いで株価暴落に拍車をかけ、無知なる人々の群れを破滅さす」と民衆の声を巧みに要約した。

ピアポントは、ノーザン・パシフィックの件で自分の果たした役割が社会から批判されるのに我慢がならなかった。旅行先のパリのモルガン・ハージェス商会で、「私は世間に何ひとつ迷惑をかけていない」と金融王らしくぶっきらぼうに言い放った。弁解らしきものに最も近い発言といえば、「私が一つの会社を立て直すときは、名誉にかけてそうせねばならぬと考えるからで、その会社を守るという経営者としての道義的責任がある」と〈紳士銀行家行動規範〉を繰り返している点だ。とはいえ、ウォール街に対する彼の力が非常に大きくなってしまったので、子象を守る母親象のように、まわりの無関係な局外者をも踏みつぶさざるを得なかったわけである。彼は、あまりにも大きすぎる存在であって、取るに足らぬ政府規制措置などものの数ではなく、時代の枠組みからはみ出すほど巨大化しすぎていた。USスチールの創設直後にこのノーザン・パシフィック株買占め事件が起きたことで、ほんの一握りのウォール街の大立者たちの相場操作の犠牲に一般民衆がされている、という見方がいっそう強まった。

マッキンリー大統領は、そうした世間一般の怒りの声にほとんど耳をかさないまま、一九〇一年九月六日、バファローで開催中のパン・アメリカン展の会場で無政府主義者に暗殺された。そのとき、ピアポント・モルガンは、シルクハットをかぶってウォール・ストリート二三番地から帰宅する寸前だったが、ニューヨーク・タイムズ紙の記者が暗殺の一報を持って駆けつけると、「何だって?」と相手の片腕をつかみ、びっくり仰天して相手の目を見つめたままだった。それから、机の椅子にどすんと腰を落とし、確認の電話を待った。返事はすぐに来た。「これは悲しいことだ。非常に悲しいニュースだ」と彼は言った。

マッキンリー暗殺事件は、ピアポント・モルガンにとって一つの転機となる。なぜならば、大資本《ビッグ・ビジネス》に対する好悪の感情の幅が前任者よりもはるかに大きい、弱冠四十二歳のシーアドア・ローズベルトが後任大統領に就任したからだ。事実、テディ・ローズベルトの大統領就任は、ホワイトハウスとモルガン商会との間の断続的な戦いの幕開きを示すことになり、この戦いはそれから三代にわたる大統領——ローズベルト、タフト、ウィルソン——の間、ずっと続くことになる。

マッキンリー暗殺事件の二カ月後、ノーザン・パシフィック株買占めで対立した当事者双方が仲直りし、ノーザン・パシフィック、グレート・ノーザン、CB&Qの三鉄道を合併した、ノーザン・セキュリティーズ社という持株会社を設立した。ヒルとハリマンの両者が揃って取締役の地位を与えられた。ウォール街の二大勢力の仲直りとともに、鉄道独占企業がミシシッピ川以西を掌握したとの驚きが一般大衆の間に高まった。ある新聞編集者は「彼らが残りの半分を手に入れるのは、もっと容易だろう」と、以東の鉄道網も彼らが独占すると予測した。ノーザン・セキュリティーズの創立者たちの夢は、ポピュリスト党一派の最も恐れたものを超えるものだった。つまり、大陸横断鉄道にまとめ上げた後、アジア向け汽船航路へ接続することを計画したのである。その一方でピアポントは、自分の版図をアメリカ合衆国の国境の外へ拡げて、鉄道と汽船による北大西洋の独占体制を構想した。ウォール街が次第に海外に目を向け始めたのである。

ノーザン・パシフィック株買占め事件は、何千人という投資家を破産させたあげく、最後の犠牲者――モルガン商会パートナーのロバート・ベーコン――を出した。彼は事件が終わってから一年半、ウォール・ストリート二三番地の職にとどまっていたが、相次ぐ緊張で神経がすっかり参っていた。そのため医師の命令で、二年ほど猟犬をつれて馬で狩りに興ずるというモルガン商会流の独特の療養に努めた。そして、海外旅行から戻ると、国務次官補、国務長官、フランス駐在大使など一連の政府要職を務めたが、仕事の性格からすると、かつてピアポント・モルガンの首席補佐役を務めた頃のような激務ではまったくなかった。

第六章　トラスト

一八九八年に三十一歳でロンドンのJ・S・モルガン商会勤務に回されたジャック・モルガンは、父ピアポントのもとから追放された孤独な王子みたいだった。背が高く、肩幅が広く、がっしりした体格の若者で、その幅の広い顔に際立って高い鼻を有していたが、父の鼻のようなみにくい形ではなかった。そのジャックは、はるか遠くのロンドンから、ニューヨークのめざましい事態の展開――つまりUSスチール社の創設、ノーザン・パシフィック株買占め――を漠然たるあこがれのまなこで注視していた。自分の運命との出会いが絶えず先へ先へと繰り延べされるもどかしさを感じていたのかもしれない。母親に宛てた手紙で、ウォール・ストリート二三番地ではあらゆることが「躍動して回っている」のに対し、ここオールド・ブロード・ストリート二二番地では「きわめて底深い沈黙」が強く支配している、と不満を訴えている。何よりも耐えがたかったのは、父ピアポントが寵愛の眼をロバート・ベーコンに向け始めたのを黙視せざるをえなかったことだ。

最初の話では、ジャックのロンドン勤務は、一時的な予定だったが、J・S・モルガン商会内の人事問題の是正に手間取って、一九〇五年までロンドンにいることになり、父ピアポントから疎まれているという思いに悩むことがしばしばあった。たとえば、ピアポントに英国国王エドワード七世の戴冠式に参列するかどうかを問い合わせたとき、「父と絶えず接触を保つのは容易ではなく、途中で断念せんばかりだ」と告白している。また、商売上の取引き話からも締め出されていたから、USスチール設立の一件など、新聞を読んで知る始末だった。

ピアポントは、ジャックを愛してはいたが、彼には覇気が欠けていて、頼りなさが増すばかりだと気づいていた。抱える仕事で手一杯すぎて、息子のことなどにかかずらっている暇がなく、しかもジャックが父親ほど利口でもなければ迫力もなかっただけに、いっそう厄介だった。

もしジャックが違った性格の息子だったら、父親に反抗していたかもしれないが、ともっつりすねているだけだった。そして、祖父ジューニアスと同様、ピアポントの働きすぎと「軽はずみな」欲望を絶えず心配し、父の行動にいつも注意して目を離さなかった。また、ピアポントが見栄っ張りであるのも見抜いて、父は一つ善行を施したあとは「一人悦に入りすぎているだけ」だと述べている。ピアポントの心の奥底の悩み、ひそかな孤独感の尽きせぬ泉をも探って、「父は少しずつ元気に上機嫌になっているが、ときどき私みたいに孤独感を抱き、世の中に一人も友がいないかのような陰気な顔をしている」と記している。

ジャックは、ロンドン勤務を宿命のように渋々受け入れたが、父ピアポントが気前のよさを見せてくれたので、多少は救われた。まず一八九八年にロンドンに着くと、ジャックと妻のジェシーに、祖父から相続したプリンセスゲート一三番地のタウンハウスを自由に使わせてくれた。ピアポントは、これに隣りのプリンスゲート一四番地もくっつけて二軒続きのタウンハウスにしていたが、もとの一三番地の方は、ベラスケス、ルーベンス、レンブラント、ターナーなどの泰西の名画がきらびやかに飾られて――輸出税がかかるために、ピアポントはこの名画コレクションをアメリカに送り出せないでいたのだ――素晴らしい美術館の観を呈していた。ジャックは、祖父ジューニアスの別荘だったロウハンプトンのドーバー・ハウスも自由に使った。こうした父親らしい心遣いに感激したジャックは母宛に、「父は、私たちが到着してからずっとよくしてくれ、何事にも非常に心を配り、またジェシーの社交生活をとても心に掛けてくれています！　父が私たちと同じ一つ家に滞在するのを非常に喜んでくれているのがよくわかります」と書き送っている。一九〇一年には、ピアポントはジャックに、クリスマスの贈り物として多額のお金を与えたが、そのほんの一部で英国の画家、サー・ジョシュア・レナルズの肖像画が一枚買えたほどだった。

しかし、ジャック一家にすれば、こんな豪華な生活はいささかうっとうしい感じだった。たとえば、毎晩——ピアポントが同じ家に滞在していようがいまいが関係なく——使用人がご主人様の寝台の脇に読物類と温めた牛乳を置き、読書ランプの炎を調節しておくのが常だった。しかも、家中に傷つきやすい名作絵画がたくさんかかっていたから、家政婦が気の乗らないときは、何日も掃除しなかった。妻のジェシーは、何一つこわさないのを自慢にしていたが、いまや男の子二人、女の子二人となったモルガン家の子供たちにしてみれば、我が家の中でさえ勝手気儘に遊び回れないので窮屈に感じていた。

ジャックは一九〇一年、ハーファドシャーにある、キジとサウスダウン種の肉用羊のたくさんいる、広さ三百エーカーの別荘、オールデナム・アビーを借りた。堅実な田園生活の楽しみを味わうという英国紳士の趣味が彼にはあった。一九一〇年にその別荘を買い取ってから、そこをウォールホールという昔の名前に戻した。英国の著名な造園家、ハンフリー・レプトンが庭をつくったこの別荘には、小塔のある建物や熱帯植物の温室や学寮付属礼拝堂を模した文庫《ライブラリー》などがあった。モルガン家は、こうした英国趣味と釣合いをとってアメリカ色を出すために、たとえば、ニューヨーク州産のリンゴをロンドンの店のパートナーたちにわざわざ贈ったりした。

ジャックにとって、ロンドンですごした何年かは、貴顕の紳士淑女と親しく交わり、引き立てられたよき時代だった。たとえば、マーチャント・バンクを創立した名家の出身者と多数知り合い、ハンブロ銀行のエリック・ハンブロとはサンダウのジムでスポーツの練習をし合った仲だ。近所づき合いの相手としては、グレー伯爵、フロレンス・ナイチンゲールがいたし、ときおり夕食会に招く賓客には、ラドヤード・キップリング、ヘンリー・ジェームズ、サー・ジェームズ・バリー、マーク・トウェインらの作家がいた。それよりも何よりも、金髪にきめ細かい肌とくすんだ青い瞳をした丸顔の美しい妻、ジェシーがいた。彼女は、初めはいやいやながら英国へ引っ越したのだが、すぐにその社会がボストンと変わらないのに気づき、はっきりとした英国びいきになった。

娘たちに学校教育を受けさせるのはよくないとのジェシーの考えから、二人の娘のジェーンとフランシスは、ウォールホールで家庭教師について勉強し、正式の学校に一度も通わなかった。ジャックも、大学教育は若い子女の女らしさを失くすだけだ、との考え方だったから、大学進学などもってのほかだった。

ジェシーとジャックの夫婦は、しばしば子供たちが入り込む余地がないほどぴったり一心同体となって毎日を送っていた。妻のジェシーは、ジャックの財産をてきぱきと能率よく管理しただけでなく、夫を動かし、助言し、精神的に支えた。ジャックはジャックで、冷たくなった両親の間柄を見てきただけに、父親のとは正反対な結婚生活を築き上げ、たとえば、モルガン家の伝統だった女遊びなどは決してしなかった。

ジャックのロンドン勤務は、モルガン財閥に計り知れない利点をもたらした。英国がおそらくジャックの第二の故郷となったのだろうか、彼は、どの英国民にも負けず劣らずの愛国者となった。一九〇〇年に女王ビクトリアの馬車の通り過ぎるのを見て、「喪服姿で大きな眼鏡をかけた、あの素晴らしい老婦人は、非常に多くの人々に強い感銘を与える——女王は、非常に多くの伝統を現代の形に見事に表しており、群衆の中を馬車で進むその姿をみるのはきわめて感動的だ」とまで述べている。

ジャックとジェシー夫妻は、当時のアメリカ人実業家たちにほとんど閉ざされていた英国の社交界に受け入れられた。一八九八年二月二十一日、三角帽に剣を吊るした正装姿のジャックは、妻のジェシーを伴ってバッキンガム宮殿の謁見室で女王に拝謁した。モルガン夫妻は、陽気なレイディ・シビル・スミスと夫のビビアン・ヒュー・スミスとも知り合いになり、夫人の手引きでウィンザー城で女王の侍女を務める夫人の母に会い、女王所蔵のホルバインやレオナルド・ダ・ビンチの素描画を見せてもらった。ジャックは、知らず知らずのうちに、モルガン家が英国の貴族や政治家の社会に出入りするまたとない契機となる人間関係を作り出しつつあったのだ。

モルガン財閥は、このようにアメリカと英国の同盟関係の一つの縮図であったから、その内部的な力の移動を忠実に反映することになる。南北戦争以後、ニューヨーク本店が当時の英国の栄耀栄華の恩恵に浴したとすれば、新しく二十世紀に入ると、それまでの情勢は逆転して、ロンドンのJ・S・モルガン商会がニューヨーク本店中心の引受業務のおこぼれに与える例が次第に増えてきた。ロンドンの店の資本の大半はピアポントから出てお り、一九〇〇年代初めになると、オールド・ブロード・ストリート二二番地からあがる年間収益の半分から四分の三近いものが彼の懐に入っていた。

ただ、モルガン財閥は英国上流階級のお気に入りではあったが、両者の関係は、いつも緊張をはらんでいて、張りつめた主導権争いというほどではないまでも、恋愛関係にはほど遠かった。ピアポントとその率いる商会が英国の味方なのか、それとも英国を支配しようと押し寄せた野蛮な金融資本集団の第一波なのか、英国人にはその点がどうもよくわからなかった。ロンドンのJ・S・モルガン商会のパートナーとなったサー・クリントン・ドーキンズは一九〇一年に、「ロンドンでわが社と肩を並べる者といったら、ベアリング・ブラザーズ程度しかないが、合衆国での同商会の存在は無きに等しく、合衆国がほとんどの面で英国より優位に立ちそうだ」と述べた。十九世紀まで対立してきたロスチャイルドとベアリングの両商会は、こうしたヤンキー成上り者と戦うために、前ほど反目し合わなくなった。

ボーア戦争が一八九九年に起きた際、資金に窮した英国政府は、国庫債券の募集をロンドンではロスチャイルド、ニューヨークではモルガンに依頼した。ピアポントが最初はためらったので、英国大蔵省は、依頼先にベアリング商会も加えて、彼をいっそう面白くない気分にさせた。サー・クリントン・ドーキンズは、ヒックスビーチ蔵相のことを「きわめて頭の鈍い、実務がまるでわかってない」男だと非難した。一九〇〇年のボーア戦争の戦費調達は、シティを騒然とさせた。ロスチャイルド側と協調してやってきた父ジューニアスと違って、ピアポントは、挑戦的態度をとり、ロスチャイルド側よりも高い手数料をひそかに要求したが、英国側は渋々これを呑んだ。一九〇二年の国債発行のときは、ロスチャイルド側がモルガンをシンジケートから締め出そうとしたが、うまくいかなかった。このときを境に以後ずっと、J・S・モルガン商会の責任者、エドワード・C・グレンフェルは、ロスチャイルド財閥に対するモルガン財閥の旭日昇天の勢いを日記に記してゆくことになる。

一九〇一年にUSスチールが創立されたとき、英国の金融資本家たちは、ピアポントの豪胆さにびっくりした。ロンドンのクロニクル紙は、このトラスト（企業合同）を「文明社会の商業活動を脅かすもの以外の何物でもない」と呼んだが、実際、同社の誕生は、アメリカ製品の対ヨーロッパ輸出急増の先触れであり、その後、両国間の貿易対立を尖鋭化させることになる。

ピアポントは同じ頃に、ロンドンの地下鉄の電化計画に一枚加わって物議をかもしていた。彼が他社と競ったのは、ハマースミスからピカデリーを経てシティに至る路線で、その資金調達を引き受けることで、自分が資本参加しているブリティッシュ・トムスンヒューストン、シーメンズ・ブラザーズの両社の商売が増えればよいという思惑もあった。

結局、この地下鉄工事融資合戦では、シカゴの大物資本家のチャールズ・タイソン・ヤーキーズを中心としたシンジケートに負けた。めったに負けたことのない彼がそうして敗退したものの、一枚加わったというだけで、英国人たちに、彼が英国経済を席巻するつもりだとの不安をかき立てた。

英国人のピアポントに対する好悪の感情の振幅は、非常に大きくなった。一九〇一年のニューヨークのザ・ワールド紙上には、ピアポントが英国人を擬人化したジョン・ブルに向かって、「他に何か売り物があるかね？」と尋ねている風刺漫画が載せられた。だが、ピアポントのそうした強腰な姿勢がどんなに英国民の気に障ろうとも、ことアメリカでの金融の問題となると、彼に頼らざるをえなかった。そこで一九〇一年にロンドンの金融資本家たちは、自分たちの対アメリカ投資を安全に守るために、ピアポントに二百万ドルのロイズの生命保険をかけ、息子ジャックの言葉によれば、彼を「ビクトリア女王並みに」格上げしたのである。

ピアポントはいろいろ画策したが、一九〇二年にやったこと――つまり北大西洋の船舶輸送を独占化する海運トラストの創設――ほど、英国民の不安を心の底からかき立てたものはなかった。この動きは、アメリカの新しい輸出志向の一つの当然の帰結だった。USスチールの設立直後、北大西洋航路の各汽船も同様に共同所有下に置けないか、とある海運会社の経営者から打診されたのに対し、ピアポントは「できるはずだ」と答えた。当時の海運業界は船が多すぎて、やぶれかぶれの如き運賃競争が横行していて、まるで初期の鉄道業界を思わせた。アメリカ側としては、大金持ちの間で流行していた豪華な大西洋横断の船旅に加え、ヨーロッパからの移民の往来などから、海運業はもっとお金になるはずだと踏んでいた。

こうしたアメリカ側の関心をはっきり打ち出しながら、ピアポントは、アメリカ人の株式所有による海運トラストをつくる案をまとめ、一つの業界内で競争者同士が協力するという彼独特の〝利害共同体〟の原理を地球的規模に拡大しはじめた。そして、英国とアメリカの商船百二十隻余から成る一大船団――民間所有としては世界最大――を生み出した。政略的観点から、ピアポントが絶対に征服すべき対象としたのは、ベルファストのハーランド・アンド・ウルフ造船所とホワイト・スター汽船会社だった。ハーランド・アンド・ウルフ造船の経営者のピリー卿は、企業合同で大きな新会社ができれば自分の所で造る船の専属市場になる、と考え同意したが、ホワイト・スター汽船のJ・ブルース・イスメイは、この話に乗るのをためらった。そこでピアポントが、同汽船の株主たちから高額の割増金付きで株を買収した結果、イスメイは同社の会長にとどまったばかりか、企業合同でできたジ・インターナショナル・マーカンタイル・マリン社そのものの社長にも就いた。

北大西洋航路の新興勢力であるドイツを新会社に引き込むことも、ピアポントには絶対に必要だった。その点で、海運トラストをつくる重要な鍵を握る人物は、世界最大の海運会社ハンブルク・アメリカ・スチームシップ汽船を経営するアルバート・バリンだった。バリンは一九〇一年の秘密報告書の中で、モルガンの野心の大きさを次のように述べている。

モルガン自身が数カ月前のロンドン滞在中に、自分の推測だと、北大西洋沿岸の港経由のヨーロッパ向け物資の約七〇%は、通し船荷証券で鉄道で港まで運ばれ、それから先の輸送は外国の船会社各社に委託されている、と一部の英国海運業者に語った。さらに、鉄道各社がこうしたアメリカの物資の大西洋上輸送を外国の所有企業にまかせておいてよい理由はまったくない、とも付け加えた。そうであれば、アメリカ資本全体の利益のために、アメリカの鉄道会社と海運会社の大合同を生み出そうとするのは、まったくもって当然の話だろう。

モルガンは一九〇一年末にバリンと交渉し、モルガン系の船会社がドイツ側の明確な承諾なしにドイツの各港向け航路を開設しない代わり、バリン側も英国ないしベルギー向け航路をこれ以上に拡大しない、との条件で北大西洋の海運を両者で分け合う話をつけた。バリンは、ロンドンでモルガンと会った後、これをドイツ皇帝ウィルヘルム二世に報告したが、最初、皇帝はモルガン側の策略を警戒して心配した。しかしバリンが、英国の船会社は全部呑み込まれるが、ドイツ側は独立性を保つパートナーでいられる、と説明したので、納得した。

ドイツ側との取決めの知らせが漏れ出すと、企業合併がとうとう世界的規模で頭をもたげ始めた、と一般大衆はぎょっとした。ニューヨーク・タイムズ紙は『信じられぬこと』と題した社説で、「賢明な人なら、ドイツの船会社との取決め条件をめぐる話を本当だとは受け取るまい」と述べ、この市場競争の制限を時代遅れで非能率的だとみなした。

英国民はとりわけ、ピアポントの海運カルテルに神経過敏だった。新しくできるジ・インターナショナル・マーカンタイル・マリン社が、アメリカ内陸部からモルガン系鉄道で東海岸の各港まで運ばれる貨物のヨーロッパ向け海上輸送を独占しかねない、と恐れたからだ。この心配を裏付ける形となったのは、モルガン商会パートナーのジョージ・パーキンズがつい調子に乗って、海運合同によって「われわれの鉄道の終着駅が実際に大西洋を渡った彼方まで延びる結果」になる、と述べたことだ。ピアポント・モルガンは、まるで渾然一体と化した支配網を全世界に着々と張りめぐらしつつあるかに思われた。

だが、ピアポントの構想に抵抗して争わざるをえなかった会社が、一社だけあった。それは英国のキュナード汽船会社で、同社が加わらなければ海運トラストがひょっとしたら駄目になるかもしれない、とバリンは考えた。いまやパニックに近い状態になった英国の船舶業界と一般民衆が、英国の海運業を「救え」と議会に訴えたので、政府の委員会はキュナードに買収に応じないよう迫った。英国海軍省は、大西洋横断定期船を緊急時に軍艦に役立てたいと望んでいたから、キュナードが外国企業の手に落ちるのを恐れた。そうした理由から、英国政府が世界最大の汽船二隻を造る補助金を気前よく出してなだめすかした結果、キュナードは英国籍にとどまり、いざというときは船舶を政府に用立てることに同意した。

ピアポントが一つのトラストをつくり上げる際、それまでは外国政府と争う必要はなかったが、事業が次第に国際的規模と化し、主権国家の権益と摩擦を起こすようになるにつれ、事態は以前よりも政治色を帯びるようになってきた。だから、英国側の懸念を和らげるべく、現代の多国籍企業がよくやる計略に頼った。まずアメリカ人の所有会社という性格をごまかすために、このトラストの名称をジ・インターナショナル・マーカンタイル・マリン（IMM）社とした。そのほか、英国船には英国人船員が乗り組むことと英国旗の掲揚を許し、取締役会にも英国人重役を入れた。最後に、英国船を英国海軍の予備役に入れて、戦時には徴用できるとした。けれども、IMM社の五人から成る議決権信託の受託者理事会の顔ぶれは、アメリカ側がピアポントら三人に対し、英国側はイスメイとピリー卿の二人だけで、アメリカ側が過半数を握っていた。

IMM社は結局、ピアポント・モルガンの有名な失敗作の一つとなる。ボーア戦争が終わって海運市況が軟化すると、IMMとキュナードの両汽船は、身を削る運賃競争のあげくお互いに疲れ果ててしまった。それはかりか、一九〇二年四月のIMM発足の当初から、引取り手のない同社株を売り抜けるのに、モルガン側シンジケートは苦慮していた。株価がかなり水増しされていたため、ニューヨーク証券取引所に上場できず、一九〇六年当時で発行株式の約八〇%が売れず、引受業者の手元に残っていた。ウォール・ストリート・ジャーナル紙がピアポント・モルガンの海運トラストに捧げたお悔みの言葉を借りれば、「大洋は大きすぎて、かの老人の手にも負えなかった」のである。

ピアポントに対する英国民の反発が、恐らくロンドンのJ・S・モルガン商会の在り方を変える契機となったのだろう。それまでは、ロンドン店の資本の大部分が彼の懐から出ていたばかりか、アメリカ人パートナーのほとんどが一族の出身者で占められてきた。ところが、二十世紀に入ると英国人パートナーの数が増え、しかもその人選はずっと政治的になり、ピアポントは、ロンドン店の強化に惜しみなくお金を投じるようになった。たとえば一九〇〇年には、著名な英国の行政官で、インドの蔵相になろうとしていた寸前のサー・クリントン・ドーキンズをパートナーに引き抜いた。これはモルガンが版図をアジアに拡大する新しい計画だ、とマスコミは見た。

そのドーキンズにも満足しなかったせいか、ピアポントは、一九〇四年に英国のマーチャント・バンクのベアリング商会との合併交渉に走ったが、この背景にはウォール街の新しい競争相手に対する不安もあった。ベアリング商会のレバルストーク卿は、ピアポントと会ったときのことを回想して、「彼はユダヤ系やロックフェラー一派ら新興勢力を激しく非難し、ニューヨークで白人系の金融資本といえば、うちと彼のところの二社しかない、と一度ならず言った」と語っている。

合併案の中心は、ベアリングがロンドン側、モルガンがニューヨーク側の仕事をそれぞれ仕切り、ロンドンのJ・S・モルガン商会はなくすという内容だった。この交渉は、レバルストーク卿によると、二つの理由から失敗に終わった。一つは、ロンドン店をベアリング側と合併・解散させるとドーキンズが落胆するのではないか、とピアポントが心配したことで、二つ目は、合併すると商会内でのジャック・モルガンの地位が厄介な問題になりかねなかったことだ。合併話がお流れになった直後の一九〇五年にドーキンズが心臓発作で亡くなると、英国の各界によい縁故関係を持つ英国人パートナーをJ・S・モルガン商会のために引き抜くという重大な任務が、ジャックの肩にかかっていた。

一九〇四年にエドワード・C・グレンフェルがJ・S・モルガンのパートナーに昇格し、一年後にはイングランド銀行の理事になった。冷静な毒舌家で独身の若者だった彼は、きざで保守的で鋭い知性を持っていたが、他人に悪ふざけをするような一面もあった。ハロウ校からケンブリッジ大学の学寮トリニティ・カレッジを出た秀才で、父も祖父もイングランド銀行の理事や下院議員を務めた名家の出身だった。若くして世界を客観的に眺め、世間の詐欺漢や偽善者を見抜く目を持っていた。やがてグレンフェルは、英国大蔵省やイングランド銀行との関係を生かして、モルガンのロンドン店の政治的黒幕兼対外折衝役を果たすことになる。

一九〇五年、グレンフェルが自分の従兄弟でジャック・モルガンの友人のビビアン・ヒュー・スミスを仲間に加えた。彼もイートン校からケンブリッジ大学の学寮トリニティ・ホールを出た秀才で、グレンフェル以上にピアポント好みのタイプだった。仕事となるとやり手で、いつも多数の取引きを手掛けて、カフカス山地の銅山やアフリカの金鉱やローデシアの各種事業に積極的に投資した。スミスの父は、イングランド銀行総裁を務めたことがあり、シティ・スミスズ(City Smiths)と呼ばれたほど英国で一番多く銀行家を輩出した一族の出身だった。英国の作家アンソニー・サンプソンが一九五九年にこの並外れた一族の系譜を調べたら、シティにはスミス家の子孫が十七人いて、七十五社の八十七の取締役の地位を占め、六社の会長を務めていた。ビビアン・スミスの夫人は、第六代アントリム伯爵の一人娘のレイディ・シビルで、彼女の母はビクトリア女王の侍女を務めていた。こうしてロンドンのJ・S・モルガン商会は、シティにあるアメリカ資本の出店という性格を徐々に脱却し始めた。一九〇五年にジャックがニューヨークに戻ると、グレンフェルとスミスの二人が責任者になった。一九一〇年になると、J・S・モルガン商会はモルガン・グレンフェル商会と名称を改めるが、モルガン系各社のうちで英国名を一部戴いたのは、これが初めてだった。モルガン財閥は、トロイの馬をうまく潜入させたわけである。

シーアドア・ローズベルトの大統領時代に、ピアポント・モルガンは、非常に尊大な雲上人になってしまい、その得意絶頂の鼻をへし折って、生身の人間にまで引きずり下ろせる者は、大統領しかいなかった。ピアポントに対する一般大衆の強い反感は、言うまでもなかった。ウォール街はトラストで大いに繁盛し、トラストのなかには、本拠をニューヨークに置いて、傘下の各企業とよりもウォール街の銀行家たちと関係を深めるところが多かった。テディ・ローズベルト大統領は、政府と企業との力の不均衡を是正しようと望んだから、必然的にピアポント・モルガンと衝突した。

ピアポントは、大規模なトラストをいくつも実現させたものの、対等の力が労働者と政府の側に生ずるのを許せなかった。また、ルネサンス期の宗教美術を収集するなど、過去の伝統を崇めたにもかかわらず、こと事業や商売となるや伝統破りな動きに出て、農業中心の素朴なアメリカ《スモールタウン・アメリカ》の民衆の心をかき乱した。ピアポントは、いまや実業界からはいかに尊敬されようとも、マスコミでは悪鬼扱いだった。

マッキンリー大統領の暗殺直後、モルガン財閥は、後任大統領のテディ・ローズベルトの出方を試した。まず、ピアポントの側近のジョージ・W・パーキンズが大統領就任の祝電を打ってから、大統領のハーバード時代の学友だったロバート・ベーコンを伴ってホワイトハウスを訪問し、ローズベルトの意向を打診した。大統領は、改革を望んでいる、と述べたが、のちのパーキンズとベーコンの言葉によると、大統領は「不利な事件を引き受けた弁護士のような口のきき方で、ピアポント・モルガンほどの強い意思の人ではないとわかった」という。

それはともかく、テディ・ローズベルトは、ピアポントに負けず劣らず大衆向けの演出効果を心得た人だったので、モルガンを大衆憎悪の象徴に仕立てて絶えず利用していこうとした。民衆が例のノーザン・パシフィック株買占め事件に胆をつぶすと、モルガンとハリマンの両派が手を結んでできた持株会社ノーザン・セキュリティーズ社を反トラスト法違反容疑で訴えるのが政治的に賢明な策だと見てとった。フィランダー・C・ノックス司法長官が告訴を発表したのは、一九〇二年二月十九日の株式市場が引けた後で、夕食をとっていたピアポントは、この知らせに愕然とした。今度のホワイトハウスの主が素直にモルガンの圧力に屈しないことは、これではっきりした。その後の両者の対決を見ると、ピアポントが最高にいきり立っていた様子は明らかだ。二人はともに、ニューヨークの上流特権階級の出身だっただけに、この共通した出身背景が両者の反目にことさらの憎しみを加えたきらいもあった。

ピアポントは、ホワイトハウスでノックス司法長官を交えて大統領と会い、告訴について事前に一言も知らされなかったことに憤慨し、かさにかかって、司法長官が自分の顧問弁護士と内々に話し合ってくれるよう、大統領に申し入れた。長官が「内密に事を処理するわけにいかない」とつっけんどんに答えると、彼は手塩にかけたUSスチールに累が及ぶのを心配して、大統領に、「私の他の会社も訴える」つもりか、と尋ねた。「何か違法とみなすことをしているか……見つけ出さないかぎり」は、そうならない、とローズベルトは答えた。

このあとで大統領はノックス長官に、これでモルガンは「私のことをやり手の大物好敵手とみなさざるをえず、私が彼の事業全部を台なしにするつもりか、それとも何も台なしにしないよう丸め込めると思うかだろう」と語った。一方、ウォール・ストリート二三番地の本社に戻ったピアポントは、大統領宛に怒りの手紙を書きなぐったものの、冷静な側近たちに宥められて郵送するのは思いとどまった。一九〇三年、ミネソタ州セントポールの裁判所が、ノーザン・セキュリティーズ社の解散を求める連邦政府の訴えを支持する判決を下し、最高裁判所も一年後に僅差でその判決を確認した。

ローズベルト対モルガンの関係は、風刺漫画ではよくトラスト・バスター（企業合同解体論者）対トラスト・キング（企業合同主唱者）の姿に描き出されるが、実際はもっとはるかに複雑な間柄だった。表面的な両者間の激しい口論の陰に隠れてわからなかったが、その底にはもっと根深い両者に共通したものの考え方がひそんでいた。それが初めて実証されたのは、一九〇二年五月の無煙炭の炭鉱ストライキのときだった。当時の主な炭鉱は、モルガン財閥系の各鉄道会社の所有下にあって、ストに入った労働者側は激しい弾圧にさらされた。同年も秋になると、暖房用石炭の不足でニューヨーク市内の学校が閉鎖されたので、与党共和党は、中間選挙への悪影響を心配した。ローズベルト大統領は十月十一日、エラフュー・ルート陸軍長官をピアポントのもとに派遣し、労使仲裁委員会でのモルガン側の支持を求めた。

秩序と話し合いを重んずるピアポントは、この要請に心打たれて、ルート長官とともにユニオン・クラブで一部の鉄道会社の社長たちと会った。ピアポントは、商会内では社員に温情主義を通していたから、炭鉱夫たちに対しては、鉄道会社の社長たちよりもずっと融和的だった。それ以前の十月三日にホワイトハウスで開かれた労使仲裁の場で、鉄道会社側は、全米炭鉱労働組合の若い会長、ジョン・ミッチェルを激しくののしったが、彼は立派な堂々たる態度で応対した。ローズベルト大統領はその二日後、ロバート・ベーコンに手紙を送り、ピアポントの今後の協力を求めた。ピアポントは、大統領の懇願に好意的だったが、いかんせん、彼には世間が思っているほど鉄道各社を動かせる全権はなく、モルガンは「あの愚かな紳士どもに対してたいしたこと」はできない、と大統領がのちにある第三者にこぼしたほどだった。

十月十五日、パーキンズとベーコンの二人がホワイトハウスを訪ね、深更まで大統領と打開策を見つけ出そうと協議した。夜が更けるにつれて、大統領の言葉によると、二人は「次第に異常に興奮してきて、仲裁に失敗すれば暴力沙汰になり、社会騒動が起きかねない、と漏らすどころか、そう強く言い張った」という。大統領は、それなら労働者側代表を「著名な有識者」という第三者の地位に据えたら経営者側の面子は立つだろう、との解決策を思いついた。結局、仲裁委員会が炭鉱夫に対する一〇％賃上げを認める代わり、労働組合の存在を承認しないという形でけりがついた。ローズベルト大統領は、モルガンを褒めたたえる手紙を送って、「あなたが仲介してくれなかったならば、ストライキはこんなに早く解決できなかったし、その場合の結果は……考えるだに恐ろしい……と思います」と述べた。

トラストについての考え方でも、ローズベルトとモルガンの両者は、決して正反対ではなかった。ローズベルトは、トラストを経済発展の当然にして有機的な所産とみなし、それを押しとどめるのはミシシッピ川の流れを堰き止めるようなものだ、と述べている。両者はともに、十九世紀の荒っぽい我利我利亡者的な経済を嫌い、巨大企業《ビッグ・ビジネス》への発展を支持し、合衆国の世界市場への参入を推進したがった。だが、ローズベルトが経済の巨大化に応じた政府規制の強化が正当だとしたのに対し、巨大企業に対抗する、そんな政府権力は必要ない、とモルガンは考えた。心底からビクトリア朝期の紳士銀行家を自認していたピアポントは、商人同士の間の信頼、名誉、自制だけで必要な抑制と均衡の役目が十分に果たせる、とみたのだ。

ローズベルトとモルガンがひそかな兄弟分みたいなものであったことは、最後には両者の補佐役を務めることになったモルガン商会パートナー、ジョージ・パーキンズの不思議な人生遍歴を見るとよくわかる。彼は一九〇一年にモルガン社に入る以前、すでにニューヨーク生命保険会社のやり手の経営幹部であって、弁舌さわやかな人をそらさぬ商売上手だった。ピアポントにすれば、彼を雇うことは——雑魚よりも大物を選ぶ——自分の力量を試すことで、優秀な人材を引き抜くというモルガン商会の伝統的な傾向を実証した。

パーキンズが初めてモルガン商会を訪ねたのは、自然保護の寄付金を十二万五千ドル出して欲しいと頼みに行ったときだ。応対に出たピアポントは、言われた金額通りではなく二万五千ドル出してから、立ち去るパーキンズに「君が私のためによくしてくれるなら、全額出そうじゃないか」と話しかけた。パーキンズがどういうことかと尋ねると、ピアポントは、パートナーの席を身振りで示して、「あそこの机に座り給え」と答えた。

ピアポントはパーキンズに、一日考える猶予を与えた。当時まだ存命だったマッキンリー大統領は、死ぬほどパートナーを酷使するモルガン商会に彼が入ることに反対したが、自信過剰なパーキンズは受けて立った。だが、パートナーにはなったものの、情勢は最初から荒れ模様だった。J・P・モルガン商会では秘書は男性と決まっていて、ピアポントが「その仕事には女性を一人たりとも就けない」と豪語していたので、パーキンズは、二ユーヨーク生命保険で使っていた女秘書をそのまま連れてきたくてもそうできなかった。

やることが派手で気さくなパーキンズは、数々のトラストづくりに没頭して大活躍し、初期のパートナーたちのなかでもとくに傑出していた。そして一九〇二年八月、一つの大取引きを見事にまとめ、一躍ピアポントの取巻きとなった。三百万ドルの手数料で、農機具メーカー五社をインターナショナル・ハーベスター社にまとめたのだ。この新しい会社は、八五％もの市場占有率を占めることになった。パーキンズがインターナショナル・ハーベスターなる新社名を選んだのは、世界的規模の企業の出現を予測して、新会社が「世界各国の法律に従って世界のどこの国にも溶け込める」よう期待したからだった。

インターナショナル・ハーベスターの支配権をめぐり、そのもととなった旧二社の大株主の張り合いが起きると、モルガン商会が代わって支配権を握るという巧みな解決策をパーキンズは思いついた。「新会社は、組織、社名、法人の形態、取締役会、役員、すべてがわれわれにまかされているのですから、われわれがどう選ぼうと、誰も文句を言う権利はありません」パーキンズはピアポントにそう豪語した。旧大物株主の一人、サイラス・ホール・マコーミク二世はのちに、パーキンズのことを最も有能なまとめ役と呼び、インターナショナル・ハーベスター社はニューヨーク証券取引所に上場された。

パーキンズの登場は、ピアポント・モルガンにとってちょうど都合のよい時期だった。それ以前にすでに、トラストブームでウォール街はアメリカ国民の反目の的に押し上げられ、金融資本に対する連邦政府の監視の目が強まっていた。それなのにピアポントは、依然として十九世紀の実業家特有の政府蔑視の念に凝り固まっていて、同じ教会の仲間が公務員制度の改革を話題にしたときなど、「そんなのは私の知ったことじゃない」と怒鳴った。さらに悪いことに、新聞に対し彼はひどい態度をとり、面接取材をめったに認めず、写真を撮られるのを拒み、記者に情報を漏らさぬよう社員に厳命していた。

パーキンズはそういう状況の中で、モルガン商会のために有力政治家を実際に動かし、高度な政治工作を最初にやった人物だった。のちに彼の好敵手となる、革新党員のウィリアム・アレン・ホワイトは、パーキンズは弁舌さわやかな怪物という印象だったとして、「決断が素早く、物柔らかな口調で、人を魅きつける笑みの持ち主だった」と記している。また、「彼が自信満々に人材探しをしているのをよく見かけ、私はいたく感心したものだ……彼は、モルガンを背景にした大きな権力欲の体臭をふんぷんとさせていた」とも書いている。

ニューヨーク生命保険に勤めていた頃から、パーキンズの身のまわりには、いつもスキャンダルの臭いが漂い、大物相場師の評があった。一九〇五年、ニューヨーク州議会が保険業界に調査のメスを入れ、貪欲な保険会社幹部たちが企業合同した各トラストに資金を投入して、その株を所有するなど、保険加入者たちのお金を本来の目的以外に乱費している実態を暴露した。パーキンズも、ニューヨーク生命保険で非常に高い地位を占めていたから、無事で済むわけにはいかなかった。モルガン商会に入るとき彼は、ピアポントの助言を入れずにニューヨーク生保での地位を維持したまま入社したから、州議会から利害の衝突の点を鋭く糾弾された。この結果、鉄道関係の有価証券の売却に関する会社記録書類の偽造の容疑で告発され、起訴は免れたものの、ニューヨーク生保の役員は辞任せざるをえなかった。

ピアポントが自分の主張を理論づけすることはほとんどなかったが、パーキンズの場合は手が込んでいた。彼は、ことあるごとに演説をし、パンフレットに考えをまとめて発表した。世界一謎に包まれた銀行、モルガン商会の中にあって、彼だけは変わり者だった。企業間の協力の福音を説き、中小企業は労働者の賃金を押し下げ、技術の進歩を妨げるだけだ、と主張した。トラストを生み出したのは、ウォール街ではなく蒸気機関や電話などの新しい技術の進歩だ、とも述べた。また、ピアポントならそんなことは言わないだろうが、生産と流通を集中化するトラストは一種の民間版社会主義である、とたとえた。さらにトラストが公的性格を帯びているとみて、各州間にわたるトラストの連邦政府による認可制を支持するとともに、利潤分配制、社会保険、老齢年金など労働者に福祉の手を差しのべた。そして、トラストがこういう形になれば「最高、最善にして最も理想的な社会主義」となるだろう、と自画自賛した。テディ・ローズベルトはときどき、パーキンズが利己的なモルガン商会の経営方針を都合よく正当化するためにそう言っているだけなのか、と首を傾げることがあったが、両者の考え方には驚くほど似たところがあった。

モルガン商会の一パートナーが社会主義を提唱したとしても、それは大して驚くべきことではない。何やかや言ってもピアポントは、一八八〇年代末に鉄道各社の合同に手をつけたとき、企業間の競争ではなく協調という精神に立ち、そういう考えに沿って資本主義をきちんと整然とした形で銀行家の支配下に置きたがった。モルガン商会が取引相手としたのは、既成の大企業各社――つまり変化よりも安定、実験よりも確実さを求め、新興の成上がり企業の登場に脅威を抱く一大産業体制にあったから、モルガン商会としては、現状の維持に大きな関心があった。そのために計画化され統合された経済体制をめざす動きを歓迎したのは、モルガン陣営でパーキンズ一人だけではなかったのである。

のちに詳しく述べるように、このモルガン財閥に致命的な攻撃を加えたのは、社会主義者たちではなく、経済活動単位の細分化と激しい市場競争を支持するルーイス・ブランダイス、フェリクス・フランクファーター、ウィリアム・オー・ダグラスらのトラスト・バスターズ（企業合同解体論者）だった。この考え方に立つ一派は、モルガンの金融トラストを最大にして最も危険なトラストだと激しく非難したものだ。ただモルガン財閥は、金持ちのための社会主義を説いたから、貧乏人のための社会主義を唱える連中ともいつも一部似通った点があった。

ピアポントとテディ・ローズベルトの考え方の似通ったもう一つの側面は、パナマ運河買収事件に見ることができる。ローズベルト大統領は、国内では行き過ぎた金融権力を厳しく非難する一方で、海外ではこれを有難く利用した。一九〇二年、アメリカがフランス側から未完のパナマ運河を買収する資金として、連邦議会がローズベルト大統領に四千万ドルの支出権限を与えた。その二年後、ピアポント・モルガンは、この史上最大の不動産取引の資金面の責任者として、フランスへ行って支払い金塊の現送を監督し、残金を外貨で支払った。また、これと前後してコロンビアから分離独立したパナマ共和国が、運河地帯の永久使用・占有・支配権と引き換えにアメリカから支払いを受けることになると、J・P・モルガン商会をパナマ政府のウォール街での財務代理人に任じたので、同商会はアメリカ政府からの支払金を一手に取り扱う権利を得た。このパナマ運河買収事件全体を通じて背後でピアポントがきわめて重要な立場を占めたので、ある伝記作家が彼のことを「パナマ運河乗っ取りにおけるローズベルトの手先」と呼んだほどだ。

このように、ローズベルトとモルガンは非難攻撃し合っても、その背後にはいつもある程度有無相い通じた動きがひそんでいて、両者が大きな敵意を抱いているかに見せかけたものの、実際はそれほどではなかった。一九〇四年の大統領選挙の際、モルガン商会は、ローズベルトの再選を願って十五万ドルの政治献金をしたが、そのお返しにワシントンの記者クラブ夕食会では、大統領から逆に実業界の改革を迫られる始末になった。このとき大統領は、モルガンとスタンダード石油のヘンリー・ロジャーズの二人を指差して、「あなた方がわれわれにそうさせなくても、われわれの後から来る者たちが立ち上がって、あなた方をきっと没落させる」という、かの有名な文句を吐いた。

それでも、最も人の心を打つピアポント・モルガンに対する賛辞の中には、テディ・ローズベルトの口から出たものも一部あり、大統領は「彼の持つ偉大な力と誠実さに深く心打たれていた」と述べた。ピアポント・モルガンは、それほど寛容ではなかった。ローズベルトがアフリカへ狩猟旅行に出掛けたとき、最初に出会ったライオンに食われてしまったらよい、と公言してはばからなかった。

トラスト・バスターズに悩まされたピアポントは、晩年は安心して関心を他の問題に向けた。一九〇〇年代になって六十歳代の前半を迎えると、商会を留守にして海外に保養に出掛けることがよくあった。それでも、滞在先からウォール街へ日に二、三回も電報で指令を出し、決して手綱を緩めることはなかった。じっとしておらず、現状に満足しない人だった。自分が稼ぎ出した巨万の富を見てほくそえむような人ではなかったのだ。だが、商売を一生をかける対象だと思い違いすることはなかった。彼が本当に情熱を傾け、そのとりことなった対象とは、女性と美術品と宗教だった。

ピアポントは、自分のご乱行について新聞がゴシップ記事を書くのを抑えようとしたが、夫婦の間が疎遠になっていたのは周知の事実だった。二人の心はほとんど通じ合わぬままで、ファニー夫人ときたら、有名人の奥さんに求められる社会的な格式など、どこ吹く風といった有様だった。一九〇二年に撮った夫人の写真だと、髪を結い上げた長身の上品な姿でまだ美しく見えるが、その頃すでにかなり耳が遠くなり、半病人の状態で、家族一同が日曜の朝食をとるのに集うときも、自分だけは一人で二階で食事をしていたほどだ。

ピアポントとファニーの関係がこのように冷たくなっていても、モルガン一家は家族思いだった。たとえば、ピアポントは一九〇四年、自邸から中一軒置いたマジソン街と三七丁目通りの角にあったビクトリア朝様式の褐色砂岩でできた大邸宅を息子のジャックに買い与えた。そこは意外に明るく、広々としていて、五十五の部屋と二十二の暖炉と十二の浴室があった。間にはさまって建つ家を取り壊した跡を共通の庭とし、ジャックと父親は、一九〇五年から父の死ぬ一九一三年まで、隣り同士に住んでいた。

ジャックはこの間、感情的綱渡りをなんとか演じ続けながら、気力の衰えていく母親を支える一方、父親の愛情もつなぎとめていた。のちには双方の連絡役を務めて、ピアポントの海外での動きを母に伝え、母親の状況を父親に報告した。それは形式的でなかなか難しい役目だったが、ピアポントとファニーは、仲に立つ息子に気まずい思いを決してさせなかった。

ジャックは、親孝行な心に溢れた手紙をよく母宛に書いて、人生とは永遠の真理に従うことでしかないのだから、とファニーに諦めの心を説いた。重苦しいほど家長たる父親の支配が強いモルガン家では、ファニーのとるべき道は厳しく限られていた。しかし、ファニーはそうした神のような諦めの境地にはおいそれと達せず、ひどく苦しんだ。一九〇一年に母がローマに旅したとき、ジャックは、自分の運命に甘んじなければいけない、と強調した次のような手紙を書き送った。文中にピアポントの名前は出てこないが、その幽霊が行間にうろついている。

ローマからのお手紙を読んで、まったく憂うつになりました……あなたの周囲に、あなた方がもっと違った形であればと願う事柄がたくさんあるのは、よくわかります。けれども、人が死を甘受するように、不可避な事柄を自分の自由にならぬものとして受け入れねばいけません……倫理的にも宗教的にも、事実を甘受して、厄介な事柄の背後にある永遠の愛を信ずる必要があります。

ピアポントの欲望をすっかり満たせる女性がいたかどうかについては、はなはだ疑問に思える。ピアポントには——礼儀正しい銀行家と極端な好色家——二つの側面があって、それを非常に苦労して一緒に結びつけていたが、一つのものに融合することはできなかった。そのため、女性に対する彼の態度は、いつも相手によって極端に違った。銀行内で女性を従業員に雇うのに厳しく反対し、女性とは商談もせず、まったく別世界の住人と見なした。ところが、自宅を訪ねてくる女性客にはまったく別人の態度で接した。ある女性の来客が、あなたは自宅ではとても面白い人なのに、職場では恐怖の的だという噂を耳にしたわ、とピアポントをからかったことがあった。ピアポントは、顔を赤らめて抗弁し始めたが、やがて「どうもあなたの言う通りかもね」と言った。

ピアポントにとって、結婚は思慮分別を必要としたが、貞節を要求しなかった。彼はかつて同僚に向かって、「人間というものは、いつも自分のやることについて二つの理由——まことしやかな理由と本当の理由——をつけるものだ」と述べたが、ウォール街の良心を自認する人にしては、本心を打ち明けた言葉だ。

芸術の問題となると、ピアポントの判断の基準は潔癖だった。メトロポリタン歌劇場の理事だったとき、リヒアルト・シュトラウスの歌劇《サロメ》の上演中止に一役買ったことがあった。洗礼者ヨハネの首を欲しがるサロメの話が大胆すぎて好みに合わない、と初日の観客が騒ぎ出したうえに、その稽古が日曜日の午前に行なわれて、地元教会の牧師たちの怒りを買い、上演が取り止めになった。当惑したもう一人の理事のオットー・カーンはシュトラウスに弁解の手紙を書き、「サロメ中止の責任は、今回の場合、モルガンのまったく頑迷固陋《ころう》な信仰のせいです」と述べた。

ピアポントは、社会倫理を擁護する一方、自分のヨット上で、また鉄道の専用車内で、あるいはヨーロッパの保養先で女遊びを重ねていた。彼はオールド・マスターズ（十八世紀以前の巨匠たちの絵画）とオールド・ミストレスィズ（年老いた情婦たち）を収集した、とウォール街の粋人たちは言った。彼は、パリでよく情婦をルー・ド・ラ・ペーの宝石商へ連れて行ったものだ。あるときカイロのホテルで、一つかみの金の宝飾品をテーブルの上に投げ出し、「さあ、勝手に取れ！」と並みいる淑女たちに叫んだこともあった。一九〇〇年代初めのニューヨークでは、ピアポントの赤鼻と気前のよさをもじった一つの小話が流行した。あるコーラス・ガールが仲間に「シャンクリーズで生ガキを食べたら、真珠が一個出てきたわ」と話すと、「そんなの大したことじゃないわ。年取ったロブスターの中からダイヤのネックレスが一つまるまる出てきたのよ」と相手が答えた。

彼が魅きつけられたのは、勝手気ままで、生意気な、威勢のよい女性たちだった。最も有名になったのは、背の高い肉感的なマクシーン・エリオットと浮き名を流した一件だ。彼女は、黒い瞳に襟足の長い、人目を引く堂々たる女性で、「なんでウォール街の人たちは、みんな人食い人種みたいなの。食えるものなら何でもみんな食べてしまうでしょ」といった挑発的な言葉を吐く――モルガンはいつもこれに弱かった――癖があった。

マクシーン・エリオットは、女性興行師のはしりで、一九〇七年恐慌の二カ月後にブロードウェイに土地を買って劇場を建てた。その資金はモルガンから出た、と悪口を言いふらす人たちがいた。翌一九〇八年、ピアポントがマクシーンと同じ汽船でヨーロッパから戻ったとき――万事に慎重な彼にしては稀な失策だった――彼女の劇場に関係しているかどうか、記者たちが質問した。「マクシーン・エリオットさんの劇場とのかかわり合いといえば、初日の無料切符を貰いたいことぐらいしかないね」と彼は答えた。

こうした浮き名が流れたのは、主にピアポントが晩年になってからで、フォールスタッフ的な悲哀感がなきにしもあらずだったが、お上品で旧式な愛人たらんと努めた。彼が最後に恋したと思われる英国の女流作家レイディ・ビクトリア・サクビルウェストは、この銀行家が太って齢もとっているのに、学生みたいにがさつで、いきなり自分を強く抱きしめた情景を記録に残している。一九一二年の彼女の日記によると、「彼は愛情をたっぷりこめて私の片手を握り、こんな年寄りで申し訳ないが、あなたは私の愛した唯一の女性で、決して心変わりしない、と訴える」とある。財界の神様にしては、なんと優しく遠慮がちであることか！

ピアポントは、人生の終わり近くになっても、このようにロマンスを追い求めていたが、それは五十年前のミミ・スタージェスとの束の間の結婚生活以来、きっと心に満たされないものがあったからだろう。ウォール街で伝説となっているその権謀術数ぶりとは無関係な心の弱さというか、彼の成し遂げた偉業をもってしても埋められなかった心の空白が、身体に残っていたのだ。ピアポントが死んだ後も、一族は、彼の所有した美術品が不思議にも他人の一族の収集品の中にあるのが露見したときなど、何か女性関係の腐れ縁があったのではないかとよく調査したものだ。一九三六年には、あるドイツ人が、自分はピアポントのゲッチンゲン大学留学時代にできた子どもだ、と訴える手紙を息子のジャックのところに寄こした。相手の生年月日と父の留学時代が合わないことが判明するまで、ジャックは、これがまったくの悪ふざけかどうか不安でならなかった。

こうした色恋沙汰は、数は多かったものの、彼の本当の欲望——つまり美術品収集ほどにピアポントの時間を食わなかった。父ジューニアスの死後、彼の収集は、会社の利益が増えるにつれて盛んになった。初めは稀覯本や写本や英国王室関係の手紙などを中心に集め、自邸や会社の金庫にしまっていたが、次第に数が多くなり始末に困ってきた。

一九〇〇年に彼は、自邸の隣りの東三六丁目通りに面した邸宅を買収し、建築家のチャールズ・F・マッキムに収集品を納める文庫《ライブラリー》の設計を依頼した。マッキムは、イタリア・ルネサンス様式の超然として均衡のとれた美しい宮殿風の建物をつくり出した。一九〇六年にこの文庫に移ったとき、ピアポントは、文庫内の壮麗なウェスト・ルームに執務室を設けたので、文庫はJ・P・モルガン商会のアップタウン分室と通称された。

収集品の目録づくりをするために、ピアポントは一九〇五年、ベル・ダ・コスタ・グリーンという若い美女を雇った。彼女は、音楽教師だった母親と二人暮らしであり、大学教育も受けていなかったが、プリンストン大学図書館の稀覯本についての知識でピアポントの甥をびっくりさせたほどの人物だった。色浅黒く、魅惑的で、緑色の瞳を持ち、浅黒い肌のことを「ポルトガルの出身」と自称していたが、恐らく黒人の血が一部入っていたのだろう。やがて彼女はピアポントの文庫係以上の存在となり、彼の腹心の友、心の通い合う仲、ひょっとしたら愛人でもあった。彼女はピアポントに、ディケンズの小説や聖書を読んで聞かせたりし、一九〇七年の恐慌の最中には文庫での徹夜の協議の席でピアポントに付き添ったりもした。

もしピアポント・モルガンが小生意気な女性が好みだったとしたら、ベル・グリーン嬢に勝るものは他にいなかっただろう。ある大物木材商が結婚を申し込んだところ、彼女は「私が五十歳を迎えてから、すべての結婚申込みをABC順によく考えて決めるわ」と答えたという。また、大胆にも裸体画のモデルになったりして、自由奔放な生活を楽しんだ。ハリマン一族やロックフェラー一族からもてはやされた社交界の花形だったし、モルガンの使いで海外に旅したときは、ロンドンではクラリッジ、パリではリッツなどの一流ホテルに滞在した。彼女は、ザ・ピアポント・モルガン文庫の館長になっても、自分を引き立ててくれたピアポント同様に謎に包まれた存在であって、公衆の前に出て講演することなど決してなかった。そして一九五〇年に亡くなる前に、ピアポント同様に手紙類と日記をすべて焼却してしまった。

女性と美術とを溺愛したピアポントは、その両者の一体化した理想像をベル・グリーン嬢の中に見出したといえるが、二人の間には性的な面も多少あった。彼女が著名な美術評論家で鑑定家のバーナード・ベレンソンと四年越しの恋に落ちたとき、ピアポントの嫉妬心をかき立てないよう秘密にして欲しい、と相手に頼んでいる。その一方で彼女は、文庫の主として君臨し、ピアポントの代理で美術品オークションに出席した。ピアポントとの間の四十六歳の年齢の差は、問題でなかったようだ。「あの人は、私にとって父親みたいだった。私に対するあの人のつねに変わらぬ思いやり、理解、そして大きな信用と信頼は、年齢、富、地位などあらゆる差を埋めた」と彼女はピアポントの死後に語っている。

結局、ピアポントは、当時の個人としては最大の美術品コレクションをつくり上げた。その中には、ナポレオンの使った懐中時計、レオナルド・ダ・ビンチの手稿、ロシアの女帝エカテリーナ二世の嗅ぎタバコ入れ、メディチ家の宝石類、シェイクスピアのファースト・フォリオ、ジョージ・ワシントンの手紙などがあった。印象派や近代アメリカ画家の絵画など念頭になく、長い歳月に選り分けられて残った、長い歴史と言い伝えを持つ、ヨーロッパの美術品をもっぱら愛して集めた。オールド・マネー（伝統的な金融業者）は、オールド・マスターズ（十八世紀以前のヨーロッパ巨匠の絵画）や精巧で貴重な工芸品を好んだわけだが、それでも絵画はコレクション全体のわずか五％ほどにすぎなかった。装飾美術品を中心に収集した点で、ピアポントは、ロスチャイルド家やメディチ家などマーチャント・バンクの雄たちの先例に従ったわけで、自分の収集品を自慢してコレクションの目録をつくっては、ヨーロッパの各王室に配った。

収集家モルガンは、銀行家モルガンと本質的に同じだった。口うるさく値切るのを嫌い、前に支払った金額を美術商に尋ねてから、それに一〇ないし一五%を上乗せして話をまとめるのが常だった。美術の面でも金融の面でも、取引きだけでなく取引相手を信頼した。コレクターとしてのモルガンの習癖を詳しく調べたフランシス・ヘンリー・テイラーによると、「モルガンは、実際はものを売り込もうとする相手の目ばかり見ていて、ものそのものを見ていなかったと非難されたが、結局、これが金融界で頂点に昇りつめた彼独特のやり方であって、そうした甲斐が十分にあった」という。彼は絵を買う場合、損をしないように、まず絵を椅子の上に残しておいてもらい、他の画商たちの自由な意見を聞いてから、買うか否かの最終態度を決める、という条件付きの買い方をしたものだ。あるとき、有名な画商ジョーゼフ・デュヴィーンの中国陶磁器についての知識を試そうとして五個の瓶を並べ、「本物は三個しかないが、それがどれか言い当て給え」と言った。するとデュヴィーンは、偽物二個を手にしたステッキで叩き割ったという。

巨大企業USスチール社の生みの親だった彼は、一大コレクションをつくり上げるには、美術品を束にして買わねばならず、ときには他人のコレクションを丸々買い上げねばならないこともよく知っていた。その決意たるや、すさまじかった。ギリシャに住むバイロン卿の親戚の一人の所有する手稿が全部欲しくてたまらず、ついに信用状を持たせた代理人を現地に駐在させ、バイロンの手稿が市場に売りに出されるごとに買い取らせ、数年がかりでコレクションを完成させた例もあった。

ピアポントは、いろいろな美術品にまつわる話を聞きたがる、子供じみたところがあって、耳にした話はよく記憶していたものだ。このように本当に心から好きだったおかげで、〝美術品〟と思って買ったら高価ながらくたをつかまされて終わる、知ったかぶりなだけで自信のない成金よりずっとましだった。

また、ピアポントでも情にほだされることがあった。ある美術商が、ポーの処女詩集『帖木児《チムール》』やホーソンの小説『ブライズデイル・ロマンス』などを含むある原稿コレクションを売り込もうとしたが、ピアポントが心を動かしそうになかったので、最後の切り札を出した。コレクションの中に孫たちのことを歌ったロングフェローの詩稿があるのに気づいて、これを読むとピアポントさんとお孫さんたちのことを思い出しますよ、と話した。「ちょっと見せてくれ給え」ピアポントはそう言って、眼鏡をかけてその詩を読んでから、テーブルを叩いて「このコレクションを頂きましょう」と答えた。

ピアポントのコレクションの規模は、ただ虚栄で集めたというだけでは説明のつかないほど並外れていた。むしろ、金融業に賭けた大望に匹敵する一つの衝動――つまり、アメリカを自分が尊敬して止まないヨーロッパ文明と同格に上げたいという衝動から出た行為だった。アメリカ人がはるばるヨーロッパまで出掛けて、その文化に触れる必要がないようにするために、かなり大掛かりなコレクションをつくりたい、とかねがね望んでいたという。一八九七年以降、ピアポントは、メトロポリタン美術館に着々と寄付を行ない、一九〇四年に美術館の理事長に就任するや、ヨーロッパの数々の傑作を手に入れる愛国的行動を開始するため、フリック、ハークネス、ロジャーズら当時の経済界のお歴々の大金持ちを理事に押し込んだ。一九〇五年には、サウス・ケンジントン美術館のサー・パードン・クラークを引き抜いて館長に、またロンドンの学者・文学者・芸術家の牙城だったブルームズベリ・グループの美術評論家ロジャー・フライを絵画部門の責任者にそれぞれ据えた。フライは後年、ピアポントが「まったく芸術品に鈍感」だとあざけったものだが、モルガン・コレクションの高い質を見れば、フライの言葉が間違いだとわかるだろう。

彼は、一九〇四年にロンドンのプリンセスゲート一三番地の父ジューニアスの旧邸の隣りのタウンハウスを買収した後、この二軒を改装して父を記念する美術館にすることを考えた。だが、ロンドンの旧邸を拡張しても収集品を全部収納できないとわかると、父を記念して墓地のあるハートフォード市に工費百四十万ドルをかけてモルガン記念館を建て、同市のワズウォース美術館に寄付した。

ピアポントの美術品コレクションで最後に注目すべき点は、彼がそのために向こう見ずにお金を注ぎ込んだことだ。彼はいつも、夏の間に美術品を買い込んで、翌年初めまで支払いを延ばしたものだが、ロンドン店の責任者テディ・グレンフェルの一九〇二年当時の日記に早くも、手当たり次第の美術品収集のせいでモルガン商会の財政的健全性を疑う「はっきりしない、気がかりな噂」がシティ筋に流れていることが記されてある。買入れ代金を精算する時期が来たときのロンドン店ないしパリ店のきりきり舞い状態のことも、日記に書き残されている。その金額たるや、ちっとやそっとではなかった。ピアポントが亡くなったとき、そのコレクションの価値は約五千万ドルと評価され、残した遺産全体のほぼ半分に達していた。

こうしたのべつ幕なしの買入れで、ピアポントの金融業の資本が脅かされる恐れが出てきた。彼のパートナー（共同出資者）選びの眼目が、出資金目当てではなく、才能を求めることにあっただけに、ことはとくに深刻だった。貧しい若者でも才能さえあれば、この名門クラブの一員になれるということは、モルガン商会の誇るべき点の一つだったのだ。それでもピアポントはいつも、お金を節約して使うことはしなかった。後年、モルガン商会パートナーのラッセル・C・レフィングウェルは、美術品買入れの浪費で生じたいろいろな問題について、次のような打明け話をしている。「老モルガンが一部お金もうけのために絵画やタペストリーを買ったのだとの見方は、はっきりと事実に反している。あれは途方もない規模で好き勝手なことをしただけのことで、社にとって大きな不安のもとだったし、社の弱味になったこともよくあった。老モルガンがあんなに気前よく浪費せず、金を事業資金に回していたら、もっとよい使い途があっただろう」。だが、長い目で見れば、収集家ピアポントの浪費癖は、銀行家としての貯蓄本能に勝ったことになる。

第七章 金融恐慌

ウォール街の経験的な知恵として、株式市場の暴落が広く一般に予期されている場合は暴落は起こらない、なぜならば、買控え懸念が市場に浸透するからだ、という。この見方は、ウォール街が手に汗を握るようにして一年間その到来を予期した一九〇七年に見事に覆され、暴落が現実に起きてしまった。その年の三月二十五日、恐慌売りで証券取引所は大荒れに荒れた。そこで、ヘンリー・クレイ・フリック、エドワード・H・ハリマン、ウィリアム・ロックフェラー、ジェーコブ・シフら財界大物たちがモルガン商会に集まって密議し、株価を安定させるために二千五百万ドルの資金を共同で拠出しようとした。同席した息子のジャックは、ロンドン滞在中のピアポントに電報を打ち、「実際に必要な資金は非常に少ないが、その資金で株を本当に買い上げなくても、これまで反目し合っていた金融各社が共同歩調をとる心理的効果は十分にある」としたシフの考えを伝えた。ジャックが共同介入に賛成だったのに対し、ピアポントは、そんな行動は「無分別で、かつ公然たる市場操作の先頭に立つようなものである。わが社の従来の方針とまったく矛盾する」と猛反対の電報を打ち返してきた。その翌日、市場は持ち直し――ピアポントが救済に乗り出したとの誤報が一部の原因で――資金拠出案はご破算になった。その後の春の間ずっと、ピアポントは、ヨーロッパ各地を船で周遊していたが、秋になるとまた深刻な暴落に襲われそうだ、との電報がパートナーたちから届いた。

当時七十歳だったピアポントは、しばしば元気がなかった。一九〇七年十月に恐慌が起きたとき、彼は、バージニア州リッチモンドで開かれた聖公会の集会に出席していたが、ニューヨークの信徒代表としてこうした集会によく参加し、主教たちを自分の鉄道専用客車で運んだりパーティを開いたりして、派手に振る舞ったものだ。そして、祈禱書の改訂問題など物質世界からかけ離れた深遠な論議にふけるのが何よりも好きだった半面、矛盾した性格をさらけ出して、女友達で、自分の主治医の縁者のジョン・マーコー夫人を同伴したりした。

その集会の最中に、ウォール・ストリート二三番地から至急電報がしきりに届いた。ウォール街はピアポントにすぐにも帰ってきて欲しかったが、あまり急いで戻ると、それ自体がパニック状態を誘発しかねないのをパートナーたちは心配した。十月十九日の土曜日になってやっと、彼は、鉄道専用車でウォール街に戻り、拡大する金融危機に対処する腹を決めた。

一九〇七年恐慌は、ピアポントが最後の花を咲かせたときだった。それまでは定期的に出勤しても一日に一、二時間しか働かぬ、半ば引退の状態だったが、突然にアメリカの中央銀行に代わる役割を果たし始めたのである。そして二週間足らずのうちに、信託会社を数社と大手証券ブローカー一社を救ったのに加え、ニューヨーク市を危機から脱出させ、証券取引所を守った。だが、一人の人間にかくも大きな力を再び振るわせまい、とアメリカのその後の方針が決まった点で、彼の勝利は、その割に引き合わなかった。一九〇七年恐慌は、銀行家が危機収拾にきわめて大きな権力を振るえた最後の機会であり、その後、連邦政府による金融管理の方向に大勢は決定的に向かうのである。

恐慌の原因としては、金詰まり、ローズベルト大統領のワシントン記者クラブでの大資本非難演説、銅・鉱山・鉄道株の行き過ぎた投機などいろいろあったが、直接の引き金は、信託会社各社の無謀さにあった。一九〇〇年代初め頃は、連邦免許銀行と大部分の州免許銀行は（遺言や不動産などの）信託勘定を取り扱えず、そうした顧客を信託会社へ回していた。ところが一九〇七年頃になると、信託会社が法律の抜け穴をたっぷり利用して、非常に投機化してしまった。たとえば、危険度の高い事業の資金を法外な金利で顧客からかき集めたり、信託会社幹部が株の相場師さながらに資金を運用したりした。たとえば、株券や社債と引き換えにお構いなしに貸し出したため、恐慌の起きた一九〇七年十月当時、ニューヨーク市内の信託各社の貸出額の半分以上の担保が有価証券で占められていた。信託会社としては、きわめて危なっかしい営業基盤だった。おまけに、一般商業銀行並みに高率の現金準備も維持していなかったから、突然の取付け騒ぎに弱かった。

信託会社はウォール街の既成金融資本からすれば嫌われ者だったから、ピアポントがそれを救ったとは皮肉である。なにしろ、J・P・モルガンなど格式高い各銀行が、自分のところに来た顧客のうち、信託業務を依頼してくる顧客を信託会社に紹介した場合、その顧客の信託以外の仕事も乗っ取ろうとする不届きな信託会社もあった。そこで、商業銀行は信託業務はできないが、これを別会社を設けてやることはできたから、一九〇三年に各行が資本を出し合って〝自前〟の信託会社であるバンカーズ・トラスト社をつくった。モルガン商会など出資各行が信託業務をバンカーズ・トラストに回すと、依頼された信託業務が完了し次第、同社が顧客をまたモルガン商会などに戻す、という狙いだった。モルガンが本社建物のあるウォール・ストリートとブロード・ストリートの交わる一角《ザ・コーナー》から道路一つへだてたバンカーズ・トラスト社に監視の目を向けていたのは、決して偶然のことではなかった。

ピアポントがリッチモンドから戻った週末の明けた十月二十一日の月曜日、銅の供給過剰懸念から銅株にがらがきて、信託各社の土台にひびが入った。ユナイテッド・カパー社株の買占め失敗がきっかけで、同社株がたった二時間で三十五ポイント（ドル）も急落したばかりか、暴落はさらに拡大して、株価水準を一八九三年不況以来の最低に引き下げた。

そのユナイテッド・カパー株の買占めに加担した投機家の一人に、ニッカーボッカー・トラスト社のチャールズ・T・バーニー社長がいた。そのため、同社に資産を寄託していた一万八千人にのぼる顧客は慌てふためき、信託勘定を引き揚げようと、火曜日の早朝から三四丁目通りと五番街の間にある同社に押しかけた。

パニック状態が市内の他の信託各社にも波及したので、ピアポントは、事態収拾の先頭に立った。緊急事態になると、普通の人々は懸念や恐れを抱くものだが、彼の場合は逆で、自信を増すかにみえた。さっそく、ファースト・ナショナル・バンクのハリーことヘンリー・ポメロイ・デイビスン、バンカーズ・トラストのベンジャミン・ストロングらの若手銀行家を集めて委員会をつくり、彼らをニッカーボッカー社に派遣して帳簿を調べさせた。のちにストロングは、同社の奥の部屋から恐ろしい顔をした顧客たちを見つめたときのことを回想して、「列をなしていた人々、なかには知人も多くいたが、その胆をつぶした表情は決して忘れられない」と述べている。ピアポントがその結果、ニッカーボッカー・トラストを再建不能と見捨てたので、十月二十二日の火曜日の午後、同社は倒産した。「みんなの尻拭いをし続けるわけにはいかない。どこかで一線を画さねばなるまい」と彼は言い切った。それから数週間後、ピアポントに会うのを断られた同社社長のチャールズ・バーニーは拳銃自殺を遂げ、それが引き金で同社の顧客の中にも自殺者が相次いだ。

その火曜日の夜、ピアポントら銀行家たちは、マンハッタンのホテルでジョージ・B・コータルユー財務長官と協議した。その結果、長官は協力を約束し、翌日、ピアポントの思い通りに使ってくれと、二千五百万ドルの政府資金を出してくれた。これは連邦政府の民間銀行家に対する異例の全権委任であり、またテディ・ローズベルトがモルガンを高く評価したもう一つの証拠でもあった。

ニッカーボッカー・トラストの倒産がきっかけで、他の信託各社、とくにトラスト・カンパニー・オブ・アメリカにも取付け騒ぎが及んだ。十月二十三日の水曜日、ピアポントは、信託各社の社長を招集し、救済共同基金を設けるよう促したが、各社長同士が知り合いでないことがわかり、一致団結して危機に当たるのに手こずった。やがてベン・ストロングからトラスト・カンパニー・オブ・アメリカに有利な調査報告を聞くと、「それじゃ、ここは救済できるな」とのピアポントの鶴の一声が出た。ピアポントは、ファースト・ナショナル・バンクのジョージ・F・ベーカー、ナショナル・シティ・バンクのジェームズ・スティルマンとともに三百万ドルを出して、同社の救済に乗り出した。

二週間というもの、モルガン一派は拡がる大嵐にしっかりと立ち向かった。パニック状態が増大するにつれ、寄託者は市内各所のトラスト各社に押し掛け、食物を持ち込んで徹夜で銀行が開くのを待った。警察が順番を確保する整理番号札を配ったり、待ち疲れた人がお金を払って代わりの立番役を頼んだりした。一方、トラスト各社側は引き出しを極力抑えて休業の事態を避けようと、出納係が払い戻す金をわざとゆっくり勘定して時間を稼いだ。

現金の窮迫した各社が、株式市場の相場師向けに貸していた信用取引の証拠金を回収したので、こうした短期資金の利率は一五〇％にも急上昇した。それでも、手持ち資金の不足状態が依然続き、ピアポントは、破滅に直面して救って欲しいと必死にすがる、何百人もの株仲買人に囲まれる始末だった。当時のザ・コーナー付近の写真を見ると、山高帽に黒い服を着た人々の群れが陰うつな顔つきでウォール街を埋めているのがわかる。こうした恐怖に駆られた人々にとって、モルガンは救世主のように見えたから、みんなが人の波となってウォール・ストリート二三番地の玄関に押し寄せ、「誰も彼もがJ・P・モルガン商会の窓を見上げながら、前へ進もうと押し合いへし合いした」という。

十月二十四日の木曜日を迎えると、株の売買がほとんど停止してしまい、ニューヨーク証券取引所のランサム・H・トマス理事長がブロード・ストリートの通り一つへだてたザ・コーナーを訪ね、二千五百万ドルのお金を即時に調達しないと、少なくとも五十社の株式ブローカーが支払い不能になりかねない、とモルガンに訴えた。トマスとしては、取引所を一時閉鎖したい腹だった。「いつもは何時に終わるのかね？」ピアポントはそう尋ねた。自分の店から証券取引所はわずか二十歩ほどだったのに、彼は取引終了時間を知らなかった。それほど株取引は彼にとって卑しむべき行為だったのだ。「なに、三時ですよ」

とトマスが答えると、ピアポントは、駄目押しするように指を振って、「今日はその時間の一分前であろうと閉めてはなりませんよ」と言った。

午後二時、ピアポントが各銀行の頭取を招集して事態を説明するや、二時十六分にたちどころにその金額の拠出が約束された。すぐに何人かを取引所の立会場に走らせ、一〇%もの低利で短期資金を貸し出す、と告げさせた。立会場に駆けつけた使いの一人などは、激しくもみくちゃにされて、チョッキをちぎられたほどだ。やがて、ピアポント・モルガンの一生のうちで祝福すべき一瞬がやってきた。取引所内に救済の知らせが流れると、街路一つへだてた向こう側からどよめきがどっとピアポントの耳に聞こえた。何だろうかと彼が外を見ると、大喜びの場内仲買人たちから一斉に大喝采を浴びていたのだった。

その翌日、短期資金の利率がまたもやべらぼうに上がった。この週に入って、商業銀行と信託会社合わせて八行がすでに支払い不能に陥っていた。ピアポントは、ニューヨーク手形交換所へ行って、この深刻な現金不足を解消する臨時の緊急通貨として代用紙幣《スクリップ》、つまり手形交換所貸付証書の発行を承諾させた。義父が交換所からウォール・ストリート二三番地に帰ってくる様子を、娘婿のハーバート・L・サッタリーが次のように書き残しているが、これを読むと、当時の人々がモルガンをまったくの善意の塊と見ていたことがよくわかる。

ボタンをかけずに上着を風にひらひらなびかせたまま、一枚の白い紙片を右手にわしづかみにして、ナッソー通りを足ばやに歩いてきた。上が平らな黒の山高帽をしっかりかぶり、半ば吸いかけの長い葉巻を差し込んだ紙製パイプをくわえ、目は真っすぐ正面を向いたままだ。両腕を大きく振って歩きながら、誰にも目をくれなかった。自分のやっていることに夢中で、街頭の群衆など目に入らないみたいだ。誰もが義父を知っていたから、道を開けてくれたが、同じく自分のことに心奪われた人たちがいると、つきのけて進んだ。歩き方が他の人々と違う点は、他人をよけたり、他の間を縫ったり、立ち止まるか歩調を緩めたりしなかったことだ。まるで自分一人だけがナッソー通りを歩いているみたいに、ただ黙々と進んできた。力と意志の権化そのものであった。

ピアポントはその金曜日の夜、市内の主だった聖職者を呼び集めて、日曜日の説教の中で信徒たちに平静を求めるよう説いて欲しいと頼んだ。数日来の悪性の風邪をこじらせたピアポントは、その週末はクラグストンの別荘へ行って過ごした。週明けの十月二十八日の月曜日になると、今度はニューヨーク市のジョージ・B・マクレラン市長が、もう一つ厄介な問題を何とかして欲しいとモルガン文庫に持ち込んできた。ウォール街の事態に驚いたヨーロッパ各国の投資家たちが、アメリカから資金を引き揚げ出したので、海外にある市債の信用を維持できず、その債務弁済に三千万ドルが必要だというのだ。モルガン、ベーカー、スティルマンの三者は、必要な資金を提供することに同意した。

ピアポントは、一九〇七年金融恐慌の処理に見事な腕を発揮したが、七十歳の老齢に加えひどい風邪に悩まされ、咳止めドロップをなめながら、毎日十九時間も働いた。緊急会議の最中に彼がうたた寝するときがあっても、その気高い居眠りを妨げる者は誰もいなかった。ある銀行家などは、「そっと手を伸ばして、赤ん坊から玩具のがらがらを取り上げるみたいにして、テーブルの上に塗ったニスをこがしている大きな葉巻を彼の指の間からそっと取った」という。

十一月二日土曜日の夜、事態収拾の大詰めを迎えたピアポントは、まだ不安定なトラスト・カンパニー・オブ・アメリカ、リンカン・トラスト、それに二千五百万ドルの借金を抱えた証券ブローカーのムーア・アンド・シュリー社の三社を一挙に救済しようと、手の込んだお膳立てをした。最後のムーア・アンド・シュリー社（M&S）は、借金の担保に巨額のテネシー・コール・アイアン・アンド・レールロード社の過半数株を抑えていて、もしその株を処分せねばならぬとしたら、株式市場が崩壊しかねない恐れがあった。そのままムーア・アンド・シュリーが倒れたら倒れたで、今度は他の証券ブローカー各社に倒産が波及しかねなかった。

そこで、まるで傑作の演劇を上演する監督のごとく、ピアポントは、まず市内の各銀行、信託各社の社長を例のモルガン文庫に招集した。そして、イースト・ルームの十二宮図と七つの大罪を描いたタペストリーの下に商業銀行の頭取たちを、またウェスト・ルームの聖者や聖母マリアを描いた油絵の下の赤いソファやアームチェアに信託会社の社長たちを入れた。ピアポントはその間にあって、自身は神々の中の主神ジュピターさながらに超然として、ベル・グリーン嬢の部屋でトランプの一人遊びにふけっていた。

もちろんM&S社を救うに当たって、多少は自分の利益を望む心がピアポントにはあった。彼独特の一股かけた考え方で、この金融恐慌を政治的手腕を示す機会にすると同時に、個人的利益をあげる好機と見たのだ。当時、彼自身が友人たちに、自分はもう十分にやったのだから、それ相応のお返しを得たいものだ、と述べている。

ピアポントがそのために考え出したのは、M&Sを救ってテネシー・コール・アイアン・アンド・レールロード社の過半数株を売却せずに済ます一方、わが手で育てたUSスチール社の役にも立てる、という一石二鳥、三鳥の巧みな解決策だった。テネシー、アラバマ、ジョージアの各州にあるテネシー・コール社の石炭と鉄鉱石の巨大な埋蔵量がUSスチール社のもうけの種になる、と考えたのだ。反トラスト諸法があるため、普通ならこれは達成し難い目標だったが、状況が状況だった。そこでピアポントは、一計を案じた。渋る信託各社の社長が弱小信託各社の救済資金二千五百万ドルを出すならば、USスチールがM&S社からテネシー・コール社株を引き受けてもよい、とモルガン文庫に招集した商業銀行、信託会社の首脳に取引きを迫ったのだ。

ベン・ストロングが気づいたら、ピアポントが頭取や社長たちを押し込めた部屋の大きな青銅の扉の錠を外からおろし、鍵をポケットにしまい、缶詰めにしてしまっていた。お手のものの奸計に頼り——交渉相手を一カ所に閉じ込め、交渉に最終期限をつけ、話し合いが延々と続いた後で主人役が恐ろしい見幕で突如現れる、という算段だった。翌日曜日の朝の五時十五分前にピアポントが現れ、信託会社側の代表のエドワード・キングに、「ここに座り給え、キング君。ペンはここだ」と強引に合意文書に署名させた。徹夜の交渉に疲れきったキングら信託会社の社長たちは、やむなく二千五百万ドルの拠出に同意した。

その日曜日の夜のうちに、ピアポントの使いのヘンリー・クレー・フリックとUSスチールのジャッジ・エルバート・ゲアリー会長が、特別仕立ての列車でワシントンに急行した。月曜日の株式市場の前場が開く前に、テネシー・コール社の買収についてローズベルト大統領の承認を得ねばならなかったからだ。結局、二人は大統領が朝食をとっている最中を邪魔することになるが、金融恐慌のことが念頭にあるローズベルトは、「公的立場から異議は一切唱えない」と答えた。要するに、USスチールに対してシャーマン反トラスト法を適用しないというわけだ。株式市場が午前十時に開く五分前に、ゲアリー会長はホワイトハウスからウォール・ストリート二三番地に電話して、大統領の了承を得た旨をジョージ・パーキンズに伝えた。その知らせに、株式市場は反騰した。

すぐさま、ピアポントが大統領をだまして、その反トラスト政策の放棄と競争を阻害する違法な企業買収の承認を無理強いしたのだ、との非難が起きた。共和党リベラル派のロバート・ラフォレット上院議員などは、ピアポントが金融恐慌を操作して利己的な利益をあげたとまで主張した。確かに、四千五百万ドルというテネシー・コール社の投売り価格は、もうけ物だった。のちに金融アナリストのジョン・ムーディが述べた評価によると、同社の資産価値は約十億ドルはあったという。だから、有名になった徹夜のM&S社救済劇には、純粋な利他行為をはるかに上回るものがひそんでいたのだ。

こうした毀誉褒貶相半ばするなかで、ピアポントの影響力は、一九〇七年金融恐慌とともに頂点に達した。彼の伝記を書いたフレドリック・ルイス・アレンが記したように、「それまでは多数の公国が群立していたが、いまや一つの王国、つまりモルガン王国しかなかった」。ピアポントは、海賊ではなく、賢人に突如変身した。当時のプリンストン大学総長だったウッドロウ・ウィルソンは、知識人から成る委員会に国家の将来を諮問すべきだとして、その委員長にピアポント・モルガンを推したほどだ。ところが、こうした賛辞とは裏腹に、アメリカの金融制度の在り方をめぐって新たな心配が生じてきた。アメリカでは金融恐慌がほぼ十年ごとに、嫌になるほどきちんと起きていたが、一九〇七年恐慌によって、制度上の欠陥が多数暴露された。たとえば、人々がお金を退蔵し、銀行が貸出しを回収する事態になると、中央銀行というものがなかったから、信用を維持したり信用の収縮を穴埋めすることができなかった。こうした通貨供給量の急減は、厳しい不況につながった。そのために、アメリカには弾力的な通貨供給体制と恒久的な「最後の頼りになる貸し手」、つまり中央銀行制度が必要となってきたのである。

一九〇七年恐慌の打撃から、恐慌のたびに太鼓腹の財界大物どもが救済に乗り出してハラハラさせられるのは、金融制度としては貧弱で頼りにならない、との認識が人々の間に強まり、今日の連邦準備制度を築く素地が生まれた。「何か手を打たねばならない。金融危機に直面したときに、いつもピアポント・モルガンがいるとは限らない」とネルソン・W・オールドリッチ上院議員が述べたが、恐慌の翌年の一九〇八年、連邦議会はオールドリッチ・ブリーランド通貨法を成立させ、これに基づいて金融制度の改革を検討する委員会が発足した。その委員長にオールドリッチ上院議員が就任したので、モルガン財閥は、ただちに委員会ににらみをきかそうと画策し始めた。

モルガン商会パートナーのパーキンズは、ロンドン滞在中のピアポントに、新しく成立した法律がウォール街の差し金だと見られないように、自分は暫くワシントンに寄りつかない、と打電する一方、ファースト・ナショナル・バンクの若手銀行家のハリー・デイビスンがオールドリッチ委員長の顧問になる予定で、「わが方の意見を代弁してくれるはずです」と暗号電報でひそかに報告した。デイビスンは、一九〇七年金融恐慌の最中にピアポントの手足となって冷静に働き、彼を大いに感服させた人物だ。オールドリッチ委員会がヨーロッパ各国の中央銀行の視察旅行に出発するのに先立って、デイビスンはロンドンに先行し、ピアポントと協議したが、イングランド銀行をお手本とする民間の株式組織の中央銀行がピアポントの望みだった。

中央銀行設立案は、野党の民主党側の全員の支持を得ているわけでは決してなかった。W・J・ブライアンとポピュリスト党の一派は、ウォール街を動かしている、金本位制に固執する金融勢力に中央銀行が牛耳られるのを恐れた。要するに、中央銀行を銀本位制派を抹殺する組織と見なしたのだ。ピアポントは、それが民間の株式組織で、銀行家から成る取締役会を持つという条件で中央銀行案を受け入れた。ピアポント派として委員会内に送り込まれたデイビスンは、中央銀行の政治家による管理よりも銀行家による管理に固執するピアポントの考えを委員会に強く反映させるとともに、そうした中央銀行が生まれれば商業銀行に信託会社と〝対等の立場〟を与え、信託会社の競争上の優位を終わらせられると期待した。

一九一〇年十一月、デイビスン(当時はモルガン商会のパートナーの一員に入っていた)らウォール街の投資銀行家たちが、マスコミ向けには「鴨撃ち旅行」だと称して、ジョージア州沖合にあるジェキル島のクラブに集まってひそかに協議した。ここは、ピアポントがよくお忍びで来る保養地だった。この秘密協議がもとになって、のちに無数の陰謀説が流れることになる。それはとにかく、ウォール街の銀行家たちはここで、各地域に準備銀行を設け、その上に商業銀行首脳から成る管理機関を置くという、民間主導型の中央銀行案をまとめた。協議の立役者デイビスンは、しばしば論議を巧みに導いた。協議に参加した一人のクーン・ローブ商会のポール・M・ウォーバーグは、のちに「デイビスンには、話題を切り替え、臨機応変に論議に新たな弾みを与えて、意見の衝突や行き詰まりを避ける、機を見るに敏な、超人的な才能があった」と述べている。

オールドリッチ上院議員が一九一〇年に中央銀行設置を求める法案を連邦議会に提出すると、野党の民主党がその成立を阻止した。それから三年後の一九一三年、民主党のカーター・グラス下院議員がこれをたたき台に大幅な修正を加え、連邦準備法の素案をまとめた。民主党出身のウィルソン大統領は、国内十二の各地域に設ける民間準備銀行を中央の政策決定機関、つまり財務長官をはじめ大統領による任命者を含む、ワシントンの連邦準備局の下に置くよう要求した。これらの要求が通って、連邦準備法は同年に制定された。連邦準備局の誕生により、モルガン財閥の突出した巨大権力が削がれるだろう、と革新派は期待したが、事実はもっと複雑で、一筋縄ではいかなかった。逆にモルガン側が連邦準備制度をうまく操って、自己の権力を拡大するのに利用したからである。

話は少し戻って、一九〇九年にローズベルトの後任としてウィリアム・ハワード・タフトが大統領になったとき、あの権謀術数にたけた、モルガン商会パートナーのジョージ・パーキンズは、自身が権力の中枢の取巻きになりおおせたと思って得意顔だった。事実、タフトが大統領就任演説の草稿を事前にひそかに見せてくれたりしたので、タフトが大統領になったら、目障りなシャーマン反トラスト法を骨抜きにしてくれると確信した。また、当時エジプト旅行中だったピアポントに対し、新しい閣僚選びにまるで自分一人が活躍したかのような内容の電報を打ったりした。

ところが、たった一期四年で終わったタフト政権のモルガン財閥に対する感情は、好悪の度合いが激しかったといえるだろう。表面的に見ると、タフト政権は、ローズベルト政権よりずっとトラスト（企業合同）に敵対的で、驚くほど積極的にトラストと戦った。たとえば、モルガン財閥が手塩にかけて育てたUSスチールとインターナショナル・ハーベスターの両社を反トラスト法違反容疑で訴えたし、ジョン・D・ロックフェラーのスタンダード石油トラストが解体を見たのも、タフト政権の時代だった。ローズベルトは、口先ではトラストを激しく非難攻撃したものの、その言葉を強硬な行動に移すのにはタフトよりもはるかに慎重だった。

タフトとモルガン両者の関係には、ウォール街の陰謀に対する進歩的な戦いといったものだけではなく、それ以上に大きな問題が横たわっていた。国内的にトラスト解体が優れた政治的効果をあげたとしたら、それよりもっと奥深い意味を持つ問題として、海外における両者の協力があった。ワシントンの連邦政府は、国内で銀行勢力を懲らしめる一方、国内各銀行をドル外交という新時代に即した外国向け借款シンジケートにまとめようとしていたのだ。アメリカ・スペイン戦争の勝利でフィリピンとプエルトリコを植民地にしたアメリカは、帝国主義的冒険の味を覚え、モルガン財閥はその主要な手先の一つとなるのである。

これから以後、モルガン一族物語は主として、ニューヨークとロンドンのモルガン系諸銀行と各国政府とが密接に結託した取引関係、つまり双方を新たな秘密のベールで包む策謀を中心に展開される。〈金融王の時代〉が金融業者側が政府にしばしば徹底的に敵対した、野放しの自由放任《レッセフェール》の時代だったとすれば、このの ち現れ始めた〈ドル外交の時代〉では、金融権力と政府権力が明白に融合し、やがてはモルガン財閥の存在をアメリカ、英国の国家政策のさまざまな側面から引き離して考えるのが難しくなるのである。

この新しい同盟関係は、お互いに都合がよかった。ワシントンの連邦政府にすれば、新興の金融勢力の力を巧みに利用して、諸外国政府にアメリカ製品への市場開放ないしは親アメリカ政策の採用を迫りたい願望があった。銀行側は銀行側で、諸外国に対し債務返済を迫るテコを必要としたから、海外ににらみをきかす連邦政府の力を大歓迎した。たとえば、軍事介入の脅しなどは、債務返済を急がせるのに格好の手段だった。クーン・ローブ商会が関税を担保にドミニカ共和国への融資を検討した際、同商会のジェーコブ・シフがロンドンの業務提携先に「向こうが借金を返さない場合、誰がこの関税を徴収するのだ?」と問い合わせたら、「お宅の国か、わが国の海軍さ」と答えが返ってきたという。

タフト政権が発足したその年、政府はモルガン商会の力を頼って、中央アメリカのホンジュラスを財政的にアメリカの保護下に置くと同時に、ホンジュラスの国債を所有する英国人たちを救済する計画を立てた。ホンジュラスの債務解決の一環として、ロンドンで法外な割引価格で売られていたホンジュラス国債をモルガンが買い上げる一方、フィランダー・ノックス国務長官がホンジュラスの関税にアメリカの先取特権をつけるとともに、モルガン金融シンジケートを通じて新しいホンジュラス国債を売り出す、という筋書きだった。ウィリアム・オールデン・スミス上院議員などは、国務省がモルガンの策謀を支援していると怒ったが、モルガン側が政府の圧力でやむなく計画に引きずり込まれた、というのが真相だった。ジャックがロンドン店に打電した通り、「合衆国政府がホンジュラス問題の解決を切望したから、話し合いに応じただけ」だったのである。ジャックとデイビスンの二人は、国債引受けに対する強固な保証を定めた二国間条約なしに話を進めるのを断った。怒り狂った群衆がホンジュラス国会を包囲して、主権侵害だと抗議する騒ぎが起き、合衆国上院も計画を否決したので、すべてはご破算にされた。

政治と金融が結びついた、この〈ドル外交の時代〉ともいうべき新時代がかなり鮮明に姿を現したのは、中国においてだった。モルガン財閥は、ホンジュラスの場合と同様、こうした対外取引に大して乗り気でなかった。世紀末の頽廃した中国は、だだっ広いだけで開発が遅れ、中央の軍隊も近代的な国家予算もない状態で、外国の銀行家たちにとっては腹を立てる種でしかなかった。その役人たちは、諸外国から金を貸しに来る銀行家たちを張り合わせて漁夫の利を占めるのに長けていた。この実情が銀行家たちの間に怒りを生んだだけでなく、中国古来の敵である日本に対するウォール街の好感情を決定的なものにもしたのである。

　その頃もうすでに、フランス、ドイツ、英国などのヨーロッパ各国は、中国に拠点をしっかりと築いていた。そこでタフト大統領は、一八九九年に当時のジョン・ヘイ国務長官が発表した〝門戸開放〟政策を推し進めて、ヨーロッパ各国並みの中国における機会均等を率直に要求した。

　一九〇九年、国務省は渋るウォール街の尻を叩いて、中国向け借款供与の仕事を引き受けさせようとした。その頃は、英国、フランス、ドイツの各銀行の国際借款団による、上海と広東を結ぶ鉄道建設向けの二千五百万ドルの借款交渉がまとまりかけていた矢先であり、そこへ合衆国国務省がアメリカの銀行に対する機会均等を要求してきたのだから、ヨーロッパ側はひどくびっくりした。

　国務省の案によると、クーン・ローブ、ナショナル・シティ・バンク、ファースト・ナショナル・バンクなどから成るアメリカ銀行家グループの頭に、モルガン商会が置かれていた。つい数年前、これら各銀行はノーザン・パシフィック鉄道株買占めで激しく争った同士だったが、銀行家が一致結束すれば海外へのアメリカの影響力を高められると信じて、ワシントンの連邦政府は、各銀行を一つにまとめて国家目的達成の手段に役立たせようとしたのだ。息子のジャックがこの一件をロンドンにいた父に打電すると、ピアポントは、生来の競争心を抑えることができなかった。そして、「私のことを有利に印象づけろ。二人の間だけの秘密だが、有力なるわがJ・P・モルガン商会が主導権を握り、商会名を真っ先に出せ」と返電した。

アメリカ側グループがウォール・ストリート二三番地で開いた会合では、ハリー・デイビスンが座長を務めたが、国務省が背後で彼をひそかに操っていた。いつもなら堂々として愛想のよいデイビスンも、この操り人形役にはいらいらして、ロンドン店のテディ・グレンフェルに「君の所へ来る人たちに、これは政府の発議であって、銀行家側が言い出したものではないと、それとなく、だがしっかりと伝えてくれ給え」と指示したほどだ。大衆新聞各紙は、この最新版モルガン・ホワイトハウス戦争が一斉に火を吹いたことに拍手を送り、かつてはトラスト解体を主張した政府がいまや逆にトラストをつくった銀行家たちを手先にこき使っている、と思った。政府支配からの絶対独立を自負してきた銀行家たちにとって、この新しい束縛は耐え難かった。

アメリカ側銀行家グループを代表して、対中国借款団の英国、フランス、ドイツ側銀行家グループと折衝したのは、ロンドンのJ・S・モルガン商会パートナーのテディ・グレンフェルだったが、彼はこれから以降、ウォール・ストリート二三番地と英国政府との間の橋渡しをする重要な仲介役となる。モルガン系各銀行は、内部的に結束が強く一心同体で、多くの問題で自主的に行動してきたが、今回はニューヨークとロンドンの両店がアメリカ、英国双方の政府の要求に常にさらされていたから、矛盾と対立の危険をはらみ、きわめて微妙な状況にあった。英国とアメリカの利害が一致している間は問題はなかったが、今回は対立の種が隠されており、のちにこれが英国とアメリカの両国にまたがるモルガン帝国を二つに引き裂くもとになる。なぜなら、いかに表面を取り繕ろうとも、モルガン財閥は多国籍銀行ではなく、アメリカ合衆国と英国の双方の言いなりになれない場面がしばしば出てくるからである。

一九〇九年から一九一三年にかけて、アメリカ人銀行家グループが窓口となって、モルガン財閥の対中国取引のすべての窓口役になった。グループの中国駐在代表は、ウィラード・ディカーマン・ストレートだった。この男の一生は、まるでスパイ・スリラー小説を読むようだ。まずコーネル大学を出るとすぐに、北京のインペリアル・マリタイム・カスタムズ・サービスに勤務し、北京官話を勉強した。その後、通信社記者として現在の韓国のソウルに駐在中に、エドワード・H・ハリマンと会い、これが彼の生涯の転機となる。当時、ユニオン・パシフィック鉄道とパシフィック・メイル汽船を支配下に置き、これをもとに世界一周輸送網を目論んでいたハリマンは、鍵となる中国の鉄道網と接続しようとして、ストレートを雇った。さらにストレートは一九〇六年、ローズベルト大統領に請われて外交官となり、ハリマンの事業を側面から援助するため、ローズベルトから当時の満州の鉄道の中心地だった奉天のアメリカ総領事に任命された。

その頃の満州は、ロシアと日本の帝国主義的利害が衝突し、ヨーロッパ諸国が両国と影響力を張り合う、アジアの動乱の巷といった具合であった。このロマンチックな十字路の体験をストレートほどしみじみ味わえた者は、他にいないだろう。彼は率直な帝国主義者であると同時に、青年らしい理想主義にも燃えた、信じられないほど矛盾した心情の持ち主で、アメリカ人銀行家たちを日本とロシアの満州侵略を防ぐ緩衝的存在だと考えた。彼の考えでは、ドル外交の本性を愛他主義という外套で覆い隠し、銀行家たちが一致結束すれば、いかなる国の中国搾取をも阻止できると思えた。この主張は、結局のちに利己的なアメリカの妄想だと馬脚を現すことになるのだが、ストレートは若者なりに一途に、中国を救うという使命感に燃えていた。彼の手紙を読むと、中国のことを「国際政治の台風の目」であって、「ここでは誰もが多かれ少なかれ互いにスパイし合っている」と記している。

彼は一九〇九年、お金持ちの女相続人のドロシー・ホイットニーと出会い、二年後に婚約した。彼女の亡くなった父親は、海軍長官を務め、タバコ、自動車、株投機などで財を成したウィリアム・C・ホイットニーで、彼女は七百万ドルを相続しており、ストレートに負けず劣らず激しいロマンチックな心情の持ち主だった。

一九〇九年にアメリカ銀行家グループの代表に任命されたストレートは、翌一九一〇年の夏の間、アメリカへ戻ってウォール・ストリート二三番地で働いたが、モルガン商会が国務省をあごでこき使うやり方を見て胆をつぶした。政府の操り人形だとデイビスンは苛立ったかもしれないが、ストレートの見方はまったく逆だった。ピアポントがデイビスンに、「合衆国政府と何か話したいことがあったら、あっち（次官補）じゃなく、こっち（国務長官）に会いたいとはっきりさせた方がいいぞ」と指示したのを見て、ストレートは皮肉まじりに、「この国の本当の実権を握っているのが誰か、難なくわかった」と記している。当時のノックス国務長官は、アメリカ銀行家グループと話したい問題があるときはいつも、律義にウォール・ストリート二三番地に出向いてきた。

一九一〇年を迎えると、中国との取引きは鉄道借款の域を超えて、五千万ドルという巨額にのぼる通貨改革のための借款に発展した。ストレートは妻のドロシーに、この新規借款のことを「歴史に残る事柄だ……」と興奮して書き送ったが、ストレートのほか英国、フランス、ドイツの各代表と中国側との借款調印式は、翌一九一一年に終えた。「この取決めで、わが方は中国の通貨改革の諸条件を実際に指示できるわけだが、四千年の歴史を持つ国にとって、最初にして現実的な健全財政の基盤策定をわれわれが左右するのだと考えると、これは大変な仕事だ」ストレートは妻宛に興奮してそう書き送った。

この借款は世界中に知れ渡り、おかげでストレートは一躍、英雄となったが、中国借款にかけた彼のうぶな期待は、やがて厳しい地政学的現実によって打ち砕かれることになる。彼や欧米の銀行家が運命を共にした清朝は、紫禁城の壁の外の大混乱にはまったく気づかぬ、腐敗しきった王朝だった。ストレート自身、中国の役人たちの「利己的で偏狭で頑固な態度」に幻滅し始めていたが、それでも借款が駄目にならないように清朝の存続を望んだ。そのうちに一九一二年になって、中国借款についてのパリ会議が開かれるや、日本とロシアの両国が国際借款団への参加を要求し、認められた。こうなると、中国の宿敵である両国が借款団に一枚加わるわけで、ストレートは絶えず悪夢にうなされることになる。銀行家というものは、政治とは無関係に活動できないものだ、と彼は思ったが、その通りにもっと大きな政治勢力に巻き込まれてしまったのだ。「中国の財政がエジプトのように国際委員会の手で運営される日がくるのは避けられない。またも夢が砕かれた！」と彼は暗い先行きを見通した。

一九一一年、中国に辛亥《しんがい》革命が起き、清朝を打倒して共和制が樹立された。翌一九一二年一月、孫文が臨時大総統となり、内に国内統一を求め外に外国の干渉をやめさせる運動の先頭に立った。慌てふためく清朝の満州人貴族たちが、革命派の旗幟のはためく北京から大挙して逃げ出すのを、ウィラード夫妻は目撃した。夫妻が夜寝るときは、いつもかたわらに銃弾をこめた拳銃を置いておくほど、事態は騒然としていた。

モルガンのこの中国進出は、一九一三年に民主党のウッドロウ・ウィルソンが大統領に就任し、モルガンと犬猿の仲のウィリアム・ジェニングズ・ブライアンが国務長官になるとともに、終わりを告げた。同年三月十日、ハリー・デイビスンとウィラード・ストレートの二人がワシントンに新任の国務長官を訪ね、中国が債務不履行の場合、政府は「債権者の利益を守るために陸海軍力を行使して欲しい」と遠慮せずにはっきり言ったが、ブライアンもウィルソンもそうした外国への干渉に賛成しなかった。それから一週間後、ウィルソン大統領は、中国借款を「わが国の政府の立脚する諸原則にとって不快」なものだと非難し、支持を撤回する態度をはっきり示し始めた。

その翌日、アメリカ銀行家グループは事実上解体された。そもそもはワシントンの連邦政府の手で生み出された産物だっただけに、その祝福なしには存続できなかったからだ。大部分の銀行家たちは、中国側の返済意思を疑い出していたから、これでほっと安堵の胸をなでおろした。モルガン財閥内でも、中国借款の結末を嘆く者はいなかった。それでも、この経験からウォール街の各投資銀行間の相違点が埋まり、対外融資を協調して行なうようになり、モルガン、ナショナル・シティ、ファースト・ナショナルの三大銀行（クーン・ローブ商会が加わる例もしばしばあった）提携により、モルガンの力は拡大されることになる。ところが皮肉なことに、同じ三大銀行は、やがて恐るべき金融トラストとして、金融独占問題を調査する連邦議会下院のプジョー委員会の前に引き出される運命になる。その当時の国民一般は知らなかっただろうが、金融トラストなるものは、対外影響力を求めるワシントン自身の手で一部つくり出された産物だったのである。

投資銀行と政府が提携するこの新時代は、激しい政府反対論者だったジャック・モルガンの態度すらも軟化させた。一九一二年に対ホンジュラス借款問題をめぐって、ジャックは、ワシントンといろいろ渡り合ったが、その後でロンドンのグレンフェルに、「今後、他の対外融資の問題で政府と関係を維持しておく必要があるので、大っぴらに政府を非難するわけにはいかない」と打電している。ジャックは、政治に対する怒りを抑える必要を理解していたわけで、民間企業が一人で何でもできる自由放任主義の時代は終わったのである。

ウィラード・ストレートは、中国から戻りウォール・ストリート二三番地勤務になったが、俗っぽい机に向かっての仕事には向いていなかった。一九一二年の大統領選挙では、妻のドロシーとともにテディ・ローズベルトを支援したが、これはモルガン商会パートナーの間から破滅的とみなされかねない行為だった。おまけに一九一四年には、親ローズベルト色を強く打ち出して創刊されたニューリパブリック誌を資金的に援助した。絶えずじっとしておらず、冒険の好きなウィラード・ストレートにすれば、銀行家としての規律に服するのが難しかったうえ、パートナーにしてもらえなかったのも不満の種だった。結局、J・P・モルガン商会という広々とした世界でも、大きな冒険心に富むウィラード・ストレートには窮屈すぎたのだろうか、彼はその後、二年ほどしか商会にとどまらなかった。

第八章　タイタニック号事件

晩年は気難しかったピアポント・モルガンは、トラストをめぐる騒ぎで民衆から誤解され、怒りを買っていると感じていた。そして、手にしたステッキを振り回して新聞記者を脅して、相手を殺さんばかりに見据え、自分の情事をのぞき込む大衆の目を許したくなかった。一九一一年には、父ジューニアスと交わした三十三年間の手紙の束を燃やしてしまい、十九世紀後半のアメリカ、英国両国の金融史にとって最も重要だと思われる記録を破棄した。世界一有名な銀行家にとっては不可能事だったが、プライバシーを心から大切にしたのだ。魂が抜けて幽霊みたいになった彼は、例の文庫のウェスト・ルームに閉じ籠もり、ステンドグラスの窓と変わり行く世界の物音を遮る厚いカーテンの下で物思いにふけった。

彼は、革新主義諸政党の企業規制をうるさく求める騒ぎを避けて、ヨーロッパで過ごすことが多かった。その放浪癖は決してなくならず、ヨーロッパの旅先から息子のジャックに、次の滞在地を知らせるついでに、「母にも伝えろ」と気づまりな言葉をそえたものだ。心の安まる滞在先は多かったが、とくにエジプトは、なぜだかわからないが彼の心を魅了した。晩年の三年間に三回も訪れ、メトロポリタン美術館のエジプト遺跡発掘の資金を援助した。

ピアポントは孤独な人だったから、世俗的な名声は、おそらくその孤立感を深めただけだっただろう。彼の最初の伝記を書いたカール・ハビーによると、「金融街でモルガンと会えば話を交わす程度の普通の交際のあった人々は五十人もいなかったとの話だ」という。というわけで彼は、感情的な支えを家族に求めたが、これがために、気性が彼に一番よく似ていた末娘のアン・トレーシーととくに反目し合い、傷つくことになる。

そのアンや妻のファニーとの不仲の反動のせいか、ピアポントとジャックとの関係は、晩年になってよくなる。ジャックがモルガン商会の後を継ぐのを疑う者は、一人もいなかった。ジャックは、もちろん無能ではなく、父がいないときは問題を巧みに処理したけれども、父ピアポントほどの素晴らしい個性の持ち主ではなかった。少年時代から、自分自身にひそかに疑問を感じ悩んできており、自分に金融帝国を統率していくだけの胆力があるかどうか、不安だった。一九一〇年には、急に健康を害し、医者から緊張と過労の結果だと診断された。そんなこんなの理由で、彼は銀行の日常業務を預けられる強力な側近を欲しがり、自身は大方針を決めるだけで権限を下に委譲する、立憲君主みたいな役割を求めた。

その側近の地位を争ったのが、ハリー・デイビスンとジョージ・パーキンズの二人だった。パーキンズには、ニューヨーク生命保険時代からの汚職の疑いがいつも暗い影のようにつきまとうなど、不利な点がいくつかあった。だが、彼がジャック側近の地位を狙って失脚した理由は、自分を、モルガン帝国の単なる一臣下ではなく、当然の国王だとみなしたことにあるだろう。彼は、リバーデールに召使い九人、スイミング・プール、ダンス室、ボウリング場付きの豪邸を構え、一九〇六年には、世界最大の特注乗用車を買い入れた。彼が犯した最大の罪は、モルガン一族に然るべき敬意を払わなかったことで、ジャックを嘲笑い、自分の方がはるかに銀行経営の責任者に向いている、と思い込んだことだ。モルガン親子に相談せずに決定を下すことも、しばしばあった。たとえば、一九一〇年のあるとき、ピアポントがロンドンにいたデイビスンに、パーキンズがスチュードベーカー社への融資話をめぐって私の意にさからった、と漏らしたところ、それがパーキンズに伝わった。するとパーキンズは「私が話をどんどん進め、故意にあなたとの了解を無視して勝手に商談をまとめた、とあなたは思われているそうですが、それは実に遺憾です」と手紙で書き送った。六カ月後、パーキンズはモルガン商会を去ったが、無理に辞めさせられたのは歴然としていた。辞めるとき、自分の取り分の有価証券五百五十万ドル相当を受け取ったが、それは同商会のパートナーが稼いだ金額としては最大級だった。

こうして、ヘンリー・ポメロイ・デイビスンが最高業務責任者になることが次第にはっきりしてきた。一九〇九年一月にパートナーとなった彼以外に、例の文庫にいるピアポントのもとに自由に出入りを許された者はまずいなかったようだし、それ以前の一九〇七年の金融恐慌で発揮された彼の優れた資質は、ウォール街の誰もが認めるところだった。彼は、ペンシルベニア州の小さな田舎町の農機具商の家に生まれた。大学を出ておらず、一八九三年に結婚してからニューヨークへ移って、アスター・トラスト社で働き始めた。

その頃のある日のこと、一人の変人が彼の座っている出納係の窓口に現れ、拳銃を突きつけて、支払い先を〝全能の神〟と記した百万ドルの小切手の現金化を強要した。冷静で機転のきくデイビスンは、この銀行強盗の裏をかく妙手を思いついた。現金を小出しにしながら、大きな、もっともらしい声で「全能の神に百万ドル、全能の神に百万ドル……」と唱え続けた。これで警備員が警察に通報する時間を稼ぎ、犯人はめでたく逮捕された。

デイビスンは、それからピアポントの親友のファースト・ナショナル・バンク頭取のジョージ・F・ベーカーに可愛がられて、たちまち出世し、同銀行の副頭取に納まった。その在職中、一九〇三年にモルガン系のトラスト子会社のバンカーズ・トラストを設立し、一九〇七年の金融恐慌の救済の手助けをし、オールドリッチ上院議員の国家通貨委員会にウォール街の利益代表として入った。こうした功績がピアポントの注目を引くところとなり、のちにピアポントから「デイビスン君が私に話してくれることは何でも信ずることにしている」と言われる仲になった。

デイビスンにまつわる逸話は、活力、温情、そして自信にあふれたものばかりだ。彼はあるとき、故郷ペンシルベニアの田舎町の銀行出納係だった頃の夢を見た。夢の中の自分は汗だくになって勘定しているが、帳尻をなかなか合わせられなかった。はっとして目ざめたとき、奥さんが「どうしたの？」と尋ねると、「やっとわかったよ、あの銀行を買収したんだっけ」と答えたという。たいへんな社交好きで、自邸に夕食に招く客の人数が一度に二十人を下ることはめったになかった。親分肌で、子分たちを導くコツを心得ていて、モルガンの歴史に残る人材スカウトの才の持ち主で、トム・ラモント、ドワイト・マロウ、ベン・ストロング、ジョン・デイビスらの逸材をモルガン商会に引き入れた。

トム・ラモントによると、デイビスンは、ウォール街の若手銀行家たちにとって「単なる親分ではなかった。いわばみんなのアイドルみたいなものだった」という。ラモントは、デイビスンが見つけた貴重な掘出し物的な逸材だった。彼は、大学を卒業してから、ニューヨーク・トリビューン紙の記者を二年務めた。倒産寸前の貿易会社を巧みな新聞広告で救ったことから、やがてウォール街で会社立直し屋の名声を高め、これがハリー・デイビスンの関心を引くことになった。

トム・ラモントは、決して無理押しをせず、何事をなすにも気張らず、気軽で、巧まなかった。一九〇三年のある日、彼がニュージャージー州イングルウッドの自宅に帰ろうと通勤列車に乗ったとき、ハリー・デイビスンに彼の運命は握られた。彼が列車内に入ったとき、デイビスンは、新しくつくったバンカーズ・トラストの財務部長を誰にするかの人選を考えていた最中だったが、ラモントの姿を見たとたん、彼こそ適任だと思った。話を持ち掛けられたラモントは、「まず第一に、銀行のことなどちっとも知りませんし、いつも借りているばかりで、貸す方に回ったことがありませんから」と笑って取り合わなかった。「それで結構。だから、あなたになって欲しいのだ。あなたみたいな心配のない借り手なら、きっと慎重な貸し手になる」とデイビスンが言った。それは直観だったが、話は決まった。

デイビスンがモルガン商会のパートナーに転じた一九〇九年、ラモントは、彼の後任としてファースト・ナショナル・バンクの副頭取になったが、翌一九一〇年の暮れにピアポントに呼び出された。開口一番、ピアポントは、「あそこの部屋が空いている。来週の月曜日から、あそこへ入って欲しい」と言った。ラモントは、「でも、お役に立つことが私にできるでしょうか？」と、とまどうふりを見せた。ラモントのこのためらいは、本当にそう思ったのか、それともしたたかな計算だったのか？

面白いことに、ラモントは、デイビスンに対してもピアポントに対しても、持ち掛けられた夢のような話を一度は断っている。彼はピアポントに、毎年三カ月は旅行に出たい夢を持っている、と伝えた。ピアポントはそれにひるむどころか、「そうだな、もちろん、好きなだけ休暇を取ってよろしい。それは、まったく君の自由だ」と答えた。誘いに対するラモントの乗り方のずるさが、ここにも一つあった。ピアポントが毎年数カ月を海外で過ごすのを知っていたにちがいない。ラモントのお上品な風采の背後には、表向きは遠慮がちながら、示された地位不相応に条件をさらに釣り上げようとする、したたかな才能がひそんでいたのだ。

事業を息子ジャックに引き継ぐ準備を終えるために、ピアポントは、ロンドンのJ・S・モルガン商会を最終的に整理することにした。J・S・モルガンの商会名は、ピアポントの一代ないし生きている間に限るという条件で、父ジューニアスが死後も使用を許したものだが、その頃すでに二十年が経過しようとしていた。そこで、ジャックの説明によると、「一九一〇年が近づいた頃、父が『この会社の新しい名前を考えずに私が死んだら、厄介なことになる。いまのうちにモルガン・グレンフェル商会に変えておいた方がいい』と言い残した」という。

一九一〇年一月、モルガン・グレンフェル商会が誕生した。初めて英国人の名前が商会名に加わったとはいえ、ここの信望を支えたのは、ニューヨークの本店の豊かな資金と取引関係だった。テディ・グレンフェルの名前のおかげで、シティ内で英国色を保ったが、資金は大部分がアメリカから来ていた。一九一〇年までは、ピアポントとジャックが個人としてJ・S・モルガン商会のパートナーの一員だったが、新しく改組されたモルガン・

グレンフェル商会では、J・P・モルガン商会自体がパートナーとなり、フィラデルフィアのドレクセル商会とともに利益の半分を受け取ることになった。ここで注目すべきなのは、この逆の関係はありえなかったことだ。この結果、ロンドンのモルガン・グレンフェル商会ないしはパリのモルガン・ハージェス商会のパートナーたちは、モルガン帝国内ではいつも二流市民の地位に抑えつけられたものだ。

晩年のピアポントは、次々と悲運に見舞われ、まるで神が彼の威光にふさわしい、けた外れな規模で罰の報いを加えているようだった。まず、彼がつくり上げた海運トラストのジ・インターナショナル・マーカンタイル・マリン（IMM）社が、キュナード汽船との厳しい競争にさらされた。キュナード汽船が英国政府の補助でモーリタニア号とルーシテイニア号の高速・豪華客船を建造したのに対抗して、IMM社のJ・ブルース・イスメイ社長と造船所経営者のピリー卿は、巨船を二隻造ることを決めた。壮大な事業がとくに好きなピアポントは、この案を承諾した。その船がホワイト・スター汽船のタイタニック号とオリンピック号だった。

ピアポントは一九一一年五月、ベルファストの造船所で行なわれたタイタニック号の命名式に出席し、自分の専用船室が造られるB甲板の予定個所を実地に見て回った。そこは応接室と遊歩甲板付きで、しかも浴室には特製のシガー・ホルダーまである豪華版になる予定で、ピアポントは翌一九一二年四月の処女航海の乗船予約をしたが、のちに取り消さざるをえなかった。

北大西洋上での惨事の一報がピアポントのもとに届いたのは、彼がフランスで七十五歳の誕生日を迎える前夜だった。「タイタニックが氷山に接触との心配な噂をいま耳にした。詳細は不明。後生だから虚報であって欲しい」とニューヨークへ打電した。事故のニュースが広まり、ヨーロッパの記者たちがやっとフランスのあるシャトーにいたピアポントを見つけたとき、彼は悲しみに打ちひしがれた様子で、「海に呑み込まれた人命のことを考えてくれ」と言った。

一千五百人を超す死者を出したこの事件は、例の海運トラストにとって最悪の惨事であって、これを機にホワイト・スター汽船ならびにモルガン自身に対する非難が一気に爆発した。経営は英国人だが所有はアメリカ人のこの巨船には、たくさんの落ち度——たとえば、不十分な数の救命ボート、氷山の警告を無視した乗組員、お粗末な救助作業、マスト上の見張り台に双眼鏡を置かなかったことなど、いろいろあった。各新聞は、ピアポント・モルガンら金持ち向けに設計された豪華な専用船室を槍玉にあげ、富裕な顧客の獲得に走ったあまり、安全性を軽視した証拠だ、と書き立てた。

モルガン社のパートナーたちは最初は、ホワイト・スター汽船のブルース・イスメイ会長を守って見捨てなかったが、のちにピアポントとジャックの父子が彼に辞任を迫った。

そしてタイタニック号事件は、海運トラストの命を縮めるもととなった。その後の第一次世界大戦中に軍事物資の輸送で一息ついたものの、なんとか経営を維持していくには不十分だった。一九一四年十月、ジャック・モルガンは、海運トラストの社債の債務支払いを停止する方針を決めた。一方、タイタニック号事件から四年後、ホワイト・スター汽船は裁判で責任を認めて、総額二百五十万ドルの損害賠償金を支払った。

一九一二年当時、トラスト撲滅運動はすでに轟々たる勢いで高まり、大統領選挙運動がピアポント・モルガンとその系列企業の在り方を主たる争点として展開されていた。モルガン財閥は、この三十年来アメリカ人を悩ましてきた悪いものすべて——すなわち、美しい風景を破壊してアメリカ各地に乱雑に急造された工場群、血も涙もない企業合併、好況と不況を終わることなく次々に狂ったように生み出して人を食い物にする、ウォール街の空気など——の総大将と見なされた。ピアポントが片手に工場や事務所ビルを束にして握り、金貨とドル札の山の上に楽しげに腰をおろし、「わしにはこれっぽっちも権力なんてないぞ」とうそぶいている風刺漫画さえ新聞紙上に登場した。実の話、モルガン一族は、強奪的金融資本家ではなく、民衆に恩恵を施す篤志家を自認していたが、こうした善徳意識とは裏腹に、自分たちが民衆から怨嗟の的にされる現実があった。モルガン一族は、怒るとともに途方に暮れた。

進歩的な民主党は、トラストのことを残酷で無能で破壊的な企業家精神の産物だと批判した。この新しい風潮の先頭に立ったのが、のちの大統領で、当時はニュージャージー州知事だったウッドロウ・ウィルソンだった。その前のまだプリンストン大学総長だった頃の一九一〇年一月、ウィルソンは、ピアポントらニューヨークの銀行家たちを前にして、銀行業とは「金銭的基盤ではなく倫理的基盤に根ざすものだ」と銀行家の本務を説き、銀行が中小企業を窮地に追いやっていると叱ったことがあった。講演を聞いている間ずっと、ピアポントは、憂うつげに葉巻をくゆらしていたが、そのあとで気分を害した彼はウィルソンに、あの言葉は自分に向けられたみたいだ、と文句を言った。これに対しウィルソンは、悪気で言ったのではなく、原則を述べたまでだ、と反論した。

民主党のモルガン財閥攻撃は、何も驚くべきことではなかった。もっとこたえたのは、ピアポント・モルガンが共和党を二つに割る争点の一つとなり、一九一二年の党の分裂を促す結果になったことだ。それは、モルガン財閥がアラスカのケネコット・グレーシャーにある銅鉱山開発のために、同じ金融資本家のグゲンハイム財閥と組んで一九〇六年にシンジケートをつくったことが始まりだ。両者の名前をくっつけて〝モルガンハイム〟と呼ばれたこのグループは、アラスカに対する金融侵略を開始して、汽船会社や炭鉱や缶詰工場を買収する一方、採掘した銅鉱石を沿岸部のプリンス・ウィリアム・サウンドまで運ぶ鉄道を敷くのに二千万ドルを投資した。各新聞は、合衆国がアラスカをロシアから買収した来歴にひっかけて、これを〝第二のアラスカ買収〟と風刺した。

こうした大規模なアラスカ開発をめぐって、ローズベルト前政権からの留任組のギファド・ピンチョット林野庁長官とタフト現大統領の任命したリチャード・バリンジャー内務長官の両者が対立した。アラスカの自然を後世のために保存したいというピンチョット長官に対し、こんな辺鄙なお金のかかる地域の開発はグゲンハイム・モルガン連合勢力にしかできない、とバリンジャー長官は考えた。反目が表沙汰になったので、タフト大統領がピンチョットの方を解任してけりをつけた。

自然保護ではなく反トラストの問題になると、タフトとローズベルトの新旧両共和党政権の態度は逆だった。大統領二期目の終わり頃、ローズベルトは、モルガンがつくった農機具トラストのインターナショナル・ハーベスターに対して反トラスト容疑訴訟を起こすのを断念したが、彼の後を継いだタフト大統領は、そうはいかなかった。タフトは一九一一年、訴訟を起こしただけでなく、モルガン商会パートナーのジョージ・パーキンズが一九〇七年当時、ときの法人局長官に政治工作して、反トラスト訴訟を阻止した事実を示すものと称する文書を暴露した。

タフト政権は一九一一年十月、さらにUSスチール社を反トラスト法違反容疑で訴え、モルガン財閥に追い打ちをかけた。この一件がモルガンとローズベルトの両者を特にいらだたせたのは、一九〇七年金融恐慌の最中のUSスチール社によるテネシー・コール・アイアン・アンド・レールロード社買収をことさら問題にした点だった。これは、USスチールのジャッジ・ゲアリー会長らがホワイトハウスに駆けつけ、朝食中のローズベルト大統領から無理に承認を取り付けた問題だっただけに、前大統領としては、自分がモルガン一派にだまされたのだと言われるのは気懸りでならなかった。前述のピンチョット林野庁長官の解任に加え、こうした反トラスト訴訟が起こされたことによって、ローズベルトは、一九一二年の大統領選挙で共和党から飛び出し、革新党を結成して出馬する腹を決めたのである。

このときの選挙戦でモルガン商会元パートナーのジョージ・パーキンズの活躍が人目を引いたため、ローズベルトは、依然としてモルガンの影響下にあるとの疑いを振り切れなかった。パーキンズは、タフトのトラスト退治方針に猛烈に腹を立て、ローズベルトに大統領選挙出馬を促し、選挙資金の多くを賄い、新しい党の執行委員会委員長になった。また、ローズベルト邸へ頻繁に往復したので、自分のお抱え運転手が「暗闇の中でも道路の小石一つ一つを見分けた」ほど通い慣れたという。この一九一二年のタフトとローズベルトの対立は、ピアポントに銀行家としての倫理観を説いた男、つまり野党民主党のウッドロウ・ウィルソンを権力の座につける結果になった。一方、USスチールに対する反トラスト訴訟は不調に終わり、インターナショナル・ハーベスター社の裁判の方も、三つの小さな子会社の売却を迫られただけで済んだ。

モルガン財閥にとり非常に不利な政治情勢の変化として、その頃、ウォール街の金融トラストが各種の産業トラストを考え出し、その運命を支配している、との考え方が広まっていた。この〈金融トラスト〉なる新語を作り出したのは、のちに大西洋無着陸単独飛行で一躍空の英雄となった人の父親、ミネソタ州選出下院議員のチャールズ・A・リンドバーグ一世で、これをいちばん質《たち》の悪いトラストだと非難した。金融トラストとはモルガンの暗号名にすぎない、としたウォール・ストリート・ジャーナル紙の指摘は、的を射た名言だった。不正摘発に燃える若い記者たちがウォール街の各所に散って、銀行間のうさん臭い関係をあばき立てた。著名なジャーナリストであったリンカン・ステファンズは、若きウォルター・リップマンの援助を得て、表向きは互いに競争し合っているかに見えるニューヨークの各銀行間に張りめぐらされた協力網を暴露し、ピアポントを「合衆国を支配する巨魁」と呼んだ。

一九一二年夏、この膨れ上がったウォール街の権力がついに、民主党全国党大会で槍玉に上げられた。いつも波乱を呼ぶ発言をするウィリアム・ジェニングズ・ブライアンが「J・ピアポント・モルガン……ら利権を漁り見返りを求める階級の構成員の利益を代表する者、ないし構成員に恩義のある者の大統領候補への指名に」反対する決議案を出したのだ。民主党の大統領候補に指名されたウィルソンはその受諾演説で、「金融支配力の集中は……いついかなるときでも自由企業経済にとってきわめて危険になりうる」と述べた。ウィルソン候補はその夏、モルガン財閥の産業支配と長年戦ってきた、法律家のルーイス・ブランダイスから経済学の進講を受けるなどして、金融改革がウィルソンの選挙公約の重要部分を占めることになる。

一方、リンドバーグ議員は、ウォール街の支配力集中について議会の調査を求める決議案を下院に提出した。その結果、一九一二年に下院銀行・通貨委員会の下に調査小委員会が設けられ、それは小委員長の名前にちなんでプジョー小委と呼ばれたが、ウィルソンが同年秋の大統領選挙に勝ってから、調査のピッチが上がってきた。

プジョー小委の調査は、ピアポントにとっていつも受難だったとされ、この公式の場の対決が彼の死を早めたといわれるが、父と同様、息子のジャックもその後遺症に悩まされ続けた。ジャックは、それまで抗し難い父をひたすら恐れ過ごしてきたが、晩年に入って父の愛情が戻ってきたので、ほっとするとともに、父に対する政治家たちの痛烈な攻撃にいたく憤激した。彼の手紙には新たに苦々しい調子が色濃く加わり、「わが二つの国（合衆国と英国）を動かす政治家たちは、狂気に取り憑かれているみたいだ……わが国はいま、憎悪と敵意と噂が渦巻いている」とロンドンのグレンフェルに書き送っている。

ジャックは最初のうちは、プジョー小委の調査を「こうるさい」程度にしかみなさず、モルガン商会は法人組織でない個人銀行なのだから、帳簿の提出や証言を拒否できる、との顧問弁護士の意見に勇気づけられ、たかをくっていた。ところが、一九一二年四月末に、やり手の法廷弁護士で、すでに金融トラスト批判の旗幟鮮明なサミュエル・アンタマイアーが小委員会の法律顧問に選任された。ジャックは、仰天して、「調査は、きっと考えられるかぎり不愉快な線に沿って進むでしょう」と、さっそく海外にいた父ピアポントに打電した。プジョー小委の聴聞会は、新聞記者、民主党、改革派など、一般大衆の不満をあおり立てる者すべてに対するジャックの敵意を高め、また、この体験で傷ついた彼は、民主主義というものに次第に幻滅していくことになる。

小委の聴聞会が始まった一九一二年十二月、ピアポントは、ちょうど浮世の仕事から手を引いて引退を望んでいた頃だった。お金は黙っていても懐に転がり込み、それは年収にして約五百万ドルにのぼった。投資銀行の仕事も、ジャックとデイビスンのもとでうまくいっていた。ピアポントは最初、ワシントンへ単身乗り込んで証言台に立つ、と言い張っていたが、新しい〈ドル外交の時代〉を迎え、銀行業界に新しい責任が求められたので、従来よりもっと対外イメージに気を使う必要があった。そこでJ・P・モルガン商会としては、伝統的な寡黙な態度を投げ捨てて、広報活動に積極的に乗り出す方針に転じた。

沈黙は、それまでのウォール街の基本的行動原理であって、それを実践していたお手本ともいえる人物は、ピアポントの仲間だったファースト・ストリート二三番地に負けず劣らず謎ジ・F・ベーカーだった。彼の銀行は、ウォール・ストリート二三番地に負けず劣らず謎に包まれていたし、彼自身、〝ウォール街のスフィンクス〟と呼ばれるほどの謎の人物だった。生涯で新聞記者の取材に応じたのはたった二回で、二度目に口を開いた一九二三年には、「アメリカの実業家たる者は、現在の三分の二ほど口を慎むべきだ。余計な口をきく理由は何もない」と語った。その当時の彼の財産は推定一億ドルから三億ドルの間に達しており、ハーバード大学の経営大学院に基金を寄付している。

モルガン商会は個人経営の金融業者だったから、ピアポントとしては、世間に情報を公開する義務を感じなかったし、広報係も雇わなかったが、このとき、新しい考えを持つ若いパートナーたちが積極的に広報活動を引き受けた。ピアポントの聴聞会出席に備えたコーチをデイビスンやラモントが買って出ただけでなく、初めて広報係も採用した。新時代の銀行家の典型だったラモントにとって、これは絶好の機会だった。彼は、ピアポントの承諾を得て、その後三十年間にわたりモルガン商会の広報活動を統率することになる秘密計画を立てた。これに則って、同商会のイメージ向上をめざし、パートナーたちが、特定の新聞記者たちと定期的に会い、出版社とつねに接触を保ち、新聞を監視し、提灯記事を寄稿し、不利な記事に対してはひそかに抗議するなどの動きに出ることになる。

プジョー小委の聴聞会に備えたラモントの作戦は、通常の広報係の個人プレーの域を超えていた。たとえば、ブレイナードという名前の彼の手先の一人が、アメリカ各地の新聞に記事を売る、マクルアズ・ニューズペーパー・シンジケートなる大きな通信社を買収し、これがプジョー小委に対抗する手段となる。これに関して、ラモントがデイビスンに

「ブレイナードには引き続き内密に活動してもらう」と打電すると、デイビスンは「ブレイナードによる買収を知って非常に嬉しい。シニア（ピアポントを指す）をはじめこちらの全員も、速やかに何か対策をとる必要を痛感している。金融トラスト調査に対し広報係を速やかに秘密裡に動かすことが大切だと、全員が同意見である」と答えている。

これが発展して、新聞・出版界への進出という本格的計画が生まれる。モルガン商会パートナーたちはウォール街の他社の仲間と組んで、ワシントン、シカゴ、ニューヨークなど主要都市の新聞の買収を企み、二紙を買い取ったものの、中途で挫折した。それでもこの動きは、モルガンが自身を包む古い秘密のベールから脱却して、世論を形成しようとする新しい意欲の表れではあった。

ところでピアポントはというと、単身でワシントンへ乗り込みたいとの当初の希望とは裏腹に、十六人の一行を引き連れた大名旅行となった。聴聞会の開かれる朝、縦縞のズボンとビロードの襟つきの外套にシルクハットをかぶり、ステッキを手にした正装姿で現れた彼を、群衆が取り囲んだ。彼の脇には、介添役の娘のルイーザが毛皮のマフに両手を深く入れ、群衆を物ともせずに唇をきゅっと締めて立った。山高帽をかぶって並ぶジャックは、口髭に白いものがまじっていた。ピアポントが聴聞会の席に座ったとき、その顔は年老いた道化師のような悲しげな表情で、頭にはほとんど毛髪がなく、グロテスクにねじれた団子鼻が真ん中に鎮座していたが、背筋を真っ直ぐに伸ばして、頑固なほど高慢な態度を示していた。

プジョー小委員会の聴聞会は、ピアポントが強腰で応酬し、自分の事業の名誉を猛烈な勢いで擁護したことで有名だが、その間に明らかにされたモルガン財閥の持つ恐るべき権勢にまず注目してみよう。それによると、約七十八の大企業がモルガン商会に預金している一方、ピアポントら同商会パートナーたちが、金融、鉄道、輸送、公益事業の各界にわたる百十二の会社で七十二の取締役の地位を占めていた。投資銀行と企業の結び付きが金融面で物をいう当時にあっては、重役の椅子を占めることが即その企業の証券発行業務の当該銀行による独占をしばしば意味した。その例証として、モルガン商会がそれ以前の十年間に発行を引き受けた有価証券の総額は、当時としては天文学的数字の約二十億ドルにのぼっていた。

金融トラストを警戒する騒ぎが起きたのは、ウォール街を金融機関合併の大波が襲って、雪だるま式にモルガン支配体制が大きくふくらんでいく現実に一因があった。たとえば、ピアポントは一九〇九年十二月、エクイタブル・ライフ・アシュアランス・ソサエティの過半数株を取得し、このエクイタブルのほかミューチュアル・ライフ、ニューヨーク・ライフの三大保険会社に対する影響力を強めた。また、鉄道合併時代からの常套手段である議決権信託という手を使って、ニューヨーク市内の信託会社数社の支配権も握った。

同じく一九〇九年、ピアポントは、ギャランティ・トラスト社の支配権を握り、以後、何回か合併を繰り返してこれをアメリカ最大の信託会社に仕立て、モルガン商会パートナー二人を議決権信託の受託者理事会に送り込んだ。バンカーズ・トラストとこのギャランティ・トラスト両社の理事を兼任したパートナーのハリー・デイビスンは、モルガン一族がプジョー小委員会自体に対するのと同様、この二社を支配している事実はない、とうかつな発言をしたが、モルガン商会の記録を見ると、両社をはっきり子会社視していることが明らかだ。

金融トラストの中核集団には、以上の二大信託会社のほか、J・P・モルガン商会、ファースト・ナショナル・バンク、ナショナル・シティ・バンクが含まれていた。

ウォール街の銀行家たちは、まるで近親相姦みたいにお互いの社の取締役の椅子を交換し合っていたので、誰がどこの重役か見きわめにくい銀行も一部あったほどだ。たとえば、チェース・ナショナル・バンクの九人の取締役のうち五人は、ファースト・ナショナルの取締役で、こうしてジョージ・F・ベーカーがチェースに対するにらみをきかせていた。また、金融機関同士で大量の株式を持ち合った。ピアポントは、ベーカーのファースト・ナショナル・バンクの社外筆頭株主だったし、一九〇七年の金融恐慌後には、ナショナル・シティ・バンクの株式も大量に取得し、息子のジャックを同行の取締役に送り込んだ。こうして「モルガン系各金融機関」は、競争を避けながら、資本市場への新規参入者に拒否権を行使した、と一般大衆が疑ったとしても、故なしとはしない。

金融機関の巨大化の一因は、べらぼうな規模になった産業界の資金調達にもあった。企業は、規模が全国的になるにつれ、資金を求めてニューヨークへ引きつけられた。たとえば、モルガン商会は一九〇六年、アメリカ電話電信会社（AT&T）の社債発行の仕事をボストンのキダー・ピーボディ商会の手から奪い取った。キダー・ピーボディはそれまで、イングランド地方でAT&Tの社債を販売していたが、全国的規模の資金調達という新しい要請には応じられなかったのだ。投資銀行は顧客の成長についていかなければならなかったから、産業トラストが金融トラストを生み出したといえる（その逆も真なりだが）。同様にして、中国、中南米など海外各国向けの大規模な資金調達の必要に迫られて、ワシントンの合衆国政府が、国策遂行の一手段にウォール街金融資本を鍛え上げたものの、その後、金融資本が国内で協力関係を結ぶと、あわてふためき出した、ともいえる。

各金融機関はなぜ、株式持ち合い、取締役兼任といった見えすいたことをしないで、もっと端的に合併しなかったのか？　大部分の金融機関は、株式非公開の合名会社か少数株主支配の会社だったから、そうやってやれないことはなかった。その答えは、金融権力の集中に対してアメリカ人が伝統的に反感を抱くという本題に立ち戻る。だから、モルガン、ファースト・ナショナル、ナショナル・シティのトリオは、公然と三者結託を打ち出した場合に一般大衆から仕返しを受けるのを恐れたのだ。たとえば、この三者グループは一九一一年、傘下のバンク・オブ・コマースとチェース・ナショナル・バンクの合併を検討したが、その動きはナショナル・シティ・バンクのジェームズ・スティルマン頭取に拒否された。そのとき、ジャックは「彼の反対は、現状のままで十分で、トリオの大きな力に世間の関心を向けさせない方がよい、との考え方からきています……」とピアポントに打電している。

プジョー小委の聴聞会でピアポントが対決した相手は、小委の法律顧問を務める老猾なアンタマイアーだった。彼は、トラストを綿密に研究した専門家で、人当たり柔らかに相手の懐に忍び込み、それとなく疑念をほのめかすタイプだった。ピアポントは、これとはまったく対照的で、人前では乱暴かつ粗野に振る舞う質《たち》だったが、この絶体絶命の危機に直面して、父ジューニアスからたたき込まれた教訓、つまり〈紳士銀行家行動規範〉に立ち戻った。両者の間では、次のような有名な応酬があった。

アンタマイアー　商業貸出しは、主として相手側の資本金ないし資産をもとに判断して行なわれるのではないのですか？

モルガン　いいえ、何をおいても相手の人格です。

アンタマイアー　資本金や資産よりもですか？

モルガン　資本金なんかよりもです。お金では人格は買えません……私が信用できない人は、この世の中でいくら証文を書こうとも、私からお金を借りることはできません。

この熱弁に対し、傍観者たちは拍手を送り、アメリカ全土の実業家たちはうっとりと聞きほれた。いつもは寡黙なピアポントが、思いがけなくも金融業を気高いものにする弁を振るったのだ。同じく投資銀行を営むヘンリー・セリグマンによると、彼の力強い証言のおかげで株価が五から十ポイントもはね上がったという。

金融業者たちがこうした言葉にいかに拍手喝采を送ろうとも、部外者にはお人好しをだます甘言としか聞こえなかった。後で述べるが、初期の金融業者は、貸す相手の人格や社会階級を信用評価の大まかな基準に用いるのが常で、それが貴重な資本を安全に守る実際的な方法だったのだ。だから、ピアポントの発言は、批判者側が考えるほど皮肉でもなければ、業界仲間たちが思ったほど崇高なものでもなかった。ただ実際的なビジネス戦略にすぎなかったのである。

伝記類を読むと、ピアポントの警句的発言が目立つが、プジョー小委聴聞会の速記録を読むと、そうした発言が現れるのは、質問の趣旨を無味乾燥に否定し、無愛想に不満を述べる場合であって、まるで聴聞会の合法性をまったく認めないかのような態度だった。ピアポントは手にしたステッキで床をたたき、次第に強情になり、異教徒に人質に捕らわれた怒れる神のように鼻息を荒くした。自分の立場の弁明を渋っているうちに、アンタマイアーの巧みな誘導にかかって、ばかげた発言に走ることもあった。たとえば、自分の出資する鉄道会社を単独支配する理由を問い詰められて、こういう一問一答をなす破目になった。

アンタマイアー　ですが、私の言う意味は、投資銀行が社債の価値について法的責任を持たないのか持つのか、ということです。

モルガン　いいえ、持ちませんが、もっと大事なほかの責任は持ちます。それは、生きているかぎり守らざるをえない道義的責任です。

このピアポントの発言を一言でいえば、彼が社債保有者を代表し、無責任な経営陣に怒りを表明したということだが、モルガン側のとった取締役就任や議決権信託というやり方には、会社側を消極的に監視するという以上の何かがある、とアンタマイアーは見抜いた。つまり、モルガン商会は、多数の社債保有者の単なる代表である以外に、鉄道会社の間断なき社債発行を引き受ける業務を確保しており、したがってそうした利害を守るために会社側の経営に介入することがありうる、とみたのである。ピアポントは、この点をみずから認めたくなかったため、次のようなちんぷんかんぷんな答えをまくし立てた。

アンタマイアー　あなたは、この国のいかなる部門ないし産業も支配しているとは考えていない、そうですね？
モルガン　考えていません。
アンタマイアー　これっぽっちもない？
モルガン　これっぽっちもないです。
アンタマイアーは、この答えに不満足どころか、次の一問一答を見ると、こういう頑固な点をピアポントの傲慢さを立証する格好の材料に喜んで利用したことがわかる。
アンタマイアー　あなたの社は、あなたが経営されている、そうじゃないですか？
モルガン　いや、違う。
アンタマイアー　そうじゃない？
モルガン　いや、違う。
アンタマイアー　あなたが最高権力者である、そうじゃないですか？
モルガン　いや、違う。

プジョー小委員会は、状況証拠はたくさんあったものの、共同謀議をなしているとの厳密な意味での金融トラストの存在は立証できなかった。むしろ、調査の結果として判明したのは、「J・P・モルガン商会が主唱者と認められる一握りの人々の手中に、信用と資金の支配」を集中した、一種の「利益共同体」が存在するということであった。J・P・モルガン、ファースト・ナショナル、ナショナル・シティ、クーン・ローブ、それにボストンのリー・ヒギンスン、キダー・ピーボディの両社を加えた六大金融機関が、一流企業や各国政府の有価証券を引き受けるに当たって提携して行動した、とプジョー小委の調査報告書は述べている。この金融グループなしには、大企業が株・債券を販売するのは難しかったし、この金融グループから対立する金融機関が株・債券発行業務を奪い取るのも難しかったのである。

プジョー小委員会の調査で、ウォール街の歴史の古い金融機関の間に例の紳士的行動規範が存在することが立証された。各金融機関は一応は競争し合うが、それはきわめて形式的な儀式にすぎず、有価証券引受けを無理にせり合うことはなかった。むしろ、一社が非公式に商談を取り決めてから、シンジケートをつくって他社に引受け分を割り当てた。やがて、シンジケート内部で引受け分を割り当てる方法が固定化してきた。クーン・ローブ商会のジェーコブ・シフが小委員会で証言したように、「競争という現実に即さない干渉をなすのは、よいことではなかった。証券発行の場合、競争することがよき慣行ではなかった」。これが部外者を締め出す公然たる策謀だったのか、それとも市場の置かれた状況に自然に対応した結果にすぎなかったのか、その点はその後約四十年間にわたり論議の的となるのである。

プジョー小委の聴聞会は、モルガンの権力を脅かすと思われる直接の成果を一つ生み出した。ウィルソン大統領が一九一三年十二月、連邦準備法に署名し、政府に中央銀行を設け、緊急時にモルガン財閥に依存せずに済むようにしたのだ。これによって生まれた連邦準備制度は、各地域にある民間の準備銀行とワシントンにある政府の連邦準備局とを結びつけた、一種の混成組織だった。それでもモルガン財閥は、ニューヨーク連邦準備銀行と巧みに同盟関係を結んだので、その後の二十年間にわたりこの新しい金融組織を実際に動かすことになる。民間銀行家たちは、まだまだ政府の手で簡単に押さえつけられなかった。

聴聞会を終えると、ジャックは父の証言ぶりをほめたたえる一方、聴聞会がモルガン商会だけを狙った露骨な攻撃であって、他の各銀行を煙幕に引き入れたにすぎないとみた。そして、強気な調子で「わが社は（ピアポントが）ワシントンで力強く打ち出した姿勢を維持している。父は偉大な人だから、あのような小さなことに悩まされるはずがない」と述べた。ところが現実には、シニアはあの公の場での厳しい審問から決して立ち直れなかった。

ピアポントは、怒りっぽすぎるほどの性格だったから、政治家からの攻撃を簡単に諦観できず、また新聞の風刺漫画が自分を鬼畜の如く描くのにも我慢ならなかった。自分のことを、寛大で温情あるボス、慈愛あふれるおじいちゃんと思い込んでいたので、社会が実業家に厳しい目を向け始めたのにすっかり困惑し、「これからは経理を透明にして商売をせねばならぬ時代がやってくる」と予言した。そして、息子のジャックなら、この新しい環境で自分よりうまくやっていけるかもしれないと考えた。死期の迫った一九一三年に、彼は訪ねてきたある客に、「ウィルソン氏に会ったら、私の持っている力やお金がお国のために役立つと思う機会がきたならば、まったく自由にお使い下さい、と伝えてくれ」と伝言を頼んだ。ただ、そのような機会はついに来なかったが。

娘のルイーザとナイル川の旅に出ても、ピアポントには病気や悩みが尽きず、休まることがなかった。ルイーザはジャック宛に、父が消化不良、うつ病、不眠症、神経症に悩まされているのを旅先から報告している。ジャックは、父のもとへすぐにも飛んで行きたかったが、二人の関係は普通の親子の間柄とは違っていた。父からの事業引き継ぎ――これは大統領の交代にも負けず劣らず重大だった――が進んでいる最中だった。ルイーザからの電報は「あなたがこちらへやってきたいとの考えに父は感動し喜んでいますが、あなたがニューヨークにいることに、いかに多くの人が期待しているか――いかに多くの利害があなたの手中にあるか、よく考えるべきだ、と父は願っています。父は、もう体がすっかり弱って決定を下せません。あなたにまかせたいと望んでいます」と述べている。ピアポントが息子への全権委任を明確にしたのは、これが初めてだった。

ピアポントの体は衰弱していき、ついにローマのグランド・ホテルの一泊五百ドルのスイート・ルームに閉じ籠もることになった。ピアポントが末期の病状だとの報は、美術業界を揺るがした。ホテルに美術商、骨董商、貴族らが押し寄せ、これを最後に臨終の床の金融業者に絵や彫刻を売りさばこうとした。ピアポントは、意識がもうろうとしていたが、眠れなかった。モルヒネを投与しても、いら立つ神経を静め、高まる脈拍を抑えることができなかった。一九一三年三月三十一日夜、精神が錯乱した状態に陥り、少年時代のことをうわごとで言った。最期の言葉は「あの丘を登らなければならぬ」という一言だった。真夜中過ぎに亡くなったが、それから二十四時間以内に、ローマ教皇のほか三千六百九十七人の人々が弔電をホテルに寄せた。

モルガンのパートナーたちは、その死をプジョーのせいにした。だが、それは責めすぎであったかもしれない。亡くなったとき、ピアポントは、七十五歳だったが、その二十年前の五十歳代にして、すでに生命保険をかけるのを医師から認められなかったほどの健康状態だった。なにしろ葉巻を日に十数本吸い、すこぶるつきの量の朝食を平らげ、深酒をし、運動はいっさいしなかった。ジャックがスカッシュの練習を始めたとき、ピアポントは「私じゃなくあいつがね」と言ったほどだ。彼は、子供の頃から病気がちで、一生のうちで病気や憂うつな気分から解放されたときはほとんどなかった。このように無数の病気を抱え、しかも悪い習慣を断ち切れなかった身で七十五歳まで生き永らえたのは、奇跡に近かった。それに晩年になってから、タイタニック号事件、USスチールとインターナショナル・ハーベスターの両社をめぐる反トラスト訴訟、ウィルソン政権の金融トラスト追及など、落胆させられる出来事が相次ぎ、これらが耐え難い精神的負担を加えたのかもしれない。

だが、モルガン商会内では、アンタマイアーがピアポントを殺した悪漢だと誰しもが見なしていた。確かに、あの聴聞会がピアポントの死を早めた面はあるが、それが主原因だと誰が断言できようか？　それでも、そういう思い込みが社内には広まっていて、パートナーたちの政治家や改革派たちに対する感情は硬化するばかりだった。ある上院議員が一九一四年にアンタマイアーを非難したとき、ジャックは、いい気味だと言わんばかりに、「あいつが自分の仕出かした悪行の仕組みにはまり込んでもがく様を見れば見るほど、嬉しくなる」と述べた。

ところでピアポントは、亡くなるまでにどれほどの財産を蓄えていたか？　美術品コレクションを別にして、遺産は六千八百三十万ドルに達し、そのうち約三千万ドルはモルガン系各銀行の持株だった（六千八百三十万ドルは、一九八九年換算で八億二百万ドルになる)。美術品コレクションの価値は、美術商デュヴィーンの評価では五千万ドルだった。この明らかにされた金額を一部の人々は信ぜず、気の毒にすら思った。たとえば、アンドルー・カーネギーは、ピアポントの意外な清貧さを知って心から悲しみ、「彼が思ったほど金持ちでなかったとは」と絶句した。ピアポントの身代は、カーネギー、ロックフェラー、フォード、ないしはハリマンら大企業経営者の足元にも及ばなかったのだ。このわずかな財産をピアポントがインサイダー取引を利用して利益をあげなかった証拠だ、とすらみる雑誌もあった。

彼の遺言書が明らかにされたとき、意外なことがたくさん記されていた。非常に気前よくお金の分け方を決めていたのである。ジャックは、モルガン出資株のほか、即金で三百万ドル、コーセア号、プリンセスゲートの邸宅とドーバー・ハウス、それにモルガン・コレクションを遺贈された。娘のルイーザ・サッタリーとジューリエット・ハミルトンには百万ドルずつ贈られたほか、それぞれの夫に合計百万ドルが添えられた。未亡人のファニーはクラグストンの別邸、マジソン街の邸宅、十万ドルの保証付年金、百万ドルの信託基金を受け取った。彼女は、息子のジャックに誠実に面倒をみられ、一九二四年まで生き永らえた。一族内で揉めたのは、末娘のアンに三百万ドルが与えられたことだ。彼女には子供がなく、その金は慈善活動に寄付するつもりだったから、三百万ドルは貰いすぎだとみる者がいたのだ。

ピアポント・モルガンに仕えていた者たちにとっては、遺言書は思わぬ喜びで、各人のかなわぬ夢を実現させてくれた。文庫係のベル・ダ・コスタ・グリーンは、五万ドルの遺贈を受けた——のちにジャックが同額を加えた——のに加え、文庫で引き続き働くことを約束された。侍医のジェームズ・マーコー博士は、二万五千ドルの年金を受け取ったが、博士の死後は美人の夫人のアネットに受け継がれる決まりだった(これがもとで、アネット・マーコーはピアポントの愛人だったのではないか、との噂がむし返される結果になった)。温情あふれる行為として最も驚かされたのは、J・P・モルガンとモルガン・グレンフェルの両商会の社員全員が一年分の給与を加俸されたことで、支払い総額は三十七万三千ドルに達した。慈善寄付は一千万ドル近くに及び、そのなかにマーコー博士経営の病院への百三十五万ドル、ハーバード大学への百万ドル、セント・ジョージズ教会への五十六万ドルなどが含まれた。

ジャックの話によると、ピアポントは「葬儀を自分の父(ジューニアス)の場合とできるだけ似た形で行なうよう、詳しく言い残した」という。再び、大西洋の両側で関係者が喪に服し、ウェストミンスター寺院と、取引き終了後のニューヨーク証券取引所でそれぞれ追悼式を行なう栄誉に浴した。海上では、海運トラストに所属する船舶が半旗を掲げた。ニューヨークでは、ピアポントの遺体はモルガン文庫に安置された。セント・ジョージズ教会での葬儀には、聖公会の主教三人が勢揃いし、ピアポントお気に入りの黒人バリトン歌手ハリー・T・バーリが賛美歌を歌った。遺体は「父の墓所と向かい合ったところに葬って欲しい」との遺言に従い、コネチカット州ハートフォードのシーダーヒル墓地の一族の霊廟に埋葬された。

一九一三年に起きた出来事のうちで、ピアポント・モルガンの死ほど新聞・雑誌で大きく取り上げられたものはなかった。エコノミスト誌はピアポントを「ウォール街のナポレオン」と呼び、ウォール・ストリート・ジャーナル紙は「このような人にふさわしい後継者はいない」と記した。こうした記事が言わんとしたのは、最後の巨星が亡くなり、金融の世界にかかる度量の広い人物の出現を再び見ることはあるまい、ということだった。

後から振り返ってみると、ピアポント・モルガンが大人物に見えたのは、彼の生きた〈金融王の時代〉の特徴のせいだった面がある。多くの金融機関は、地域的規模を脱して全国的規模に成長したばかりで、以前より幅広く資金を調達するためにウォール街の投資銀行の助けを必要とした。ピアポントの融資先の各国政府ですら、現在と比べると組織が単純で、今日のように中央銀行、税制、大蔵省などが整っていなかった。ピアポント帝国の勢力範囲は多数の国々に及んでいたが、彼の成し遂げた偉大な仕事は、一八九五年の金本位制確保、USスチール社の創設、ノーザン・パシフィック株買占め、一九〇七年金融恐慌の救済など、主としてアメリカ国内に限られていた。

ピアポント・モルガンの死後、モルガン財閥は、前よりも一個人による専制色、個人銀行色が薄れることになる。ジャック・モルガンが名目上の最高責任者にとどまったものの、実権は数人のパートナーに分散された。そして新しい〈ドル外交の時代〉に入っても、同財閥の影響力は衰えることがなかった。むしろ、国内の足かせを脱して世界的な一大金融勢力となり、各国の中央銀行や政府と金融主導権を分かち合い、パートナーシップでは考えられないほどの収益をあげた。ピアポントの亡くなった一九一三年当時に誰も予想できなかったのは、かつてはピアポントに気圧されて片隅にちぢこまっていた、恥ずかしがり屋で、気のきかない、ふらふらしていたジャックが、強情で口やかましい父親が支配していたときよりもずっと大きな権力を持った一大金融機関を統轄するまでになったことである。

第二部　ドル外交の時代（一九一三〜一九四八年）

第九章　変　容

一九一二年初め、モルガン財閥は、ウォール・ストリート二三番地の社屋と地所をエリザバス・ドレクセルから買い取った。この聖地は、不動産取引としては破格の値段だった。ピアポントの死後一カ月して、それまで建っていた、古びて褐色を帯びたドレクセル・ビルディングは壊され、新しい大理石の立派な建物を建てるために整地された。モルガン商会パートナーたちは、高品質の建築用大理石の供給を確保するために、みんなでお金を出し合ってテネシー州の石切場を買収した。

生前のピアポントは、この新しいビルの玄関を、前と同様にウォール・ストリートとブロード・ストリートの双方の街路に面して斜めにつけるよう主張していた。彼の力の入れ方は、最後にローマに旅したとき、その玄関を形造るために、凱旋門の円柱を持ち帰ろうとしたほどだった。ピアポントは、イタリア・ルネサンス様式の新しいビルの完成をついに見ることはなかったが、彼の考え方をよく活かした建物だった。ジャックがその定礎式を挙げたのは一九一三年十二月三十日で、礎石の中に特製の銅の箱を入れた。箱の中には、ピアポントの遺言書、プジョー小委員会での証言の写し、パートナーシップ定款、投資銀行の特色を表すにふさわしい信用状の書式が封じ込められていた。同社が未来に向かって前進するときも忘れない、過去に対する敬意のしるしであった。

不思議なことに、一九一四年に完成した角張った新社屋は、以前の建物より一回り小さかった。ただし、建物の大きさは縮まっても、以前からの賃借人にお引き取り願って、ザ・コーナー自身の使用する面積は維持した。まわりに林立する摩天楼と比べると、ちっぽけに見えたが、貴重な土地をぜいたくに使っていて、まるで建設費用といった日常の俗事など気にしないことを誇示したがっているかのようだった。

新社屋は、小ぢんまりしているのに加え、人目に立たないのを好む同商会独特の傾向を反映して謎めいた点があった。たとえば、カーテンがいつも奥まった全ての窓を覆い隠していて、「モルガン商会の人々は、常にできるだけ奥にいて、世間の目を疫病のように避けている」とタイムズ紙に書かれたほどだ。また、昔のドレクセル・ビルディングのときは商会名を玄関入口の上に記していたのに、ロンドンの慣習に戻って商会名をいっさい掲げなかった。

建物の内部はロンドンのマーチャント・バンクの間取りを模して、一階が銀行業務を行なうバンキング・フロアで、各パートナー用のロールトップ・デスク二列が大理石とガラスの壁で仕切られて、ブロード・ストリートの街路に面して並んでいた。このパートナー執務室の奥では、暖炉の火が赤々と燃えていて、その上の壁にピアポントの肖像画がかかっていた。二階には、ナラ材の壁で、それぞれ暖炉のついたパートナー用個室があった。さらに上の階には、食堂とジャック・モルガン専用の理髪室があった。

ジャックが父の後を継いでシニアと呼ばれる上席パートナーの地位に就いたのは、四十六歳のときだったが、責任の重さに身震いしていたにちがいない。父みたいにけんか腰になることはなく、ずっと穏やかで、父なら怒鳴り立てるところでも、ぶつぶつと文句を言う程度だった。ある雑誌は、ジャックには「彼の父にはない……柔和な点があった」が、ウォール街の口さがない連中は、彼を父ピアポントと比べてよく言わなかった、と書いている。しかも彼は、モルガンの平パートナー時代に、海運トラストをはじめ驚くほど数々の失敗した事業にかかわり合っていた。たとえば、一九〇七年の金融恐慌の際に、フランスの中央銀行バンク・ド・フランスに金借款を頼みにパリまで行ったがはねつけられ、ジューニアス・モルガンの孫たる面目が丸つぶれになった。ウォール街の才人たちによると、ジャックがロンドン勤務を終えて一九〇五年にニューヨークに戻ってから、ザ・コーナーで行なった主な改革といえば、英国式の午後のお茶の導入くらいしかない、という。

彼は愛想がよく気さくだが、人物としては二流と見られていたのだ。

ジャックは引継ぎを、賢明で保身に長けたやり方で進めた。まず、ピアポントなら絶対にできなかったことをした。つまり、権限をデイビスンやラモントらに委譲し、業務の統括を緩やかな形に改めた。そうしたからといって、同年輩の有能な人材に脅威を感ずるわけではなく、むしろ逸材たちを抱えていることを自慢の種にした。こうした彼の再編成の進め方は、新しい〈ドル外交の時代〉の要請に合っていた。なぜなら、各国政府相手の仕事をするには強力で独立自存のパートナーたちの合同作業を必要としたからだ。

全員の意見一致を図って、意思決定は下された。ジャックはピアポントとは違って、パートナー会議を毎日開いたが、それは英国のマーチャント・バンクのように形式ばらず、速記録も議事録もとらなかった。また、ピアポントが一人お山の大将となってパートナーたちに命令したのに対し、ジャックはパートナーたちにそれぞれ実権をもたせた、頭でっかちな組織を生み出した。不安、ずるさ、駆引き、それともまったくの怠慢からかどうかわからないが、みずから指揮をとらなくても演奏できる交響楽団みたいに社内をまとめたのだ。

このように社内の掌握を父の代より緩めても、まだ自由に手綱をとれる余力がジャックには残されていた。つまり、モルガン商会の資本金のうち三千二百三十万ドルを彼が押さえていたのに加え、パートナーへの利益配分、もめごとの調停、パートナーの解雇、退職パートナーの持株分決定などを行なう絶大な権力を温存していた。これらは、非法人組織のパートナーシップでは最後にものを言う切り札だった。ジャックは終生、モルガン商会の根幹をなす価値観——つまり保守的な経営、投機の回避、英国に対する忠誠など——を強調し、これが側近のパートナーたちの行動を目には見えなくとも、しっかりと拘束した。

金融業のパートナーシップは、つねに内部に紛争の火種を抱えているようなもので、金銭をめぐる個人的衝突やいさかいの結果、爆発する例がよくあるが、モルガン商会の場合、つねにパートナー間の融和が保たれていたのが特徴だった。社内に一種の暗黙の取決めがあって、パートナーたちは、ジャックに見事なほど丁重に仕え、重要な問題では彼の望み通りにし、モルガンの名前を尊重したが、日常の実務はすべて取り仕切った。だからといってそれは、いんぎんなみせかけではなく、パートナーたちがボスの陰に回って冷笑することはなく、ジャックに心底から好意を抱いていた。モルガン商会パートナーから会長になったジョージ・ホイットニーは、のちにこう述べている。

彼(ジャック)は、要するに、立派な紳士、教養ある紳士だった……私が誰かにそう言うのを耳にしようものなら、彼はきっぱり否定しただろう……彼は内気だったから、能力を決して正当に評価されなかったが、あれだけの数のお天気屋揃いのパートナーたちをうまく束ねて働かせ続けたのだから、文句なしにボスだったし、その点は絶対に間違いなかった……彼は父親みたいな仕事師ではなかったが、素晴らしいやつだった。

ジャックの性格に謀反心がひそんでいたなら、ピアポントの死後すぐに表面化していただろうが、そういうことはなく、父親崇拝に徹した。たとえば、父と冷たい関係にあった母親の面倒をみていたときでも、ピアポントの最初の妻、ミミ・スタージェス・モルガンのハートフォードにある墓を大事に守った。そして、父祖がモルガン王朝に築き上げたマーチャント・バンキングを天職として素直に受け入れるとともに、自分が父ピアポントに無理に入れられたのと同様に、長男のジューニアスにも銀行入りを強く促した。

ジャックは、その生活の多くの面で次第に気味悪いほど父を尊敬する行為をとり始め、父と瓜二つの人間に成り変わろうと懸命に努めた。子供が両親と同じになりきるのは、両親に対する畏れを取り除かんがためだ、と一部の心理学者は言うが、それが本当だとすれば、ジャックは父親に似ようと懸命だったことからして、父に大きな畏れを抱いていたにちがいない。ニューヨーカー誌のコラムニストが書いたように、「考え方といい風采といい、彼の父親似は薄気味悪いほどだ」った。わざと父とまぎらわしくさせようとして、ピアポントの死後はJ・P・モルガン・ジュニアのジュニアをなくしたし、父の通り名だったシニアと呼ばれるのを好んだ。

ジャックがピアポントにうまくなりおおせたのは、顔形が父親そっくりだったことに大いに関係があった。もちろん、違いはあった。ジャックの口髭は、父の太いもじゃもじゃしたひげに比べて小ぢんまりと手入れがよく、その目つきは、父ほど険しくなくて穏やかだった。またジャックは、一種独特の猫背で、まるでひょいと身をかがめて低い戸口を通り抜けるみたいに、いつも両肩を前かがみにしていた。だが、似ている点の方がもっと目立った。二人とも身長は六フィート二インチで、肩幅が広く、がっしりしていて、風刺漫画家は二人の大物を描き分けようがないほどだった。例の大きな鼻は、ピアポントのようにぶつぶつはできていなかったが、そのままジャックの顔にも鎮座していた。

当時の人々の話だと、二人のJ・P・モルガンは歩き方から話し方まで似ていたという。ときとして、ステッキを振り上げて記者を脅している〝J・P・モルガン〟のスナップ写真を見せられて、どっちのモルガンか、一瞬答えに詰まる人もいた。二人とも興奮しやすく、怒りっぽく、むらっ気で、ふさぎ込んでくよくよ思い煩う傾向があった。また、ともにひどく感情に動かされやすかったから、かっとなる激情を抑えられないのを心配した。緊張の解き方や期待が外れたときの対処の仕方が雑で、ぶっきらぼうな点も、はっきり共通していた。

父の服装を真似ようとしたジャックの努力の、跡をたどるのは面白い。たとえば、一九一五年にピカデリーの帽子屋に出した注文の手紙の中で、「故ピアポント・モルガン氏向けに貴店が作った帽子と同じ形のものをもう一つ」と書いている。洋服は、父がひいきにしたロンドンのサビルローのヘンリー・プールとニューヨークのブルックス・ブラザーズを選んだ。太い葉巻を好んだ父の例にならって、一度に五千本も注文した。クリスマスには、特別にブレンドさせた中国茶を友人に贈るという父譲りの習慣も守ったし、クリスマス・イブには、父が収集した著者自筆原稿を使ってディケンズの『クリスマス・キャロル』を子供たちに読み聞かせる年中行事も欠かさなかった。

信仰の面では、ジャックは敬虔で、父と同じくセント・ジョージズ教会の教会委員を務めた。また、ニューヨーク・ヨット・クラブは新しいJ・P・モルガン会長を迎え入れ、ハーバード大学監督会議とメトロポリタン美術館もJ・P・モルガンを新役員にした。ジャックは、代が替わってもニューヨーク市の孤児院への寄付を続け、ニューヨーク産科病院の毎年十万ドルにのぼる赤字の穴埋めをした。その他の寄付活動では、父の大方針が維持される範囲内で少々の手直しはした。たとえば、父ピアポントがエジプトでの発掘調査を資金援助したのに対し、ジャックは、アメリカ自然史博物館のアステカ族遺跡発掘を援助した。また父以上に英国びいきだった彼は、ストーンヘンジ保存に動く英国の自然保護団体、ナショナル・トラストに匿名で寄付をしたりした。

ピアポントの生前、ジャックは、蒐書にはこれといった関心がなかったが、やがて毎朝起きると収集していた古書籍のページをぱらぱらとめくるという父の習慣が生まれてきた。ただし、父を真似るほど資力がなかったから、一五〇〇年以前の活字印刷の揺籃期に出されたインキュナブラ（初期刊本）に収集の対象をしぼった。また、ピアポントの遺言で文庫係のベル・ダ・コスタ・グリーン嬢にそのまま残ってもらうなどしているうちに、親子という似た者同士の傾向――つまりモルガン家の男どもが一人の作家から次の作家の作品を買い占める、あのがむしゃらな蒐書欲が歴然としてきた。

ジャックは父ピアポントほど放浪癖がなかったから、堂々たる邸宅を建てることに専念した。まず一九〇九年、ロングアイランドのグレンコーブ近くの離れ小島、イースト・アイランドを一万ドルで買い、石橋を架けて本土側と結んだ後、二百五十万ドルの工費で赤煉瓦の大邸宅を建て、マティニコック・ポイントと名づけた。二百五十エーカーの敷地に建つこの邸宅は、円柱のある玄関、屋根窓、高い煙突で美しく飾られ、十二の寝室、十三の浴室、十八の暖炉、十六の車庫、それに小さな体育館まであった。一九一一年にここに移り住んでから、ジャックは、毎朝ここから船でウォール街へ通勤した。

ジャックは根っからの狩猟好きで、英国のカントリーハウスを愛したので、友人で同じく投資銀行家のエリク・ハンブロと共同で、スコットランド東部の高原地方にある一万七千エーカーの土地付きのガノッチーと呼ぶ狩猟用別荘を買った。ここはヒースが一面に生え、深い峡谷が縦横に走り、サケの遡る小川の流れる、夢のようなところだった。ジャックは毎年八月になると、銀行家や貴族たちと連れ立ってここへ雷鳥狩りにやってきた。この遊猟会は、のちに英国国王ジョージ六世も加わることになり、英国とモルガン財閥との関係を改めて固めるのに役立った。

ジャックとジェシーのモルガン夫妻は毎年を英国で過ごし、滞在は長いときには半年に及ぶこともあった。フォーチュン誌は、夫妻の一八九八年から一九〇五年までの最初の英国生活から始まって、次第に英国に同化していった様子を、次のように書き記している。

「夫妻は、初めの八年間を島流しにされたアメリカ人としてではなく、英国人に帰化したに近い心境で過ごした。モルガン夫人は、出身や教育の点から英国のお国ぶり、英国の住まい、英国の庭園が簡単に好きになった——自分の生まれ育ったボストンの生活が、英国の生活の仕組み全体のお粗末な模倣にすぎなかったからだ。そして、彼女のご主人の方は……紳士として、聖公会信徒としての生活が、ニューヨークのウォール街よりもロンドンでの方がはるかにしとやかに自然に送れる、と気づいた」

他人との交際の面では、ジャックは、父と同じく紳士気どりで、アメリカの生活の騒々しさを軽べつした。交友範囲を拡げたり、共鳴者をふやしたりする努力は決してしなかった。成上り者が大嫌いだった。有名な避暑地ニューポートで夏を過ごすことは、他の人たちには快適ではあっても、ジャックにすれば、あそこは「評判を高めるよりむしろ台無しにする、ぞっとするほど嫌な一般庶民の群れであふれている」ところだった。

ジャックと父とで一番はっきり違った点は、性に対する両者の態度だった。社内では、二人ともパートナーや使用人の間の離婚に眉をひそめ、男性の秘書を好んだ（一九四〇年代頃まで、結婚した女性は退社せねばならぬ規則があって、これがために結婚を秘密にしておく例があった)。ところが、私的な面でも、ジャックは謹厳で、彼がわいせつな言葉でののしったり、きわどい話を口にしたりするのを誰も想像できなかったほどだ。おそらく父の好色に反発したせいだろうか、女性に対して丁寧であって、美人でどこか落着きのある妻のジェシーを裏切るようなことは終生しなかった。

ジャックとジェシーの夫婦の間は、息が詰まるほど密接だった。自信をもってきっぱり物事を決める気性の彼女は、彼の自尊心を強く支え、知らず知らずのうちに彼も彼女の判断に頼って物事を決める例が多かった。ジェシーは、四人の子供たちには厳しく、手慣れた腕でしっかり財産を管理した。彼女は、冷静できぱきしていたから、娘たちは、問題があると父の方へ持って行きやすかった。だが、ジャックにとってジェシーは、彼に終生つきまとった頼りない点を穴埋めし、さらには父のような愛情のないひどい結婚生活をしないで済む、頼り甲斐のある存在だった。

ジャックは、モルガン財閥の新しい帝王になったとき、すぐにピアポントから引き継いだ二つの危機に直面した。プジョー小委聴聞会の直後にやってきたこの二つの危機は、世間に対する彼の気持ちをいっそう苦々しいものにし、モルガンの慈善行為に国民が感謝していないとの認識を深めさせた。

第一の危機は、ピアポントの遺言で処分を託された父の美術品コレクションにまつわるものだった。収集した絵画や装飾品の大部分は、ロンドンのプリンセスゲートの邸宅に収められていた。アメリカの輸入関税が一九〇九年まできわめて高く、国内に持ち帰れなかったからだ。そこで、連邦議会を動かすに十分な力を持っていたピアポントが後押しして、百年以上古い美術品を無関税とする法律を制定させた。コレクションのアメリカへの移送を促したもう一つの要因として、ピアポントが死んだときにロンドンに置かれたままだと、相続人が莫大な相続税を払わねばならぬ、という事情があった。というわけで、一九一二年、何千という美術品が巨大な梱包用の箱に納められてニューヨークへ船積みされた。

ピアポントがかねてからコレクションを一カ所にまとめたい希望を明らかにしていたので、それが最終的にどこに収まるかが大方の関心の的だった。初め彼は、自分が理事長を務めるメトロポリタン美術館に遺贈する、としていたが、一つ条件として、モルガン棟を特別につくる建設費の計上をニューヨーク市に求めた。これは、金持ちが自分に対する敬意と感謝のしるしを求めて、よくやる手だったが、これが逆にひんしゅくを買い、ハースト系新聞各紙に加え一部の市職員が先頭になって、ピアポント自身が建設費を出さないことを痛罵した。

この年は金融トラスト弾劾運動と運悪く重なったので、納税者たる国民がモルガンいじめに飛びつく素地があった。これに嫌気がさしたピアポントは、一九一二年も遅くなってから、メトロポリタン側に、コレクションを渡すわけにはいかないかもしれないと伝えて、美術館側を慌てさせた。そういう経緯から最終決定がジャックに託されたわけで、これは父の死の直後に息子が下す最大の意思決定となるのである。

ところで、新しくできた州法では、ジャックがコレクションを寄贈して相続税の免除を望む場合、父の死後から二年間以内に寄贈しなければならなかったが、その間にメトロポリタン美術館での一時展示を許した。四千百点にのぼる琺瑯細工、ルネサンス期ブロンズ像、十八世紀磁器、タペストリー、細密画、ヨーロッパ絵画を一堂に集めたこの展覧会は、アメリカ人がそれまでに見たことのないような、息を呑む見事なものだった。展覧会という言葉ではその真価を言い尽くせず、一大美術館が初公開されたようだった。

いまやジャックは、自分の銀行のためを考えるかアメリカ文化のためを考えるか、双方の板挟みとなって苦慮せざるをえなくなった。彼をはじめモルガン商会の各パートナーの頭には、毎年、シニアの預金残高でロンドンやパリの美術商から舞い込む請求金額を支払えるかどうか、はらはらした嫌な思いがこびりついていた。そしていま、ジャックの頭には、相続税三百万ドルのほか、父の遺言で決められた各個人への遺贈分二千万ドルをどうしたら工面できるかという不安があった。そうした遺贈分、相続税、それに自分の事業資金として現金が必要なのに、手元にあるのはほとんどが美術品ばかりだ。どうしたらよいのか?

その答えは一九一五年二月に出され、美術界を唖然とさせた。父のコレクションをばらばらに解体することにしたのだ。まず、中国磁器類を一括して三百万ドルで美術商のデュヴィーン・ブラザーズに売却すると、デュヴィーンはこれを鉄鋼メーカー経営者のヘンリー・クレイ・フリックに転売した。次に、フラゴナールの傑作『恋の進歩』を百二十五万ドルで、これもフリックに売った。ジャックはフリックのことを、ピアポントの取引仲間のうちで誰よりも自分に親切にしてくれた、と言っていたので、フリックがこうして父の後を継いでアメリカ随一のコレクターに躍り出たのを大いに喜んだ。ベル・グリーン嬢は、「お金がいるようね」と溜息をついた。

そのグリーン嬢が粘り強く値段を引き上げる苦労をした結果、美術品の一斉売却が終わったとき、八百万ドル相当の美術品がかなりの価格で人手に次々と渡った。ピアポントの死は、美術品の相場を崩すことがなかった——第一次世界大戦で大いにもうけた兵器メーカーが相場の不振を立ち直らせたからだ。グリーン嬢の友人にして著名な美術評論家のバーナード・ベレンソンは、ピアポントは亡くなったかもしれない「が、彼の魂はいまなお堂々と歩み続けている」と言った。

美術に理解の深い人たちは、この一斉売却にあきれ返り、世界一流の美術品コレクションの残忍、冷酷な大虐殺だと断じた。ジョーゼフ・デュヴィーンは、これで一もうけしたにもかかわらず、コレクション解体を「英国王チャールズ一世の丹念に収集した財宝の英国共和国による離散消滅という、もう一つの美術上の大悲劇」と同じだとした。メトロポリタン美術館にはコレクションの残り四〇％が贈られたが、それはピアポントが当時十万ポンドで買い、世界一高い値段の絵とされたラファエロの『コロナ家の聖母』を含む、約七千点に達する大変な遺贈だった。

ピアポントの書籍・原稿コレクションは、グーテンベルク聖書、パピルス、キーツ、シェリー、スウィフトらの手書き原稿など約二万点あったが、そのまま文庫に保存された。もう一つ大きな遺贈を受けたのは、ピアポントが父ジューニアスに手向けて建てた、ハートフォードのワズウォース美術館のモルガン記念館で、一九一七年に一千三百点以上の古代ブロンズ像やヨーロッパの装飾品を贈られた。

ジャックは以上の決定を、理由を説明せずに、いきなり発表しただけで、新聞・雑誌の攻撃にはいっさい答えないとの父ピアポントの格言を守って黙り込んでしまったので、厄介なことになった。みずから破滅を招くような沈黙をなぜ守っているのか、世間の人々は推測するしかなかった。個人銀行の責任者として、銀行の資金を支える必要を示唆するような言明はいっさい控えたのかもしれない――資金ポジションほど投資銀行が最も厳重に秘密を守らねばならぬものは他にない。また、資金を得る差し迫った必要を説明するとなると、父の野放図な収集道楽を間接的に批判することになりかねず、それは無理だったのかもしれない。責任を誰かに帰するとなれば、保管し展示する暇もないほどめまぐるしく収集しまくったピアポントに非難が向けられて当然だっただろう。銀行と美術品コレクションの双方が困らぬように資金手当てをしておくべきだったのに、それを怠ったのは、ジャックではなくピアポントであった。ジャックは、がさつな、世間が驚くようなやり方で事に対処したわけだが、それはただ、事態を正しい姿に戻そうとしたにすぎなかった。

ジャックを襲った第二の危機は、ニューヨーク・ニューヘイブン・アンド・ハートフォード鉄道の件だった。この前身のある一社にピアポントの祖父ジョーゼフ・モルガンが出資した関係で、ピアポントが一八九二年以来ずっと同鉄道の取締役を務め続け、勝手気儘に支配するまでに至っていた。一九〇三年にピアポントは、チャールズ・S・メレンなる男を引き入れて、このニューヘイブン鉄道の経営に当たらせた。

二人は、同鉄道が縄張りとするニューイングランド地方のあらゆる輸送機関を買収する計画を立て、汽船、都市連絡トロリー、都市高速鉄道など、自分たちの独占体制を脅かすいっさいのものを手当たり次第に手に入れていった。ロードアイランド州、コネチカット州、マサチューセッツ州南部の鉄道もすべて呑み込んだ。計画を左右する鍵は、一九〇七年のボストン・アンド・メイン鉄道の買収だった。これには非常に異論があったので、二人は、反トラストの問題が出る先回りをしてローズベルト大統領と会った。大統領は、暗黙の同意を与えたものの、のちにニューヘイブン鉄道の「犯罪行為を大目に見たのは、適正の域を超えていた」と告白している。

ともかくニューヘイブン鉄道の拡張策は、無分別で無法なものだった。途方もない代価を払って競争相手を吸収していくうちに、負債が決定的にふくれ上がる一方、三百三十六の系列会社と合計十二万五千人の従業員を抱える、水ぶくれ巨大企業になってしまった。金融面のごまかしを隠すために無数の架空会社を設立したりしたので、こうした迷路のような法人構成から、モルガン商会は巨額の利益をあげ、帳簿面では絶え間ない株式や社債発行の手数料が約百万ドルにも達した。

世間一般の人々は気づかなかったが、モルガン商会自身は、メレンの経営ぶりに不安を抱いていた。ジョージ・パーキンズは、一九〇八年五月のピアポント宛の手紙で、「この二年来思っていたことですが、メレン氏は、彼独特の金融操作でニューヘイブン鉄道を大混乱状態に陥《おとしい》れそうな気がいまでもします」と述べている。モルガン商会は、ひそかに同鉄道の持株を手放し始めた。

残念ながら、ピアポントが抱いていたイメージとは違って、メレンは崇拝する相手のことを何でもかんでも声高に口にするたちだった。たとえば、新聞記者に向かって、「私はモルガンの命令に従って動いているが、誇りに思っている」とか、「反対意見を短く切り上げたいときは、マッチの箱を投げつけ、げんこつを振り下ろし、『採決にかけて皆さんの立場を決めてもらおう』と言うのが、モルガン氏のやり方だった」と言ってのけた。他の取締役たちは腰抜け揃いで、モルガンの言いなりだった、とも述べた。おかげでピアポント・モルガンは、独裁的な取締役、陰の大物という、拭い切れない印象を世間に残すことになる。

同鉄道にとって、モルガン財閥が背後に控えていたことは、明らかに有利だった。ニューヘイブン株は、優良投資銘柄の中でも極め付きとみなされ、高配当が売り物だった。しかも、経営者チャールズ・メレンの努力で、旅行客は初めてニューヨークからボストンまで乗り換えの必要なしに行き来できるようになった。ただし問題は、メレンが根っからの悪党だったことである。

のちに連邦議会の調査で明らかになったことだが、ある郊外鉄道一社を買収するために、メレンは百万ドルもの大金を賄賂としてばらまいたという。さらに、恥も外聞もなく、ハーバード大学のある教授を買収して、鉄道やトロリーに対する政府の規制緩和を支持する講演をさせたりもした。ニューヘイブン鉄道の勢力がニューイングランド地方に隈なく広がっていたので、「見えない政府」と呼ばれたほどだ。

世間周知の反感の的だったニューヘイブン鉄道の件は、モルガン財閥にとって最も手強く、最も機略に富んだ敵——つまり当時は〝民衆のために働く弁護士〟で、のちに連邦最高裁判所の裁判官となったルーイス・D・ブランダイスの関心を引いた。東ヨーロッパ系移民の家庭に生まれ、ハーバード大学法律大学院を卒業した彼は、一九〇七年、ニューヘイブン鉄道の件を公共の利益にかかわる問題として取り上げ、同鉄道によるボストン・アンド・メイン鉄道買収に反対する戦いの先頭に立った。

ブランダイスは、一流銀行間の競争を律する、例の〈紳士銀行家行動規範〉を厳密に批判し、行き過ぎた銀行家の影響力について声高に警告した。これはのちにプジョー小委聴聞会で増幅され、さらにニューディール政策や証券取引委員会（ＳＥＣ）を創設する方針に活かされることになる。彼は、銀行と企業とが一定の距離を保ち、対等の立場で取引きすべきだ、と主張した。ブランダイスの考えからすれば、銀行家が企業の取締役会の椅子を占めるのは、公私の利害衝突に相当する行為であり、銀行家がそうすれば、企業の中立的な相談相手になるどころか、顧客たる企業を社債の発行攻めにしたり、水増しした発行手数料をふんだくったりしやすくなる。モルガン財閥は、その点で彼にとって重要な具体的実例であり、モルガンは「わが国の金融、産業資源に対する独占的かつ略奪的支配」のシンボルである、と述べている。ブランダイスのこの批判が基礎になって、のちに独占の規制ではなく、独占を解消して市場競争経済への復帰を促す政府施策が打ち出されるわけで、この考え方は、やがてモルガン財閥にとってトラスト退治を唱えるローズベルト一派よりもはるかに手強い脅威となるのである。

ニューヘイブン鉄道の最後の審判の日は、ついに一九一一年にやってきた。過大な負債の重みから従業員解雇、賃金切下げ、鉄道にとって一番大事な保線作業の繰延べを迫られ、鉄道事故がぞっとするほど急増した。これにつれて、ブランダイスのニューヘイブン鉄道攻撃に耳を貸す人々が前より増え広がってきたので、政府の州際通商委員会（ＩＣＣ）が調査に乗り出した。一九一二年の夏、民主党大統領候補のウッドロウ・ウィルソンの相談役となったブランダイスは、演説草稿を代筆し、その中に金融トラストの文句を滑り込ませ、銀行と企業との間の取締役兼任の廃止を支持させる方向にウィルソンを仕向けた。

ブランダイスに脅威を感じたメレンは、他人には真似のできない、独特の汚いやり方で抵抗した。『真相《トルース》』という名前の雑誌を買収し、ブランダイスがジェーコブ・シフの手先で、彼のニューヘイブン攻撃は「長年にわたるユダヤ人対非ユダヤ人の戦い」の一環だ、と書かせた。だが、ブランダイスを支持する者は増えつつあり、メレンは、ついに連邦大陪審によって反トラスト法違反容疑で起訴された。彼が訴追免責特権を放棄して自身が起訴される道を選んだのは、ピアポントに累が及んでプジョー小委で調査されている身に召喚状の追い打ちがかけられる苦労をさせたくなかったからだろう。だが、プジョー小委の調査報告書は、モルガンとニューヘイブン鉄道に反対するブランダイスの主張をいっそう強固なものにした。以上が、ピアポント死亡時の全般的状況だった。

ピアポントの犯した数々の罪の報いがジャックにのしかかるのがはっきりしたのは、一九一三年の六月十二日だった。この日、ニューヘイブン鉄道がスタムファド駅で衝突事故を起こし、七人の死者が出た。ウィルソン政権の司法長官になったばかりのジェイムズ・C・マックレナルズは、ニューヘイブン鉄道に対する民事、刑事訴訟の準備をすでに進めていたが、トラスト退治派がその運動を強める機が熟してきた。翌七月の九日、州際通商委員会がニューヘイブン鉄道の財務管理を批判する報告書を発表し、同鉄道からトロリー部門と汽船部門を分離する必要を勧告した。モルガン財閥にとって重大な転換点がついにやってきた。〈金融王の時代〉に生きた銀行家ピアポント・モルガンであったなら、政府に怒りをぶちまけながら、メレンの立場を頑強に擁護しただろうに、父の後を継いで同鉄道の取締役に納まったジャックは、違った。州際通商委員会の警告を守って、メレンを社長の座から追放し、他の取締役たちの意向も押し切って呑ませた。だからといって、ジャックが政府規制という考え方に賛成していたわけでは決してなく、この件については父同様に激しく怒っていた。だが、戦術的には〈ドル外交の時代〉の銀行家らしく、政府に対し父よりも融和的な態度をとったわけだ。ニューヘイブン鉄道取締役会は、メレンの後任にノーザン・パシフィック鉄道からハワード・エリオットを迎え入れた。

ニューイングランド地方のためになることをやっていると自認していたモルガン父子にすれば、地元から目の敵にされるニューヘイブン鉄道は、いつも厄介なお荷物だったのだろう。一斉にわき起こった批判の声に直面したジャックは、晩年の父は一年の半分を海外で過ごしていたから、同鉄道の不行跡の責任を取れる立場になかったと主張して、亡き父の弁護に努めた。ところが、ピアポントがニューヘイブン問題で絶えず連絡をとり合っていたことは、ジャックの父宛の電報で明らかだ。ピアポントは、南フランスのリビエラで保養中のときでも、ナイル川を船で遡っている最中でも、鉄道の件を逐一追っていた。たとえば、メレンが一九一〇年にニューヘイブン鉄道の縄張りをマンハッタンに完成したペンシルベニア駅まで延ばしたがったとき、ピアポントは、自分がもう一つ面倒をみているニューヨーク・セントラル鉄道と競争になるのを警戒し、「メレンが固執するなら一生の不覚を取るぞ、とよろしく伝えろ」とジャックに打電している。ピアポントは、体は遠くにあっても、心はそうでなかったのだ。

ハワード・エリオットが社長になってからも、ニューヘイブン鉄道をめぐる恐ろしい事件は尽きなかった。一九一三年九月、死者二十一人を出す大事故を起こしたのに次いで、負債に悩む同鉄道が初めて十二月の配当を払わず、ついにモルガン社の顔に泥を塗る結果になった。同鉄道の株は典型的な安定配当株だったから、配当を期待していたたくさんの零細投資家は、クリスマスを前にして収入を失った。不面目からか、怒りからか、それとも責任逃れからか、ジャックらモルガン一派は、この歴史的な無配当を議決した会議を欠席した。一方、マックレナルズ司法長官は、ニューヘイブンの取締役会を牛耳っているのは銀行家たちだとみて、しつこく追及した。側面から包囲されたとモルガン一派は知り、ジャックは側近のデイビスンに、ニューヘイブンの取締役を辞めたいところだが、そうすると自分たち父子に対するブランダイスの非難攻撃を認める結果になるので、それもできない、とこぼした。

こうした騒動の最中、ちょっとした付けたしの問題が一般には知られない形で起きていた。一九一三年秋、ブランダイスがハーパーズ・ウィークリー誌上に連載で『他人のお金と銀行家によるその使い方』と題する論文を載せた。これは〈紳士銀行家行動規範〉に対する彼一流の批判であって、銀行家が取引先の企業の取締役になると、両者間で馴れ合いと不正を生む、と主張した。そこでモルガン陣営のラモントは、批判者側と非公式に会うという、新しく打ち出した広報活動方針を実行に移すことを決め、一九一三年十二月のある日、五番街のユニバーシティ・クラブでブランダイスとの会談を実現した。

説得力に自信のあるラモントは、初めて会う人たちに対する態度があか抜けていて、この会談ではモルガン財閥のイメージと考え方の代弁者として登場してくる。

彼はまず、銀行家には投資家に対する責任というものがあるから、その人たちの利益を守るために取締役の席につらなる必要がある、とモルガン一流の主張を長々と繰り返した。これに対してブランダイスは、「取締役にならなくても、同等にきちんと十分に連絡を受け、事情に通じていられる」と応酬した。ラモントは、不意をつかれたようだった。ブランダイスの考え方としては、有価証券の募集引受けは、投資銀行が顧客先と秘密取決めするのではなく、公開競争入札にすべきだというのだった。この点についてもラモントは、投資家が新規発行を喜んで引受けてくれる好況時ならそれでもよいが、投資家が警戒的になっている不況時だと、企業側の当てが外れて困った事態になる、と答えた。

ブランダイスの方がなかなか自説を曲げず、自分の敵と正面対決する好機を楽しむ風があったものの、両者とも親しげに話し合おうと努めた。ところが暫くすると、議論が堂々めぐりしているだけで、重要な問題点——つまり、モルガン側が取締役を一人でも送り込めば取締役会全体を牛耳ることになるという、モルガン財閥の秘められた支配力についての、踏み込んでいないことがはっきりしてきた。ラモントは、この支配力の問題にそれとなく触れられただけでこう激怒した。

ラモント　あなたは、わが社のことをこう思い描いておられる……人事やもろもろの問題に対してこんなに途方もない支配力を持っていると。

ブランダイス　でも、それだけの支配力をお持ちですよ、ラモントさん。あなたはご存知ないかもしれないが、あなたの社は恐れられているのですよ。

ラモント　まったく意外ですね。一般の人々がわが社を恐れているとか、わが社にそんな恐ろしい力があるとか、一体どうしてそうお考えなのですか？

ブランダイス　私自身の体験からですよ。

ブランダイスはそれから、自分がニューヘイブン鉄道の経営破綻を予見して、ボストンの投資銀行家たちに文句を言いに行ったところ、あの鉄道は「モルガン氏がとくに大事にしている会社」だから、下手な口出しをすると、今後モルガンが音頭を取る債券引受けシンジケートから締め出される、と恐れていた経緯を話した。

結局、この論争ではどちらも主張を譲らなかったものの、話された内容はラモントの頭の中に鳴り響き、後まで残った。ブランダイスとのこの出会いがきっかけで、ラモントは、モルガン財閥の持つ力を正しく理論整然と代弁する努力をし始めた。モルガン商会の有する美点を他の人々に信じてもらう必要があったのだ。

〈ドル外交の時代〉に入っても、一般企業は依然としてウォール街の銀行家に束縛されたままだったが、すでにひもは緩み始めていた。〈金融王の時代〉は、未成熟な産業界の上に成り立っていたが、いまや大企業は、内部留保を蓄積し、それで事業拡張の資金をまかない始めていた。個人銀行がその出資先の企業より有名な存在であった時代には、企業が銀行と専属的関係を持つことが、乏しい資金を確保する道だったが、ＡＴ＆Ｔ、ＵＳスチールなどモルガン財閥がかつて手塩にかけて育てた各社は、いまや全国的いや世界的に名の知られる大企業として、銀行の庇護を必要としないほどに成長しつつあった。

ピアポントの世代の銀行家たちからすれば、取引先企業の取締役会に席を占めることは当然の常識だったが、一九一四年一月になると、ジャックをはじめモルガン商会のパートナーたちがニューヘイブン、ニューヨーク・シティ・バンクなど三十社の取締役を一斉に辞めて、ウォール街を驚かせた。こうすれば、銀行と企業間の取締役兼任の禁止をめざすウィルソン政権の推す法律案を阻止できると期待したわけだ。案の定、成立した一九一四年クレイトン反トラスト法は、競争する企業間の取締役兼任は禁じたが、銀行家が取引先企業の取締役になるのは妨げなかった。

政府と経済界との力の関係に、驚くほど急速に変化が生じてきた。たとえば、一九一三年に連邦政府に所得税の賦課徴収を認めた憲法修正第十六条が批准され、その翌年に所得税が引き上げられ、また反トラスト諸法の監督・施行に当たる連邦取引委員会（FTC）が創設された。ジャックは、こうした激変を苦々しく受け止め、じっと怒りをこらえたが、内心ではいらいらし、恨みつらみをひとりごちて、のちのニューディール政策に対する容赦ない敵意をはぐくむもとになる。一九一四年に友人に宛てた手紙で、「これほど無能でまったく邪《よこしま》な有象無象どもが寄ってたかって一流の国家を現に動かし、ないしは動かそうとしている例を私は知らない……わが国のボスどもの国家運営ぶりは、大多数の民衆の生活を耐え難いものにするばかりだ」と書いている。

テディ・ローズベルトに始まりウィルソン政権につながる革新主義勢力が最後に花を咲

第十章　第一次世界大戦

一九一四年の初夏、産業界の不況に伴ってウォール街も下降相場に見舞われた。ウッドロウ・ウィルソンの〝大企業〟退治が企業意欲に水を差したのだ、と経済界の人々は口々に不平を言った。そうした暗い気分のさなかの同年七月二十八日、第一次世界大戦の勃発を知ったアメリカの投資家たちは、あわてふためいた。先見の明を誇るウォール街は、またも歴史的一大事件に油断し不意をつかれた。

　モルガン財閥は、ヨーロッパの事態の推移をかねてから綿密に追っていて、第一次大戦の起こる直前の一九一二年には、バルカン諸国とトルコとの武力衝突を阻止する努力を舞台裏でひそかに行なっていた。その計画では、両者がタフト大統領を中心とするアメリカの紛争調停に服するとの条件で、モルガン財閥が両者に融資するという内容だった。計画の立案者は、パリのモルガン・ハージェス商会の上席《シニア》パートナーであるハーマン・ハージェスとマイロン・ヘリック駐仏アメリカ大使の二人だったが、ジャック・モルガンが融資した金が逆に軍事行動に悪用されるのを恐れたため、結局、計画は日の目を見なかった。

一九一四年七月末の第一次大戦勃発の報にウォール街が狂乱状態に陥ったのは、これで大西洋をはさんだ交易が駄目になり、国内の不況が悪化するとの不安に襲われたためだが、後から考えるとこれは見当違いな杞憂にすぎなかった。ヨーロッパ各国からの資本流入なしには立ち行かない、とアメリカ人は思い込み、金がニューヨークから引き揚げられるのを恐れたのだ。大戦勃発の翌日の七月二十九日、帝政ロシアが百万を超える軍隊を動員すると、ヨーロッパ各国の株式市場がすべて閉鎖され、海外投資家が有価証券を売却して現金化しようとニューヨーク市場に殺到したので、証券取引所は一日では一九〇七年の金融恐慌以来の最大幅の暴落に見舞われた。

一九一四年七月三十一日の朝になると、前夜からの売り注文がびっくりするほど山積され、そのまま取引所を開けば途方もない相場の総崩れを招きそうだった。ピアポント・モルガンはもはや死んでこの世にいなかったが、一九〇七年の金融恐慌のときに彼にたっぷり仕込まれた一番弟子のハリー・デイビスンは健在だった。こういざという緊急事態になると、銀行家たちは、依然として本能的にウォール・ストリート二三番地に頼った。デイビスンは、社屋改築中の仮の店舗であるブロード・ストリート一五番地のミルズ・ビルディングに銀行家一同を招集した。ニューヨーク証券取引所の理事長も、取引き開始前にみんなと対策を協議すべく駆けつけた。

ジャックも出席したが、デイビスンが協議を主宰した。モルガン商会パートナーとなったばかりで、同じく列席したドワイト・マロウによると、「取引所の責任者たちは、取引所を開くべきか否かを知りたがったが、誰も何とも言えなかった。そのうちに取引き開始時刻である十時が五分後近くに迫ったので、理事長は……取引所に電話して、取引所の閉鎖を発表するよう指示した」という。間一髪のところだった。係の者が取引き開始のゴングを鳴らす寸前だったので、場立ちたちはほっとして肩をすくめた。不思議なことに、九時半にジャックがウィリアム・G・マカドゥ財務長官に電話したら、「私の判断が本当に欲しいのなら、取引所を閉鎖することだ」と言われた事実が、モルガン商会の記録から抜けている。

ニューヨーク証券取引所が制限つきで取引きを再開したのは、やっと十二月になってからで、正常の取引きに戻ったのは、翌年春になってからだ。その間に陰でこそこそ取引きする奇妙な闇市場が各所に乱立し、これは違法な株式仲買人が街頭をうろついて場外で株を商うことから、露天市場《ガター・マーケット》と呼ばれた。やがてまともな株仲買屋までが続々と街頭取引きに加わる始末で、証券取引所が取締りに乗り出すほどになった。

第一次大戦の初めのうちは、モルガン商会にとって暗い時期だった。他の銀行と同様、モルガンも証券業者向け貸付けでもうけていたから、戦争が始まると商売が低調になってしまった。だが、この沈うつな空気の陰ではっきり分からなかったが、実際は国際金融に歴史的転換期が訪れ、アメリカ合衆国が金融主導権を徐々に英国から奪い取り、一大債権国として台頭しようとしていたのである。

大戦勃発の知らせにジャック・モルガンはひどい胸騒ぎを感じたのか、「この国がかつて経験したことのないほど恐ろしい、有価証券類の価値の破壊」がやってくる、と予言した。国際政治への関与、ひいては第一次大戦への参加を頑なに拒む孤立主義者たちから、ジャックは、のちに大戦で大もうけをした「死の商人」と痛罵されるが、大戦に対する彼の最初の反応は、実際にはそれどころではなかった。戦時利得がたんまり入るとほくそえむどころか、ニューヨークがロンドンに代わって世界金融の中心になるといった考えなど、いっさい頭になかった。

国際金融の地殻変動を最も鋭敏に捉えたのは、パートナーのハリー・デイビスンだった。すぐに大戦がモルガン商会の大もうけの種になると察して、休暇旅行先の同僚ラモントへ次のような興奮した電報を打った。

全ヨーロッパの債権が完全にご破算となり、正貨支払いがフランスおよびほとんどの国で停止、凍結された……。

君がいまここにいても、できることはほとんどありえないが、ただ重要なのは、情勢が並々ならぬ関心に溢れ、もちろん、大きな可能性に満ちていることだ……一言で表現すれば、大地震に見舞われてまだ多少は呆然としているものの、やがて正気を取り戻す状況にあるといえよう。

たちまちにして大戦の被害者となったのは、いつもモルガンに厄介をかけるニューヨーク市で、支払い時期の迫る債務約八千万ドルをヨーロッパに抱えていた。ドルの価値が下落し、その分だけ債務返済が高くつくうえに、対ヨーロッパ交易の停滞の恐れに直面したため、アメリカ国内には債務支払いの一時停止を求める空気が強かった。そのため、モルガン、クーン・ローブの両商会は、市債償還のための協調融資シンジケートを結成し、即座に救済に乗り出した。まず金がイングランド銀行に送られ、そこからロンドンのモルガン・グレンフェル商会に融資が行なわれ、同商会が満期となったニューヨーク市債を肩代わりして完済した。こうできたのは、ニューヨークが金融センターとして、ロンドンに負けず劣らず安全な拠り所になりうるとのしるし、つまりニューヨーク金融界の成熟を告げるしるしであった。

大多数のアメリカ人たちにとって、第一次世界大戦は最初のうちは、遠い所の無関係な出来事であったし、ウィルソン大統領も連合国側に同情はしたものの、中立を宣言して、アメリカ国民に「一方に偏らない行動と考え方」を求めた。モルガン商会のパートナーたちにとっては、それは無理な話だった。トム・ラモントがのちに述べたように、「われわれは、最初から連合国側の勝利を望んだ。われわれは代々、本能的に、考え方からして親連合国派だった」からだ。ロンドンとパリに関連会社を持つ銀行に勤める国際人として、モルガン商会のパートナーたちは、ヨーロッパ各国の人々の生活と深い関わりがあり、しかもアングロサクソン文明に不変の信頼を寄せていたため、事態を傍観できなかった。とはいえ、政府の大方針に公然と逆らわないのが〈ドル外交の時代〉の鉄則でもあったから、モルガン商会はワシントンの方針を守ったのである。

第一次大戦開戦直後の一九一四年八月の初め頃、J・P・モルガン商会をアメリカでの財務代理人に任じていたフランスが、一億ドルの国債発行の引受けの可否を打診してきた。ウィルソン政権はこの要請を単に拒否しただけでなく、国務長官のウィリアム・ジェニングズ・ブライアンが交戦国の国債引受けは「最悪の禁制行為」であり、「中立の精神に反する」と非難した。

それから二カ月もたたない間に、ウィルソンの心情が連合国側に傾き、交戦国への資金調達を禁止するブライアンの方針は、くつがえされた。国務省の法律顧問でその秋に長官代理を務めたロバート・ランシングが、合衆国の中立に触れない、巧みな法律の盲点を見つけ出したのである。つまり、戦時公債引受けによる交戦国への融資は禁制行為だが、連合国の軍事物資調達向けの〝信用供与〟なら許容される、との都合のよい区別をウィルソンに呑ませたのだ。大戦開始からわずか二カ月にして、なぜこんな突然の方針転換が生まれたのか？ その理由は、アメリカのヨーロッパ向け輸出は、それまでも不況から合衆国を救う効果があり、信用供与をしなければ連合国側の農産物買い入れが激減しかねない、と国際情勢にうとい地方の農民までが心配し出したからである。デイビスンがマカドゥ財務長官に述べたように、「わが国の繁栄を維持するには、そのための資金を用立てねばならない」という事情があったわけだ。

景気不振に大いに悩んでいた合衆国の産業界にとって、戦争はもっけの幸いだったが、連合国がアメリカから軍需物資を競って入手しようとしたため、価格が高騰し始めた。値上がりによる戦時不当利得行為を阻止するために、単なる生産拡大以上の措置が必要となり、一九一四年十月、英国大蔵省はサー・ジョージ・パイシュとバザル・ブラケットを合衆国へ調査に派遣した。一行は、ウォール街にその問題に関する英国の出先機関を置く必要を感じ、それにはモルガン商会が適任だと判断した。一行が調査を終えて、十一月末にロンドンへ帰るとき、ハリー・デイビスンが同行した。

デイビスンは、それ以前に素晴らしい考えを一つ思いついていた。その考えとは、モルガンが連合国の代行機関となってその物資調達を一手に集約すれば強気に交渉できるから、中間搾取をなくせるのではないか、というのだ。スタンドプレーを決して演じないことがモルガン内の望ましい慣行だとデイビスンは承知していたから、ジャック・モルガンに、英国大蔵省の係官に同行したらよい、と花を持たせた。他人の名誉を横取りすることを決してしないジャックは、「君自身が同行したらよい。君の考え出した案なのだから」と答えた。ジャックの親友で、ワシントン駐在英国大使のサー・セシル・アーサー・スプリングライスも、似たような案を英国外務省に働き掛けていたから、英国とアメリカをまたにかけたモルガン財閥に白羽の矢が立ったのは、当然のことだった。

英国に渡ったデイビスンがクラリッジ・ホテルに落ち着くと、テディ・グレンフェルが、イングランド銀行や英国政府各官庁へあいさつに連れて回った。英国側は、彼の案を歓迎した。調達物資の価格が下がるばかりか、苦情や非難の矢面にモルガン財閥を立たせられるとの政治的利点もあったからだ。だが、不利な点も目に見えていた。一部の英国政府当局者は、ウォール街と結び付くことに国内急進派が小躍りして反対気勢を上げるのではないかと懸念したし、モルガン商会がアメリカ社会の一部階層に不人気な点を心配する向きもあった。

一九一四年十二月十六日、デイビスンは、ハーバート・H・アスクィス首相とデイビッド・ロイドジョージ蔵相と会食した際、モルガン商会が連合国の物資調達機関となる契約書原案を持って行った。首相は、これに綿密に目を通して「このとおり承認する」と言った。明けて一九一五年の一月十五日、モルガン商会は、陸軍省ならびに海軍省との商業協定に調印した。これに基づいて最初に調達したのは、一千二百万ドル相当の軍用馬だった。その年の春、パリの上席パートナーのハーマン・ハージェスを通してフランス政府とも同様の協定が結ばれた。

この調達活動の規模がどの程度になるかは、誰にも予想がつかなかった。英国の調達金額は、最終的には総額で三十億ドルという天文学的数字に達し、大戦中の連合国側全体へ売られたアメリカの物資総額の約半分を占めた。モルガン商会は、その一％を手数料として受け取ったが、それだけで三千万ドルという驚くべき数字になった。ただ金額もさることながら、政治的結び付きや企業との接触を深めた点からも、この仕事はモルガンの歴史に残る最も重要な取引きだったといえるだろう。ジャック・モルガンは、こんな畑違いな商売に手を出したことに良心の呵責を感じる一方、こんな戦時利得行為が続けば、合衆国に対する政治的反発が英国内に生まれるのではないか、と恐れた。

だが、ウォール街とシティで古い伝統を誇るこの銀行は、変身の才に長けており、すみやかに商機に適応できた。輸出部という名前のついた担当部門の責任者に、トム・ラモントが探してきたダイヤモンド・マッチ社のエドワード・R・ステティニアス・シニア社長を据えた。この人はきちんとした外見さながらに、病的なほど細かい点にまで注意を払う細心な性格だった。のちに、アメリカのニュートン・ベイカー陸軍長官がよく述べた言葉だが、この人は「ものすごいほどの責任感」の持ち主でもあって、朝の九時から真夜中まで、モルガンの社員をこき使ったので、百七十五人の部下はＳＯＳ（Slaves of Stettiniu-

ら〕、つまりステティニアスの奴隷と呼ばれたほどだ。彼の場合、人を雇ったなどという生易しいものではなかった。人々を徴集し、絞れるだけ絞り、倒れるまで酷使した。

第一次世界大戦は、原始的争いであると同時に近代戦でもあって、騎兵攻撃から飛行船空襲、大砲砲火から毒ガスまで両極端が入り混じっていた。また、こうした恐るべき弾丸の一斉射撃が絶えず繰り返され、たとえばマルヌの戦いだけでも、一日に二十万発もが炸裂した。そのため、兵站補給に必要な物資は、とてつもなく多種多様にわたり、戦いを遂行するのに決定的な重要性を帯びていた。

ステティニアスは、一日当たり一千万ドル相当の物資をかき集め、これを買い付け、保険を掛け、ヨーロッパへ船積みする一方、工場、会社の尻を叩いて大量生産を促した。彼のやっている物資調達活動の噂が広まると、ウォール・ストリート二三番地にあらゆる種類のブローカーやメーカーが群がって押し寄せたので、警備員を各室の入口に立てるだけでなく、各パートナーの自宅にも配さざるをえなかった。

合衆国がかくも急速に軍事生産に転換できようとは、ドイツ参謀本部が想像だにできなかったことだったが、各工場の生産能力が逼迫してくると、ステティニアスは、工場の新増設を促した。この結果、大戦終結時の合衆国の軍事生産能力は、英・仏両国を合計したものを凌ぎ、ステティニアスは、のちに有名になる軍産複合体制の父という、嬉しくない名称を頂戴することになる。ドイツのエーリッヒ・フォン・ルーデンドルフ将軍さえもが、ステティニアスは連合国側にとって一個軍団の価値があった、と感嘆したという。こうして彼は、アメリカ産業界の帝王にのし上がった。

ステティニアスは、連合国側の物資補給作戦の鍵を握る存在だったから、その身の安全確保が重要課題となった。あるとき、英国の情報機関から、彼の命を狙っている者がいるとの知らせが入ったので、身辺の危険を予防する手段として、家族全部がニューヨーク市内の邸宅から急に立ち退かされ、ロングアイランドに移された。ステティニアス自身は、ニューヨーク港に係留されたクルーザーのマーガレット号上で戦争中を過ごした。

モルガン商会は、英国のために情報活動も行なった。たとえば、同商会パートナーは、ドイツ人投資家によるベスレヘム・スチール社買収計画があるのを察知すると、問題の鉄鋼会社の幹部と会って、持株を議決権信託に預けさせ、望ましからざる買収者の手に落ちないよう先手を打った。英国側は、とくにモルガン側を信頼しているしるしに、アメリカと英国間の郵便検閲から同商会を除外し、ステティニアスとロンドンのモルガン・グレンフェル商会とで作成した社内暗号の使用をそのまま許した。

それでも、モルガン商会輸出部の仕事は、文句なしの大成功というわけではなかった。フランスは英国ほどに輸出部を利用しなかったし、英国の海軍省も依然として冷たい態度で、陸軍省ほどでなかった。また、物資調達に当たって、輸出部が親しい企業をえこひいきしているとの疑いがいつもあった。調達契約先は約一千社に及んだものの、ゼネラル・

エレクトリック、USスチールなど大手契約先には、モルガン傘下の企業が多かった。

第一次世界大戦でとくにもうけたのは、グゲンハイム財閥だった。モルガン社とは、同財閥系のケネコット・カパーが一九一四年に株式公開会社になるのを手伝った関係があった。合衆国で生産する電気銅の四分の三を輸出部が英国のために買い占めたので、グゲンハイム財閥はじめ産銅各社は、これで一財産つくった。同財閥系のもう一つの会社、アメリカン・スメルティング・アンド・リファイニング社も、連合国が小銃と銃弾用に鉛を買い付けたので、景気がよかった。こうして何十億ドルもの調達契約を各社に分配したおかげで、モルガン商会は、何十社もの大企業から信頼されるようになった。

英国側は、限られた形ではあったが、モルガンがそうした絶大な影響力を乱用するのを阻止するのに努めた。同商会が一部大企業をえこひいきしているとの疑いを調べるため、ウェールズの石炭王、デイビッド・アレフレッド・トマスを団長とする調査団をアメリカに派遣した。一行は、一九一五年の夏、ニューヨークに三週間滞在して調べたが、ステティニアスの仕事ぶりには一点の過失もないことがわかった。一行の調査報告にもかかわらず、英国は依然として、モルガン財閥が系列下の鉄鋼、化学、海運会社にもうけさせているると疑い、警戒した。英国のアスクィス首相は、モルガン商会と系列企業が互いに持ちつ持たれつであるのはある程度仕方ないことだと自ら慰めた。そして、ロイドジョージの後任のレジャヌルド・マッケナ蔵相に「モルガンはわれわれをあらん限り利用してきたし、今後も利用し続けることを疑うものではないが、不当な行動、ましてやわが方を裏切るような行動をしていると考える理由は何もない……途中で馬を乗り換える、ないしはわが方が信頼していないと向こうに思わせるのは、方策としてまずい」と書き送っている。

事実、英国は、モルガン財閥を決して盲信していたわけではなかった。英国側は、自らの意を体した情報収集出先機関をウォール街に持つことは大歓迎だったし、金融支配力が大西洋を渡ってアメリカに移ろうとしているときだけに、なおさらそうだった。だが、大戦中の英国政府の考え方の中には、モルガン商会が調達契約でひたすら値切り、その高飛車な態度の故に不必要に国民を不快にしているのではないか、とみる一種の冷笑的態度がひそんでいた。モルガン財閥と英国との関係はいつも近いものの、両者の息がぴたりと合うことはめったになく、表向きは互いに助け合っていると言いながら、その陰には親しい者同士にありがちな緊張が潜在していた。

ウォール・ストリート二三番地の他のパートナーたちが英国人同胞をひそかにねたむか疑う心を抱いていたのに対し、ジャック・モルガンには、そんな一歩下がった警戒的なところはなかった。その点は、父ピアポント以上に単純で正直で、ドイツ人を憎む面では父にひけを取らぬほどの英国びいきだった。惜しみなく英国に尽くす気持ちで、祖父ジューニアスがロウハンプトンに持っていた別荘のドーバー・ハウスを傷病軍人の保養所として寄付した。また、英国にある別邸のウォールホールの使用人たちに庭を耕して小麦をつくらせ、戦争に協力させた。

アメリカが公式には中立を守っていたので、モルガン商会は、ステティニアスの率いる輸出部の活動のとばっちりを受け、激しい非難にさらされ、ウィリアム・ジェニングズ・ブライアンの金本位制非難の〈黄金の十字架〉演説以来くすぶっていた反モルガン感情をあおる結果になった。モルガン商会前の広場で開かれた抗議集会で、活動家たちが同商会を指さし、パートナーたちが何千人もの罪もない人々を殺した張本人だとよく非難したものだ。ロバート・ラフォレット上院議員は、素朴な民衆の冷笑的態度を代弁し、「世界大戦で大もうけできるというのに、なんでモルガンやシュワブ（ベスレヘム・スチール社長）が世界平和を気にかけるか？」と反問した。プジョー小委員会による調査の火付け役を演じたチャールズ・リンドバーグ下院議員は、「金融界」がわが国を大戦に誘い込もうとしている、と非難した。こうして、モルガンは英国王室の手先で、しかもモルガンの手にしたお金は血にまみれている、との二重の意味を持つ俗説が生まれつつあった。同商会には抗議の手紙が殺到した。ラモントが受け取った一通には、「拝啓ラモント様——英国の戦費調達のために貴下が働いたことで、貴下は明らかに死すべき運命にある。貴下のおかげで、私の兄弟はドイツの戦場で死に見舞われた。いつか近い将来、貴下の邪悪な心臓を鉛の銃弾で貫くことができれば、それに越した喜びはない」と書いてあった。

ジャックは、議会を刺激しかねない表立った活動を避けた。たとえば、世論を連合国側支持に向ける政治活動をする委員会の結成をパートナーのハリー・デイビスンらが望んだとき、賛同せずに断った。親友のサー・セシル・アーサー・スプリングライス英国大使と公の場で同席するのも避けた。

ジャックは、いつも身の危険を強く意識して生きてきたが、その不安にまったく根拠がないわけではなかったことが判明した。一九一五年七月三日のさわやかな日曜日の朝、ジャックとジェシーの夫妻は、ロングアイランドの自邸で親友のスプリングライス夫妻と朝食をとっていた。食事が終わりかけたとき、玄関で物音がしたので、執事のヘンリー・フィジクが応対に出た。そこには灰色のスーツを着た、やせた、見知らぬ人物が立っていて、モルガン氏に会いたい、と求めた。

フィジクは、昔気質の英国人の執事だったから、いつも黒い上衣と灰色地に縞の入ったズボンを着用し、立居振舞いがきちんとしていた。そつなく応対したものの、危険をかぎつけた彼は、しつこく面会を求める来客が家に入るのを拒んで屋内に引き返し、ジャック夫妻に「二階へ！」と叫んだ。夫妻はこの不可解な指図に従って二階へ上がって、何事が起こったのかと寝室内を見回した。そのとき、階段の上がりぎわで、一人の怪漢が両手の拳銃を振り回して、夫妻の子供たちに階段を上がってくるよう促しているのが目に入った。事を荒立てまいとしてか、その怪漢は夫妻に、怖がることはない、お話ししたいことがある、と告げた。

のちに警察が作成した証言録取書に間違いがなければ、その場に居合わせた全員が並々ならぬ勇気を発揮した。モルガン夫人のジェシーが怪漢に体当たりするや、そのすきに大柄でがっしりした体格のジャックが突進し、怪漢に組み付いた。押さえつけたとき、大腿部に銃弾を二発受けた。駆けつけた使用人たちが怪漢の両腕を縛り上げる間に、夫妻が二丁の拳銃をもぎ取った。そのとき、ハリウッド映画さながらのタイミングで、執事のフィジクが飛び込んできて、大きな石炭の塊で怪漢の頭を叩き、それ以上の悪あがきができぬようにした。怪漢が静かになったとき、モルガン夫妻がふと見ると、相手の服のポケットから大きな棒状のダイナマイトが突き出ていた。召使いたちがそのダイナマイトを水中に沈め、怪漢を固く縛り上げたことで、やっとモルガン暗殺未遂事件は終わりを告げた。

ナッソー郡拘置所に収容された怪漢は、フランク・ホルトと名乗ったが、それは偽名で、エーリッヒ・ミュンターというのが本名だった。ハーバード大学でドイツ語教師を務めたことがあるが、妻を毒殺した容疑で起訴中に逃亡するなど、いかがわしい過去のある男だった。尋問されて、自分はアメリカのヨーロッパ向け軍事物資輸出に反対する平和主義者で、ジャックを殺すつもりはなく、軍需品輸出が停止されるまで人質にしたかっただけだ、と白状した。この男は、モルガン財閥の持つ影響力を猛烈に巨大なものだと思い込んでいた。取調べ係官に「時代の流れ全体を自分一人の力で阻止できると思うかね?」と問われて、「できないが、モルガン氏ならできる」と答え、また「モルガン氏ならこの国を支配できると思うかね？」には「彼の金をもってすればね」と答えている。モルガン襲撃のおまけとして、ミュンターはその前日、合衆国上院の建物にひそかに爆弾を仕掛けていた。二週間後、彼はナッソー郡拘置所内で自殺した。

ジャックが受けた銃弾が奇跡的にも急所を外れていたので、コーセア三世号上で静養しているうちに傷は急速に癒えた。事件を阻止できたのはジェシーの冷静さのおかげだとジャックは褒めたたえ、家族に銃を向ける乱入者に対しどんな父親でもやることを自分はしたまでだ、と述べた。彼のもとに不意に祝電が殺到し、地元の電信局はてんてこ舞いになった。八月十六日にウォール・ストリート二三番地に事件後初めて出勤してリムジンに乗ろうとしたとき、まわりに詰めかけた群衆が拍手を浴びせた。子供みたいに驚いた彼は、帽子のつばに手を触れて、それを軽く振った。

ただし、ジャックの落ち着いた態度は見せかけにすぎなかった。さりげない表情の下に押し隠してはいたものの、彼が受けた銃撃事件の影響は深刻だった。事件がミュンターの単独犯行ではなく、テロ組織の計画の一環だとジャックは固く信じ、アジロンダック山中の別荘で働くドイツ系とオーストリア系の使用人を解雇した。その頃にロンドンのテディ・グレンフェルに宛てた手紙でも、ジェシーが「私をもう一度銃撃しようと狙う人たちがいると思い込んでいるので、彼女を安心させるために、普通以上に警戒を厳重にしなければならない」と書き送っている。

この事件で、ジャックの孤独癖はいっそう深まり、英国の別邸で過ごしたりヨットで航海したりする時間がずっと多くなった。また、身の危険がいたるところに存在するとの意識も強まり、スパイ的行動を生来好む性格に乗じて、こっそりと秘密裏に動き回る例が多くなった。たとえば、第一次大戦中にボルチモアにいた長男のジューニアスを訪ねた際、友人にホテルの手配を依頼した手紙に、「ドイツ人どもが私をまだつけ狙っているのだから、宿帳への記入を求めない、あるいは私の滞在を口外しないホテルが非常に望ましい」と書いた。事件後、ジャックには海兵隊員上がりの身辺の護衛が何人かいつもつくようになったが、このように警備を重くしたおかげで、彼は一般民衆からいっそう遠ざかるという有難くない結果を招いた。

ジャックの身辺警備は、絶えずパートナーたちの頭から離れぬ重大問題だった。パリ滞在中は、現地の上席パートナーのハーマン・ハージェスがパリ警視庁捜査課に通告すると、刑事が身辺を警護し、国家元首並みの見えない護衛の壁の背後でジャックは動き回ったものだ。

友人たちに語ったところだと、この事件のせいでジャックは、前よりもいっそう反ドイツ的になり、合衆国が連合国側について参戦するのを望むようになったという。彼は、ドイツ人を「野蛮なフン族め」とか「凶悪なゲルマン人」と痛罵したが、彼があらわにしたドイツに対する偏見は、そもそもが父親譲りだった。パートナーのジョージ・ホイットニーがのちに述べたように、ジャックの父ピアポントは、「ドイツ人は自分をよく裏切るといつも非難していた……だから、ドイツ人と決して取引きしてはならぬ、といったお触れみたいなものがあった」というほどだ。

第一次世界大戦は、銀行家たちが人種的偏見を発揮し、独自の対外方針を推し進めるなどして、あたかも自らが主権国家であるかのように振る舞った、最後の戦争だったといえよう。ウォール街では、戦時利得の分配が、政治信条や宗教の違いに厳密に応じて各銀行家の間でなされた。モルガン財閥は、そのなかでとびきり最高の地位を占めた。

大戦が、ウォール街の非ユダヤ系各銀行にとり思いがけぬ幸運だったとすれば、反ロシア・親ドイツ感情で凝り固まっていたユダヤ系各銀行にとっては、一大破局といえた。たとえば、クーン・ローブ商会の独裁的な支配者であるジェーコブ・シフは、帝政ロシアのユダヤ人虐殺に胆をつぶし、ロシア政府に「人類の敵」の烙印を押し、それに復讐する意味で一九〇四〜五年の日露戦争で日本側の戦費を調達してやった。それでも、第一次大戦が始まると、シフは、親ドイツ感情を抑えて交渉による和平を支持する一方、「家族とドイツ語で話すのを人前ではきっぱりやめた」。これほど用心深くなかったゴールドマン・サックス商会のヘンリー・ゴールドマンは、親ドイツ的意見を堅持して、ニーチェの著作をとうとう朗読し、プロイセン文化を賛美したので、同商会のパートナーたちは非常に困ってしまった。ドイツ語系のスイス出身のグゲンハイム財閥は、軍需契約が続々と転がり込んでくる手前、ドイツに共感を抱いていたとしても、それはいっさい抑えて表に出さなかった。

大戦中のウォール街とシティの双方では、連合国側を裏切っていると疑われたユダヤ人に対するばかげた非難、攻撃が横行した。一九一五年、連合国側に対する無煙火薬の大手供給メーカーだったデュポン社が、「親ドイツ系」のクーン・ローブ商会の株式支配下に落ちる恐れがある、と警告する者があった。対抗措置としてデュポン一族は、モルガンから八百五十万ドル借りて、買い集めた株をデュポン・セキュリティーズ社という持株会社を設け、そこにしっかりと塩漬けにした(アメリカ駐在の英国情報機関の責任者がこの一件を調べたら、根拠がないことがわかった)。ドイツの金融界浸透は、シティでも関心事であって、外国系銀行の株を買収して〃英国資本化〃するのにイングランド銀行が動いた。

このように非常に緊張した空気の中で、ジャック・モルガンの親英・反ユダヤ感情は燃え上がり始めた。一九一四年九月にテディ・グレンフェルに宛てた手紙で、「和平交渉の噂が出ているが、これは主としてドイツ大使に非常に近いドイツ系ユダヤ人筋の仕業だ」と訴えている。ドイツ系ユダヤ人経営の銀行に対する敵意が尖鋭化したのはその年末の十二月で、モルガン商会は、ロシアに一千二百万ドルの戦費の融資に踏み切り、翌月から英国がモルガンを介して帝政ロシア向け軍需品の調達を始めた。ジェーコブ・シフがロシアのユダヤ人虐待ぶりを指摘してジャックに抗議すると、二人は大掛かりな債券発行引受けを一緒にやった仲だったから、ジャックもこれに慎重に対処せざるをえなかった。投資銀行というものは、お互いにシンジケートを組む関係から、物事を辛らつに述べたくても実際はやんわりと言わざるをえないという面があった。自分を抑えに抑えて、ジャックはシフに対し、「ロシアに金融圧力をかけて態度変更を迫る努力をすべきだとは、私は思わない。ロシアが弁済能力のある借方かどうかが問題であって、これをロシア国内の社会統制ないし取締りの問題と混同して考えることはまずできない」と手紙で答えた。

一九一五年五月、ドイツの潜水艦がアイルランド沖合いでキュナード汽船のルーシテイニア号を沈め、六十三人の子供を含む一千人以上の死者が出た。アメリカ人犠牲者も百二十八人にのぼり、国内が悲嘆に暮れた。こうなるとジャックとシフの関係は、単なる不和にとどまらず、緊張した対立へと一変した。悲報の届いた午前、シフは重苦しい憂うつな気持ちで、自尊心を抑え、遺憾の意を表しにモルガン商会へ出向いた。高慢で格式張った彼にしては、前代未聞のことだった。玄関を入ると、パートナーズ室にジャックがいるのがわかったが、ジャックは、愛想よくシフを迎え入れるどころか、何か憤っている言葉をぶつぶつ言って、くるりと立ち去ってしまった。あとに残されたシフは、とぼとぼと玄関を立ち去った。

まわりのパートナーたちは、驚いて息を呑んだ。どんなことがあろうと表向きは礼儀を守るという〈紳士銀行家行動規範〉を公然と破る行為だったからだ。ジャックは、その点を気にしてか、かなりおどおどした口調で、「少し行き過ぎだったかな？ 謝罪に行った方がよいかな？」と言った。誰も答えようとしなかったが、機転のきくドワイト・マロウが「汝のためではなく、汝の名前のためだ、イスラエルの家よ！」という聖書の一節を紙片に走り書きして手渡した。その意味を察したジャックは、すぐにクーン・ローブ商会へ出掛けて謝った。この話は、表面は礼儀正しいが内心はさまざまな感情の渦巻く彼の矛盾した性格だけでなく、つねにいんぎんな態度を求める、きわめてわざとらしい、この商売の世界のつらさも如実に物語っている。シンジケートを組んで巨額の資金を協調融資する場合、いつ一緒に組む仲になるかもしれないため、強大な銀行を敵に回せなかったのだ。

こうした怒りを押し殺した戦いは、ウォール街の歴史で最高額とされた、五億ドルにのぼる英仏両国の公債発行引受け準備中の一九一五年九月、ついに公然と火を噴いた。

その頃、ステティニアスの輸出部のお金の食い方はひどくて一日二百万ポンドにも達し、このままでは英国の資金源が底を尽きそうだった。七月に入ると、資金問題は切実になってきた。モルガンに対するドル代金支払い期限に間に合わせるため、英国のレジナルド・マッケナ蔵相がプルーデンシャル生命保険会社所有のアメリカの有価証券を徴発して一時流用せざるをえなかったほどだったが、これはやむにやまれず破れかぶれでやった違法行為であり、アスクィス首相をひどく動揺させた。モルガン財閥としてもこの時期は、交戦国の公債引受けには国務省の反対があったため非常に辛い一時期だった。

巨額な連合国公債の引受けにはウィルソン大統領は反対だったが、そうせねば合衆国のヨーロッパ向け輸出が打撃を受けるとの閣僚たちの説得に、ついに折れた。ブライアンの後を襲って国務長官になっていたロバート・ランシングは、そうしないと「その結果は、生産の低下、資本と労働力の遊休化、金融活動の沈滞、全般的な社会不安を招く」と厳しく警告した。

九月に英国は、民間を通した巨額の公債発行のお膳立てをするために、英仏合同使節団をニューヨークへ派遣した。使節団一行は、団長のレディング卿のほか、ミッドランド銀行会長のサー・エドワード・ホールデン、大蔵省のバザル・ブラケット、仏政府代表のオクターブ・オムベールらだった。ハリー・デイビスンとジャックが埠頭に一行の乗った船を出迎え、ビルトモア・ホテルに落ち着くのを見届けた。

モルガン側は一行を丁重にもてなしたが、団長のレディング卿のことが、ジャック・モルガンの人種的偏見にいたく障る難問だった。レディング卿は、ロンドンの果物商の家に生まれた、れっきとした英国人で、爵位まで持っていたが、ユダヤ系だったのだ。それでもジャックとデイビスンは、ビルトモア・ホテルにレディングを何回も訪ね、モルガン文庫でもてなし、コーセア三世号上にも招待した。公債発行引受けを他社と競って勝ち目が薄かったにもかかわらず、ジャックとレディングの相性のよさが取引きをまとめるのに役立った。

だが、モルガン財閥は、その過程で国内にある英国に対する幅広い敵意と立ち向かわねばならなかった。アメリカ人の十人に一人はドイツ系だったし、アイルランド移民の一世たちの多くも、この取引きに反対だったからだ。また公債引受け額について、ひどいのになると十億ドルなどという、途方もない数字が無責任に言いふらされ、そんな巨額を引き受けられるのか、疑う人々も多かった。後から考えてみると、英仏両国の公債引受けは、アメリカが世界一の債権国に出世したことを示す画期的出来事だったのだが、金融支配力の英国から合衆国へのこのような移行をモルガン財閥が進めている最中でも、こんな事態が永続きするとはジャックは思ってもいなかった。その証拠にグレンフェル宛の手紙で、「大戦が終われば、合衆国は元どおりヨーロッパ金融市場に頼ることに落ち着くだろう」と書いている。

交渉の手始めとして、モルガン側は、英国側の過大な期待を鎮める必要があった。そこで、モルガン文庫での歓迎夕食会を終えた後、二階の書斎に移した会談の席で、ジャックが食後の葉巻をくゆらしながら、「レディングさん、私があなたなら、十億ドルなんて言いませんね。公債の最初の大型発行なのですから、半分の五億ドルに抑えた方が賢明ですよ」と口を切った。ジャックが驚いたことに、レディングは、五億ドル（一億ポンド）にあっさり同意した。シンジケートの手数料を計算に入れると、公債の利率は法外な六％にもなった。ジャックは、レディング卿の人格に魅せられはしたが、彼がユダヤ人であることにこだわって、グレンフェル宛の手紙でこう述べている。

レディング卿にはいたく感心した。頭脳明晰で、話の要点を素早く理解してくれるので、話し合うのが非常に楽しかった。唯一の欠点は、ユダヤ人たちと非常に親しくて、彼らの意見をある程度容れていることだ。これは当然だが、わが国のユダヤ人の大部分が完全に親ドイツ派で、しかも大多数が反モルガン派である点を考えるなら、彼がこんなにユダヤ人に近くなかったらよかったと思う。

公債発行打診という公的立場からして、当然、レディング卿の英国への忠誠心にはいささかも疑念がなく、ユダヤ人と一体化した考えを抱くなどとは思われなかった。ジャックがレディングとドイツ系ユダヤ人との間に多少なりとも共通点を感じ取ったとしたら、それはおかしな話だった。事実、レディングがジェーコブ・シフと会ったとき、シフが、クーン・ローブ商会のシンジケート参加の条件として、英国の同盟国のロシアに一ペニーも回さないことを要求したのだが、レディングは「同盟国を差別するような条件は受け入れられない」ときっぱり拒絶した。これでクーン・ローブ商会は一挙にロンドン金融界で〝好ましからざる人物〟扱いされるに至り、モルガン商会の凱旋行進の道を開いた形となった。

それにもまして打撃を受けたのは、重要な案件についてはパートナーの一人ひとりが拒否権を持つゴールドマン・サックス商会だった。親ドイツ派のパートナーのヘンリー・ゴールドマンが、モルガンが主幹事社となる公債引受けに相乗りするのを拒絶し、ウォール街での戦費調達からみずから身を引いてしまったのだ。『われらの仲間』の著者、スティーヴン・バーミンガムによると、「ゴールドマン・サックスが英国でブラックリストに載せられそうだ、とロンドンのクラインワート銀行がニューヨークに打電した」ので、ヘンリーは家業を辞任せざるをえなかった。ヘンリー・ゴールドマンとリーマン・ブラザーズ商会のフィリップ・リーマンは、有価証券の引受けでは「ウォール街きっての二人組」と称された仲だったが、感情的に非常に気まずくなって、お互いに口もきかなくなった。それから三十年ほどの間、ウォール街のユダヤ系投資銀行は、ドイツ側に親しくしたことが後々までたたった。

五億ドルという英仏両国の公債発行は、ピアポントが音頭を取ったどの公債発行よりも金額的にはるかに上回っていた。引受け社は六十一社、公債販売に動員された金融機関は一千五百七十社に達した。これを売るのはきわめてしんどい仕事で、国際情勢への関わりを極端に嫌う孤立主義の傾向の強い中西部地方では、ことにそうだった。金融機関に少しでも多く売ってもらおうと、売上げの一部をしばらくその銀行に預金することも認めた。こうした報奨措置をとっても、親ドイツ系預金者がボイコット運動を起こしそうになったシカゴでは、大手銀行が一行しかシンジケートに参加しなかったし、ミルウォーキーに至っては皆無だった。モルガンのパートナーたちは、アンドルー・カーネギーら有名人のほか、グゲンハイム兄弟やチャールズ・シュワブら軍需品メーカー経営者にも公債を買ってもらった。だが、中西部地方の販売不振を穴埋めできず、同年末にはシンジケート全体で一億八千七百万ドル相当の売れない公債を抱え込んだ。

足りないドルをさらにかき集めようとして、英国政府がすべてのアメリカ株式の配当に課税し始めたので、英国民が持株の買取りを政府に求めて殺到した。モルガン商会は、三十億ドル相当のそうした証券の換金を引き受け、株価が急落しないように慎重に証券をニューヨーク市場へ送った。

この英仏両国の公債を引き受けて用立てた資金は、すぐに尽きた。大戦が終わるまでにモルガン財閥がこの形で連合国に融資した金額は、十五億ドルを上回った。英国政府は、モルガンの果たした役割に賛辞を惜しまず、ロンドンのモルガン・グレンフェル商会の室内には、「英国政府の利益を守るためにその総力をあげてどこまでも努力してくれた商会の援助を得られたのは、幸いだった」とのロイドジョージの一九一七年の書簡が掲げられている。後年、モルガン商会を訪問した英国の新聞王ノースクリフ卿は、「ここのおかげで大戦に勝った」と嘆声を発した。

それでも、モルガンと英国との関係はいつでもそうだが、表向きは互いに認め合っても、その底にはかなりの緊張をはらんでいた。モルガンが金融の面でいかに上手に立ち回ろうとも、政治の面では役割の果たし方が下手だと英国側は思っていた。まだ第一次大戦中だった一九一六年、ジャックは、民主党の現職大統領ウィルソンに対抗して、共和党大統領候補のチャールズ・エバンズ・ヒューズの選挙運動に打ち込んだが、これは賢明な策ではないと英国側はみていた。デイビスンは、とくに英国側の気に障ったようだった。彼はしばしば、相手をいやがおうでも従わせるような態度をとったが、これが無作法で傲慢だと受け取られがちだった。英国外務省は彼のことを「思慮に欠ける」と呼んだ。

一九一七年に入ると、英国が借りたお金が実際に底をついた。救いとなったのは、ドイツのアメリカ船舶に対する無制限潜水艦攻撃の再開で、これで同年四月六日、アメリカ合衆国が参戦した。合衆国政府は、すぐに連合国側に十億ドルの借款を供与して、J・P・モルガン商会から負担を肩代わりした。参戦後、合衆国政府は〈自由公債《リバティ・ボンド》〉なる戦時公債を発行して戦費を調達したが、第一回の発行分の売上げから英国に融資した四億ドルが返済されるものとモルガン商会は期待した。ところが、政府のお金が民主党の忌み嫌う〈金融トラスト〉の懐に入った場合、議会が大騒ぎになることをマカドゥ財務長官が恐れた。

モルガン側が驚いたことには、英国政府もこの違約行為をさして気にかけない風だった。テディ・グレンフェルは、モルガン側の傷つけられた感情を日記に、「JPM商会は、資金などあらゆるものを英国政府が思いどおりに使えるように提供したが、閣僚諸氏、とくに蔵相は謝意をほとんど示さなかった……モルガン財閥としては、きわめて苦々しい気持ちだ」と記している。

一九一七年の夏、イングランド銀行総裁のカンリフ卿があまり同情的でない大蔵大臣のボナ・ローに対して、モルガン側の主張を弁護した。これがきっかけで、英国の金融政策をめぐるイングランド銀行と大蔵省との主導権争いに発展して大騒ぎとなり、ロイドジョージ首相がイングランド銀行の国有化も辞さないと強腰に出る始末になった。七月四日、グレンフェルがダウニング街一〇番地の首相官邸での閣議に呼びつけられ、モルガンがなぜこんな騒ぎを起こしたのか、首相から詰問された。結局、大蔵省がカンリフの行動に激怒して、翌一九一八年の総裁再選を駄目にさせた。ただし、これでモルガンの敵にではなく、逆にモンタギュー・ノーマンが総裁になる道が開けて、モルガンの歴史上で最も頼り甲斐のある友となるのである。

ところで、アメリカ合衆国が参戦したとき、ジャックは小躍りして喜んだ。純朴で、愛国心にあふれ、しかも気前のよいジャックは、自分の社の輸出部をそっくりそのまま政府に引き渡してもよい、とウィルソン大統領に伝えた。ステティニアスを一時休職にし、部員全部の給料の面倒をみ、いっさいの手数料なしで政府のために働かせるつもりだった。ところが、これが政治的にできない相談であるのに少しも気づかなかった。たとえば、孤立主義者たちが、依然としてモルガン財閥が戦争熱をあおっていると非難し続けていたし、アメリカ全土を視察したマカドゥ財務長官には、軍需品調達で大もうけしているとの民衆のモルガン財閥に対する強い悪感情がわかったからだ。

ウィルソン大統領は、新設した軍事産業管理委員会《ウォー・インダストリーズ・ボード》の責任者にボルチモア・アンド・オハイオ鉄道のダニエル・ウィラードと民主党幹部のバーナード・バルークを据える一方、モルガン側を慰撫するため、ステティニアスを合衆国陸軍の補給品監督官に任じた。

のちにウォール街の歴史を振り返ってみると、政府が第一次世界大戦中に進めた〈自由公債〉の発行は、一つの重要な意義を持っていた。自由公債の売上高は約百七十億ドルに達し、販売促進を活気づけるために、チャーリー・チャップリンやダグラス・フェアバンクスらの有名俳優がザ・コーナー前での集会に登場した。マカドゥ財務長官が農民、中小企業経営者、労働者にまで買って貰おうと努力したので、これで新しい層のアメリカ投資家が生み出された。公債売込み運動で非凡な才能を発揮したのは、ウォール街の弁護士ラッセル・C・レフィングウェルだった。彼は、財務長官マカドゥのニューヨーク市郊外のヨンカーズの住まいの隣人だった関係から、長官の法律顧問からさらに財務次官補になり、自由公債の発行を担当した。この人は、のちにモルガン商会の有名なパートナーとなって、民主党との連絡役としてかけがえのない重要な役割を果たすことになる。

大戦を乗り切ったモルガン商会は、その支配力が非常に大きく広がった。一九一三年に父ピアポントの後を継いだときは、世間一般からひどく軽んじられたジャック・モルガンにしてみれば、これでやっと父と比肩できたとわかって、一種の精神的な安堵感を得た。パリのハーマン・ハージェス宛に、「わが社が、これまでどおり中心的地位を占めているというのは嬉しい……私は、業界に占めた父の地位にある程度は取って代わって、助力できると思う」と書き送っている。ロンドン勤務の若い頃、ロイズが父ピアポントの二百万ドルの生命保険を引き受けたとき、ジャックは大喜びしたものだが、いまや自分自身に記録破りの二百五十万ドルの保険をかける身になった。

しかし、ジャックは、ものごとに過敏なたちだったので、成功を喜ぶよりも批判に悩むことの方が多かった。輸出部を政府に引き渡したいとの申し出をウィルソンに拒否されるや、むっつりとして受けた痛手に耐えた。彼は、根本的に両立し難い望みを抱き、それに悩むたちであって、ものすごい大金持ちになりたい反面、みんなから愛されたいと願い、有名人になりたいだけでなく、民衆に正しく理解して貰いたいとも望んだ。彼には敵を増やす癖があり、世界一有名な銀行家にのし上がっても、まだ敵と陣を構えている気持ちが抜けなかった。一九一七年のテディ・グレンフェル宛の手紙にこう書いている。

J・P・モルガン商会を嫌う気持ちがワシントンにある主な理由は……わが商会が政府の引立てを進んで求めないことに端を発しており、民主党ができる限りわが商会の力をそごうと躍起になっているが——それでも、わが商会が依然として、前進を続けており、きわめて好調であるからだ、という結論に達した……わが商会全体に対して実際には一種の政治的遺恨を抱いているのだから、彼らがわが商会の考え方を変えることはできず、わが方も彼らの考え方を変えることはできない。

モルガンの持つ支配力に対してもう一つの違った見方をしたのは、ドワイト・マロウの伝記を書いたサー・ハラルド・ニコルスンだ。彼の筆によると、大戦が勃発した時点でモルガン財閥は「一個の民間商会であることをやめ、政府の一つの省と同然の存在となった」と精一杯のお世辞のつもりで記した。ところが、ジャックは、自分の銀行が政府機関になぞらえられたのを侮辱と受け取り、「この部分の書き直しを求める権利はないが、わが商会がまるで政府に従属する一個の省の地位に格下げされたかのように解される」と抗議の手紙を送った。モルガン財閥はもはや、自身が、ワシントンの連邦政府にも誰にも従属しない存在だと確信するに至ったわけである。

第十一章　爆　発

第一次世界大戦を脱したアメリカ合衆国は、各種産業が盛んになり記録的な貿易黒字を抱えて繁栄したが、ヨーロッパ各国の多くは、廃墟と化して再建の資金を切実に必要としていた。主権国家、都市、各種企業が借款・融資を求めてウォール街に押しかけ、かつてのロンドンのマーチャント・バンク詣でさながらだったが、英国通貨ポンドの戦後の弱体化のゆえに、ロンドンはすでに世界経済を相手に資金調達をなすという歴史的役割を放棄していた。

これと対照的に、戦後の栄光に浴したモルガン財閥は、いまや世界一の影響力を誇る民間銀行として、最も確実な取引先を選別でき、しかも多くの国家を相手の巨額な公債発行を扱える唯一の存在となっていた。モルガンのお墨付きがあれば、外国の債券発行がアメリカ人投資家にまだ目新しくなじみの少なかった当時、それが温かく受け入れられるのは間違いなかった。モルガン財閥は、いわばアメリカ資本市場の正式な代弁者として諸外国政府に発言したが、そうした影響力のもととなったのは、資金力だけではなく、モルガン商会の持つ威信、政治家との強い縁故、同業者との親密な関係など無形の財産であった。第一次大戦に伴うユダヤ系投資銀行の退潮につれて、J・P・モルガン、ナショナル・シティ・バンク、ファースト・ナショナル・バンクの三行から成るヤンキー連合勢力が、ウォール街を牛耳るに至った。借款を渇望する各国のどんな大蔵大臣にとっても、これは無視し難い恐るべき相手だった。一九一九年十月にフランスの金融調査団のエミール・デュマレ男爵がレーモン・ポアンカレ大統領にモルガンの影響力について、こう報告している。

「モルガンは、有価証券の発行に必要なすべての要員を投入して一丸とした勢力を結集しており、その支援を得ることなしには、どうしてもやっていけない、との印象を受けた……このような状況の下では、既成事実をやむなく受け入れ、モルガン側に全幅の信頼を寄せているとの印象を与える努力をなすのが賢策と思われる」

この情勢分析は、英国は否応なしにモルガンに頼らざるをえないのだ、とアスクィス首相が大戦中に嘆いたのを思い出させる。

モルガン商会を始めとした金融界の新しい影響力の出現にいちばん勇気づけられたのは、ほかならぬウィルソン大統領で、ウォール街の資金を活かして進歩的政策の夢を実現しようと望んだ。一九一八年十二月、ヨーロッパに旅した彼は、大歓迎を受け、ヨーロッパ各国の間を調停し復興できるのは彼しかいないと考えられた。この決定的な転機に、銀行家の果たす役割に一大変化が起きた。ピアポントの時代なら、金融界のお歴々は、政府をまともに憎み嫌ったが、第一次大戦が終わると、金融界の外に対する風向きが変化して、経済と政治の混じり合った領域が生まれ、銀行家が政府の大使として働く例が増えてきた。この〈ドル外交の時代〉の到来は、モルガン財閥ではきわめて顕著にみられ、やがて同財閥は一種の影の政府に発展し、政府の政策と連携して行動することになる。

この時期にトム・ラモントは、外交問題への関心を深めた。彼は一九一七年、すでにウィルソン大統領の腹心のカーヌル・ハウスに同行してヨーロッパを視察旅行していたが、やがてカーター・グラス財務長官からパリ講和会議のアメリカ代表団の金融問題顧問に任命された。大戦中に戦場を視察したときの経験から、世界平和を確保する組織をつくる必要を確信してウィルソンの国際連盟構想を熱烈に支持し、アメリカの連盟参加をめざして多額の資金援助を行なった。

ラモントのこうした政治的信念は、モルガン商会の商売上の必要とぴたり一致していた。同商会の対外貸出しが拡大するにつれ、安定した政府、世界平和、自由貿易を求めたからだ。一九一〇年代末は、モルガンの掲げた理想主義の全盛期だった。この時期にドワイト・マロウは、『自由国家から成る社会』と題する、各国が紛争を交渉で解決してきた歴史を研究した著書をまとめた。

パリ講和会議では、予想に反して、トム・ラモントの言動にウィルソン大統領がすっかり感嘆した。大統領は彼に、「われわれに対する助言で君が示したリベラルで公共心あふれる考え方に、私は敬服するばかりだ」と述べた。同僚パートナーのジョージ・ホイットニーによると、財務問題では、ウィルソンは、他の誰よりもラモントの判断を信頼したようだという。まったく、一九一九年のパリ講和会議ではいたるところにモルガンの人間がいたので、これじゃJ・P・モルガンの独壇場だ、とバーナード・バルークがぐちったほどだ。新しいウォール街の影響力を政治目的に最初に活用したのが進歩的な民主党の大統領であったことは、特筆に値するだろう。十年来の金融トラストに対する攻撃は、熱狂的な抱擁に一変したかのようだった。

トム・ラモントは、パリで魚が水を得たように働いて、講和条約の財務条項の起草を助ける一方、広く有名人との交友を深め、当時では一流の金融外交家となる。ジャック・モルガンが性格から策を弄することができなかったのに対し、ラモントの政治的考え方は柔軟で、民主、共和どちらの党の政治家とも話を合わせられた。いわばたくさんの仮面をかぶる人で、ときには自身をさえ欺くほど巧みにそれぞれの役を演じて見せた。彼には、民主、共和両党にどっちつかずの態度をとる才があり、たとえば、ウィルソン大統領に対し、非常に巧みな言い方で、自身のことを「お金持ち政党の共和党の中の貧しい一員で……現在の民主党政権に信頼を置いている」と売り込んだ。彼のこうした度量の広さは、ときには信念に欠ける無節操と変わらぬところがなくもなく、日和見気味の場合すらあった。国内経済の諸問題では、ありきたりの共和党的考えだったが、国際機関や市民的自由の問題となると、民主党の知識人層がウォール街にしては〈稀有な人物〉と驚くほど、彼らの好みに合うリベラルな意見を抱いていた。晩年には、ハーバート・フーバーと並んでフランクリン・ローズベルトといった、両極端の大物政治家をその親友のうちに数えたものだ。

第一次大戦終結から三十年近い間、ラモントとモルガン財閥は、ベルサイユ講和条約とドイツの賠償問題にかかわり合い、その泥沼からなかなか脱け出せなかった。講和会議でラモントは、ドイツの賠償支払い能力を検討する小委員会に属して働いたが、フランスが戦禍を最も多く受けた関係から、巨額な賠償金を厳しく要求した。ラモントは、復讐心に燃える英仏両国ほど強硬ではなかったものの、アメリカ側としては最高額の四百億ドル（フランスの要求額の五分の一）を勧告した。

紆余曲折ののち、賠償委員会が三百二十億ドルと最終的に決めたとき、モルガン商会パートナーのベン・ストロングは、ドイツ・マルクの価値下落とそれに伴うインフレーションを予想し、のちにそのとおりになった。ところがラモントは、この程度の賠償金額ならドイツが十分に耐えられるとの持論を捨てず、しかも講和会議の英国代表の一員だったジョン・メイナード・ケインズが、賠償案に反対して途中で代表を辞め、批判的な『平和の経済的帰結』を著したことが、賠償が懲罰的すぎるとの印象をドイツ人に与え、その結果、ドイツ人の怒りを助長し賠償支払い決意を鈍らせたのだ、と固く信じ、これがひいてはヒトラーの登場に道を開いた、と考えた。ドイツが国際世論を操作して賠償交渉を必要以上に有利に展開せんとしている、とみる一派の考え方にラモントは与していた。

以上の複雑な見方が正しかったかどうかはともかく、国際連盟創設に対してアメリカが及び腰だと予測した点では、ラモントは先見の明があった。国内で高まる孤立主義の勢いを察知した彼は、国際連盟案に対するアメリカの国民感情を知らせてくれと、パリからニューヨークの同僚マロウに依頼した。マロウからきた悲観的分析を伝えると、ウィルソン大統領は、鼻であしらうか、首を傾げるふうで、「問題全体を解く鍵は真実にあるのだから、国民にあるがままに問題を理解してもらえさえすれば、障害はおのずから消え去る」とラモントに語った。本質的に妥協の人だった彼は、ウィルソンがこのように自説に固執して譲らないのを驚いて見守った。一九一九年十一月、国際連盟規約を含むベルサイユ講和条約の批准がアメリカ上院で拒否され、ウィルソンは失意の人となった。アメリカ合衆国は、ついに国際連盟に参加しなかった。

ベルサイユ講和会議は、トム・ラモントが国際舞台にデビューする一種の序幕であって、相反する教訓を数々学び取った。ラモントは、ウィルソンを「惚れ惚れする人物」、「スコットランド人のように素晴らしい理想主義と不屈の精神の渾然一体化」と賛える一方、政治とは実現できるものから先に手をつける〈可能性の技術〉だ、ウィルソンは理想に走り過ぎて苦労している、世界はそう簡単に理想郷になるものではない、とみた。

ラモントは、ウィルソンの考えにすっかり染まってアメリカに帰ると、ウォール・ストリート二三番地のモルガン商会内の自室の机上に、大統領とその腹心のカーヌル・ハウスの写真を掲げた。彼はちょうどその頃、ニューヨーク・イブニング・ポスト紙の発行者に納まったばかりだったが、編集への不干渉の方針を少々曲げて、同紙に国際連盟擁護の立場をとらせた。モルガン財閥は対外貸付けの第一人者として、当然、民主党リベラル派の推すウィルソン型の国際協調主義と一部相通ずる面もあった。アメリカの企業経営者は、依然として保護主義にしがみつき、偏狭な考え方を守っていたが、銀行家は一九二〇年代に入ると、前より国際的視野をもつようになった。十九世紀のロンドンのシティがそうであったように、ウォール街の投資銀行は、一般の商業銀行よりもはるかに海外に目を向け出し、国際協調の推進派たるモルガン財閥としては、孤立主義傾向の強い共和党に不安感を抱く場合が増えてくるのである。

一九二〇年の大統領選挙戦を控えた共和党全国大会に出席したラモントは、大会を支配する傲慢な孤立主義や狭量な外国嫌いの空気にびっくりした。アメリカが国際舞台から急に身を引き、戦後のヨーロッパ復興の責任を取るのを拒み始めた感じがした。その年の大統領選挙で、ラモントは、共和党の大統領候補のウォレン・G・ハーディングよりも国際連盟を推す民主党候補のジェイムズ・M・コックス・オハイオ州知事に一票を投じた。一九二〇年代を通じてモルガン商会は、ハーディング、クーリッジ、フーバーの三代にわたる共和党大統領の下の政権と近い関係を持つことになるが、同商会の抱く国際的責任感と共和党の視野の狭い考え方との間には、つねに緊張状態があったものだ。次第に活動範囲が多数の国々にまたがってきたモルガンとしては、ヨーロッパとのかかわり合いに飽いたアメリカとは困ったことにしっくりいかなくなるのである。

ラモントがベルサイユ講和条約づくりに追われていた頃、ジャックは、自身の心のうちの悪魔と戦っていた。ドイツ人などとは取引きしたくないどころか、あんな「野蛮な」行為に走った奴らは懲らしめてやればよい、とさえ願った。一九一七年にある友人に宛てた手紙で、「大戦中のドイツ人の所業を顧みるなら、あんなひどい性格を露呈した国民と商取引きや金融取引きをなすのは……どんな文明国でも不可能だろう」と書いている。父ピアポント・モルガンなら、そうした遺恨を根にもって行動しただろうが、大戦後のモルガンの融資方針は、パートナーの気分一つというよりも合衆国の利害を反映する傾向が強まって、ドイツが賠償支払いできるように同商会が中心になって巨額の融資をまとめた結果、モルガンとドイツとの関係は、ジャックが夢想だにしなかったほど密接なものとなった。

表面的には、ジャックは落ち着いた態度で銀行業務をこなしたが、内心では絶えず不安に取り憑かれていた。金持ち階層が恐れおののき出したのは、トロツキーとレーニンによるロシアの権力奪取、ロシア皇帝ニコライ二世の処刑、そしてボルシェビキによる対外債務否認など、ロシアでの一連の出来事だった。また、メキシコ革命の最中にメキシコ政府も対外債務の返済を怠り、しかも一九一七年には、急進的な憲法を制定してアメリカ系石油会社を国有化しようとした。

革命が北アメリカまで波及すると予測する声もあり、階級闘争とストライキの噂で空気がピーンと張り詰めてきた。一九一九年の一年間で、四百万人のアメリカ人がストに参加したので、ミッチェル・パーマー司法長官が赤狩りに乗り出して〝赤色分子〟や外国人煽動家たちを根絶した。この不穏な情勢に、「破壊分子」が産業界を粉砕せんとしているとのジャックの疑念は深まるばかりだった。

一九一九年五月一日のメーデーの日、アメリカの有名人二十人に宛てて同一の手紙爆弾が郵送されたが、その宛先の一人にジャックも入っていた。ただ、この郵便物は送料不足でニューヨーク市内の郵便局に留め置かれたので、狙われた人たちは事なきを得た。ジャックと娘のジェーンは、ソーンなるミシガン州の雑役人に金銭をゆすられる目にも遭った。この男は、遅効性の病原菌をひそかに二人に一服盛ったから、その解毒剤が欲しければ二万二千ドルよこせ、と言った。普段なら、ジャックは、こんな脅しなど受け流すところだが、不穏な情勢下では、この男を見せしめにした方がよいと考えた。ソーンは、結局、逮捕され、有罪となり、レバンワース連邦刑務所で十五カ月過ごした。

ジャックの身のまわりでは、このように異常な事件が続発していたが、それだけにとどまらず、ひどさが不況にも等しいほどの一九二〇～二一年の景気後退がやってきた。大戦後のインフレを抑制するために、ニューヨーク連銀のベン・ストロング総裁が貸出金利を大幅に引き上げたのがきっかけで、連邦準備局が景気の過熱を冷ますために故意に操作して生み出した最初の景気後退であった。この結果、失業率は五倍の一二％にはね上がり、四百万人が失業し、一九二一年の一年間だけで五百を超す銀行が支払い不能に陥った。

一九二〇年初め頃のジャック・モルガンは、逆転したような世界観を抱いていて、金持ち階層は無力で、むしろ煽動政治家に動かされる一般大衆の方が全権を握っている、と思い込んでいた。このようなおびえた精神状態に追い込まれた彼は、第一次大戦で戦功を大いに上げた法律専門家のウィリアム・ドノバン（のちにCIA＝中央情報局の前身のOSS＝戦略事務局の長官）を雇って、一九一九年に結成された〈共産主義インターナショナルコミンテルン〉〉の調査をさせた。この共産系国際組織が銀行家を労働者階級の最大の敵と狙っていたからで、ジャックは、かつてロシア皇帝ニコライ二世の御用達銀行を務めた関係から、ボルシェビキの動向に異常な関心を寄せていたのだ。また、中部ヨーロッパの政治混乱が共産主義の温床になるのを恐れ、第一次大戦後のオーストリアハンガリー帝国の解体で生まれた新しい各国の情報も、ドノバンに依頼した。

一九二〇年にはこのほか二つの事件が起きて、危険がいたるところにあるとのジャックの心配をいっそう強めた。同年の四月十八日（日曜日）の午前、トマス・W・シンプキンという、精神病院を脱走した無政府主義者が、スタイヴァサント広場のセント・ジョージズ教会に迷い込んできた。ロンドン生まれのこの男は、タイタニック号の沈没事件以来、死の強迫観念に取り憑かれていて、のちに白状したところでは、ピアポント・モルガンを殺そうとアメリカへやって来たが、もうすでに死んでいたのを知った。この日曜日の朝、セント・ジョージズ教会の美しい鐘の音に魅かれて思わず教会内に入って、ここがモルガン一族の教会だと知ったという。

モルガン家の侍医のマーコー博士が礼拝献金皿の脇を通ろうとしたとき、みすぼらしい小男のシンプキンが拳銃をさっと取り出し、博士の額を至近距離から撃った。オルガン奏者は弾く手をとめたが、聖歌隊は天使のように美しい声で歌い続けていた。そのなかを、モーニング・コート姿の教会委員たちが犯人のシンプキンを追いかけ、スタイヴァサント広場で捕らえた。撃たれたマーコー博士は、偶然のことだが、自分がピアポントに寄付を仰いで建てた産科病院へ急いで運ばれ、数分後に亡くなった。あとで判明したのだが、犯人のシンプキンは、マーコー博士をジャック・モルガンと誤認して撃ったのだった。

それから、一九二〇年九月十六日にもう一つの事件が起きた。お昼を少々過ぎた頃、上げ下げ窓の分銅を五百ポンド分ほど積んだ荷馬車が、モルガン商会と合衆国鉱石純分検定所との間のウォール・ストリートの路上に停止した。すると、これが突然に爆発を起こして、爆風で石畳の各所に大きな穴をあけ、砲弾の破片のように飛び散ってお昼どきの群衆をなぎ倒し、死者三十八名、負傷者三百名を出した。ウォール・ストリート二三番地のモルガン商会の近くを歩いていた、若きジョーゼフ・P・ケネディ（故J・F・ケネディ大統領の父）は、地面に叩きつけられた。焔と気味の悪い緑色がかった煙が、建物の十二階ほどの高さまでめらめらと昇った。近くのニューヨーク証券取引所の中では、ガラス窓が割れて厚い絹のカーテンを通して飛び散るので、慌てふためく株屋の店員たちが逃げまどっていた。

ジョン・ブルックスは著書の中で、モルガン商会内の混乱した情景をこう描いている。

大きな被害を受けたJ・P・モルガンの洞窟のような内部は、割れたガラス、ひっくり返った机、散乱した紙片、それに少し前に用心深く窓の外側につけた金網のよじれた残骸などで足の踏み場がなかった……ジューニアス・モルガン（ジャックの長男）は、一階の北側の窓に近い机に座っていたが、爆風で前につんのめり、落下してきたガラスの破片で傷ついた……もう一人、若い社員のウィリアム・ユーイングは、倒れて気絶し、数分後に意識を取り戻したら頭をくずかごに突っ込んでいた。

この爆発事故で、社員のビル・ジョイスが鉄製窓枠が体に突き刺さって即死し、ジョン・ダナヒューが火傷で翌日に亡くなったほか、重傷者が十数人出た。そして、社屋のウォール・ストリートに面した大理石の外壁に、あばたみたいな傷跡が点々と深く刻み込まれた。この爆発事件に耐えた誇りのしるしか、それとも死んだ二人の社員を偲んでか、現在に至るまでその大理石の破損個所は修復されないままで、ウォール・ストリートを通る人々の目にいまもなおはっきりと見える。事件後三十年近くの間、「あの爆発が起きたとき、あなたはどこにおられましたか?」が、ウォール街の銀行家の間ではあいさつ代わりであった。

爆発事件は九月に起きたのだが、ジャックは、スコットランドの狩猟用別荘に出掛けていて、現場に居合わせなかった。残っていたパートナーたちは、あのとき、反対側のブロード・ストリートの街路に面した部屋に集まっていたので幸いだった。パートナーのジョージ・ホイットニーが惨状を見回ろうと街頭に出たところ、傷ついた北側の外壁に無残な光景を目撃した。「外壁の傷の一つに、帽子をかぶった女性の頭が貼りついていた。忘れようたって忘れられない。強い爆風で頭部だけがちぎれ飛んで、壁にぴったりついてしまったのだ」という。

悪夢のようなあの日のもう一つの記憶で、スローモーションのようにホイットニーの頭に展開されて離れなかったのは、同僚のドワイト・マロウの行動だった。マロウは、何事もうわの空との定評の持ち主だったが、この日は政府の役人と昼食をともにする約束があった。爆発の煙が収まったとき、ホイットニーが見たのは、マロウが何事もなかったかのように時間どおりに階段を降りてきて、役人を出迎えた姿だった。やがて二人は、死体や消防夫やひっくり返った自動車など混乱した事件現場をかき分けて、昼食をとるべくバンカーズ・クラブへぶらぶらと歩き出した。「まったく事件のことなどうわの空で、自分たちの行動がおかしいことなどわかっていない風だった」とホイットニーは語っている。

それから数週間、J・P・モルガン商会は、こわれた窓々を天幕で覆い、ぐらぐらする丸天井を足場を組んで支えるなどして急場をしのいだ。この非常にお上品な銀行の社員たちが三角巾や包帯をした格好で働く様子は、異様な光景だった。爆発事件が狙った本当の攻撃目標がモルガンであったのか、それとも鉱石純分検定所であったのかは、まったく不明だった。化学物質が引き起こした自然の事故だったかもしれなかったが、時期を同じくして無政府主義者たちの破壊活動が頻発していたことは事実だった。モルガンが民間の探偵社を介して、五万ドルの懸賞金で事件の情報提供を募ったが、誰も名乗り出てこなかった。

ジャックは、爆発事件をモルガン商会ではなく、むしろウォール街全体に対する攻撃だと解釈した。それでも、一九一五年の暴漢による銃撃に始まり、ソーンのゆすり、マーコー博士射殺、手紙爆弾を経てこの大爆発と事件が連続したことで、ジャックの被害意識と強まる陰謀警戒感があおり立てられたことは間違いなかった。

この不穏な時期が背景となって、ジャックの反ユダヤ感情が強まり、それが彼の考え方を支配する一方、数々の事件、とくに彼の銀行と家族に対する攻撃を短絡的に説明する拠り所となった。彼の抱く反ユダヤ感情は通俗的域を出ず、ユダヤ人のことを、その住む国の政府に忠誠を装いながら、陰でひそかに外国の利益を図る策謀を推し進める、全世界を股にした第五列(スパイ)とみなした。ウォール街のドイツ系ユダヤ人投資銀行の存在も、その一環として大雑把にひっくるめて考えた。ただし、ユダヤ人を憎むといっても、ジャックは弱者を激しく責めるという感じではなく、むしろ相手の方が自分よりずっと強い力を持っているとみなした。

ハーバード大学の監督会議の一員だったジャックは、一九二〇年五月、監督の空席を埋める際に生ずる重大な危険性について、A・ローレンス・ロウエル総長に次のような注意を促す手紙を送っている。

新たに監督になる者は決してユダヤ人ないしローマ・カトリック教徒であってはならない、との強い考え方が監督たちの間にあると思われる旨を、ここで一言述べておくべきでしょう……私たちがひどく狭量だと思われるかもしれませんが、私が以上の両者に個人的に反対する根拠として、どちらの場合も、わが国の政府の手の届かぬ、しかもわが国の政府を超越した利益ないし政治的支配を認めることになる、との事実があるのです——要するに、ユダヤ人はつねにユダヤ人であることが第一で、アメリカ人であることは二の次であり、またローマ・カトリック教徒はたびたびローマ教皇に忠実であることが第一で、アメリカ人であることは二の次だと心配するからです。

この手紙から、ジャックが大戦中のクーン・ローブ商会との不和を根に持っていることが読み取れるかもしれないが、皮肉なことに、彼はやがて、アメリカ史上最大の金額のドイツ公債を引き受け、さらに投資顧問役の功を教皇庁から認められて勲章を贈られることになる。

ドイツ系ユダヤ人投資銀行家の間に反モルガンの策謀があると思い込んだジャックは、一九二〇年にチャールズ・ブルーメンソールなる人間を雇い、ひそかに調べさせた。ブルーメンソールがしぼりこんだ調査対象の一人は、明らかにサミュエル・アンタマイアーで、プジョー小委で一役果たした彼をジャックはまだ罰せんとしていたのだ。もう一人は、クーン・ローブ商会のドイツ生まれのパートナーのオットー・カーンだった。カーンは、ジェーコブ・シフとはかなり違い、一九一五年の英仏両国の公債発行の際には個人的にかなりの金額を引き受けたし、大戦中の彼の愛国的主張はジャックからも称賛され、広く連合国側の新聞・雑誌に流布されたほどだった。ところが、大戦終結後の一九一九年になって、カーンが戦争の初期にドイツの数都市にわずかだが借款供与をしていた事実をジャックは知った。カーンは当時はドイツ人から帰化して英国人になっていたから、この借款供与が明白な反逆罪の証拠だ、とジャックは考えた。彼はかんかんに怒って、ロンドンのグレンフェルへ「彼(カーン)はいまやアメリカ国民なので(一九一七年に再びアメリカに帰化していた)、英国政府が彼を牢屋に閉じ込めることはできないが、これが高尚な行為だとは思われず、世間に広く知らしめるべきだと考える」と手紙を書いた。ジャックとグレンフェルは、英国当局と情報を交換し合っていたようだった。

ジャックのもう一つの情報源は、自動車王ヘンリー・フォードの奇妙な反ユダヤ観を代弁していた新聞のディアボーン・インデペンデント紙だった。同紙は一九二一年、〈外国系アメリカ人〉――つまり合衆国への忠誠心が疑わしいとされる移民――に反対するキャンペーンを行なったが、ジャックはこれを支援する手紙を送り、「大戦のおかげで、外国系アメリカ人の持つ危険性がよくわかった。その中でもユダヤ人は、一般世間の目を引くことなしに独自の外国人的考え方の維持に日夜努めている唯一の民族だ」と述べた。

ジャックの反ユダヤ感情には、商売上の対抗意識も入り混じっていた。一九二一年、司法省の元係官がモルガン商会に、ユダヤ系投資銀行とドイツの産業界首脳たちがドイツの繁栄回復を狙った計画を立てていると、漏らしたことがあった。その時の話では、この計画を仕上げるために、リーマン氏なる者とロスチャイルド氏なる者がニューヨークでクーン・ローブ商会パートナーたちと会って、この新しい連合勢力がJ・P・モルガンをどう商売から締め出せるかを話し合ったという。そういうことは多分ありえたかもしれないし、ぎょっとするような陰謀をほのめかす言葉で誇張された話になっていたかもしれない。いずれにせよ、ジャックには、ウォール街の非ユダヤ系とユダヤ系の対立を、割り切った商売上の観点からではなく、陰謀や宗教とからめて考える癖があった。

ともかく、ドイツ復興計画とユダヤ投資銀行家をめぐるこうした奇妙な話は、やがて馬鹿げた、見当違いなものに思われてくる。ウォール街のユダヤ人がジャック・モルガンを差し置いて、それ以上にドイツのために尽くすようなことは絶対になかった。ジャックが反ユダヤ調査に使っていたブルーメンソールと手を切った一九二二年、国務省が彼に対し、大規模なドイツ向け借款の条件を決める銀行家から成る委員会の一員に就任するよう求めてきた。ジャックは、親ドイツ分子狩りを頑固に続けたあげく、ついに自身がドイツの御用達銀行に納まる羽目になる。彼がこの数年来追い続けてきたお化けは、結局は自分自身だったというわけである。

ジャックは、会社のお飾りとか父ピアポントをこつこつと真似た青二才とか、人々から馬鹿にされたが、第一次大戦中、そうした人々が面食らうほどよく働いた。戦後も一九二〇年代の初め頃まで、一日八時間から九時間働き続けたけれども、不本意ながら銀行家になった性格から、父ピアポントを動かした、あの巨大な蒸気機関車みたいな覇気には欠けていた。自身で認めるように本性は怠け者で、庭いじりや帆走や探偵小説を読む方が好きだった。また、父が神経衰弱や病気を繰り返して死んだことが頭から離れず、これを過労のせいだと考えた。だからジャックは、いつでも強力な側近に頼るつもりだった。

ジャックが大いに重用したのはハリー・デイビスンだったが、この人物には生まれつきの権威が備わっていて、「人々が彼に喜んで従った」とクーン・ローブ商会のポール・ウォーバーグがかつて評したほどだ。彼の仕事への献身ぶりは模範的で、それはピアポント・モルガンが亡くなったときにネルソン・オールドリッチに打った彼の電報がよく物語っている。その頃は、ちょうどデイビスンの自宅が火事で焼失した直後だったが、「もう一つの決定的損失と比べたら、家を失ったことなど大したことではありません」と述べている。

大戦によって、デイビスンの公的地位は大いに高まった。一九一九年には、国際機関である赤十字社の総裁に就任したが、当時のデイビスンが自信の塊だったことを証言する話は、たくさんあった。たとえば、ある赤十字の集会で、タフト元大統領が「ここにわが貴賓にして、聴衆よりむしろドイツ軍の砲列に立ち向かうにふさわしい人物を紹介するのは欣快の至りです」と言うのが耳に入ったので、デイビスンが自分のことかと思って椅子から腰を上げかけたら、「パーシング将軍、どうぞ！」ときた。

デイビスンの鼻高々ぶりにまつわるもう一つの話は、一九一八年にロンドンで国王ジョージ五世に拝謁したときのことだ。彼は、国王が先にお立ちになるまで待たねばならないとの説明を事前に侍従から受けたのに、国王陛下と楽しく一時間ほど過ごしたかと思ったら、急に別の用事を思い出し、一方的に立ち上がってしまった――これは明らかに儀礼に背く行為だった。モルガン商会パートナーを除いて、一体誰が国王にそんな無礼な態度をとれるだろうか？　バッキンガム宮殿さえ、まるで忙しい商用日程の一部にすぎないかのようで、モルガン財閥は、自分自身が国王並みにお高くとまる存在と化してしまったのである。

ハリー・デイビスンが一九二〇年に赤十字の職を辞めて、ザ・コーナーに復帰したとき、以前の、人を魅きつける快活な魅力は失せてなかった。そして、奇妙な頭痛と不眠症を訴え、一年間の休暇を取ってジョージア州トマスビルにある別荘で家族と一緒に過ごした。だが、静養しても彼の頭痛とめまいは治らず、ついに脳腫瘍と診断されて、その手術中の一九二二年五月、五十四歳で死亡した。彼の残した遺産は推定一千万ドルで、このうちの四百五十万ドルが、大学時代から車椅子生活をしている息子のフレドリック・トルービーに贈られた。トルービーは、大学生のときに父に買って貰った飛行機でデモンストレーション飛行中、事故で下半身麻痺になったのだが、父からの遺産は、彼が物質的に苦労せずに政界に進出できるようにとの配慮からだった。のちのクーリッジとフーバーの両政権で、トルービーは、航空担当陸軍次官補となり、さらにアメリカ自然史博物館の館長も務めた。父同様に負けじ魂の持ち主で、不自由な体でもテニスを楽しみ、博物館展示用の猛獣を自分で狩猟したりした。

ウォール・ストリート二三番地では、デイビスンの死で権力の座へ誰にも邪魔されずに昇る道がトム・ラモントに開かれ、お山の大将の地位に悠々と納まった。ラモントは、自分を導いてくれたデイビスンに深く恩義を感じていたが、もう一人の理想とした人物ピアポントの君臨した時代を、消え行く紳士道の時代——つまり「騎士道的に商売の行なわれた、一種の黄金時代」とみた。このようにピアポントとデイビスンの人格に早くから触れたおかげで、ラモントは、単なる事務屋ではない、むしろ一流の政治家にして一国一城の主という銀行家の理想像を描くことができた。

ラモントは、早い頃からモルガン父子の扱い方をよく心得ていた。ピアポントもジャックも、ともに一人で考え込む孤独なたちで、落ち着いた性格で人当たりのよい社交的な部下を好んだ。その証拠に、ピアポントには外づきあいのよいベーコンとパーキンズ、ジャックにはデイビスンとラモントがそれぞれいた。モルガン一族がきわめて引っ込み思案で出不精だったのに対して、これらの取巻き連中が代わって同商会を社交的に賑やかに盛り立てていた。それに加えてラモントは十分に心得ていて、ピアポントに抑えられてしょげてきたジャックが自信を取り戻すよう、うまくおだてたりもした。

貧しい牧師のせがれだったトム・ラモントが、誰もがウォール街を代表するお上品な紳士だと思い浮かべる存在にどうしてなりえたのか、それは謎だった。一七五〇年にスコットランドからやってきた移民が先祖で、父は、ギリシャ語の教授をしたことのあるメソジスト派教会牧師の厳格な人で、子供たちにダンス、カード遊び、それに安息日には近所の散歩さえ禁じた。トムは故郷のニューヨーク州北部のクレイヴァラックで家出をたくらんだり、小説をむさぼり読んだりして少年時代を過ごした。そして奨学金でハーバード大学を出た。その頃に出会った金持ちの若者たちに憧れこそすれ、気圧されることはなかった。スコット・フィッツジェラルドの有名な小説の主人公、ジェイ・ギャツビーのように、貧しい若者が自分の抱く非常にぜいたくな夢をいつかは実現してみせるといった生き方で毎日を送っていた。

後年、ラモントは自分の執務室の暖炉の前で、両手をポケットに入れ、打ちとけた屈託のない姿でよく写真に撮られた。いつも楽しそうな表情だったが目つきは鋭く、相手に親しさを感じさせるものの、それでいて相手の心のうちを探っているかのようなところがあった。世の中のあらゆる事柄を綿密に検討し、相手の力量を一目で見抜いた。生まれつき快活な性格で、意気消沈するようなことはなく、いつも冷静な態度だった。「慎重にやれ」が彼のいつもの口癖で、息子のコーリスの話だと、怒った父の顔を見たことがなかったという。トム・ラモントは、たまげるほどの働き者であって、商売、金銭、外交などあらゆる面の奇才で、目もくらむほどの多方面にわたるその仕事ぶりは、まさにピアポント・モルガンに匹敵したといえるだろう。

そういうラモントには、文学の世界に強く魅かれる面があった。新聞の経営者のほか、ある出版社の大株主になったのは、モルガン商会パートナーたちのうちで彼一人だった。大戦中に英国の詩人ジョン・メイスフィールドが英国への支援を求める講演旅行で合衆国へ来たとき、ラモントの人格に魅せられ『戦争と未来』と題する詩を献じたほどだ。ラモントが知り合った文人には、このほかに評論家のウォルター・リップマン、英国の小説家ジョン・ゴールズワージー、H・G・ウエルズらがいた。また彼が親しくしたのは有名人に限らず、何百人という人々と親密な関係を保った。

のちにラモントは、アメリカを支配した六十三人のうちの一人に数えられたが、もっと人数をしぼってもそのうちに入っただろう。進歩派ジャーナリストのファーディナンド・ランドバーグは、一九三七年に出した著書『アメリカの六十家族』の中でラモントのことを「二十年間にわたり西半球で他の誰よりもはるかに大きな権力を振るい、もうそれ以上変えられない最終決定をはるかに数多く実行した。ラモントは、要するに、大戦後の金融界および政界という見えざる〈執政政府〉の事実上の〈第一執政〉、つまり各国の大統領、首相、中央銀行総裁から意見を求められるほどの大物であった」と記した。

ラモントが平凡な夢の持ち主でなかったことは、一九一六年にヘンリー・フォードに会社の株式公開を説得した努力をみるとよくわかる。それまでのモルガン財閥は、鉄道には大きく投資していたが、自動車産業については先見の明に欠けてその重要性を認めず、その昔にはフォードの資金調達要請をピアポントがはねつけたほどだった。次いで、一九〇七年に、ゼネラル・モーターズの創業者ウィリアム・C・デュラントが、自動車はいつかその売上げが年間五十万台に上り、馬車に取って代わると予言したとき、当時のパートナーのジョージ・パーキンズがこれを一笑に付したために、同社とも金融取引きの機会を逸した。二十世紀初頭のウォール街では、自動車とは、お粗末な信頼性と道路事情が悩みの種の、いわばお金持ちのおもちゃにすぎなかったのだ。

ところが、ラモントがフォードに株式公開を持ちかけた一九一六年頃になると、自動車各社はウォール街で立派な地位を獲得していた。ゼネラル・モーターズ社が最初の株式配当を発表したが、それがニューヨーク証券取引所の史上最高額だったので、自動車産業にそれまで向けられてきた懐疑的な視線は、熱く一変した。また、ヘンリー・フォードがハイランド・パーク工場に流れ作業方式を導入し、年間五十万台のT型フォードを作り出した。ラモントはこれを、ピアポント流の衆目をあっと言わせる取引きの好機とみたわけである。このとき、彼の脳裏に〈シニア〉の幽霊がさまよっていたのは明らかで、フォード社の関係者に宛てた手紙の中で、フォードが株式公開に踏み切れば、「十五年前のUSスチール設立に伴う株式発行以来絶えて久しくなかった快挙」となるだろう、と述べている。フォードは、原則的には株式公開に反対だったが、それでもJ・P・モルガンとフォードの「最善の考え方」を一つに結び付けてみようではないか、とラモントの話に応じた。

ラモントはフォード宛の手紙で相手をおだてたが、一方で刺激もした。書き出しは、「あなたの会社は、わが国、いや世界でも第一の自動車会社です……何もないところから、あなたとお仲間の方々は、今日の素晴らしい規模につくり上げられた」とあった。これでフォードの態度が軟化したところで、驚くほど単刀直入に本題を切り出した。「貴社の現在の組織は、あなたの唯一の弱点です。御社の支配権があなただけの手中にあるかぎり、御社の未来は、同様にただ一人の人間の生命に左右されるわけです……断言して間違いありませんが……あなたが毎日背負わねばならぬ責任の重さに強く圧迫されかねない瞬間が、あなたに必ずやってきます」。そこで同情の意を表してから、少数株主支配が将来厄介な重荷になる恐れを指摘し、相手の不安をかき立て、おもむろに提案そのものを微妙な専門用語でふんわりくるんで持ち出した。ラモントが提案したのは、厄介な責任からフォードを救う「大規模な企業財務操作」——要するに、フォード株式の最初の公募だった。

二度目に送った手紙では、フォードの自社株売却をカーネギーの所有会社のUSスチールへの売却にたとえて、株式公開を促した。フォードはカーネギーに似たタイプの一匹狼だったから、これは気のきいたたとえ話だった。つまり、フォードが株式を公開しても、「最高支払い順位のもので、将来にわたってあなたおよびあなたの相続人、ないし名義人にかなりの金額の安定した利回りを確保する」社債を保有すれば、カーネギーと同様に自社に対し実質的に権益を維持できる、と提案した。この提案をしてしまうと、彼は引き下がって、表向きは公平にフォードの検討にゆだねる態度をとった。二、三週間してフォードは、手紙を受け取った旨を述べ、提案に興味を示したものの、話をそのまま立ち消えにさせた。話としては素晴らしかったが、失敗に終わったのだ。

フォードに提案を蹴られたのち、モルガン財閥は、自動車業界分野との取引きの好機はないものかと絶えず目を光らせていた。そしてついに、一つの好機がやってきた。それは、大戦中にモルガン商会輸出部のおかげで火薬を売って大もうけしたデュポン社を介してであった。大戦でお金をもうけると同時に、塗料、ワニス、人工皮革などの大工場を抱えたデュポン社は、自動車がそうした製品の見込みのある市場になるとみて、ゼネラル・モーターズの株を一九一九年までに二三％も買い占めていた。

ゼネラル・モーターズの創業者デュラントは、四輪馬車の製造業者の豊かな家の出身で、ジョージ・パーキンズに融資を断られた後の一九〇八年九月、自身で資金を集めてゼネラル・モーターズ社を設立し、ランサム・E・オールズとデイビッド・ビュイックの自動車部門を吸収合併し、のちにキャデラックも合併した。T型フォードだけを数限りなく作り出したヘンリー・フォードとは違って、デュラントは、製品の多様化を選んだ。彼は、口のうまい人当たりのよい性格で、ウォルター・クライスラーがかつて、彼なら「鳥を木立ちから誘《おび》き出せる」と言ったほどだったが、経営者としてはひどく衝動的で、気まぐれだった。また、根っからの株が大好きな人間で、それも自分の会社のGM株を専門に売り買いして回った。

J・P・モルガン商会は一九二〇年、GM社が事業拡張資金を調達するのに必要な総額六千四百万ドルの新株発行を主幹事社として引き受けたが、デュポン社を喜ばせようとして、かなり大量の株を自社で保有する一方、残りの株を安全な人々の手に託した。その頃はちょうど、ニューヨーク連銀のベン・ストロングが企んだ一九二〇年景気後退が始まったばかりで、ヘンリー・フォードが自動車価格を大幅に引き下げたから、GM車は売れずに販売店にたまるばかりだった。それにつれてGM株の株価が下落すると、これを引き受けたモルガン商会をはじめデュポン社やデュラント自身も、売れない株を大量に抱えて四苦八苦の状態だった。

ぺてん師さながらに冷静なデュラントは、この難局を苦もなく乗り切るふりをした。そして、恒例のオペラ見物を欠かさず、鷹揚な態度を装ったものの、持株である大量のGM株を担保に借金していたから、内実は火の車だった。その借金返済のために持株を売却せねばならないとしたら、株価を崩すだけでなく、取引所を恐慌状態に追い込み、GMの信用を駄目にする恐れがあった。

デュポン一族はデュラントを信用したが、ドワイト・マロウらモルガン商会パートナーたちは疑い深かった。GM株が二十ドル台を割ったとき、デュラントは、信用取引でもっと株を買い占めて退勢を食い止めるのに必死だった。株価がさらに下落して十二ドルもの低値になるにつれ、彼の損失も雪だるま式にふくれ上がった。一九二〇年の十一月十八日の夜、彼は、株式市場が翌朝開くまでに信用取引の証拠金積増し請求に応えるために、百万ドル近くのお金が必要になった。デュラントは、ヘンリー・フォードと同様、銀行家を視野の狭い、つまらぬ人間とみなして馬鹿にしていたが、今度という今度は、モルガンに電話して、一株十二ドルというその日の引け値で自分の持株を引き取ってはくれまいか、と頼み込まざるをえなかった。ここで彼を救わなかったら、株式相場が総崩れになる、と当時のデュポン社社長のピエール・デュポンとモルガン商会パートナーたちは心配した。ドワイト・マロウ、ジョージ・ホイットニー、トム・カクランのパートナー三人が五七丁目通りの旧GMビル内のデュラントの執務室に駆けつけたら、そこはてんやわんやの有様だった。負債がなんと三千八百万ドルにもふくれ上がっていて、控え室は返済を求める債権者でごった返していたのである。デュラントの債務不履行が株仲買店の閉鎖につながり、このままでは一九〇七年金融恐慌の繰り返しになる、とパートナーたちはみた。モルガン関係者は、夜を徹して救済策を協議した結果、引け値をかなり下回る一株当たり九ドル五十セントでデュラントの持株を買い取った。また彼を負債の危機から救うために、デュポン側が七百万ドルの現金を融資したほか、モルガンの口ききで主要銀行から二千万ドル借りる手筈を整えた。この結果、デュラントのGM持株はわずか四〇％に減らされ、残り四〇％がデュポン、二〇％がモルガン商会など融資銀行へ渡った。ピエール・デュポンは、デュラントを寛大に遇するつもりだったが、モルガン商会パートナーたちは無情にも、彼の社長辞任を強く主張し、一夜にしてデュポン一族とJ・P・モルガンが一大産業帝国をデュラントの手からさらった形になった。二週間後、ピエール・デュポンがゼネラル・モーターズ社の社長に納まり、三年後にアルフレッド・P・スローン・ジュニアと交代するまで、その地位にとどまった。

デュラント追出し劇は、モルガンの歴史にとって二重の意味で大当たりだった。モルガンとGM社の関係を強化する一方で、デュポン一族をこちらに引きつけられたからだ。ピエール・デュポンが当時、兄弟のイレネー・デュポンに宛てた手紙は、「この取引全体を通じて、モルガン商会パートナーたちは、このうえなく役に立った。最初から報酬をいっさい求めないとはっきり言って、仕事に全身全霊を打ち込んでくれた。総額六千万ドルないしそれを上回る取引きを、素晴らしい速度と手際のよさで、立案から実行まで四日足らずで成し遂げた」と記している。

第一次大戦後にわかに資金力が豊かになったアメリカは、一九二〇年代を通してずっと、諸外国の債券を積極的に買い入れ始めたが、それまで自身の開発資金をヨーロッパの資本市場に頼っていた国にとっては、これは新しい経験だった。債券投資熱をあおるきっかけとなったのは、財務省が大戦中に売った自由公債で、これには五十ドルという低い額面のものまであったため、一般庶民の間に債券購入の空気が生まれたのだ。一昔前のアメリカ人が銀行預金したり、保険に入ったり、箪笥預金したりしてお金を貯めたのに対して、今度は束になって債券を買い出した。この気運に乗じて株仲買店は、誰もがいずれは大金持ち、第二第三のJ・P・モルガンになれるとアメリカ庶民の夢をかき立てた。

ニューヨーク市の大手各銀行は、この新しい商売に我勝ちにとびついた。連邦免許銀行は、有価証券の引受けと販売を禁じられていたが、証券子会社を別に設ける抜け道があった。チェース、ナショナル・シティ、ギャランティ・トラストの各行は、いずれもそうした系列子会社を設立し、たくさんの出張販売員を全国に派遣して、ブラジルからペルー、キューバからナリといった、めまぐるしいほどの種類の各国の債券を投資家にしつこく売り込んだ。それと同時に、海外市場に進出した銀行も多かった。一九一三年の連邦準備法の制定以前は、州免許銀行だけが海外に支店を設けることができた――これがJ・P・モルガン商会が海外顧客に対する面で他行より出足がはるかに勝っていた理由の一つだった

——が、いまや連邦免許銀行も同様にできた。

あっという間に、ナショナル・シティ・バンクは、ロシアに進出し、中国で忙しく商売を始め、ブエノスアイレスやリオデジャネイロに支店を開いた。それまでアルゼンチン市場は英国のベアリング商会が長く独占していたが、大戦後の数年間でナショナル・シティ、J・P・モルガン、クーン・ローブのアメリカ勢各行がベアリング商会に追いついた。この頃、ロンドンのシティは、大蔵大臣の外債引受け禁止措置で身動きできなくなり、外国政府という長年の顧客先を多数失った。

ワシントンの合衆国政府は、外国債券への投資熱を注目しているうちに次第に関心をそそられ、それをなんとか政治的に利用できないかと考えた。民主党のウィルソン大統領に代わって、共和党のハーディング大統領が一九二一年にホワイトハウス入りしてから、共和党伝統の自由放任主義の考え方に立ちながらも、ウォール街が新たに手にした影響力を共和党政権が利用しようとするのをやめなかった。〈狂乱の一九二〇年代《ローリング・トウェンティーズ》〉の皮肉な点は、自由市場経済を旗印とした、ハーディング、クーリッジ、フーバーと三代続いた共和党政権が、金融機関の外国債引受けを半ば公式的問題に新たに格上げして、その一つ一つに拒否権を行使したことである。民主党政権であったなら、社会主義的傾向があるとの非難を受けないように、絶対にそういうことはしなかっただろう。

この新しい外債引受け方針を背後で推進したのは、のちの大統領で当時のハーディング政権では商務長官だったハーバート・フーバーだった。前のウィルソン民主党政権がロシアと中国に向けた民間借款に目を光らせた前例が、彼の頭にはあった。一九二一年五月二十五日にホワイトハウスで開かれた会議で、ハーディング大統領はトム・ラモントらウォール街の投資銀行の代表者たちに、今後、すべての外国債引受けは、国益にかかわる問題として、国務、財務、商務の各省の確認を求めねばいけない、と申し渡した。その後でジャック・モルガンが有力な銀行各行と信託会社各社を代表して、「当方が引き受けることになるかもしれぬ諸外国政府の公債に関する、すべての交渉について、国務省に絶えず完全に報告する」ことをハーディングに誓約した。経済界寄りの共和党政権としては、驚くべき政府権力の拡大であった。

共和党政権が三代続いて支配した一九二〇年代は、モルガン財閥の影響力の絶頂期だったといえる。ただ、モルガンとホワイトハウスはお互いに持ちつ持たれつだと革新派勢力から勘ぐられはしたものの、両者の関係は決して穏やかではなかった。モルガンのパートナーたちは、のっけからハーディングのことを、ぼんくらで、戦後再建の大役はこなしきれまいとみなしていた。のちにトム・ラモントはハーディングを「哀れな人物……一億二千万の国民を率いて、第一次世界大戦の真っ暗闇の混乱の中から明るみへつれ出すことなど、およそできそうにない人間」と酷評した。ハーディングに対する侮蔑の念は、個人攻撃の域には収まらず、それ以上に発展した。

なぜならホワイトハウスとモルガン財閥は、同じ共和党支持とはいいながら、党内でそれぞれ異なる派閥の考え方に拠って立っていたからだ。モルガン商会は、その成り立ちや自己の利益を図る観点から、国際金融の問題ではリベラルな国際協調派で、合衆国の主導権、連合国との密接な協議、強力な対外融資活動を主張した。つまり外交政策の面では、前の民主党ウィルソン政権と多少似通っていたのだ。大戦後の英国が外国債引受け活動を再開できない不利な状態なので、J・P・モルガンとしては、合衆国が従来の英国の主導権を受け継いで、ヨーロッパ再建の音頭を取って欲しかった。これに対し、共和党のハーディング派は、考え方がきわめて狭量で、保護主義的で、しかもヨーロッパ各国の対立抗争を軽蔑してうんざりしていた。この派に属す共和党の人々は、外国債引受けを外国人を操る手段、ないしはお金の無駄遣いとみなし、国内の福利厚生支出に回した方がずっとましだと考えた。

ハーディング政権が発足した初めの頃、合衆国政府が戦時中に発行した公債から連合国側に貸したお金約百億ドルの扱いをめぐって、モルガン商会は大統領と反目した。親英国的な立場をとるモルガン財閥は、この借金を帳消しにするよう熱心に主張した。アメリカはお金を出しただけだが、連合国はドイツと戦う兵隊を出したのだから、この戦時債務を借金ではなく義援金とみなす寛大な処置をお願いしたい、というのがジャック・モルガンの言い分だった。ハーディング政権にすれば、堕落したずるいヨーロッパの連中にヤンキーがまたもだまされるのではないか、という疑念があった。戦時債務の回収は、合衆国の国民の支払う税金を低く抑える手段でもあった。ラモントが債務帳消しを談判しにホワイトハウスへ行ったら、大統領は「この債務の問題は少し勉強した方がよいな」と答えただけで、大統領にその後何度会っても色よい返事は得られなかった。

ハーディング政権はついに、合衆国との戦時債務を清算していない外国政府の公債引受けをウォール街に禁ずる方針をとった。アンドルー・メロン財務長官から真顔でそう言い渡されたラモントは、社に帰ると、がっかりした表情でジャックに、「彼は、財務省の国庫の厳格な番人だから、財務省が間違いなく債務者から最後の一セントまで取り立てることが自分の任務だと当然考えています……また、ヨーロッパ各地の取るに足らぬ小さな国々の借用証文をわが国がずっと握っていれば、証文を握っているということだけで、わが国が各国を政治的にいわば束縛できると考えるでしょうな」と報告した。

この考え方は、きわめて近視眼的な態度であって、その後三十年近くの間、国際金融を苦しめるもとになる。そのために、山積する各国の債務が世界貿易の発展を妨げ、政治的主導権の発揮を徐々に損ない、欧米各国間の関係を悪化させることになった。ワシントンのこの頑固な方針に直面したモルガン財閥は、英国の友人たちに対し、不本意ながら合衆国との債務を清算した方がよいと勧めた。英国のスタンリー・ボールドウィン蔵相がメロン財務長官と会談した後、六十二年がかりで返済することに英国は同意した。だが、この弱い者いじめを喜んで受け入れたわけではなく、英国のボナ・ロー首相は、ボールドウィン蔵相から報告を受けると、怒ってかなりわめいた。一九三九年に第二次世界大戦が起こる頃まで問題はわだかまり、モルガン財閥は、ホワイトハウスとホワイトホールの間で板挟みとなった。その一方、連合国側の債務帳消しに失敗したため、モルガン財閥は、勢いドイツの賠償に強腰で臨まざるをえなくなった。ドイツが賠償を怠れば、連合国側はどうやってワシントンに債務を返済できるだろうか？　このために債務の破滅的なたらい回しの事態が生まれ、それが次第に回転速度を増し、ついに一九三〇年代にすべてが崩壊するのである。

ワシントンは、最初は連合国側の戦時債務保全という配慮から、外国債引受けの規制を要求したのだが、やがてこの新しい権限の行使がだんだんに慣例化して、思わぬほどの長期間にわたり、すっかり根をおろしてしまった。のちにトム・ラモントは、一九二〇年代のかなり大掛かりの外債引受けのうちでワシントンの暗黙の了解なしにやった例は一つもない、とよく断言したものだが、〈ドル外交の時代〉の政府・投資銀行間の強い連携関係をこれほど如実に物語る証言はない。政治と金融との間を画してきた一線はぼやけて、やがて消滅した。モルガン財閥の一挙手一投足を政府の政策の忠実な反映だと解釈した慧眼の持ち主は、さほど的外れではなかったのである。

外債取扱いに関する官・民のこの取決めは、お互いにそうした方が便利だったという面もあった。ウォール街投資銀行家の背後に隠れることで、政府は、諸外国が外債引受けを承認ないし拒否されたときの責任を回避できた。銀行側は銀行側で、政府の後ろ盾のもとで引き受けた外債発行なら、政府にその保護を任せられると、この取決めを一種の安全保障条約と理解した。そのうえ、債券引受け相手国について政府の持っている情報が得られるという利点も、銀行側にあった。アメリカが従来の英国に代わって世界各国を相手にした債権国にのし上がるにつれ、主権国家からの債務取立てがウォール街の悩みの種だったから、ワシントンはこれに応える絶好の存在に思えたのだった。

「ハーディングの打ち出した外債引受け確認方針に伴って——明確に文書化されてはいなかったが、暗黙のうちに——政府が安全網を張って用意してくれているから、投資家が綱渡りの綱から落ちるような危険な目に遭っても救ってもらえるといった思い込みがあった。ラモントが述べたように、この政府のお墨付きの「おかげで多数の投資家が、明言されていようがいまいが、政府が発行を承認したという気がして、大規模な外債発行の話に乗った」という。さらに希望的観測をたくさん生んで、債務国の債務不履行の場合はどうなるかといった厄介なことを銀行側は考えなくて済んだため、債務国の綿密な調査など省いてもよいとの風潮が暗黙のうちにあった。一九二〇年代を通じてウォール街は、政府の保護を受けていると思い込んで活動していたが、それはのちに幻想だと判明する。だが、そう思い込んでいる間は、ウォール街がこれまで経験したことのないほど有頂天な空気が生み出され、夢うつつの繁栄の十年間を引き出すのに役立ちはしたが、結局は一九二九年の株価大暴落でその夢は砕かれるのである。

第十二章　彷徨《オデッセー》

モルガン財閥の第一次大戦後の覇権というか、〈ドル外交の時代〉のアメリカ政策との一心同体ぶりというか、それを最もよく表徴したものは、極東で同財閥が卓越した立場を新たに獲得したことをおいて他にないだろう。モルガン商会は最初、政府の要請でアジアに進出し渋々ながら中国に対する国際借款団に参加したが、当時のブライアン国務長官がこうした外国への「干渉」を強く非難したので、借款団は解消された。ところが、その後に第一次大戦が起きて、太平洋地域でアメリカの立場が強化されたのに対しヨーロッパの勢力が後退した結果、ブライアンの後任のロバート・ランシング国務長官が、この新しい地域に食指を動かし、一九一九年に民間銀行による中国借款団の構想を復活させた。そのとき、ジャック・モルガンが「ですがランシングさん、ブライアンさんはわれわれに思いとどまるよう求めましたが」と尋ねると、ランシング長官は恥じ入った顔で方針の大転換を認めたという。

この第二の中国借款団では、トム・ラモントがまとめ役を務めた。彼は一九一九年十二月、発進命令を受け取りにホワイトハウスへ出向き、かねてから尊敬してきたウィルソン大統領に会ったが、大統領は、ラモントなら支配権を争っている中国の二つの政権の対立を解決できると期待した。当時の中国では、一九一一年の辛亥《しんがい》革命以来、北京の公式政権と広東の国民党政権の間で権力が二分され、満州は各軍閥が支配していた。投資銀行家の観点からすれば、こんなに分裂した中国は、その直前に倒れた清朝に負けず劣らず投資リスクが大きかった。外債引受けで生ずる債務の返済を最終的に保証する者、つまり外債発行の交渉主体となる確固たる政権基盤がまだ存在していなかったからだ。中国の公債を引き受ける機が熟しているか否かを検討するため、ラモントは一九二〇年、現地視察に出掛け、日本の侵略行為で火のついた労働者ストや学生デモで荒れる中国各地を冷静に観察して回った。

ラモントは、いわば日中対立の渦に巻き込まれた形だった。日本側のスパイが彼の背後につきまとい、ホテルの彼の両側の部屋にひそんで盗み聞きするなどずうずうしい行為に出た。のんきなラモントは、モルガン商会との往復の暗号電報を解く暗号帳を何気なく脇に置いていたが、「私の秘書は、いつも（それを）ベッドまで持ち込み、弾丸をこめた拳銃を枕の下にひそめて就寝した方がよいとしつこく言った」と後に回顧している。あるとき、彼が列車内で電報を読んでいたら、日本のスパイが肩越しに盗み見ようと首を伸ばしているのに気づいたので、無造作にその電文を相手に手渡して、一安心させてやった。

ラモントの中国訪問の新聞報道は、外国の銀行家が金融面で中国を保護領にしようとしているのではないか、といった不安を民族主義者たちの間にかき立てた。彼の到着に抗議する学生デモが起きたが、これは日本人の差し金だと思った。彼は後年、上海で学生デモの主謀者たちに借款が中国を金融面の苦境から救うものだと説得するのに成功した自慢話をよくしたものだ。この話は、彼が難局にいつも強いことをよく物語っているが、彼の話し方はいつも相手に親しみを抱かせ、穏やかだったから、たいていの批判者は骨抜きにされてしまったのである。

ラモントは、中国人に対して決して好意的になれず、ひどく悪く言うことがよくあった。たとえば、中国南部を本拠とした国民党政権の指導者孫逸仙博士と上海で会ったが、かつてハワイで学び、大英博物館付属図書館で蔵書を乱読した勉強家といわれたその人物にまったく感銘など受けなかった。二つの中国に平和が回復できるかどうかというウィルソンの疑問を繰り返すと、その答えにラモントは驚いた。「南北間の和平ですって？」と孫逸仙はおうむ返しに繰り返してから、「もちろん、できますとも。私に二千五百万ドル下さい、ラモントさん。そうすれば、二個軍団に装備して、直ちに和平を達成してみせますよ」と言ってのけたのだ。彼は、北京の政権とも接触したが、同様に失望した。

ラモントはアメリカに帰って、南北中国が統一されて責任のとれる議会が生まれるまで、中国借款は見合わせた方がよいと勧告した。最初の銀行借款団が直面したのと同じ問題——つまり政治不安という問題があったためで、中国は借款団の要求する前提条件を満たしていなかったのだ。結局、中国向け借款の話は不首尾に終わったが、日本がやがて極東で最大の顧客になってくるので、モルガン財閥は少しも動じなかった。まもなくモルガンと日本との関わり合いが非常に深まることになり、トム・ラモントは、中国借款を再び考える気がまったくなくなった。

穏やかならぬラモントの中国視察旅行と比べると、帰途の一九二〇年に日本まで足を延ばした旅は、はるかに楽しいもので、これがきっかけで日本と親しい関係が生まれた。当時の日本は、すでに〈アジアの英国〉と呼ばれるほどで、ラモントにすれば最高の投資推奨対象であったし、日本とアメリカの両国が太平洋地域で優勢になるにつれ、従来より緊密な金融関係を結ぶべき時機が到来していた。日本も合衆国と同様、大戦中に船舶や軍需品を連合国に売って大いに繁栄し、その金準備は百倍にも増え、アメリカにとっては第四位の大きな輸出先となっていた。

政治情勢も幸先がよく、ラモントの出会った当時の日本には、欧米の銀行家たちと進んで交際を求め、新しい外国勢力に国の門戸を開放したがる、リベラルな考え方の人々がいた。その頃は、開明的な貴族階級が軍国主義者たちを押さえていた。日本経済を支配していたのは、財閥——つまり核となる銀行のまわりに集まった商社と企業の複合集団——で、急速に海外へ進出しつつあった。そして、日本と英国との長年の同盟関係が弱体化するにつれ、その穴をアメリカ合衆国が代わって埋め始めていた。

トム・ラモントと妻のフロレンスは、三井、三菱両財閥の当主ら日本の上流階級の歓迎を受けた。教養ある貴族の、こうした一族の人々には、礼儀正しく、格式にこだわるラモントのような人間を自然に魅きつけるものが備わっていた。日本の実業界の首脳たちは、ウォール街が派遣した新しい大使に会いたがって、ラモントを王侯貴族並みにもてなしてくれた。またフロレンス夫人は、三菱財閥の当主の岩崎男爵夫妻みずからの案内で、東京の中心部に所有する広さが二十五エーカーもある、池や庭園や人影の見られない中庭などが迷路みたいに入り組んだ邸内を見学した。

一九二〇年代のモルガン商会の影響力は、主要な世界各国の中央銀行総裁と親密で、こうした人たちの間をつなぐ非公式の意思疎通網を提供できたことに大きく負っていた。ラモントは、日本銀行総裁の井上準之助と中国借款団の問題を話し合った。当時の日本の金融界の傑物だった井上は、かつて横浜正金銀行の頭取を務めたことがあるが、同行のウォール街支店は日本政府の財務代理人だった。井上は日銀総裁を二度、蔵相を三度経験しており、アメリカのベン・ストロング、英国のモンタギュー・ノーマン、のちのドイツのヒャルマー・シャハトらのように、日本の中央銀行たる日銀を日本の政治経済の中での強力にして中立不偏の発言機関に育てた。正義と礼儀が日本の軍国主義に打ち勝つと信じたがったウォール街の投資銀行家たちからすれば、井上は、時宜にかなった人物で、健全通貨と均衡予算を固く守り、軍国主義者どもには断固として勇敢に反対し続けていた。

ラモントは、三井財閥の大番頭の團琢磨男爵とも親交を結んだ。この人には〈日本のモルガン〉の仇名があり、マサチューセッツ工科大卒で英語を流暢に話し、トム・ラモントに負けず劣らずの国際人にして、コスモポリタンだった。三井合名会社理事長と三井銀行の会長を兼ね、日本経済のあらゆる分野に手を伸ばす一大企業帝国を支配していた。そして、日本の貿易額の三分の一――生糸貿易の二五％、石炭輸出の四〇％――を支配し、フランスの商船団に匹敵する規模の船舶を運航していた。

三井財閥に比べると、モルガン財閥など昨今なりたての成上り者にさえ思えた。三井財閥の経営する銀行は九代続いており、三井家は十七世紀に徳川将軍の金融代理人となり、一八六七年まで皇室の金融を担当した。三井の海外支店の数は政府の大使館より多く、日本政府にとって便利な海外情報網となっていた。東京の中央にある三井邸で、團男爵はラモントをもてなしたが、その接待ぶりはのちに英国皇太子を迎えたときと同じほど豪華だった。團男爵はその翌年、アメリカとの結び付きをさらに強めるため、日本の視察団を率いてウォール街を訪れ、東七十丁目通りのラモント邸で夕食を共にした。

ラモントの一九二〇年の訪日旅行の成功は、たちまちにして成果を生んだ。一九二三年九月一日、東京・横浜地区が関東大震災に見舞われ、十万人余の死傷者が出て、東京と横浜の半分以上が灰燼に帰し、財産の損失だけで日本の富の二％が吹き飛んだ。

その知らせがウォール・ストリート二三番地に届くと、モルガン商会の広報責任者のマーチン・イーガンが横浜正金銀行のウォール街支店を見舞う一方、ドワイト・マロウが赤十字日本基金の委員長になり、ザ・コーナーは救援活動のニューヨーク本部と化した。その頃、日本が日露戦争のとき以来初めてアメリカで公債発行を計画中との噂が流れた。ラモントは、当時は蔵相だった井上にさっそく手紙を書いて、その発行を思いとどまるよう忠告した。こういう場合は、公債を引き受けて私利私欲を図るよりは率直な忠告の方がいい結果を生む、と考えたからで、「苦難や災難を救おうと、身銭を切って何百万ドルも寄付している人々にすれば、いま自分たちが助けている人々のためにさらに債券を買う気にはなかなかなれまい」と打電した。

そして日本は、その年の暮れまでに異常な回復力を発揮して、東京の電灯、ガス、水道を復旧し、東京証券取引所も三カ月足らずで取引きを再開させた。三井銀行の本店が再建されるとき、その白い大理石の正面玄関の設計は、ウォール・ストリート二三番地を建てたアメリカ人建築家の手に成り、これは三井財閥のモルガン財閥に対する暗黙の敬意であり、両者間の新たな絆を尊重した証しだとみる向きがあった。

震災直後の痛ましい空気が消え去るや否や、ラモントは、日本政府をモルガンだけの顧客として独り占めしようと乗り出した。日本側はそれまで、人当たりが悪くて強引なピアポント・モルガンを嫌って、クーン・ローブ商会のジェーコブ・シフと好んで取引きしていた。シフは日露戦争の際の戦費調達に尽力した功で天皇から瑞宝章を授けられたほどだ。さらに、一九二〇年代のウォール街では、例の〈紳士銀行家行動規範〉を守りながら、貴重な取引きを他社の手からこっそり盗み去るのは至難の業だった。そこで、精妙な術策に長けたラモントは、井上が派遣してきた使者のタツミに、行動規範を波風立たぬ形で破るにはこうしたらよいと、望ましいやり方を伝授し、何食わぬ顔で彼の口を借りて発言させた。のちにラモントは、タツミにどう入れ知恵したかを、次のように回顧している。

どんな公債の取扱い方についても、われわれはタツミに、とるべき方途は二つしかないように思う、と率直に述べた。一つは、クーン・ローブ商会へ行って、二十年前の日露戦争の際に公債を引き受けてくれた関係から、予定した公債発行を今度も引き受けて欲しいと言うことだ。そして第二の方途としては、同商会へ行って、日本が直面している国家的危機を理由に、アメリカの投資銀行業界全体の協力を求める重大な必要性があると感じていることを理由に、またニューヨークとロンドンの両市場間の慎重な協力も大切なことを理由に、わがモルガン商会が予定の公債発行の先頭に立つよう日本政府が要請する方針を決めたので、そうした方が賢明だとクーン・ローブ商会が答えてくれるのを期待する、と言うしかないと。

クーン・ローブ商会は、この頃は規模が小さくなりすぎていて、予定ではアメリカ市場で最大金額の長期外債となる、総額一億五千万ドルの震災復興公債を引き受けられそうになかった。また、第一次大戦中に親ドイツ派とみられたがために受けた打撃がまだ尾を引いていた。公債発行が一九二四年二月に明らかになると、J・P・モルガン商会は、古くから交際のあるナショナル・シティとファースト・ナショナルの両銀行を引受けシンジケート幹事社に入れたが、気まずい空気をなだめるために、クーン・ローブ商会も一枚加えた。そして、アメリカと呼応してロンドンでも総額二千五百万ポンドの公債発行が予定されたので、幹事社のベアリング、シュロウダー、ロスチャイルドの各商会は、モルガン・グレンフェル商会も幹事社に加えざるをえなかった。

アメリカが日本の公債を引き受けるのには、一つの隠された狙いがあった。ラモントは、二度ほどヒューズ国務長官と用談したが、これで「英語を話す二大国が日本と日本人に対し友好的感情を持っているとの明確な証拠を日本国民が抱くこと」になれば非常に嬉しい、と語った。またもやウォール街の金融活動は、政府政策の転換をはっきりと表す顔となったのである。

だが、何といっても、民間の投資銀行の人間は、顧客に絶対に誠意を尽くすということを代々教え込まれ、それが伝統になっていた。だから、ピアポント・モルガンが鉄道の株主に対したのと負けず劣らず、トム・ラモントも日本の公債を買った人たちに対し責任を感じたものだ。モルガン財閥が日本の首尾よい復興と繁栄に深く関心を寄せたのはそのためで、またこの新しい大事な顧客である日本のために政治的な後ろ盾役を演ずる必要を感じた。たとえば、モルガン商会が震災復興公債を引き受けたちょうどその頃は、日本移民排斥法が問題になっていた最中だったので、これは人種差別的な法律だと同商会は強く抗議し、論議に巻き込まれた。一九二七年に日本の天皇は、ジャック・モルガンに瑞宝章、ラモントに旭日章を授け、その功に報いた。アメリカ人の銀行家にとって、これは稀な名誉だった。

ただ、外国人顧客に誠意を尽くし、その存立に強い関心を寄せるということの傾向は、のちにモルガン財閥に深刻な結果をもたらすことになる。ラモントは一九二〇年代半ば頃までに、日本はじめドイツ、イタリアという三国を顧客に獲得するが、その後の三国の進路がアメリカと鋭く衝突する運命になるからだ。モルガン商会が将来の敵国となる三国と関係を持ったのは、まったくの偶然だったが、顧客獲得の努力が裏目に出て、時がたつうちに一種異常な状況を生み出し、連合国に属した商売熱心な同商会が最後には、枢軸国に与した投資銀行という不安定な立場に置かれるのである。

外国有価証券への投資という新しい流行で、アメリカ人の関心を集めた主要地域は、ラテン・アメリカ諸国だった。ウォール街の各銀行から派遣された債券販売員が零細な投資家にしつこく売り込んだのは、誰もがその名も知らぬほどのラテン・アメリカの中小国の債券ばかりだった。ラテン・アメリカ向け借款の波乱に富んだ歴史や、一八二五年頃に早くもラテン・アメリカの借り手国がほとんど軒並み、利払いを滞った前例のある事実など、まず知る者はなかった。いまやあまりに多すぎる投資銀行が寄ってたかって、あまりに少なすぎる良い取引きを追い求めたため、それにつれて信用基準ががた落ちしていた。一九二〇年代の様相について、「十数人ものアメリカ人銀行家が、五、六カ国の南アメリカ、中央アメリカの国々に詰めかけ……お互いに相手を出し抜いて引き受けようと愚かにも無鉄砲な行動に出て、その尻を大衆投資家にシワ寄せした」とクーン・ローブ商会のオットー・カーンは述べている。

この地域は変動する商品価格への依存度が高かったために、ラテン・アメリカ債はそれまでもつねにリスクが大きかった。たとえば、一九二〇〜二一年の砂糖価格の暴落によってキューバ経済が落ち込んだとき、キューバの預金量の九〇%を占めていたナショナル・シティ・バンクは、抵当に担保権を行使して、結局は同国の製糖工場の五分の一を抱え込む始末になった。ギャランティ・トラスト社もキューバの砂糖に大きく投資していたため、一九二一年五月にはモルガンを中心とした銀行団の救済に頼らざるをえなかった。

ウォール街きっての一流投資銀行であるモルガン商会は、大衆投資家たちにまでラテン・アメリカ諸国の債券を無理に買ってもらう必要はなかった。同商会が好んで取引きしたのは、ヨーロッパの先進工業諸国、英連邦諸国（カナダ、オーストラリア）、それにその周辺部の先進諸国（日本、南アフリカ）だった。それは、成功者に与えられた特権であって、モルガンにして初めて、最も堅実な借り手国を選んで、そうした国々にだけ貸出しできたのだ。例外的に取引きしていた唯一の貧しい国は、ピアポント時代の模範的な債務国から全世界の銀行の嫌われ者に転落してしまったメキシコだった。一九一〇年から二〇年まで長引いたメキシコ革命の混乱の最中に、支払いを拒否した同国の政府と鉄道の債務は五億ドル以上に達し、モルガンが中心になって引き受けた外債は異常な元本割れになっていた。同商会が怒りをさらに募らせたことに、この債務不履行分の中に、アメリカの投資銀行がロンドンで初めて手掛けた外債、つまり一八九九年の、ピアポントの手になる神聖侵すべからざるメキシコ債があった。

メキシコ債務の泥沼状態を検討する前に、ラテン・アメリカ債務の今昔の違いに注目する必要がある。第一次大戦から第二次大戦に至る間は、債務は債券という形に一括され、小口投資家たちに売られたが、今日では債務は銀行貸出しの形をとり、一般の人々が直接リスクを負うことはない。だから、一九二〇年代に各銀行がラテン・アメリカの債務国と掛け合ったのは、自身の利益を守るためではなく、零細な債券所有者の利益を代表する〈道義的受託者《モラル・トラスティ》〉としてであった。それがモルガンとメキシコとの関係の実態であった。一九一八年に合衆国国務省と英国外務省の承認を得て、交渉組織として〈メキシコ問題に関する銀行家国際委員会〉なるものが設けられ、トム・ラモントが委員長になった。これには頭文字を集めてＩＣＢＭなる立派な略称がつけられ、二十万人を数える零細な債券所有者に代わってメキシコ側との交渉に当たった。十九世紀は、英国のベアリング商会がメキシコ債務交渉を一手に扱っていたが、ラテン・アメリカ諸国に対する合衆国の覇権を主張するモンロー主義を根拠に、国務省がＩＣＢＭの支配権を要求した。そして、十億ドル以上のメキシコ投資を抱える合衆国としては、英国側に少しでも権利を侵されまいと警戒して行動した。

ラモントは、非常に多くの時間をかけてメキシコ債務と取り組んだので、その発言にはできの悪いわが子をいたわる親のような調子が忍び込んできた。一九二三年に息子のコーリスに宛てた手紙では、いやに涙もろく、「これまで二年間、哀れなメキシコの自立を助けようと私の生活を捧げてきた……この仕事の成就を私は毎日祈っている」と述べている。メキシコ債務危機を解決するには、聖人のような忍耐心と失敗した夢の再現を求めるロマンチックな心情みたいなものが要求されたが、ラモントは、その仕事にまさに打ってつけだった。

メキシコ相手だと日本と取引きするようなわけにはいかず、ラモントには、国務省が鋭い監視の目を光らせた。第三世界の国々が相手だとなると、アメリカ合衆国政府は、その金融力を他の国々相手の場合より大胆に利用する傾向があった。一九一七年、カランサ大統領のもとでメキシコは、急進的な新憲法を制定して地下資源のメキシコ人による所有を定め、アメリカの石油関係者からこれは石油の国有化だと非難された。メキシコに所有していた牧場が革命軍の兵士の略奪を受けてから、アメリカの新聞王ウィリアム・ランドルフ・ハーストが、メキシコ進攻を支持する論説を各紙に載せ始めた。ヒューズ国務長官も、メキシコの対外債務不履行やアメリカ人所有土地の没収に苦慮して、こちらの要求が受け入れられるまで、メキシコに対する金融封鎖を要求した。モルガン財閥は、要求を通すための長官の重要な手足となって動いた。

ICBM（メキシコ問題に関する銀行家国際委員会）の会合は、ウォール・ストリート二三番地で開かれたが、これは腹話術とまったく同じで、国務省のしゃべる通りにラモントが口を動かした。メキシコ側にすると、そうであればアメ公《グリンゴ》の政府と取引きしたと民衆から烙印を押されずにワシントンと交渉できたから、この茶番劇を歓迎した。モルガンのような民間銀行は、ワシントンと諸外国政府の間の率直な意見交換の中継ぎ役に打ってつけだった。

一九二〇年、カランサ大統領の暗殺後はアルバロ・オブレゴン将軍が権力を握って、ワシントンの外交承認を得ようと融和的戦略をとり始めた。そして、アメリカの銀行家のご機嫌をとってメキシコの信用を回復しようとして、ラモントにしつこくメキシコ訪問を勧めた。すぐその招待を受けずに時間を稼いで、向こうにもっと圧力をかけるようヒューズ国務長官が求めたが、ラモントは一九二一年十月、モルガン商会の鉄道専用客車に乗って南のメキシコめざして出発した。

オブレゴン大統領は、ねばり強い高圧的態度で改革を骨抜きにする方法をよく心得た、したたかな政治家であって、農民の支持を得るために革命の理想を掲げながら、実際にはカランサの改革路線を押し戻していた。ラモントの会ったこの片腕の将軍は、人当たりがよく屈託がなかったが、強く印象に残ったことが一つあった。将軍は、堅い木の床の真ん中に自分の机を置いて、忍び寄る暗殺者の足取りで床がきしむのがすぐ耳に入るようにしていたのだ。

将軍との会談でラモントは、あらゆる国際債務危機にありがちなジレンマに直面し、もっと融資してくれなければ返済しないぞ、と脅しをかけられる羽目になった。ラモントをここから救ったのは、メキシコの債務が内包する難点、つまり債務が公債発行借入金の形をとっていたので、資本市場がもうこれ以上メキシコ債を吸収する余地はなく、したがって貸出しがおのずから限度に達しているという点だった。旧債務が少なくとも一部でも返済されないかぎり、新規公債の発行はいっさい認められない、とラモントはオブレゴンに告げた。メキシコ側は、債務を返済能力に釣り合ったものにすべきだと答え、元本の五〇％圧縮を求めた。

ラモントは、相手がひそかな狙いを一つ持っているのに気づき始めた。メキシコ側が債務不履行の公債の担保に取られていた関税収入を差し押さえて、公債の市場価格を一挙に下落させたのだ。メキシコ政府にすれば、差し押さえた関税収入を使って、時価の下がった公債を買い戻せたから、これは一石二鳥、三鳥もの好都合だった。ラモントは、これを公債所有者に対する信義違反と考え、債務を履行しなければ国際金融市場の孤児になり、今後、借款を手に入れられなくなると主張して、メキシコ側を脅すのに努めた。

ラモントが予定より二日早く繰り上げてメキシコを離れたとき、間一髪で危険な目を逃れたことがわかった。当初予定した列車が盗賊団に襲われ、危うく誘拐されて金貨で五十万ペソの身代金をゆすられるところだったのだ。ウォール・ストリート二三番地に戻ると、メキシコに対する不快感を表したジャック・モルガンの電報が待ち受けていた。ジャックは、父が手掛けた一八九九年の公債をメキシコに間違いなく返済させることが一族の面目をかけた問題だと考え、「現代のいかなる政府といえども、きわめてまともな金融行為ないし道義に対する完全な裏切りないしは放棄をこれほどまでに公然とあからさまにするとは思わなかった」と述べた。またも、ジャックが海外にいて同社の基本方針を個人的に示す一方、ラモントがその意を体して外交官のように公平無私に金融プロの腕を発揮したわけで、彼ほど〈ドル外交の時代〉にふさわしい人物はいなかった。

この時代のウォール街銀行家たちを恐るべき反動分子として描く傾向が一般にある。ラテン・アメリカの場合、強力な独裁政権をえこひいきする面が銀行家たちにあったが、職業倫理基準は、企業経営者たちよりも高かったと言え、これはメキシコとの取引きに対するモルガン財閥とアメリカの石油各社の対照的な態度から明らかだ。

一九二〇年代のアメリカの石油各社は、銀行家たちも引き込んで、憎むべきメキシコの一九一七年憲法に反対せんとした。また、メキシコ政府が輸出関税を引き上げ、自社の所有地であってもさらに石油採掘権の取得を義務づけたことに憤然と怒った。石油各社のなかには株式発行を引き受けた関係でモルガン財閥の上得意先があったので、ラモントは、抗議への同調をしつこく求められた。一九二一年当時のメキシコは、すでに世界最大の石油輸出国であって、アメリカ石油各社にとって最も重要な地域だった。

ラモントとしては、石油各社とメキシコとのはっきりしない、それでいて激しいいざこざに立ち入って、本来の任務である債務交渉を危険にさらしたくなかった。そこで、石油各社の顔を立ててお義理に反対運動に加わったものの、つねに一定の距離を置いていた。石油各社は手段を選ばず、自分たちに反抗するどんな政府でも遠慮なく踏みにじろうとした。一九二一年にラモントがメキシコから戻ると、スタンダード石油（ニュージャージー）のウォルター・ティーグルが、匿名のメキシコ人から彼に宛てた一通の手紙を回してよこした。その添え手紙には、「広い意味で貴殿にも関心がおありかと存じまして」と面白そうに記してあった。

ラモントの書類ファイルに残るその手紙を読むと、ぎょっとする内容である。賄賂を贈ってメキシコ政府を丸々抱え込もうという陰謀計画書に他ならない。卑劣なメキシコ人の国民性から書き起こして、「メキシコ人、とくに職業政治家を昔から動かしているのは、個人的利益を図るという動機で……愛国心や理想主義に訴えても効き目がない」と述べている。そして、オブレゴン大統領が心ならずも党内急進分子のとりこになり、強欲な部下たちの要求を満たせない現状にあると主張し、「実権を部下たちから取り上げ、大統領自身に戻すには、大統領が優位に立てるほど豊かな財政状態に置くしかない。お金さえあれば、自由に閣僚を更迭し、議会の構成を改め、各州知事を統率し、現在の不満足な法律を改廃できる」と述べている。

オブレゴンにその必要な資金を提供するため――ここがモルガン財閥の出番なのだ――表向きは農業開発銀行を装いながら、実際はオブレゴンがお手盛りで資金を自由に使う銀行の設立を、手紙の筆者は提案していた。そして、そのお金を気前よくばらまけば奇跡的な結果が生まれるとして、「急進派のディプタード（国会議員）が自分の懐が温かくなったとたん、鷹揚な態度の保守派に一変するのは一目瞭然であろう……こうした銀行があれば、メキシコの金融および経済生活を牛耳れるはずだ」と締め括ってある。

ラモントの書類ファイルを見ると、これに返事を出したか、補足の問い合わせをしたか、その点は明らかでない。ラモントがびっくりしたことは想像に難くない。沈黙こそ侮蔑の態度を最も雄弁に示す方法だと思ったかもしれない。ラモントが政治の面でそんなにうぶだったわけではないが、モルガン財閥としては、したたかな不正手段を弄するのは避けた。モルガンにはかねてから、いわゆる口利き料や顔代を支払うのを厳禁し、そうした要求には極めて冷淡な態度で応えるという厳しい方針があった。その点で、スタンダード石油が回してきた手紙は、一九二〇年代のラテン・アメリカでのアメリカ企業のお粗末な行動規範に対するモルガン商会の出方を測る好材料である。

その後のメキシコ債務交渉は、かいつまんで言えば、一進一退だった。一九二二年、ラモントとメキシコのデラ・ウエルタ蔵相との間で話がまとまり、オブレゴンが待望の外交承認を合衆国から取りつけた。この取決めは、ラモント側に大幅な譲歩を求めた内容で、金利を引き下げ四十五年払いとした。ところが、一九二四年初めに早くも、その取決めの履行が中断された。理由はいろいろあったが、一つには、メキシコへの仕返しに、石油各社がずっと言うことをきくベネズエラに乗り換えた結果、石油生産の低下という打撃にメキシコが見舞われたためだ。一九二五年に次の債務返済協定が結ばれたが、これもすぐに反故にされた。全額返済を強く要求した銀行家側は、結局は当初の融資額を交渉ごとに次第に圧縮して清算せざるをえなくなった。

国際責任を回避する共和党の傾向のおかげで、モルガン財閥に新しい商機が生まれてきた。ハーディング、クーリッジ、フーバーと三代続いた共和党政権は、企業家を高く持ち上げ、政治家を軽視して、経済会議の政府代表に財界人をよく選んだ。これは、政治家が手にあまる問題でもうまく解決できる、先見の明に富む人材として、経済人を尊重した当時の風潮を反映したもので、ラモントらモルガン商会パートナーにぴったり合っていた。彼らはみんな、金融外交官を自認し、つまらぬ銀行業よりこっちの方が十分に腕を振るえるとよく冗談を言った。こうした一九二〇年代を通じて、モルガンのパートナーたちは、海外での会議によく出席し、共和党政権に実際以上に国際色を添える役割を果たした。この結果、モルガン商会は、共和党政権が孤立主義的だと嘆いたものの、孤立主義だからこそ漁夫の利を得られたともいえよう。

アメリカの民間銀行家は、こうして新しい地位に恵まれたとしても、新しい権力と自主性を獲得した各国の中央銀行と一緒にこれを分かち合った。一九二〇年代は〈ジャズ・エイジ〉とも呼ばれたが、表面的なその繁栄と興奮の皮を一枚めくれば、それは絶望的な時代だった。みんなを大戦に引き入れ、やっと戦いが終わったかと思うと、今度は敗戦国の賠償問題と戦後の安全保障をめぐって言い争っているだけの政治家に、民衆は幻滅を深めていた。そういう状況下で、欧米各国の中央銀行関係者たちは、その時々の形勢次第で動く日和見主義の政治家を乗り越えて、自由貿易、資本の自由な交流、均衡予算、強い通貨など堅実な経済原理原則を守ることに献身するエリート銀行家集団をつくり出そうと望んだ。そして、健全な財政基盤を維持しながら、政治家たちにはつらくとも必要な改革を促すことが自分たちの任務だと考えた。

この考え方を代表した典型的なアメリカ財界人が、ニューヨーク連邦準備銀行のベンジャミン・ストロング総裁だった。ハーディング、クーリッジの両共和党政権が戦後ヨーロッパ復興の主導権を放棄したとき、その役割は、連邦準備局とヨーロッパ各国の中央銀行との連絡役だったストロングの肩にかかってきた。モルガン商会パートナー出身のストロングは、れっきとしたモルガン・タイプの人物であり、かつての友人たちと同様、国内問題の考え方は保守的だったが、外に対してはヨーロッパの考え方を進んで受け入れる国際人で、フーバーから「ヨーロッパの言いなりだ」とたしなめられたほどだ。ストロングは立場上、規則に縛られて、外国政府に直接融資できなかったから、資金調達の代替手段として民間銀行を必要とした。その面でいつも頼ったのはモルガンで、彼の引立てで同商会も計り知れぬほどの利益を得た。いやそれどころか、このモルガンとストロングとの親しい関係からみると、新しく制定された連邦準備制度が民間銀行の力を抑えるものだなどと考えるのは、お笑い草だろう。一九二〇年代の当時、連邦準備制度を動かす実権は、リバティ・ストリートの新築のフィレンツェ風宮殿に納まっていたニューヨーク連銀にあったのである。

ベン・ストロングは、モルガンの他の穏やかなパートナーたちとは違い、むらっ気で気性が荒かった。離婚を重ねたあげく、一九一六年には肺結核にかかって、毎年数カ月も銀行を休むことになるが、そうした個人的失意の反動だろうか、連銀の仕事に激しく打ち込むようになった。そして、ニューヨーク連銀にイングランド銀行並みの厳しい侵し難い品格を付与するのに努め、まだ経験未熟な、国内各連銀の総裁たちに中央銀行の仕事を教え込んだ。

ベン・ストロングは、一九二〇年以降のイングランド銀行総裁を務めたモンタギュー・ノーマンと手を組んで、大戦後のヨーロッパの復興と通貨安定に積極的に参加した。愛称モンティのうちに、ストロングは、無二の親友を見出した。二人は、離婚者と未婚者という、お互い独り身の立場だったことから、監督者の両国政府が懸念を抱くほど、非常に親密で複雑な関係に陥った。二人とも金本位制維持という共通の信念に立つとともに、政治的画策を排除して独自に国際金融政策を推進できる、自主独立性を持った中央銀行をつくり出そうと望んだ。この二人だけの秘密結社に、ストロングがウォール街の無比の金融力を持ち込んだのに対し、ノーマンが提供したのは、何世代にもわたって熟成されてきた英国の金融知識と金融技術だった。大戦後の英国通貨ポンドは弱くなりすぎてしまって、ノーマン一人で独自の金融外交を展開できなかった。英国大蔵省がポンドを支えるために外債引受けを禁止して、外債起債者たちをニューヨークへ逃してしまってから、ノーマンとしては、シティの弱体化を補うのにウォール街との結び付きが是非とも必要だった。そこで彼が頼りとしたのが、ベン・ストロングとモルガン財閥だった。

モンティ・ノーマンは二十四年間、イングランド銀行を支配し、その間に狂人とか天才とか誇大妄想狂とか陰謀家とか変人とか夢想家とか、いろいろ言われたが、すべてまったくその通りだった。ある銀行家によると、彼は「背が高く、やぎひげを生やし、大きな帽子をかぶった、ヴァン・ダイクの描く人物」に似ていた。スペイン・ポルトガル系ユダヤ人出身だとの噂があったにもかかわらず――あるいはそれを打ち消そうとしてか――邪険なほどユダヤ人嫌いに徹していた。また非常に傷つきやすく敏感な性格だったから、通貨危機の最中に神経衰弱になり、腰痛に襲われる例がよくあった。いつもは興奮を抑えているが、何かのはずみでかんしゃくを起こすと、部下たちが震え上がったものだ。笑うにしても薄笑いを浮かべるだけで、口をあけて大笑いすると、自分の謎の正体がばれてしまうとでもいわんばかりで、めったにそうしなかった。

彼の伝記を書いた一人によると、彼には「つねに密かに事を画策している……風」があったという。これは中央銀行に対するノーマンの考え方と一致しており、彼は中央銀行を神聖侵すべからざる神秘的存在、まったく人目に触れない形で行なうのが最もよい儀式とみて、これに接していた。「イングランド銀行は、いわば私が唯一仕える女王であり、私の頭には彼女のことしかないから、私の命を彼女に捧げてきた」と自身で語っている。ノーマンにすれば、中央銀行とは、高い次元の原理原則にのみ応える存在であって、選挙で選ばれた国民の代表といった政治家などに応える必要はなかった。この考え方に異議を唱える者がいると、「犬がまわりで吠えても、ラクダのキャラバンは進んで行く」という有名なアラブの諺をよく引用したものだ。訪問客とはいつも一対一で会い、まるで自室が教会の告解室であるかのようにして相手の話に耳を傾けたので、時の有力者たちの本心によく通じていた。英国の金融界の人間は、うぶなアメリカ人をだますのに長けた、ずるくて油断のならない連中だ、とのワシントンの心配を体現していたのが、ノーマンその人だった。

そういう人となりだったから、モンティ・ノーマンは、秘密主義のモルガン財閥に出入りするには打ってつけの常連だった。おまけにモルガン財閥内には、モルガン・グレンフェル商会のテディ・グレンフェルとビビアン・ヒュー・スミスという古い学友二人がいた。陰気にふさぎ込むことの多かった彼は、グレンフェルのじゃれつくような才気を好んだし、一九〇七年にイングランド銀行の理事になるべきか否か悩んだときに相談に乗ってくれたスミスには頭が上がらなかった。孤独な独り身のノーマンのまわりに、いつしか親しい女友達の輪が生まれ、その中にスミス夫人のレイディ・シビルもいて、モンティはスミス家の子供たちの名づけ親ともなった。こうしてモルガン・グレンフェル商会は、両大戦間の期間で最も影響力のあった中央銀行の総裁にきわめて近い立場にあった。

モルガン財閥は、ヨーロッパ経済の再建をめざすノーマンの戦略にとって欠くべからざる存在だった。アメリカは、その仕事を成し遂げるだけの力を持ってはいたが、その力をヨーロッパで実際に行使するにはまだ決心がつきかねていた。モルガンのパートナーの間でも疑問がわだかまっていた。たとえば、財務省勤めから同商会パートナーに転じたラッセル・レフィングウェルは、英国大蔵省のバザル・ブラケットに「わが国は貴国を（大戦中）ひどい苦境から救ったが、今度は貴国が自身で面倒を見るべきだと思う。わが国には、国際金融を手掛けた経験が少しもない。貴国がやっている仕事や仕事のやり方を好まないし、またその仕事を貴国の代わりに押しつけられたくもない」と語っている。ノーマンは、その仕事、つまり国際金融の仕事が大好きだった。どこまでも堂々たる体面を維持していたノーマンは、ロンドンを国際金融の中心として、また J・P・モルガンを国際金融システムを動かす重要な仲介役として温存したかった。そして、モルガン財閥の力を借りるならば、自分の自由になる乏しい資本をはるかに上回るお金に裏付けされた、身分不相応の権力を振るえるだろう、と考えた。

ノーマンは、大きな、地政学的な観点から考えて、ヨーロッパ復興借款を外債引受け禁止の大方針から除外した。かくしてノーマンの音頭取りのもとで、モルガン財閥は、初めてオーストリアと関係することになり、一九二一年末には、オーストリア政府がゴブラン織りタペストリーを担保にする借款を求めているがどうか、と英国側からジャック・モルガンに打診があった。その翌年、オーストリアの蔵相からパリのモルガン・ハージェス商会のディーン・ジェイに、同様にタペストリーなど美術品を担保にした借款の要請があった。最初、モルガン側は、このまともでない要請を受け入れると「質屋をやってるような印象」を生むのを恐れて、難色を示した。いまやモルガン帝国の国務長官と呼ばれたラモントは、他の銀行がこの借款要請を引き受けるべきではないかと考えた。大戦中に連合国側についた銀行だったモルガンを選ぶのはお門違いで、オーストリア国内に敵意を生みかねないと恐れたのだ。

オーストリア向け借款は結局、ヨーロッパ再建というモンティ・ノーマンの壮大な計画に手を貸した国際連盟の後援で話がまとまった。内容は、返済は金貨払いで、オーストリアの税関とタバコ専売の収入を担保とし、いくつかの国々の都市で公債を同時に発行するというものだった。総額二千五百万ドルにのぼったニューヨーク引受け分は、J・P・モルガンとクーン・ローブの両商会が共同幹事社となった。

オーストリアに次いで、今度はドイツが名乗りを上げた。ドイツは一九二二年初め頃すでに、賠償金支払いの負担の軽減を求めていた。英国は同情的だったが、フランスは、自国領土が広く戦禍を受けたことを理由に、恨みを抱き続けて許さなかった。賠償支払いを滞らせる最も効果的な方法として、ドイツ人は、通貨供給量をどんどん拡大し、予算を大幅赤字にし、マルクの価値を下げ、そうして賠償支払額を実質的に切り下げられるようにした。ただ、これには、超インフレを招くという致命的な副作用があった。ドイツの金融政策が賠償支払いを駄目にしたとして、連合国側はこれを背信行為と考え、一九二三年、フランスとベルギーがドイツの重工業地帯ルール地方を占領した。

モンティ・ノーマンはすぐベン・ストロングに、ドイツ占領によって戦争が再発する恐れがある、と伝えた。ドイツは英国の大事な貿易相手国だったので、その復興がヨーロッパ諸国に繁栄をもたらす自分の基本計画の鍵となる、とノーマンはみたのだ。ワシントンも同様に、ドイツの復興を重要視していた。大戦の終結でアメリカには拡大された生産能力が空しく残され、これがつくり出す余剰製品をなんとか吸収してくれる輸出市場が欲しかったからだ。アメリカ企業が高度に進んだドイツの技術を入手したがっていたという事情もあった。

この結果、英国とアメリカの両国がドイツの存続を図ろうと大々的に乗り出し、モルガン財閥が中心的役割を演ずることになった。「両国は、ドイツをヨーロッパ世界の経済的中核とみなした。ドイツが再建され繁栄を取り戻さないかぎり、周辺諸国が同様に苦しむだけだと心配した」とラモントはのちに記している。前の世代の銀行家たちであったら、西側世界の運命についてこんな風に心を痛めることはなかっただろう。

〈ドル外交の時代〉のこの新しい要請は、ジャック・モルガンのドイツに対する態度の一、大転換にはっきりと現れた。それまでのジャックは、ドイツに対し抜き難い恨みを抱き、大戦直後にはドイツと交易すべきでないとまで言い放っていた。ところが、一九二二年、対ドイツ借款を協議する、パリでの銀行家の国際会議への出席——一応は「民間人」の形で——をヒューズ国務長官から求められると、これに応じた。ジャックのこの態度には、まごつく人々が多かったに違いない。

このとき以降、ジャックは、表向きは穏健な金融専門家、内心では頑固なドイツの敵と二役を演じ分けることになる。たとえば、ルール占領の直後、フランスとベルギーの行為を非難する手紙をヒューズ長官にすぐに送ったし、賠償の形でその稼ぎ全部を吸い上げてドイツから希望を奪うべきではない、とも友人に述べている。ところが彼の私信を読むと、ドイツ人を野蛮なフン族呼ばわりした昔の態度が露骨に現れている。グレンフェル宛の書簡で、「フランスがああ言わないと、ドイツ人にはわからないのだという気がし始めた、と言わざるをえない……それ（ドイツ人の心理）に必要なのは、対話ではなく鞭だ」とまで言っている。

この間に、ドイツのインフレは悪化の一途をたどった。政府がどんどん紙幣を刷りまくり、新聞印刷機までが動員される始末だった。物価が急激に上昇したために、主婦が夫の勤める工場の出口で待ち受け、その日の給料を受け取ると、物価が再び上がらぬ前に商店に駆けつけるという有様だった。一九二二年一月当時、約二百マルクが一ドルに相当したのに、一九二三年十一月には、一ドルを手に入れるのに四十億マルク以上を要した。アメリカへの海外郵便の切手代が十億マルクもした。ついには、馬鹿げた極みで、物価が一時間ごとに倍になった。

そのようなドイツを立て直すために、一九二四年初め、新しい会議が招集された。またもモルガン財閥が当時のクーリッジ政権の代わりに人を出すことになり、政府は表向き無関心を装い続けた。「私的」アメリカ代表として選ばれたのは、J・P・モルガン商会に近い二人――つまりゼネラル・エレクトリック社会長のオーエン・ヤングとシカゴの銀行家で一九二五年のモルガンの英・仏向け借款に参加したチャールズ・ゲーツ・ドーズだった。ドイツ問題は非常にリスクをはらんでいたので、会議に出発するとき、ドーズは「仕方ないさ、誰かが屑をつかむか宝を握るかしなければならんのさ」と冗談を言った。

賠償問題専門家委員会と呼ばれたこの会議で、ドイツ問題を解決するドーズ案が生まれた。この案は、金融的には創意工夫に富んでいたが、政治的には危険をはらんでいた。内容は、賠償金を減額してドイツの支払い能力に見合ったものにする一方、連合国側がドイツの経済と賠償支払いを統括する監督総代表《エージェント・ゼネラル》を選任することを定めていた。これは、事実上ドイツを国際的な財産管理下に置くことであった。ドイツは、その鉄道と中央銀行が外国の管理を受けるなど、国全体が連合国側に抵当として押さえられた形で、これはのちにナチスにとり絶好の宣伝材料となるのである。

ドイツをドーズ案に歩み寄らせたのは、占領地ルール返還の約束のほか、ニューヨークとヨーロッパ各国で大規模な公債発行の見通しが得られたことで、こうして借り入れたお金が主に賠償支払いに充てられることになる。ドイツは当時、国際金融界から村八分にされていたので、どこの国の銀行家も、外債発行の成否には懐疑的だった。モンタギュー・ノーマンは、よく考えたうえで、「これを成し遂げられるとすれば、イングランド銀行の力とニューヨークではJ・P・M商会の力に拠るしかない」と述べた。そしてまたも、合衆国国務省が、表には見えない形で手引き役に乗り出してきた。ヒューズ長官がモルガン財閥に対し、アメリカが参加しないためにドーズ案が流産するならば、「ひどい」そして「非常に不幸な」結果になるだろう、と伝えたのだ。こうした政府の願いを聞かされたら、決して軽率に無視するわけにはいかなかった。

ドイツ公債発行の計画を助けるために、モンティ・ノーマンは一九二四年半ば頃、ジャック・モルガン、トム・ラモント、それにドイツ国立銀行のライヒスバンクの総裁になったばかりのヒャルマー・ホーラス・グリーリー・シャハト博士を交えた会談をイングランド銀行で開くお膳立てをした。当時のシャハト博士は、破滅的なインフレを阻止するため、旧マルクを廃止して新しいレンテンマルクを発行して、金融界の寵児となって国立銀行総裁の地位に納まったばかりだった。一九二四年の大晦日に会議に出席すべくロンドンに到着したとき、彼は得意の絶頂にあった。シャハトのもとでドイツ国立銀行は、政府の支配を受けることなく、ノーマンが夢に描いた中央銀行の自主独立性を大いに発揮していた。会議でシャハトは、モルガンとラモントに対し、ドーズ案による借款は必ず返済すると確約した。またドーズ案は、「声望高きモルガン銀行の道義的支援に欠けることになれば、まったく駄目になってしまう」とへつらうようにも訴えた。モルガンは、未払いのドイツ負債を抱えていたわけではなく、英、仏両国の政治的圧力でやむなく話に引きずり込まれたにすぎなかった——この点は、一九三〇年代にドイツの債務が不履行になったとき、声高く何回も主張されることになる。

このドイツ向け借款に国際協調色を添えるために、公債の半分はニューヨーク、残り半分はロンドンはじめヨーロッパ各国の首都で発行された。総額一億一千万ドルのニューヨーク引受け分は、熱狂的に受け入れられ、申し込みが募集額を上回るほどだった。ドイツ問題を一挙に解決するかにみえたこの公債発行で、金融市場に重くかぶさっていた暗い空気が吹き飛び、ウォール街に活が入るとともに、ラテン・アメリカ、その他地域への対外融資にも拍車がかかった。ワイマール共和国となったドイツにとり、公債発行は一つの転換点であった。これとともに、フォード、GM、デュポン、ゼネラル・エレクトリック、スタンダード石油（ニュージャージー）、ダウ・ケミカルなどアメリカ資本と企業が、どっとドイツに流入した。失業者はみるみる減り、ドイツの景気下降は一転して、以後五年間は上向いた。この経済回復でアドルフ・ヒトラーは素晴らしい工業機械とお金を手に入れ、大規模な再軍備へ進むことになる。その間、ドイツに貸し出されたアメリカのお金が賠償金として連合国側に支払われ、連合国はこれを戦債支払いとして合衆国に戻すという堂々めぐりにはまって、世界は身動きならなかった。

モルガンの保管書類を見て非常に驚くのは、ドーズ案に同商会のパートナーたちが懐疑的だったことだ。ラッセル・レフィングウェルなどは、投資家が政治的に骨抜きにされたドイツをなぜ信用する気になるのか？ 連合国がなぜ旧敵の復活を望んだのか？ と首を傾げ、この案が危険な矛盾をはらんでいるとみた。そして先見の明を発揮して、ドイツ側の政治的反発をいち早く心配し、「ドイツ国民がかつての敵のために汗水たらして働かされることにいつまで甘んじているか、そこが問題だ」と述べた。モンタギュー・ノーマンと英国蔵相のフィリップ・スノードンも、ドイツは脅迫されて服従しているだけだから、いつか自分の置かれた立場に憤慨するだろう、と心配した。

一九二三年八月、ウォレン・G・ハーディング大統領が急死し、副大統領のカルビン・クーリッジが後任大統領になったが、この人も、国際債務のことなどよくわからなかった。そして、連合国は戦時債務を返済すべきだ、の一点張りだったから、合衆国がこのように返済を強く迫るかぎり、連合国側としては、ドイツ賠償問題で柔軟な態度をとれなかった。

この賠償問題の締めくくりの段階で、ドイツ経済を統括する帝王、つまり監督総代表《エージェント・ゼネラル》の人選にモルガンが関係してきた。この任に就く者はドイツ経済を監督することになるので、世界で最も重要な仕事だ、と新聞各紙はみなしたが、インフレのぶり返しを抑えながらドイツから最後の一文まで取り立てねばならなかったから、まさにそのとおりだったといえよう。合衆国なら連合国各国を押さえる力を発揮してくれるだろうと期待して、ドイツは、その地位にアメリカ人が就くのを望んだ。ウォール街の強い、一致した意見では、モルガン商会パートナーのドワイト・マロウが最有力視された。

マロウは、クーリッジ大統領の旧友で、政府の要職に何度も擬せられたことがあり、何とも言いようのない偉大な人格者、いわばモルガン財閥の哲人王だったが、いまや彼の出番がやってきたのである。彼には驚くほど多数の支持者――民間部門でジャック・モルガン、チャールズ・ドーズら、閣内でヒューズ、フーバーがいた。一九二四年七月のある日、長くかかったホワイトハウス会議の後、彼が本命になるかに思えた。

ところが、翌日の夕方もう一度開かれた会議で、駐ドイツ大使のアランソン・ホートンが、マロウの任命に反対した。モルガン商会パートナーを選ぶと、ドイツの政界を刺激することになり、ドーズ案に致命的にもなりうる、というのだった。激論が真夜中まで続いたが、マロウの任命は取りやめられた。ドーズの事後説明では、「モルガン商会の人間を任命すれば、ドイツの国家主義者たちが、これはドイツを助けるのではなくその生命を絶つ国際銀行家団の陰謀だ、と煽動的な声を上げ、共和制政府を打ち倒す結果になる、とホートンが実に真剣な顔で指摘した。これがドイツ政府自身の非公式意見だと述べた」という。

クーリッジがこの場に及んで旧友を見捨てたのは、大局的見地からの深慮遠謀というより政治的な臆病の結果だ、とみる人々もいた。モルガン財閥が大戦中に果たした役割が祟って、中西部諸州のドイツ系アメリカ人社会ではまだひどく嫌われていたので、クーリッジの側近がマロウと関係を持つのを避けるように大統領に忠告した、というのだ。

ここでマロウに代わる、思いがけぬ有力候補として登場してきたのが、のちにモルガンのパートナーとなる、弱冠三十二歳のS・パーカー・ギルバートだった。〈考える機械《ザ・シンキング・マシン》〉と仇名されたこの人物は、ラッセル・レフィングウェルの弟分で、一九二〇年に彼の後任として財務次官補に納まり、二十八歳で次官に昇格、アンドルー・メロン長官不在のときは財務省を一人で切り回した。「夢想家の眼《まなこ》と学者の鋭敏な口を備えた、実務に練達な若者」とポール・ウォーバーグがかつて評したことがある。

ギルバートは、監督総代表としてベルリンに五年間駐在し、二十億ドルの賠償支払いを監督した。ドイツ経済を牛耳る帝王と目された彼は、帝王の模擬戴冠式でドイツ民衆の呪いをかけられた人形となって火刑に処せられたり、カイザーの再来と中傷されたりした。彼は、仕事一途に働きまくって、文化的行事に顔を出したりドイツ人社会に出入りしたりせず、年齢の割には仕事に厳しく、いつもドイツ人の金銭的なだらしなさを非難していた。堅実な財政政策を守りさえすれば賠償金など支払える、というのが彼の持論だった。そしてドイツの財政状況についての彼の報告書は、明快で正確なことで他の模範とされ、英国、アメリカの金融界でものすごい名声を博した。

一方、ドワイト・マロウは、好機を逃したのを長く気にすることなく、むしろ重荷を背負うのを免れたと思った。彼はやがて、ドーズ案をめぐるさまざまな疑念をヒューズ国務長官に手紙でもらし始めた。連合国側が大勝利を祝っているちょうどその頃、モルガン財閥では、世界の先行きをめぐる深い不安感が底に流れていた。マロウは、「われわれがドーズ案の成否にやや不安を抱くのは、ドイツが外国の支配に屈せねばならぬ点だ……今回の借款が、二、三年もすれば、ドイツ国内で不人気になるのは、まず避けられまい。ドイツの人々が、かなり時間がたった後で、まず間違いなく思うのは、ルールの解放ではなく、かつての一流国が外国の支配に屈したことだろう」と断言した。この懸念は、予言として当たっていた。ドイツは国際銀行家たちによってドーズ案を無理に呑み込まされたというのが、のちのナチの政治宣伝の中心となるからだ。そしてモルガン財閥は、こうした一九二〇年代の誤った政策の報いを受けることになるのである。

第十三章　ジャズ・エイジ

一九二四年の大統領選挙になると、モルガン財閥のアメリカ政治への影響力が非常に大きくなっていたので、どの大統領候補にモルガンの息がより多くかかっているのか、政界の詮索好きでもいちいち区別できなかった。パートナーたちについていえば、考え方に安心できる点とドワイト・マロウとの交友関係を尊重して、大部分の者が共和党のカルビン・クーリッジ候補を支持した。クーリッジと組んだ副大統領候補はチャールズ・ドーズで、彼はあのドイツ賠償支払い案をまとめたことで一躍有名になっていた。クーリッジを陰気で独りよがりだと退ける者もいたかもしれないが、ジャック・モルガンは、「彼みたいにわが国とその諸制度に対する信頼感を与えてくれ、問題を解決してくれる大統領は見たことがない」と述べて、高くその人柄を買った。ホワイトハウスとモルガンとの間はきわめて親密であって、進歩的週刊誌ニューリパブリック誌の巻頭コラムのＴＲＢをして「モルガンの連中にあんなに気安くホワイトハウスのまわりをうろついてもらいたくないものだ」と言わしめた。

モルガンの名前は、〈狂乱の一九二〇年代《ローリング・トウエンティーズ》〉と呼ばれた当時、並ぶもののないほど鳴り響いていて、同商会の主任顧問弁護士ジョン・W・デイビスが民主党の大統領候補となったほどだ。デイビスは、ジャック・モルガンとはバックギャモンなどの遊びの相手を務める仲で、司法次官と駐英大使を経て、J・P・モルガンとギャランティ・トラストの両社の法律顧問を務めるデイビス・ポウク・ウォードウェル法律事務所に入った。モルガン商会パートナーのハリー・デイビスンは、例のようにデイビスの面倒をよくみて、週末にはゴルフに無理に連れ出したり、『マイ・フェア・レディ』に登場するヘンリー・ヒギンズ教授よろしく、デイビスの住む家の選び方まで教えた。デイビスは、モルガン関係者たる然るべき資格をきちんと備えていた。礼儀正しく、品格があり、ヨーロッパで果たす合衆国の役割の拡大に賛成し、国際連盟を支持する一方、福祉国家と累進所得税の考え方には反対だった。また、熱烈な英国文化崇拝者で、のちにウィンザー公の顧問弁護士の一人となり、英国王ジョージ五世とも親しかった。

デイビスは最初、モルガンとの関係が災いして、民主党の大統領候補指名を妨害されたが、弁護士という者はお金持ちを顧客にしても、同時に公共の信託を繋ぎとめることができる、との説得力ある公開状を書いた。彼のこの信念は、ニューヨーク・ワールド紙のウォルター・リップマンに採り上げられ、その才能と誠実さを褒められた。民主党大統領候補の指名を争う相手のウィリアム・マカドゥは、反モルガン感情の燃えさかる南部と西部を支持基盤にしていた。候補を指名する一九二四年六月の民主党全国大会で、ウィリアム・ジェニングズ・ブライアンは、モルガンに対する宿根を晴らそうと最後の力を振りしぼって、「ウォール街の手先を指名してはならない。デイビス氏はJ・P・モルガンの弁護士だ」と言い放った。事実、党大会は激しく分裂して収拾の見通しがつかぬほどで、投票を百三回も繰り返したあげく、デイビスがやっと大統領候補に指名された。それでも、大統領選挙では、共和党のクーリッジ候補が勝って政権の座にとどまった。

ある企業経営者が、クーリッジの勝利を金融市場を活気づける祝杯のカクテルみたいなものだと述べたが、事実、一九二〇年代はカクテルさながらにぶくぶく泡立ち始め、好景気に沸いてきた。ウォール街はまさに、貧困から巨富を一挙に得た、S・フィッツジェラルドの小説の主人公、ギャツビーを地で行くような時代で、金もうけが再び賛美され出した。若きアイビーリーグの卒業生たちが、十代後半には社会抗議に走ったのを忘れて、ウォール街に就職しようと群がった。ピアポントの生きていた頃のウォール街は、荒々しく騒々しい所で、お上品な連中は寄りつかなかったが、いまや気のきいた流行に乗った街となり、「旧弊な株仲買店でも金持ちの子弟を従業員に置くところが多かった」。株仲買人たちは、英国伝統の大地主を夢みて、ポロ用の馬を飼育しキツネ狩りに興じた。ナショナル・シティ・バンクのチャールズ・E・ミッチェル会長などは、キッチンとシェフ付きの専用列車で商用に走り回り、列車で選挙遊説する大統領気取りだった。また、各社の取締役たちが専用列車で会議に出席して回るのが、当時のステータス・シンボルだった。

モルガン財閥にとっては、向かうところ敵なしの絶対優位を誇った時代だった。全世界がアメリカ資本市場に参入させて欲しいとやかましく求めているときに、その入口で頑張っていた。モルガン商会の背の高いガラス扉をなんとか突破すると、内部はまるで英国紳士の社交クラブみたいに落ち着いた、くつろげる雰囲気だった。「あそこに入ると、まるでディケンズの小説の一ページに足を踏み入れた気がした」とある記者は書いている。社員も客と同様にこの雰囲気に深く魅せられており、「もしここをクビになったら、他の社になじめず役に立たなくなってしまっているから、行き場がない」と広報担当のマーチン・イーガンがかつて告白したことがあった。

ウォール・ストリート二三番地の前を通り過ぎる大多数の人々にとって、ここに銀行預金しようとしても無理だった。大口金融専門のＪ・Ｐ・モルガンは、大企業、同業銀行、外国政府など大手顧客の預金しか受け付けなかった。個人相手では、一般大衆の預金は断り、然るべき紹介者のいるお金持ちの預金だけを受け入れた。七千五百ドル未満の預金には利子を払わず、預金受入れ額の下限は一千ドル以上だった。

モルガンの影響力は、金融面だけに限られなかった。ここほどの政治力ないし権威ある発言力を持った銀行は他になかった。英国・アメリカ枢軸が絶大の権勢を振るっていた当時、モルガン商会は、両国政府の権力構造に深く食い込んでいた。その実体を解明しようと、新聞記者が躍起となっていた。「資金力で大きく上回る銀行は、他に十数行もある……実際にものを言っているのは、モルガンの資金ではなく、むしろその名声と頭脳である……あそこは、単なる銀行ではなく、一種の公共機関《インスティテューション》である」とニューヨーク・タイムズ紙は述べた。信用、善意、誠実——これらが取引先顧客の挙げたモルガンの強みだった。これは序の口にすぎなかったが、同商会がいつも敏速に勘定を支払い、約束を守り、いざというときに顧客を支えたことが、大きくものを言った。

モルガン商会は、ピアポントの時代と同様、手広く手掛ける仕事の割にはきわめて小さくみえた。小ぢんまりしていることがモルガン系列各社の好みであり、そのおかげでパートナー同士の間の結束が確実に保たれていた。一九二〇年代末当時で、パートナーの人数は、ウォール・ストリート二三番地に十四人、フィラデルフィアのドレクセル商会に八人、ロンドンとパリのモルガン系列商会にそれぞれ七人を数えるだけだった。そして、各社のパートナーたちは、由緒あるシティの伝統に従い、一つの大部屋にみんな集まって仕事をした。パートナーたちにとって、手堅い金融運営が決定的な鍵であり、自分たちの扱う融資の内容を甘くみることを決してしなかった。ラモントは、機械の回転を円滑にさせる弾み車説に似た考えを持っていて、銀行がつねに繁盛するのは、好況時には慎重に、不況時には積極的に行動するためだ、とした。モルガン商会は「最高の仕事を最高のやり方でなす」とジャックは後年よく述べたものだ。

ウォール街の言い伝えだと、モルガン商会のパートナーは、年間百万ドルを稼いでいて、ジャック・モルガンやトム・ラモント級になると、一九二〇年代末当時でこの数字が五百万ドルにもはね上がったというが、まさにそのとおりだった。モルガンのパートナーというのは、アメリカ銀行業界きっての収入のよい地位だった。新たな資本金や上得意を持ち込む人間をパートナーに歓迎する投資銀行が多いなかにあって、J・P・モルガンだけは、ピアポント時代以来の実力主義を固守した。能力のある、白人のキリスト教徒の男性なら、誰でも資格があった。他の要因もさることながら、パートナーに採用されたディビスン、ラモント、マロウら有能な人材の力量が、モルガン財閥が今日まで持ちこたえてきた、並外れた持続力をよく物語っているといえる。

〈ジャズ・エイジ〉と呼ばれた一九二〇年代を彩る、こうした名士たちの行動は、新聞・雑誌の貪欲な追求の的であった。国際金融や外交に関係したパートナーたちは、つねに海外を旅行して回ったので、大西洋横断客船がニューヨークを出港するときは、記者たちが船客名簿の中にモルガン関係者がいないかと探し、船上取材をものにせんとした。

一九一九年から一九三三年までの間に、モルガン商会の大理石の玄関から有価証券引受けと交換に出ていった金額は、総額六十億ドルに達した。他のどの銀行も、その足元に及ばなかった。内訳は、三分の一が鉄道債、もう三分の一が外債、残る三分の一が社債だった。外国政府が顧客として増えてきたのと同様、国内取引先でも他行が太刀打ちできぬほどで、USスチール、ゼネラル・エレクトリック、GM、デュポン、ケネコット・カパー、アメリカン・カン、コン・エジソン、ニューヨーク・セントラル鉄道など巨大企業が軒並み名を連ねていた。これら各社の有価証券発行を引き受け、それをシンジケート参加各行に割り当てることで、モルガン財閥は、ウォール街の影響力の頂点を極めた。

一九二〇年代当時のウォール街では、〈紳士銀行家行動規範〉が十分に活用されていた。そのためにモルガンは、宣伝広告をせず、商会名も掲げず、顧客も追い求めず、支店も開かなかった。顧客の方も、パートナーにわざわざ会いに出掛けるという、昔ながらの礼を尽くした。銀行間の競争はお上品で、表面的には入念にいんぎんな態度を装っていた。顧客たちは、自身の身柄を特定の銀行に借金のカタに取られたも同然で、別の銀行に乗り換えるには関係者間の了承が必要とされた。オットー・カーンが述べたように、「ある企業がすでに他行の常連客であり、しかもその銀行との関係をきっぱり切っていないかぎり、どんな条件でも、その新しい会社に手を触れることさえしないものだ」った。企業経営者たちは、こうした独占的専属関係に異議を唱えるどころか、自分たちの取引銀行を自慢の種にし、モルガンに口座を持つことを成功の証しと考えた。

モルガン商会のパートナーたちは、まだ出資先の各社の取締役を兼任していたが、チャールズ・コスターが五十九社もの重役会に席を占めた頃よりはずっと数をしぼっていた。

パートナーたちは、神々の座オリュンポス山から軽率に下界へ降りることはしなかった。それでも、モルガン商会が外部企業に出資はしても、パートナーたちがその経営には関係しないことに方針がまとまった。この結果、いつの間にか徐々に、モルガンは、企業の共同経営者というよりはむしろ、金融専門家の立場から直接の利害関係抜きで各企業の間をとりもつ仲介者に役割を変えていった。ピアポントの時代だったなら、資金力が乏しく弱体だった企業が強力な銀行に頼る必要があったが、一九二〇年代ともなると、スタンダード石油ないしUSスチール級の大企業は、資金的に安定していて、モルガン財閥と肩を並べる存在になっていたのだ。

モルガンのパートナーの一般的なタイプはどうかというと、白人、男性、共和党支持、聖公会信徒、英国文化崇拝者で、東部有名大学のアイビーリーグ出身にして、先祖が東部沿岸部諸州、といったところだった。非常にうるさかったのは、おそらく宗教だったろう──当時は黒人が銀行業界入りすることは考えられなかったので、人種は問題にもならなかった。宗教のなかでもユダヤ教徒は厳禁だったが、ウォール街の別のどこかに就職する機会はあった。ユダヤ系投資銀行が、名門ヤンキー系銀行が卑しんで手をつけない、小口の引受け業務で結構商売を続けていたからだ。たとえば、リーマン・ブラザーズ商会は、R・H・メイシーとギンベル・ブラザーズの両百貨店を顧客に抱えており、モルガン一族に次ぐほどの富裕な生活を営むユダヤ人銀行家も一部いた。しかし、第二次世界大戦後まで、ユダヤ人がモルガン財閥の固い壁を破ってパートナーになることはなかった。

一九二〇年代のウォール街では、カトリック教徒は、きわどいケースであって、大口金融中心の銀行に入社するのがユダヤ人より難しい例もよくあった。新教徒に冷たくあしらわれたこの人たちは、おのずから証券市場の投機の世界に走ったので、〈ジャズ・エイジ〉の向こうみずな相場師には、不つり合いなほどに旧教徒のアイルランド人が多かった。相《チ》場表《ッカー》示機から出てくるテープと電話を武器に、ウォールドーフ・アストリア・ホテルに陣取って活躍した相場師のジョー・ケネディは、その典型で、株買占め連合《プール》を組んで一財産をつくったが、それでもモルガンに受け入れてもらえなかった。ある日、彼は同商会の冷たい態度を打ち破ろうと決意して、ウォール・ストリート二三番地の玄関を入ってジャック・モルガンに面会を求めた。だが、モルガン氏はいま多忙でお会いできない、とそっけなく言われて追い返されてしまった。カトリック教徒であることに加え、株の相場師という二重の負の烙印を押されていたからだ。

エドワード・ステティニアスは、確かにモルガン商会に籍を置いたカトリック教徒として最もよく知られていたが、その彼でも、いったんは妻の属する聖公会の一員になり新教徒に改宗したものの、のちに再びカトリックに戻っている。

ステティニアスは一種の記録魔であって、一九二〇年代のパートナーの生活を詳細に書き残した。それによると、この人はパーク・アベニューの自邸で人々を盛大にもてなし、娘の社交界入り舞踏会に三百人もの客を招いた。同家の酒蔵には、大げさに言えば戦艦一隻を浮かべるに足るほどの、一千本を超す各種の高級酒が蓄えられていたほか、一度に六千本ものハバナ葉巻を注文して取り寄せたものだ。車六台に加え数軒の邸宅を持っていた彼は、基本的な生計費だけで年間二十五万ドルかかった。

一九二二年に彼は、ロングアイランド海峡を見下ろす所に三十四エーカーの邸宅を買って、グレンコーブにあるジャック・モルガン邸近くに住むパートナーたちの仲間に加わったが、その光景はまるで中世の領主のそば近く仕える臣下たちさながらだった。何事も成り行きまかせにしない几帳面な性格だった彼は、そこへ移り住むと、近くのローカスト・バレーにモルガン関係者の専用の墓地をつくることにした。〝百万長者の教会〟と呼ばれた、大金持ちの信者の多いセント・ジョンズ教会の付属埋葬地に隣接する土地を買収して墓地をつくる計画だったが、ニューヨーク州法が墓地の拡張を禁じている点が問題だった。そこで彼は、墓地の管理委員会の主導権乗っ取りをたくらみ、一九二五年六月一日、年一回開かれる管理委員会にモルガン関係者のお歴々を引き連れて乗り込んだ。こうして主導権を手に入れると、すぐに建築家や造園技師を雇って生け垣を整え、装飾をこらした鉄の門扉を設け、これが「モルガン関係者の専用墓地となった」。ステティニアスは、これらのお膳立てを終えるや、七番の区画に納まって永眠した。

〈ジャズ・エイジ〉を非常によく代表したパートナーは、トム・ラモントだった。彼は、モルガン商会パートナーきっての大金持ちとなり、その富に釣り合うように、壮麗な邸宅を次々に購入した。最初に彼が夫人のフロレンスと住んだのは、ニュージャージー州イングルウッドで、そこはモルガンの支店といわれるほど仲間のパートナーたちがたくさん住んでいた。その後一九一五年から一九二一年にかけて、フランクリン・ローズベルトが海軍次官補でワシントン勤務中に空家になっていた、東六十五丁目通りの家を借りた。そこを出た一九二一年、今度は東七十丁目通り百七番地のタウンハウスを買ったが、ここは政治家、作家、社交界の名士たちがよく立ち寄る場所になった。

別荘としては、メイン州の沿岸沖合いにある、ペナブスコット湾を一望できる小島のスカイ・ファームを買った。一九二八年には、パラセイズに土地の広さ百エーカーもある邸宅、トリークリフを買ったが、ここは断崖、森林、谷川があって花々が咲き乱れ、しかもハドソン川の絶景が眺められた。

ラモント夫人のフロレンスは、小柄だが、利発で、思慮深い目をした美しい女性だった。スミス・カレッジを卒業してからコロンビア大学で哲学の修士号をとった知識人で、産児制限や女性労働組合など数々の女性運動の支持者だった。熱心で、いささか話がくどく、いつも知的で刺激のある交友を求めて、ときに才女臭がふんぷんとすることもあった。

元気がよくて社交好きなラモント夫妻は、〈ジャズ・エイジ〉のどの家庭のパーティにも招かれたから、たくさんの有名人と知り合いだった。息子のコーリスが一九二四年にオックスフォード大学に入学したときなど、英国の生物学者ジュリアン・ハクスリーの家に下宿し、夫人がアメリカ生まれで英国下院最初の婦人議員となったアスター卿夫妻に昼食に招かれ、英国の小説家H・G・ウエルズと週末を過ごした——ざっとこう挙げただけで、両親の交際範囲がどんなものかわかる。夫妻の東七十丁目通りの邸宅は、コーリス、トミー、マーガレットの三人の子供が集まると、討論会場さながらに化してしまい、笑い声や意見を述べる声で騒然とした。アン・マロウ・リンドバーグがこの活気のある一家の印象を、こう鮮やかに書き残している。

「夕食にラモント家へ招かれた……向こうに到着する前に私たちは、こちらから議論をしないでラモント家の者同士で議論させよう、と決めた……トミーは大声で演説口調で、コーリスは機敏に神経質にしかもユーモラスに論じた。マーガレットは、もちろん、大真面目だった。ラモント氏は愛想よく、ラモント夫人はいらいらしたしゃべり方だった。みんながテーブル越しに応酬し合うのを、私たちは楽しげに、そして静かに椅子に腰を下ろし……耳を傾けた。それはとても面白かった」

トム・ラモントは、素晴らしいユーモアのセンスの持ち主であって、モルガンのパートナーは陰気でお高くとまっているにちがいない、と想像した人々を驚かした。あるとき、トム・ラモントとマロウ夫人のベティ・マロウが、二組の夫婦共催でパーティを開こうとしたが、ラモントの奥さんと向こうのご主人のドワイト・マロウ自身が乗り気にならなかった。その結果、予定客に次のようなおかしな組合せの招待者名で招待状が出された。

ドワイト・マロウ夫人ならびに
トマス・ラモント氏の両名は
トマス・ラモント夫人ならびにドワイト・マロウ氏の両名
に敬意を表して開かれる舞踏会に
あなた様のご参加の光栄を賜わりたく存じます。

一方、ジャック・モルガンは、まるで王侯貴族のように振る舞いながら一九二〇年代を過ごした。ジャックがウォール・ストリート二三番地でリムジンに乗り込むのを目撃した、ある新聞記者の筆によると、「私の目の前で、二人の従者がさっと直立して、気をつけの姿勢をとったが、それはまるで本能的にか習慣的にかそうする兵士のようだった……」という。彼は、モルガン帝国の頂点の座にいるのを楽しんでいた。一九二二年に修復したコプト語聖書をローマ教皇ピウス十一世に寄付したとき、彼は「私の勤める特殊な職は、私の知るかぎり世界中で一番面白い。どこの国王、教皇、首相になるよりもずっと楽しい――なぜかと言えば、誰も私をそこから追い出せないし、私も信念を曲げる必要がいささかもないからだ」と意見を述べている。

ジャックは、ロングアイランドのノース・ショア沿いの小島にある、広さ二百五十エーカーの邸宅マティニコック・ポイントで王侯貴族並みの豪奢な生活を営んでいた。訪問客が巨大な鉄の門扉を通って邸内に入ると、シナノキの並木道がぐるぐるとどこまでも続き、季節には、何千本というチューリップやスイセンが咲き乱れた。このために、夫人のジェシー・モルガンの指図を受けて、常時数十人の庭師が働いていた。

やがて高い木々の立つ、広々とした芝生に出ると、父ピアポントのどの邸宅よりも豪壮な赤煉瓦の屋敷が現れる。堂々たる石柱の立ち並ぶ玄関の内側には、三人の有名な淑女——つまり、ルーベンスの描いたアンヌ・ドートリッシュ（フランス王ルイ十四世の母后）、ゲインズバラの描いたレイディ・ギデオン、サー・トマス・ロレンスの描いたダービー伯爵夫人——が、特別に耐火工事を施した同邸の壁面から来客を見下ろしていた。

ジャックは、静かな家庭内でくつろぎを愛した。ひ弱で、座っているのが好きな、生まれつきの趣味人だった彼は、探偵小説やクロスワード・パズルが好きだった。そして、体の触れ合うスポーツを認めず、危険で野蛮なものとした。好んでしたのは、運転手付きの車でドライブに出ることで、ロールスロイス二台、リンカーン一台、ビュイックのロードスター一台の合計四台の車を持っていた。

自分のプライバシーを守るのに異常に熱心で、新聞・雑誌を目の敵にした。この点は父ピアポントと同様で、押しかけるカメラマンたちを威嚇することがしばしばあったし、かぶっているパナマ帽でよく顔を隠したものだ。ヨットで自邸からウォール街へ通勤していたから、海辺で待ち受けるカメラマンをまくために、船着場までの道を花で飾ったアーチで隠し、自分の姿を見られなくした。最後に船に乗り移る瞬間は、ついてきた執事が上着を脱いで、それを高く掲げ、ご主人様が報道陣の目に触れないようにした。

たった一度だけ、ジャックから進んで新聞写真を撮ってもらったことがある。ある日、船上の彼の帽子が脱げて、入江に飛んでしまったとき、海辺にいたあるカメラマンがこれを拾い上げ、「お宅のボスは私によくしてくれないが、こちらは喜んでお役に立ちたい」と言って、船の者に手渡した。ピアポント同様、ジャックは感傷的なたちだったから、相手に親切にされると弱かった。経緯を聞くと、そのカメラマンに甲板に上がってくるように言って、二十分間ほどポーズをとって撮影に応じたのだ。

ジャックとジェシーの夫妻は、ともにイングランドが好きで、毎年、春と夏に英国を訪れた。ロンドン市内には、グロウブナー・スクエア一二番地にタウンハウスがあったほか、プリンセスゲート一三番地のタウンハウスもあったが、後者は英国駐在アメリカ大使公邸として合衆国政府に父の遺言で贈られた。のちの第二次世界大戦中に、駐英大使になったジョー・ケネディがここに住むことになり、待望のモルガン財閥の中に裏口からやっと入り込むことができたわけだ。

ジャックの英国での主な滞在先は、ロンドンの北にある、広さ三百エーカーの、人造湖と庭園のついた邸宅、ウォールホールだった。その広大な屋敷は、ほとんど村一つをまるまる占めたも同然で、ジャックは、まるでシェイクスピアの『あらし』の登場人物、気まぐれなプロスペロさながらに、その村を支配していた。その村に住むというだけでなく、その村をほぼ丸抱えにした領主の気分だった。フォーチュン誌によると、「ウォールホールの彼は、古い教会を除くオールデンハム村の全体を自分の持ち物とした、まるで保守党の大地主みたいで、村民全部が彼に雇われ、一人ひとりに無料で住宅、牛乳、医療、老齢年金が与えられていた」という。

温情豊かな地主としての彼は、村民のことをあれこれと気をもんだ。たとえば、みんなが何も体を動かさないでのらくら毎日を送ることのないように、クリケット・グラウンドやテニスコートやローンボウリング場などをつくって与えた。また、村の居酒屋ザ・チェッカーズが村外の業者に買収されるのを心配して、言い値で買い取った。いわば大御所みずから腰を上げてのこの企業買収をしゃれのめして、ジャックは「私にはこれは、とにかくお門違いな商売だ。いろいろ不動産は持っているが、パブは初めてだから、この投資にはまったく興奮している」と語った。

彼は、異常なほど安楽に生活できる習慣のとりこになっていたから、シルクハットをかぶったまま車を運転できるように、天井の高い車を英国の会社に特別注文した。また、時間厳守の観念に取り憑かれていたから、ウォールホールの邸内いたるところに時計を置いており、毎週そのぜんまいを巻く専任の人間がいたほどだ。

一年は、ジャックにとって変わらぬリズムで動いていた。山場は八月十二日——つまりスコットランドの雷鳥猟の解禁の日、〈栄光の十二日〉だった。一九一三年以降は、エリック・ハンブロと共同でスコットランドのエドゼル近くにガノッチー・ロッジを所有して猟場にした。そして、招いた有名人の客と一緒に一年で最高一万羽も仕留め、猟客の一人ひとりに執事がついて面倒をみた。

ジャックは、マンハッタン島にも住まいを持っていた。父が買ってくれた、マジソン街と三十七丁目通りの交差する所にあるタウンハウスで、そこに居るときは、隣接する文庫を毎日よく訪ねたものだ。そして、父が収集した一万九千点の書籍と原稿に新たに四千点を加え、さらに彩飾写本や英国作家の原稿漁りを続けた。

父の死の直後は、遺産の整理に追われてそれどころではなかったが、五十歳代半ばに入るや、またも父ピアポントと似た者同士で、コレクションの拡大に乗り出したのだ。今度もヨーロッパへ収集に出掛けたのは、文庫の責任者のベル・グリーン嬢だったが、レスター伯爵所蔵の稀覯本の写本四点が売りに出たとき、彼女一人ではそんな大金を投じる判断がつきかねた。そこで、ジャックに直接交渉して欲しいと連絡があったので、彼はヨーロッパへ出掛け、一晩まんじりともしないで考えたあげく、五十万ドル出してそれを買った。「うちの司書は、そんな大金を私に使わせるわけにいかない、と私に言ったが、それと同じで、この写本なしで手ぶらで帰ったら、彼女と顔を合わすわけにいかないでしょう」とジャックは売り手に語ったという。

ピアポントは、自分の父ジューニアスのために記念になるものを建てたが、ジャックは、父ピアポントのためにまだ何もしていなかった。そこで一九二四年、父を記念してピアポント・モルガン文庫を法人組織に改め、ベル・グリーンを館長に据えるとともに、百五十万ドルの基金を出した。新聞記者を集めて館内を案内しながら、ディケンズの手書き原稿を取り上げ、「スクルージや他の主人公たちも全部、ここにいます。素晴らしいじゃないですか」と記者たちに言った。その言葉の中には、世間の好意——自分では好意を受けるにふさわしいと思っていても、いつも拒否される——を求める一人の人間のもの悲しい響きがあった。

一九二八年、文庫に隣り合った、かつてピアポントの住んだ褐色砂岩の邸宅が取り壊され、その跡に文庫の別館が建てられて展示室と研究室に充てられた（現在は、この別館を通って文庫に入ることになっている）。文庫は、その後もベル・グリーンの専制的な支配の下で、小人数の館員の手によって貴重な研究機関として存続した。

ジャックはその一方で、家業の銀行を継ぐ二人の息子の育成に努めた。長男のジューニアス・スペンサー・ジュニアは、一九一四年にハーバード大学を卒業して、第一次大戦に海軍士官として勤務したのち、一九一九年にモルガンのパートナーとなった。人柄は心温かく親しみやすく、とぼけたユーモアのセンスの持ち主で、モルガン一族きってのお人好しだったといえる――が、商売人としては一番できが悪かった。ジャックは、ジューニアスが銀行業に向いていると甘く考えて、一九二二年にロンドンのモルガン・グレンフェル商会に二年間の修業に出した。そのときのグレンフェル宛のジャックの手紙は、「息子をそちらに行かせて、君の注意深い指導のもとで、ロンドンのやり方、それにロンドンの商売の考え方を学ばせてくれたら、どんなに嬉しいか、感謝のしようがない」と書いている。ジューニアスは、一応は銀行家らしく振る舞い、USスチールやゼネラル・モーターズの取締役を務めたが、本当の夢は、造船技師になることだった。彼にすれば、ビジネスの世界に生きるのはきっと悲しく無駄なことであって、金融王朝の息子に生まれたばかりに職業選択の余地が限られたことは明らかだった。

次男のハリー・スタージスは、一九〇〇年のロンドン生まれで、長男ジューニアスより積極的で、商売にはずっと向いているかにみえた。一九二三年にハーバードを卒業するとすぐに、のちにフーバー大統領の下で海軍長官を務めたチャールズ・フランシス・アダムズの娘、キャスリン・フランシス・アダムズと結婚した。その同じ年、ハリーは週給十五ドルの使い走りでモルガン商会に入り、有価証券をウォール街界隈に運び歩いて回った。年俸百万ドルのパートナーに昇格したのは、やっと一九二八年の十二月のクリスマス・プレゼントとしてだった。

その間にジャックは、精神的打撃を二度受け、それから立ち直れなかった。一度目は、一九二四年に母を失ったことだ。母は、まったく耳が聞こえなくなっていたが、八十歳代まで生きていた。

その母のファニーと同じく、妻のジェシー・モルガンもやや病弱になったが、母とは大きな違いがあった。ジェシーは、生まれながらに行動力に富んでいて、執事たちや従僕たちやお手伝いたちを監督して、四カ所にある大邸宅を維持していくのに非常に有能だった。また、表面は女性らしく優しかったが、一九一五年に暗殺未遂犯人に突進した例をみるまでもなく、芯は強かった。夫のジャックとともに女性解放論者ではなかったので、庭いじりやレース収集などに専念して、政治とか他の女性たちとの会食とかにはまったく関心がなかった。

ジャック・モルガンの幸福感のもとは、この妻と子供たちにあった。ところが、この家族の睦まじい生活にそぐわない、いわば玉に瑕《きず》ともいうべき点が一つあった。ジャックとジェシーの夫婦の仲が睦まじすぎて、子供たちが立ち入る余地がないと感じたことだ。ジェシーは、ジャックに誠心誠意尽くし、熱愛し、彼の生活のあらゆる点に助言した。いわば、彼を失敗から救う、目に見えない安全網みたいだったから、ジャックは、盲目的に妻の判断に頼った。

そうしているうちに一九二五年の夏になって、ジェシーが、当時アメリカで流行した嗜眠性脳炎にかかり、昏睡状態に陥ってしまった。まだ抗生物質もなかった時代だったから、有名な医師でもじっと我慢を勧めることしかできず、病気が自然の経過をたどって、いずれ彼女は目がさめる、と言われた。ジャックは、妻の回復を祈って待った。

憂うつな気分に陥るのを恐れて、彼は、表面は元気な風を装って毎日、ウォール・ストリート二三番地に病状を報告し、ジェシーが少しでも身動きすると喜んだ。当時の知人宛の手紙は「ジェシーは、非常にゆっくりとだが、回復に向かっている、と医師たちが言ってくれた。まだ完全に無意識の状態だが、いずれこの状態を脱するという、ほとんど分からないほどの兆候が見られる」とか、「彼女が眠っている間は、痛みや不快をいっさい感じてないのだから、回復がずっと続いている証拠だ」と書いている。

こんなに心優しいジャック・モルガンと前に述べた激しい反ユダヤ観に燃えるジャック・モルガンとを、どうしたら一致させることができようか？　彼こそ、真にモルガン一族の一員なのだ。彼の人間性は、深いが偏狭であって、彼の世界は自分にとって大事なものとそうでないものとに分かれた、計算ずくの世界なのだった。すなわち、自分の家族には全面的に愛情を傾けられたのだ。

その夏の半ばになって、ジェシーが徐々に回復してきたので、大喜びした。これで心配なく仕事に出掛けて結構、と医師たちが言ってくれた。一九二五年八月十四日、ジャックは、会社へ出勤したが、結局、すぐに帰宅するようにとの電話を受け取った。家に着いたとき、ジェシーはもう死んでいた。これが二度目の打撃だった。

前の年の母の死からまだ立ち直る途中だった彼は、すっかり心を取り乱し、慰めようがなかった。妻の死を深く嘆くさまは、父ピアポントが最初の妻ミミを亡くしたときとそっくり同じだった。ラモントが知人に出した手紙は、「彼はこの数週間、妻が必ず回復すると確信していた。当然そうなると思い込んでいた。日夜、それ以外のことはいっさい念頭になかった。自分が付き添っていれば、彼女の回復の助けになるかもしれぬと考えて、常時そばから離れたがらなかった」と述べている。

遺言で、彼女は、自分の財産を二人の息子と二人の娘に分け与えた。それとともに、夫に捧げた、不思議に感動的な一節も遺言書に書き残した――つまり、「もし予期しない事態が起きて、わが愛する夫がいつかお金を必要とする場合は、わが子たちが私から得た財産を夫と一緒に分かち合うものと確信します」とあった。

妻の死後、ジャックは、前以上に引っ込みがちになった。マティニコック・ポイントの邸宅の妻の寝室は、死んだときのままにしておき、妻の愛したチューリップやバラの庭園の世話をした。ジャックは、いまや男やもめとなったが、家一軒閉ざさず、船一隻、車一台手放さなかった。ある意味では、生活の変化を認めようとしなかったといえる。その証拠に、ジェシーがまだ生きているかのような薄気味悪い感じを受けたと述べた友人が多かった。彼は一九二七年、グレンコーブの海岸沿いの土地を買収して、亡き妻に捧げるモルガン記念公園を三百万ドルかけてつくった。

ツイードの服を着て、海泡石のパイプをくゆらしながら、整然とした自宅の庭園をひとりぶらつくジャックは、物思いに沈む男やもめそのものだった。時々、二十五年来のお抱え運転手のチャールズ・ロバートスンに頼んで、モルガン記念公園まで車で連れて行ってもらうこともあった。そして運転手の横に座って、よく黙って海を眺めていたものだった。あり余るほどのお金に恵まれながらも、この世で一番孤独な人間だと思い込んでいたのである。

第十四章　力の逆転

一九二〇年代半ばに、このモルガン物語は、運命の一巡を迎えた。ジョージ・ピーボディに始まり、ジューニアス・モルガン、ピアポント・モルガンの三代が、英国資本のアメリカへの流入を利用して力を蓄えたのに対して、いまやその関係が完全に逆転したのだ。ロンドンのマーチャント・バンク側は、第一次大戦後の外債引受け禁止令に妨げられて、活動する舞台が狭められざるをえず、海外貸出しは主に英連邦内の自治領や英国植民地向けや戦後復興借款に限られた。その間にウォール街が稼ぎまくったので、J・P・モルガン商会は、力の点でロンドンのモルガン・グレンフェル商会をはるかに上回った。

モルガン・グレンフェル商会は一九二七年初め、オールド・ブロード・ストリート二二番地の旧社屋からグレート・ウィンチェスター・ストリート二三番地へ引っ越した。新社屋は、リバプール・ストリート駅から角をまがった、小さなL字型街路の一角にあった。もとはザ・ブリティッシュ・インディア・スチーム・ナビゲーション社の本社だったため、異国風の熱帯風物をあしらった外装だったが、これらをすっかり取り払い、シティ特有の丈の高い玄関口をつけた、何の特徴もないタウンハウス風に造り変えた。

モルガン・グレンフェルのパートナーたちは、権力者を背後から動かせる選り抜きの実力者揃いで、英国とアメリカの金融支配階層の間の取引きを仲介していた。だから、J・P・モルガンとモルガン・グレンフェルの両商会は、つねに親密な関係を保って、若い見習いを交換し、定期的に訪問し合い、絶えず連絡をとり合った。また両商会は、共同で多くの取引きをこなした半面、個々に商売した例もたくさんあった。

ラモントがニューヨーク側の推進力であったとするならば、ロンドン側の主役は、テディ・グレンフェルだった。ポケットからハンカチをのぞかせ、きちんと口髭を蓄え、光沢のある髪の毛をなでつけた、身なりにうるさい彼は、抜け目のない冷たい才子だった。相手の心の内を探り出すような鋭い目付きで見下して、冷静に、感情を交えずにはっきりと物事を見通した。表向きはきちんと礼儀正しかったが、ウォール・ストリート二三番地や親友のジャック・モルガンに盛んに出した手紙に述べられた彼の考え方をみると、情け容赦なく、いかにも頑固だった。人事、その他万般について先見の明のあった点では、モルガン財閥内でこのグレンフェルの右に出る者はなかった。彼は、ことに社会改革派の連中の愚行を暴露しては喜んだ。グレンフェルと同じ考えではあっても、これをあまり口にしたがらなかったジャックには、彼の痛烈な言葉はきっと受けただろう。

痩身でハンサムなグレンフェルは、ずっと独身で通して、やっと四十三歳で二十三歳のフロリーと愛称されたフロレンス・ヘンダスンと結婚した。花嫁の父は、イングランド銀行の理事だった。背の高い美人で、低いうっとりする声の持ち主の花嫁に、まわりの誰もが魅せられたようだった。アン・マロウ・リンドバーグは、このフロリー嬢をバージニア・ウルフの小説の主人公ダロウェイ夫人——つまり誰とも知り合いで、パーティを開くのが大好きな社交的な女性——にたとえた。

ただし、この結婚は、のちに面倒なことになる。フロリーは、人並み外れたところがあって、バレエは踊るし、発声法の勉強はするし、ディアギレフの率いるロシア・バレエ団の後援者にはなるしで、彼から〈親しき友《フィデル・アミ》〉と呼ばれる仲になった。だが、単にモルガン・グレンフェルのお金をバレエに注ぎ込む女性パトロンの域にとどまらなかった。洗練された趣味と才能を持つ女性だったから、毎晩、劇場に通いつめて、見てきたバレエについて鋭い宣伝文を書きまくった。こうしたことすべては夫のグレンフェルに一向に通ぜず、彼は、もっぱらゴルフやヨット遊びに精を出して、若い妻が夢中になっているモダニズム芸術を相手にしなかった。彼がキャベンディッシュ・スクエア四番地の自邸に帰宅すると、衣服をろくにつけないバレエの踊り子や楽師たちがあちこちにいるのをよく見かけたものだ。紳士気取りで超然と自分の生き方を押し通してきたグレンフェルは、妻のフロリーを愛してはいたものの、こうした自由奔放な行動には気分をいら立たせた。妻は妻で、銀行家仲間との息が詰まりそうな交際には耐えられなかった。というわけで、結婚生活は続いたものの、愛情というよりむしろ友情で結ばれていたにすぎなかった。

モルガン・グレンフェル商会のもう一人の大物パートナーに、背が高くて赤毛のビビアン・ヒュー・スミスという人物がいた。彼は、グレンフェルよりもっと穏やかな性格だった。昔の写真で見ると、シティの秘密はいろいろ知ってますが、絶対に他人に言うつもりはありませんよ、といわんばかりに、何食わぬ表情でパイプをくゆらし、ほほえんでいる。意気消沈するということがめったになく、人を驚かすような話をすました顔でするのが大好きで、泰然自若としていた。そして、ザ・ロイヤル・エクスチェンジ・アシュアランス・カンパニー理事、シティの保守党会長、アソーシエイテド・エレクトリカル・インダストリーズ社取締役など、枢要な地位を占めた。一族の者がいたるところで活躍していて、五人の兄弟のなかに銀行家、海軍大将、実業家がいた。

上流社会では、スミスの妻が並外れた人であったことは有名だった。レイディ・シビル・スミスは、魅力あふれて陽気なだけでなく、婦人参政権論者として政治運動に深く傾倒していた。夫のビビアン・スミスは、レイディ・シビルのやっていることを非常に面白がり、お互いに情け容赦なく冷やかし合ったが、一方でそれだけでは済まない限界もあった。一九一三年七月、彼の泰然たる態度が大きく試される事件が起きた。妻のシビルが闘争的な女性参政権論者の一団に加わって、男性普通選挙権法案に反対しようと下院に押しかけたのだ。ときの内相レジャヌルド・マッケナの応対に満足しない一部の女性たちが、勝手に議場で反対演説をし始めたので、乱闘と逮捕の騒ぎになった。レイディ・シビルはそのとき、一人の婦選論者の身柄を拘束しようとした警官を押したため、十四日の身柄拘束を言い渡された。監獄に入れられるや、まるで戯れているみたいに、楽しげにハンガー・ストライキを始めた。政府側としては、伯爵の娘を監獄に入れておくのは好ましくなかったので、彼女に対する判決をたった四日に減刑した。そのときにグレンフェルがジャックに打った電報によると、「V・H・S（ビビアン・ヒュー・スミス）は、苦しんでいるが、いつもの如く思慮深く、堂々たる態度だ」った。

スミス夫妻は、グレンフェル夫妻と同様に一風変わっていた。知り合いの見方だと、夫ビビアンは、シビルにとって「引き立て役としては非常にやる気がなかった」という。妻のシビルの方は、ロンドンの貧民街イーストエンドで貧しい母子家庭の託児所を運営するなど、夫には決してみられない理想主義の権化だった。

モルガン・グレンフェル商会は、合衆国と英国の競争が激化してかつての友好関係が危うくなった一時期、シティとウォール街をつなぐ重要な連絡役を果たした。その頃、ハーバート・フーバー長官率いる積極的な商務省の指導のもとで、アメリカの輸出が急増したために、英国の重工業は不振にあえいでいた。英国側は、アメリカの新興工業力と販売能力に脅威を感じた。英国内でアメリカの映画と化粧品が流行し、工業原材料をめぐるアメリカと英国の戦いが起こり、アメリカ産業界による対英設備投資の第一波として、ロンドン近郊ダグナムのフォード工場新設などがあった。一九二〇年から一九四四年までイングランド銀行総裁だったモンタギュー・ノーマンは、ロンドンがかつて国際金融界で占めた優位を一九二〇年代になんとか再確立し、併せて衰退した英国産業界を盛り返そうとした。そして、そうするには、ウォール街の金融力と顔の広さが必要だった。モルガン財閥にこの二つがあり、これさえ手に入れれば、第一次大戦後の英国の持つ富に不釣り合いなほど異常に大きな権力を握れる、と彼は考えた。ニューヨークのモルガン商会パートナーたちも、大西洋を越えた両国の協力と提携をめざす彼の考え方に同調し、一九二〇年代のアメリカ国内の孤立的空気に抵抗していた。

英国は一九一九年に金本位制の廃止を余儀なくされていたので、英国通貨と金の結び付きを回復することが、シティが国際金融の中心地としての地位を取り戻すのに不可欠の第一歩となった。ロンドンがそれまで外債発行の面で強かったのは、いつも前提条件としてポンドが安定していたからだ。それを可能にしてきた金本位制は、いわば英国の銀行家をぬくぬくと安心させて商売させてきた、一種の切り札だったのである。ノーマンは、金本位制こそ為替相場の変動を阻止する最上の決め手だと考え、英国がその復帰の先頭を切るよう望んだ。

アメリカ側のモルガン商会パートナーたちは、英国を金本位制に戻すことこそ自分たちの神聖な任務と考え、それに協力した。一九二三年九月、パートナーになったばかりのレフィングウェルはジャックに、英国が金本位制に戻る「私のこの夢」のために、「イングランドがこの大混乱から抜け出すのを全力を尽くして助ける」つもりで、「アメリカと英国がしっかり腕を組み合って立派な通貨を守ることほど、勇気づけられることがありえましょうか?」と語っている。

モンティ・ノーマンもモルガンのパートナーたちも、為替相場が金と結び付けられない場合、政治家の手で勝手に操作される、という点を心配した。そうなったら、健全財政が政治的ご都合主義のとりこになりかねず、インフレと紙幣の増発に向かって進むばかりだ。すでにそうした異端の説をケインズが述べ出していた。レフィングウェルはジャックに、「ケインズは……金本位制を永久に廃止して、代わりに一種の〝管理〟通貨制度を採れと提案し始めています……あんな時流におもねる経済専門家どもの知恵に経済の運営をまかせるよりは、何らかの基準を設けた方が、ずっとましです」と警告した。

一九二四年末になって、ノーマンは、金本位制の実施の信念がぐらついたので、自信を固めるために、ジャックとベン・ストロングの二人に会いにニューヨークへ行った。ジャックは、英国が金本位制に復帰できなければ、これまで何世紀も通貨を堅実に運営してきた実績と権威が無駄になる、と熱心にノーマンに説いた。またアンドルー・メロン財務長官も、J・P・モルガンとニューヨーク連銀が英国の金本位制への復帰を支援する努力を認める、と伝えた。

モルガンの協力は不可欠だった。英国ポンドが通貨市場で従来より高い価値を維持するには、アメリカ・ドルがあまりにも強すぎてポンドの競争力を脅かしてはいけなかった。そうでないと、投資家たちがポンドを売ってドルを買い、ポンドの価値を元通り低く落込ませることになる。だから、ノーマンがロンドンの金利を高くして外からの資金をポンドに引き入れるか、それともストロングがニューヨークの金利を低く維持してドル買いを不人気にさせるしかなかった。モルガン財閥としては、英国側の高金利を主張した。ところが、モンティに義理堅い友人のベン・ストロングは、アメリカ側の金利を一方的に下げてしまった。これはほんのちょっとした技術的問題では済まされなかった。事実、一九二九年の株式大暴落を引き起こす原因になった、と一部の人々から非難されることになる。

ストロングは、ノーマンと結託していると当てこすられるのをいつも気にしていたので、政治的隠れ蓑としてモルガン財閥をこの金本位制復帰工作に巻き込みたがっていた。J・P・モルガンの利用価値は、他にもあった。英国政府としては、ひょっとしたら起こりかねない通貨投機からポンドを守るために、巨額のドル借款を必要としていた。ストロングのニューヨーク連銀は、法律によって、他国の中央銀行へは貸し付けられたものの、他国政府——たとえば英国大蔵省へはそうできなかった。だから、ストロングがJ・P・

モルガンを道連れにすれば、イングランド銀行と大蔵省の双方に資金を提供できるわけだった。

一九二五年当時の英国の大蔵大臣は、のちの首相のウィンストン・チャーチルだった。金融のこととなると五里霧中の彼は、自分が不適任だとひそかに漏らしていたほどだったから、くせ者のノーマンにとっていいカモだった。チャーチルの息子の回想によると、ノーマンはよくやって来て、「あなたをきっと素晴らしい蔵相にしてみせますよ」と調子よく言って、ウィンストンを有頂天にさせたという。

グレンフェルはチャーチルを嫌い、「生意気で、うぬぼれの強い小僧っ子」とひそかにけなした。一九二〇年代は、マーチャント・バンカーがまだイングランド銀行の理事を独占していた時代だったので、ノーマンもグレンフェルも、金融・財政上の意思決定をマーチャント・バンカーに一任するような、自分たちの言いなりになる政治家を望んだ。一九二五年四月に金本位制復帰が発表される直前まで、チャーチルが勝手に馬鹿なことを仕出かすのではないかと、グレンフェルは気が気でなかった。「いまのところ、彼（チャーチル）は、こちらの言う通りに動いているが、もう独り立ちできると考え、経済問題はわかったと思い込んだ瞬間、何か無分別なことを仕出かして、われわれを困らせるかもしれぬ」と、グレンフェルは当時のある手紙に書いている。

昔のポンドの威信を取り戻そうとした一九二五年の金本位法の制定は、途方もない誤算であった。金本位制に戻るに当たって、一ポンドが四ドル八十六セントという、大戦前の非常に高い為替レートをノーマンが望んだために、致命的となったのである。そんな高いレートでは、英国産業界が世界各国の輸出と競争できなかったし、ノーマンが英国の雇用情勢にあまりにも無頓着すぎる、とレフィングウェルでもそう思った。

ケインズも、これでは英国の産業が弱体化して賃金の急激な低下は避けられず、通貨が強くなっても無意味だ、と考えた。この警告に共鳴する英国の企業経営者は多く、いらいらしたノーマンがこの為替レートを撤回しそうになったので、最後にもう一度尻押しする必要が出てきた。「あなたが依然、全面的に支援している、と総裁（ノーマン）を安心させてやった方がよいと思う」とグレンフェルがそうジャックに打電した。ジャックは、そのとおりにした。

一九二五年四月二十八日、ノーマンを貴賓席に迎えた英国下院で、チャーチル蔵相が英国の金本位制への復帰を宣言した。ニューヨーク連銀はイングランド銀行に二億ドル、J・P・モルガン商会は英国大蔵省に一億ドル、それぞれ信用を供与した。幸い、ポンドの価値が上昇したので、ポンドの思惑売り攻勢は実現せず、実際にドルを借りる必要はなかった。同年十一月には、外債発行禁止の解除がチャーチルによって発表された。

関係者たちは、自己満悦の気分だった。ジャックの友人で英国首相のスタンリー・ボールドウィンは、ニューヨーク連銀総裁のベン・ストロングとモルガン商会の両者を「金融財政能力と厳正な倫理観の点で世界中でこれ以上高い位置を占めることのない者」と褒めたたえた。しかし、英国内の左翼勢力は、英国産業に対する脅威と結局は不必要だった融資をいつでも用立てる態勢をとったことに対しモルガンが請求した一％以上もの手数料にいきり立った。グレンフェルは、これに反論したくてたまらなかったが、チャーチルに説得されて思いとどまり、モルガン関係者の長年身についた居場所――つまり舞台裏に引っ込んだ。

やがて、ケインズが抱いた最悪の懸念の数々が正しかったことが立証され、英国の石炭、繊維、鉄鋼が次々に国際競争力を失っていった。金本位制は、英国を復活させるどころか、逆にその衰退に拍車をかけるかに思われた。ポンドの価値上昇につれて、逆に賃金引下げを求める圧力が予期されたとおりに生じ、一九二六年の晩春頃には、英国が炭鉱ストとゼネストに見舞われた。この騒ぎの最中にベン・ストロングがロンドンを訪問して、チャーチルとノーマンに会ったが、みんな金本位制の話には触れるのを避けた。

モルガン財閥がこうしてポンドから別の国の通貨の安定に関心を移したとき、接近した相手国は、一九二五年のリラの価値急落に慌てていたイタリアだった。この国では、ベニト・ムッソリーニのファシスト政権が権力を握ってすでに三年が経っていた。ベン・ストロングとモンティ・ノーマンの両者は、イタリアの通貨安定のための借款には賛成だったが、首領《イル・ドウーチエ》と呼ばれたムッソリーニ自身については不安を抱いていた。

ところが、トム・ラモントは、ムッソリーニをもっと楽観的な目で見ていた。ニューヨークの政界では、ラモントは、自由主義者の評判が高かった。息子のコーリスによると、「父は、本質的に自由主義者で、国際問題の面ではことにそうだった」という。コーリスは、ラモント家の何事にも寛容な気風をたたえ、多数の有名人や知識人が自由に出入りする自宅を〈インターナショナル・イン〉と呼んだほどだ。よく訪ねてきた小説家のH・G・ウエルズなどは、コーリスに社会主義への関心を持たせ、二人で組んで家長たるラモントに議論をよく吹きかけたものだ。

ウッドロウ・ウィルソンのために働いたことを常に誇りにしたラモントは、コーリスの言葉を借りると、「型にはまった大金持ちや共和党員たちを、あらゆる形の進歩と自由主義に反対するだけの保守的ないしは反動的なお金の亡者」と論駁した点で、例外的存在として目立っていたようだ。道理をわきまえ、議論好きなラモントには、ウォール街の多くの人々に見られる、あの取り澄ました保守的気風はなかった。サタデー・レビュー・オブ・リテラチャー誌を資金的に長年援助したし、有名詩人たちとも知り合いだったなど、文学を理解し思想に関心のある、異色の銀行家だった。ラモントがその一方では謎に包まれた個人銀行のパートナーであったため、彼を尊敬する人々は、彼が述べた信念と彼のやっている商売行為とを比べて考えられなかった。だから、彼が銀行家としてファシスト政権下のイタリアと金融取引をしたからといって、みんなは慌てず、ムッソリーニとは事務的に一定の距離を常に置き、嫌悪感をかすかに浮かべて相手に接しているものだと、てっきり思い込んでいた。

ところがどうしてラモントは、何事も中途半端にできないたちだった。モルガンの人間として、大事にされていると顧客に思わせるように、無数の特別な心遣いを尽くさねば気が済まなかった。いつも金銭の多寡を度外視して、自分の扱う取引きに金銭以上の大きな意味を持たせたがった。そのために、自分自身が取引相手国の政治や文化にどっぷりつかることで、外債発行引受けを全身全霊を打ち込んだ仕事にするのに努めた。そのため、イタリアへ行くと、一日はムッソリーニとの要談に充て、次の日はローマ郊外の平野でピクニックを楽しんだものだ。またイタリア・アメリカ協会の会長として、東七十丁目通りの自邸で会合を主催する一方、職場では美しく頑丈に造られたイタリア製机で執務した。まさに彼の生活は、首尾一貫して商売と楽しみが渾然一体化していたといえよう。

モルガンのローマ駐在代理人は、ラモントがパリ講和会議のときに知り合ったジョヴァンニ・フンミだった。この人は、株式ブローカー上がりの、愛想のよい、社交的な人物で、イタリア政府とヴァチカンの双方に縁故が多かった。フンミがムッソリーニの受けがよいのがラモントの自慢の種だったが、といってファシスト色はまったくない、と強調するのも忘れなかった。要するに、フンミという人は、ファシストというよりは、〈甘い《ラ・ドルチ》生活《ヴィータ》〉のためなら進んで変節する体制順応者だったのだろう。彼は、何事ももっともらしく言いくるめるのに長けていて、イタリアの残虐行為が明るみに出ても、下手に批判するとファシスト党を分裂させて、もっと過激な分子を前面に押し出すことになりかねない、と主張したものだ。

イタリア政府との取引きをめぐり、モルガンにはディロン・リード商会という競争相手があったが、ラモントとしては、かの〈紳士銀行家行動規範〉でわかるように、イタリア政府との独占的関係を望んだ。ファシスト党が政権を握ってから三カ月後の一九二三年、ラモントとムッソリーニの両者は初めて会って、イタリアの信用回復策を協議した。最初、ウォール街は、首領《イル・ドウーチェ》をスト続きで荒廃したイタリアを共産党の手から救った人物と寛容な目で見て、一九二一年の総選挙で多数の人々を殺害した同党黒シャツ隊のテロ行為などは都合よく見逃していた。当時のイタリアを旅行中だったジャック・モルガンは、友人宛の手紙に「ムッソリーニ氏の革命の成果を見て、大いに満足した」と書いている。初めの頃のムッソリーニは、保守的な金融政策を堅持する一方、取巻きを大事な金融面の地位に就けないなどして、イタリア金融政策は他国のお手本の観があった。

前後十五年間を通して、ラモントとムッソリーニが馬が合う仲だったとは、どうしても信じられないだろう。ラモントがお上品で、服装がきちんとし、行儀がよく、優れた美的感覚の持ち主だったのに対し、ムッソリーニときたら、身だしなみがだらしなく、情緒不安定で、何かというと怒鳴り、暗い人間観を持つ、人嫌いな一匹狼だった。二人の間柄には、〈美女と野獣〉的なところがあったが、隠れた類似点が一つだけあった。つまり、両者ともジャーナリストと新聞発行者の出身で、広報宣伝の技術に強い関心があった点だ。

ラモントは、初めからムッソリーニを弁護していたわけではなかった。一九二三年夏、イタリア軍がギリシャ領のケルキラ島を占領し、民間人を殺害して、国際世論を憤激させた。これにびっくりしたラモントは早速フンミに、「ムッソリーニ氏のギリシャに対する行為に当地のわれわれはひどく動揺している」と伝えた。ラモントが心配したのは、同島占領の事実ではなく、むしろ占領のやり方だった。単に人道的観点からこう怒ったのではなく、ケルキラ島事件のおかげで、つい五月にムッソリーニと話し合った借款供与問題が実現不能になるのを恐れたからだ。

翌一九二四年になると、ファシスト党黒シャツ隊の暴力行為はさらに激化した。同年の総選挙に干渉して数百人の死傷者を出し、のちに裁判官まで何人か追放され、イタリアの民主主義は崩壊した。事ここに至って初めて、ラモントのイタリアへ打ち込む商売の姿勢と一部の親友知人たちの抱く人道的な怒りとが衝突する羽目になった。ことに有名な知人だった評論家のウォルター・リップマンなどは、ニューヨーク・ワールド紙上でケルキラ島事件を攻撃する論陣を張った。一九二四年にローマ旅行から戻ったリップマンが、ラモントとの夕食の席で、首領《イル・ドゥーチェ》があんな蛮行に走る必要があったのは権力維持のためだと語ったとき、彼はこれに異議を唱えなかった。

ラモントは、自分の抱く自由主義の信念とモルガンの取引先をイタリアにまで拡大したい事業欲との間の次第に強まる矛盾に、どう対処するつもりだったのだろうか？　言葉で表面を取り繕おうとしたのだ。相手によって訴え方を都合よく使い分ける、政治家のような才能が、ラモントにはあった。まったく嘘をつくわけではなかったが、相手に応じて真実に少々色づけした発言をして、みんなによい顔をしようとした。リップマンと会った後、ラモントは、アメリカ駐在イタリア大使に宛てた手紙で会食の席で出た話に触れ、「私にはすべてばかげた無駄話に聞こえたが、私が夕食に招いた主人側だったので、控え目な態度を守らざるをえなかった」と述べた。このように、うなずいたり、ウインクしたり、相手の背中を軽く叩いたりして、誰をもいつもうれしがらせるのが、ラモントの常套手段だった。

言葉による表面の取り繕いだけにとどまらず、自分に都合のよい見方を加えたり、適当に話の枝葉をはしょったりする例が、ラモントの言動に伴い始めた。たとえば、イタリア旅行から帰ったラモントは、「私が旅で見聞したイタリアは、勤勉で繁栄しているかに思えた。ニューヨークやロンドンの新聞の見出しは、誇張されているようだ。政府内外の誰もが、街頭の乱闘や社会不安が政府を動揺させているといったこの種の新聞記事を一笑に付していた」と書いている。

ラモントの残した書類ファイルを調べると、一九二五年に思い切ってムッソリーニと運命を共にする決心をしたという感じがする。この年は、ラモントの現地視察の結果に促されて、モルガンから総額一億ドルの緊急借款があるのではないかとの噂が広まっていた。ところが、フランク・ケロッグ国務長官が、ワシントンとイタリアとの二十億ドル以上もの戦時債務が片づかぬかぎり、いかなる借款も認められない、との態度を表明したので、ムッソリーニは同年十月、蔵相を団長とする債務交渉団をワシントンへ派遣した。

一億ドルの大型借款がこうして宙ぶらりん状態になったとき、ラモントは、ムッソリーニに対して驚くべき手を打った。かつては国際連盟の推進者だった彼が、いかにしたら英国とアメリカの世論によく受け入れられるか、独裁者に実地指導に乗り出して、けしからんイタリアの諸政策を海外諸国に受け入れさせる甘い文句をムッソリーニに伝授した。どんなに粗悪な製品でも、装いさえ魅力的にすれば、一般庶民に売り込めることを、近代的ビジネスマンたるラモントは心得ていたわけだ。イタリア問題は、こうして単なるPRの問題にすり替えられた。ラモントが首領に考慮を求めるようにフンミに書き送った、その宣伝文句の一例を挙げると、次のようなのがある。

もしムッソリーニ氏が、イタリアの議会政治はもう終わりだ、と言ったら、英国人やアメリカ人にはショックだ。そう言わないで、イタリアの議会政治という古い形式がもはや役に立たないとわかり、政治の非能率と混乱を招いているのだから、これを一時的に停止して全面的に改革せねばならぬ、と説明すれば、英国人もアメリカ人も理解する。

ラモントは、公の場で発言するときは、聴衆の関心をムッソリーニの政策から逸らして、彼の経済実績に向けるのに努めた。ムッソリーニは、銀行家が礼賛するような、わかりきった公約——つまり均衡予算、物価上昇抑制、健全通貨など——をお題目のように長々と唱えた。ラモントは、これに乗じた詭弁を弄して、自分が賞賛しているのはムッソリーニとかファシズムではなく、イタリア経済だけだ、と述べた。一九二六年一月の外交政策協会での講演では、物価上昇を抑え、ストをなくし、失業者を減らしたイタリアの経済実績を激賞したばかりか、ムッソリーニの高速道路建設などの公共事業計画まで支持した。

ラモントが背後から知恵をつけた努力は、報いられて成功した。一九二六年初め、ワシントンがイタリアの戦時債務を寛大な条件で解決するのに同意して、モルガン商会のイタリア外債引受けが可能になった。債務交渉が妥結した一週間後に、一億ドルのイタリア向け借款がラモントから発表された。これが議会のかまびすしい論議を引き起こし、批判派は、ムッソリーニを凶悪な独裁者呼ばわりして、ファシスト政権に対するえこひいきに強硬に抗議した。ドイツに対するドーズ借款の場合と同様、このモルガンのイタリア借款も、その後のアメリカの投資を促す誘い水となった。モルガン商会自身、イタリア政府にその後も借款を供与し続ける一方、フィアットとピレリの二大イタリア企業も取引先にした。さらに一九二七年十二月には、ニューヨーク連銀とともに、中央銀行のイタリア銀行に信用を供与し、同国の金本位制復帰を助けた。

ウォール街でムッソリーニ支持者だったのは、ラモントだけではなかった。ジャック・モルガンもジョージ・ホイットニーも、ムッソリーニを偉大な愛国者と歓迎し、クーン・ローブ商会のオットー・カーンは、彼の冷酷な統治ぶりを破産会社をてきぱきと整理する意志堅固な管財人の腕にたとえた。またギャランティ・トラスト社のウイリス・ブースは、ムッソリーニが「イタリアを絶望の泥沼から前途有望な国へ甦らせた」と称え、USスチールのエルバート・ゲアリー会長らも、ムッソリーニのファン・クラブの一員になった。ラモントは、ムッソリーニの福音を広く伝える「宣教師」を自認しただけあって、その献身ぶりは異常なほどだった。ある学者によると、「アメリカの実業界首脳たちのうちで、ファシズムの主張を最も強力に後援したのは、トマス・W・ラモントだった……ラモントは、イタリア政府にとって明らかに最も貴重な存在だった。向こうの言葉での弁明を都合よく解釈して現金に替え、ムッソリーニのために一億ドルの借款を確保してくれたからだ」という。

では、ラモントは、イタリア国内で起きていた事態を知らなかったのだろうか？ そういうことはまずない。独立国家への貸し手として、モルガンは、分厚い調査データ・ファイルを常備する一方、世界各地から豊富な情報を受け取っていたはずだ。たとえば、一九二六年一月、同商会の広報責任者のマーチン・イーガンが、イタリアに住むある友人からきた、次のような痛ましい手紙を、ラモントのところへ回している。

ニューヨークの皆さんがイタリアのファシズムを支援してやっていることが何を意味するのか、お分かりでしょうか。私たちは昨夜、当地で、それが何たるかを少々体験しました。ファシストどもの一団が拳銃、剣、仕込み杖で武装してやってきて、ファシスト党員証を持たない農民たちを無残にもなぐりつけ始めたのです……反抗すれば撃たれたでしょう。こういうことが、いたる所で起きているのです。アメリカ人のお金がそれを続けさせているのかと思うと、奇妙な気がします。

この手紙の端に、ラモントが「きわめて恐ろしいことだ、と言わざるをえない」と走り書きしている。それだけではなく、イタリアのある野党党首が、自宅が黒シャツ隊に略奪されたと彼に伝えてきたり、ムッソリーニが戦争をいつでも始める用意があると揚言した演説原稿を束にして送りつけてきた。こうした演説を読んで、ラモントは動転することが

傾向の政治家と協力できたのである。

ラモントのイタリア相手の危険な商売は、他にもいろいろな問題を露呈した。きわめて深い関係を伴う、この〈縁故金融銀行業《リレーションシップ・バンキング》〉では、銀行側が顧客と利害関係を共にし、顧客と一心同体になった。発行を引き受けた債券の成否にすべてを賭けるほど、重大すぎる責任を感じた。ラモントがかつて述べたように、モルガン商会が大量の株を売りさばくのを引き受けた場合、投資家に対して、その会社の債務弁済能力についてだけでなく、同社の経営が見事に成功することについてまで責任を持った。これは、ロンドンのマーチャント・バンカー以来の伝統で、経営不振で破産状態になった鉄道各社に対してピアポントがとった方針であった。いまやこの伝統は、モルガン商会が公債発行を引き受けた独裁者を支援するという方針にすり替えられようとしていた。

この他、モルガンのイタリアとの関わり合いをさらに強める重要な要因が、もう一つあった。それはヴァチカンの存在だった。ローマ教皇は、かねてからモルガン財閥に投資指導を求めていたが、ピウス十一世の一九二〇年代末になって、遅まきながらこの願いが叶えられた。両者間の新しい関係の誕生は、多分にジャック・モルガン自身と教皇との個人的な親しい関係に負うところがあった。ピウス十一世が教皇になる前にヴァチカン図書館の館長であった頃、モルガン所蔵の、古代エジプトの修道院跡から発掘したコプト語聖書を修復した間柄だった。

その後のモルガンとヴァチカンとの関係にとってもっと重要なのは、イタリアと教皇との五十八年越しの係争を解決した一九二九年のラテラノ条約の締結だった。これによってムッソリーニは、十九世紀にイタリア領に編入した教皇領に対するヴァチカンの主権を認めるとともに、補償費九千万ドルを支払った。この補償費は、額面十五億リラ相当のイタリア財務省証券の形をとった。

ピウス十一世は、これらを含めたヴァチカンの財産を近代的な世間一般並みの形で運用したくて、イタリア商業銀行のベルナルディーノ・ノガラ頭取に財務省証券を各種の株式に分散して欲しいと依頼した。この工作はきわめて極秘に進められ、報告書を年一回作成してノガラが教皇に手渡し、教皇がこれを一読した後、すぐに個人金庫にしまい込んだ。教皇が投資運用にいっさい制限をつけなかったから、ノガラは、自由に株式、金、不動産に投資し、各種の会社に出資すらした。ノガラは、世界各地の金融中心地に一級の投資顧問を選んで置く方針を決め、恐らく友人のジョヴァンニ・フンミの意見を容れてだろう、ニューヨークではJ・P・モルガン、ロンドンではモルガン・グレンフェルを選んだ。

ヴァチカンがこうしてモルガン財閥の得意先に納まった事実は、ラモントがムッソリーニとの取引きを敏速に進めたことを多少でも説明する重要な手掛かりとなるだろう。いずれにせよ、悪魔の所業は、いまや聖水を振り撒かれて祝福されるに至ったのである。

第十五章　聖者

モルガン商会を動かす実力者兼理論家としての栄誉をトム・ラモントと競った者に、ドワイト・ホイットニー・マロウがいた。彼が一九二〇年代に名声高かったのは、時のクーリッジ大統領との交友関係に負うところが多かった。クーリッジが大統領に就任したとき、マロウのまわりに記者たちが集まり、彼がどんな高い政府の地位に就くのか推測記事を書いたほどだ。二人はアマースト大学時代からの親友で、最上級生のときにみんなが「最も成功しそうな者」にマロウを選んで投票したが、マロウだけはクーリッジに投票したという。「大学生時代のクーリッジは、物静かで、控え目だった」とマロウは後年語っており、彼こそ寡黙な大統領の心の内に入っていけた数少ない友の一人だった。

一九二〇年の大統領選挙戦で、マロウは、〈クーリッジを大統領に選ぶアマースト大学委員会〉の先頭に立ち、「クーリッジは、並外れた人物で、超然たる哲学者の風格と現実的な政治家の才覚を不思議にも持ち合わせている」と高く持ち上げた。同様に誇張した調子で、「この危急存亡の時にクーリッジのようなタイプの人物が生み出されたのは、奇跡だと思う」とラモントに打ち明けている。クーリッジも、負けず劣らずマロウを尊敬して、「彼には、自分本位なところがまったくなく、他人を追い抜くとか負かそうとしたことがなかった」と述べた。

マロウは、ラモントやラッセル・レフィングウェルとともに、モルガン財閥に文化的な貫禄をつけ、エッセイを書き、講演をし、外交政策を論じ、各種の財団理事となるような教養ある銀行家の本拠という名声を与えた。彼は、アメリカ政治を動かすには経済人の知恵が必要だと信じた、一九二〇年代の風潮を代表する一人だった。機知にあふれ、才気煥発で小柄なマロウには、大学教授の風格があった。鋭いようでいてどこか夢見るような青い目で、鼻眼鏡をかけ、だぶだぶのズボンをはいた格好は、おしゃれなモルガンの社風にまったくふさわしくなかった。いつも便所の出入口に給仕を立たせておいて、彼が便所から出てくると、ズボン吊りを引き上げるのをお忘れなく、と注意させたものだ。このように、彼の服装のだらしなさが目についたことは、背の高い、お金持ちの、自信あふれる紳士たちがきちんと服装を決めている、洗練されたモルガンの社風の底に、うわべで見るよりも深い精神的不安がひそんでいることを表徴しているかに思えた。

ものごとに憑かれた秀才によくありがちなことだが、マロウは、ひどくうわの空である状態が多かった。ラモント家に夕食に招かれたとき、かじりかけたオリーブの実を口に入れたまま身ぶり手ぶりを入れてしゃべりまくるので、脇で見ていた執事が種を吐き出すよう小皿を差し出したほどだ。また、J・P・モルガン商会の誰もの語り草だが、マロウの乗った汽車に車掌が検札にきたら、どのポケットを探しても切符が見つからなかった。実は切符は、歯の間にはさまってくちゃくちゃになっていたのである。「ここにあるのを僕が知らなかったと思うだろう。が、本当はね、日付けをかみ消そうとしてただけさ」とマロウは車掌に負け惜しみを言ったとか。

ラモントと同じく、彼も、銀行業よりもっと立派な仕事をしたいと願っていた。かつて抱いた知的願望を捨てないで、ブライスやツキディデスの歴史書を読み、難解な注付きの、国際連盟を擁護する論文を書いた。モルガンの歴史に登場する数ある人物の中で、マロウの物語がひときわユニークであるのは、若い時に決めた目標というか政治的大志というか、それを決して捨てずに、モルガン商会パートナーの地位を政治家になる踏み台と考えた点だ。

マロウは、苦学してアマースト大、コロンビア大法律大学院を出てから、ウォール街の法律事務所に入り、七年でパートナーに昇格した。ニューヨーク郊外のニュージャージー州イングルウッドに住んでいて、たまたまウォール街への通勤の途中でモルガン商会パートナーのハリー・ディビスンとトム・ラモントと知り合い、一九一四年にこの二人からJ・P・モルガンへ引き抜かれた。

マロウは、ウォール・ストリート二三番地の人間になると、もりもり勉強して、あらゆる問題にまたたく間に精通した。エクイタブル・ライフ・アシュアランス・ソサエティを相互会社に仕立て、モルガンの対キューバ借款を監督し、さらにアラスカにあるモルガン・グゲンハイム共同経営事業などをもとにケネコット・カパーという株式公開会社の設立を立案指導した。マロウの記憶力のよさにびっくりして、ダニエル・グゲンハイムは、「調査を始めて半年もしたら、彼は私たちよりも銅《カパー》のことについて詳しくなった」と語った。ところが、ドワイト・マロウに例のうわの空の癖がつい出て、肝心かなめのことに気づかず、「わが社のもらう手数料を決めるのを忘れているぞ」とデイビスンにやんわり注意される始末だった。

マロウの心は、理想主義をとるか物質主義をとるかでつねに悩んでいた。身一つではこの二つの夢を実現できなかったので、いずれか一つの選択を迫られると、ひどく苦しんでいらいらした。マロウ夫妻は金持ち階級と交際があり、ピエール・デュポンのペンシルベニア州にある豪邸によく招かれたりしたが、それでも金持ちの世界には場違いな感じがした。まだ法律事務所勤めをしていた頃、ドワイトは、清教徒的な罪障感に悩み、「ベッツィ、これは私たちのすべき生活じゃない」とよく言ったものだ。そして、二人で十万ドル貯めたら、ドワイトは大学で歴史を教え、ベティは詩作する——夫人のベティ・マロウは、文芸誌に寄稿する詩人だった——生活を夢見ていた。

モルガン商会パートナーの地位を勧められたとき、マロウは、「何週間もの深刻な心の葛藤」に見舞われた、と伝記作家は記している。彼がその勧めを受けるか否か思い悩んでいた最中に、たまたまハゲタカに描かれたジャック・モルガンがニューヘイブン鉄道の株主たちの内臓を狙っている、意地の悪い漫画を目にした。こんな名誉毀損行為は放ってはおけないと思って、モルガンの一員になるのを受けることにした、と自身で語っているとおり、ニューヘイブン鉄道事件でモルガン側弁護人を務めたのが、彼の最初の仕事だった。モルガン入りの動機は、アマースト大の恩師に彼が語った言葉によると、年収百万ドルの期待からではなく、仕事に魅かれたからだ、という。

マロウは、世間とは没交渉の学究生活に引きこもりたいといつも考えていて、母校アマースト大のことに大層尽力していたので、ある日、ジャック・モルガンが「ドワイト、君がアマーストの理事を辞めるなら、十万ドルを贈ろう」と言った。一九二一年、マロウにエール大学総長にならないか、との打診があって、ジャックの言った文句が本物なのかはったりなのか試されることになった。マロウは、自分がエールの卒業生でないし、総長の経験もない、と言ってこれを断った。

マロウの本当の熱烈な関心は、政治にあった。彼は、政治的に障害になるのではないかと恐れて、初めはモルガンのパートナーとなるのをためらったが、その心配が完全に当たっていたことがのちに判明する。英国の新聞王ビーバーブルック卿がかつて彼に、あなたが英国人だったら、もう閣僚になっていただろう、と言った言葉が、マロウの脳裏にこびりついて離れなかった。親友カルビン・クーリッジの大統領当選は、絶好の機会と思われ、彼が財務長官か何かになるのではないかと大いに喧伝されたが、結局は何も実現しなかった。マロウは子供たちに対して、「自分のことを買いかぶりすぎるな！」とよく言ったものだが、自身では一つひとつの挫折をまともに受け取ってしまった。

クーリッジは、自己保身のためにマロウと一定の距離を置いたのではないか、と思われる。ある人は、「大統領がしばしばマロウに相談したのは、公然の秘密だ」と書いているが、彼の伝記作家によると、在任中にクーリッジがマロウに電話したのは一回だけだという。マロウ自身の残した書類ファイルを見ると、真実はその中間で、伝記作家の発言により近い。クーリッジがパーカー・ギルバートをではなくマロウをドイツ監督総代表にしたかったのは本心で、ドイツ駐在大使の勧告でやっと断念したにすぎないが、モルガン商会パートナーとのくされ縁を懸念した側近が一部にいたのは確かだ。

こののち一九二五年になって、クーリッジは、航空機の国防面への利用を検討する委員会の委員長にマロウを任命した。航空機を陸、海軍に採用する計画がこの委員会でまとめられる一方、ケネコット・カパー社創立時からのマロウの旧知であるダニエルとハリーのグゲンハイム兄弟が政府に寄付した三百万ドルを基金に、航空機開発が促進されることになった。

この委員長の仕事を通じて、ドワイト・マロウは、若きチャールズ・リンドバーグと知り合った。それどころか、マロウの残した書類ファイルによると、結局はリンドバーグのザ・スピリット・オブ・セントルイス号による歴史的な大西洋単独横断飛行の費用の面倒を、モルガンのパートナーたちがみたことになっている。最初の計画では、リンドバーグ自身が二千ドルを出したほか、地元セントルイスの後援者たちが八千五百ドルの寄付を集め、これらをもとに得た一万五千ドルの銀行融資ですべてを賄う予定だった。ところが、横断飛行に成功した直後の一九二七年六月になって、実際の費用が一万六千ないし一万七千ドルかかって、予定金額を超過したことがわかった。そこで、モルガンのパートナーたちが一万五百ドルを寄付したので、無事に銀行融資を返済できたばかりか、リンドバーグ自身の出資した二千ドルも回収できた。

帰国したリンドバーグをワシントンに招いたとき、クーリッジ大統領は、彼の名声が航空機産業の育成に大きく役立つと考え、マロウも同席するよう招いた。その席で、マロウとリンドバーグは、すぐに意気投合したわけだ。

ワシントンに招かれたとき、マロウは、大統領からメキシコ駐在大使にならないかと打診されたが、ウォール・ストリート二三番地にはかねてから腰が落ち着かなかったから、この誘いを受けた。メキシコ大使のポストは、旧友を遅まきながらなだめる餌ではなく、国家的にきわめて重大な仕事だった。のちに大統領が述べたように、「これ以上難しい仕事は考えられないが、マロウ氏は何でも本気で打ち込む人だった」のである。

その当時、メキシコとの外交関係断絶をアメリカのカトリック教会と石油関係者がしきりに煽動しており、なかには軍事進攻を求める声もあった。すでにケロッグ国務長官がメキシコのプルタルコ・エリアス・カイエス大統領の政権を「ボルシェビキの脅威」と非難し、アメリカ人の目には、メキシコが諸悪の根源に映っていた。たとえば、教会の財産を国有化しカトリック教会経営の学校を閉鎖し、対外債務の返済を怠り、石油会社に対し採掘権と引き換えに土地所有権の返上を迫り、アメリカ人の所有地を補償なしに没収していたからだ。

評論家ウォルター・リップマンは、マロウの任命を「近年にない異例の人事」と歓迎し、上院外交委員会の承認取り付けを側面から援助した。マロウは、ラテン・アメリカ向け借款の専門家として、またドル外交に反対する立場から、ウォール街がラテン・アメリカ債務国に対ししばしば辛らつな態度に出るのを抑えてきた。キューバが一九二一年の砂糖価格大暴落で対外債務の不履行に陥り、ギャランティ・トラスト社が破産しかけたとき、アメリカ海兵隊のキューバ派兵を抑えたのは、マロウのおかげだった。「他人にお金を貸して、相手が返済できない場合、わざわざ出掛けて行って相手を殺してしまったら、元も子もないじゃないか」というのが、彼の考え方だった。

マロウ一家は、ちょうどその頃、新居を建てることになっていたので、夫人は、一家の生活を乱して欲しくなかった。「青天の霹靂だわ！……ドワイトは赴任するつもりだけど、難しい仕事の割に報われるところが少ないし、おまけに話がくるのが遅かった……」と夫人は書いている。また、クーリッジのことを、貴重な贈り物はみんな他人にくれてやってしまって、ドワイトには最後に残り物を投げてよこす父親みたいだ、と皮肉っている。

マロウ自身も、メキシコについてとても悲観的で、メキシコ問題が新聞の一面記事にならないようにするのが精一杯のところだ、と述べた。ラモントはじめ友人一同が、大使にならないようマロウに忠告したが、ドワイトがモルガン商会パートナーの身分を投げ捨て、このリスクの多い地位に就いたときは、みんな啞然とした。

メキシコ側も、マロウがニューヨークの各銀行に代わって借金取立て役を務めるのではないか、と警戒した。「マロウは露払い、お次は海兵隊のお出ましだ」とメキシコ人ははやし立てたが、その心配は当たっていなかった。ラモントの率いるメキシコ問題銀行家国際委員会としても、メキシコ側に債務返済を再開させるために、軍事的行動よりむしろ平和的話し合いを望んでいたからだ。要するにアメリカ側は、メキシコの混乱より安定を求めていたのである。

メキシコ駐在大使となったドワイト・マロウは、ラテン・アメリカ地域駐在の、従来のいわゆるアメリカの外交官にはない新しいスタイルを確立し、メキシコ人に心から温かく話しかけ、駄々っ子扱いせずに同輩並みに接した。着任するとすぐ、現地のアメリカ商工会議所の会員たちに、メキシコの主権を尊重すべきだとも指示した。一方、カイエス大統領とも親交を結び、旧友みたいにぶらりと大統領の所へよく立ち寄ったものである。前任者のジェームズ・R・シェフィールド大使は、非白人系現地人を横柄に見下し、メキシコに対しいつも進攻するぞと脅しをかける態度をとり、もっぱらアメリカの石油会社のために尽くしていたが、これと比べると、マロウの相手を親しく信頼するやり方には、雲泥の差があった。マロウの人気がメキシコ人の間でずっと高く、むしろ現地のアメリカ人社会ではそれほどでないと思われることもときにはあった。

一九二七年末になると、メキシコをめぐるアメリカの国内世論が以前より煽動的になってきた。メキシコにある広大な所有地を一部接収されたアメリカの新聞王ウィリアム・ランドルフ・ハーストは、かねてからカイエス大統領に恨みを抱いていたが、同年十二月九日、ハースト系の新聞二十六紙が、怪文書をいっせいに暴露した。その文書によると、メキシコ側がアメリカの上院議員四名を合計百万ドル以上のお金で買収しようと企んでいるというのだ。一部の識者は、ハーストがカイエスへのうっぷん晴らしだけではなく、ドワイト・マロウの引き下ろしも画策したのではないかとみた。孤立主義者のハーストは、英国びいきのモルガン財閥をいつも目の敵にしていたからだ。この怪文書が偽造であることはのちに判明したが、それまでにメキシコとの関係は大いに損なわれた。

メキシコに赴任する前に、マロウはリンドバーグを東六十六丁目通りの自邸に招き、友好親善のしるしに愛機ザ・スピリット・オブ・セントルイス号をメキシコまで飛ばして欲しいと頼んだ。リンドバーグは、この案を快く受け入れ、政治的意義を強めるために、それならワシントンからメキシコシティへ飛んだらどうかと提案した。

そういう次第で、一九二七年十二月十四日、リンドバーグは、荒天を衝いて夜空へ飛び立った。それはハースト系各紙の〈怪文書暴露〉事件の数日後で、アメリカ・メキシコ関係が危機に瀕していた最中だった。翌朝、太陽が昇ると、リンドバーグの愛機は一点の雲もないメキシコ領上空に入ったが、自分がいまどこにいるのか、地理がさっぱりわからなかった。低空を飛んで、地上のホテルや駅の名前を読み取るなど苦心した末、首都メキシコシティから約八十キロ離れた町の名前を捉えた。

地上では、マロウ大使とカイエス大統領が、うだるような暑さのヴァルブエナ空港で、サンドイッチとレモネードを二人でとりながら、待ちくたびれていた。リンドバーグが六時間遅れでやっと着陸すると、十五万人もいるかと思われたメキシコ人の大群衆が飛行場を横切って、どっと押し寄せた。大使館へ向かう一行の車を、群衆が「街路樹、電柱、自動車の上、家の屋根、さらには教会の鐘楼にまで鈴なりになって見送り、花や紙吹雪が絶えず舞った」とマロウ夫人が回顧している。

リンドバーグは、クリスマスを大使館でマロウ一家と一緒に過ごしたが、休暇で帰っていた、当時スミス・カレッジの最上級生だったドワイトの娘のアンに心を魅かれた。彼女は、ほっそりした美人で、二人とも内気だったので、お互いに強く魅かれるものがあった。マロウは、リンドバーグを酒もタバコもやらず、女の子たちに目もくれない「好青年」と認めたものの、アンから結婚したいと言われたときは、面食らったらしい。

一九二九年五月二十七日、アンとチャールズの二人は、イングルウッドのマロウ家の新居で結婚式を挙げた。しかし、これを公表すると世界中があっと驚くような大事になるので、ごく内輪だけで式を済ませ、二人が裏口からそっと新婚旅行へ抜け出てから、マロウ夫妻がこのニュースをやっと発表した。新婚旅行先でも、地元の人々に知れないように宿泊先の使用人たちに箝口令をしいた。

二人は、意志堅固で真面目な、格好の取り合わせだったが、一方で矛盾だらけな面もあった。アンは、元モルガン商会パートナーだった父の娘として生まれ、父譲りの理想主義と国際協調の精神に燃えていたが、チャールズの父は、ポピュリスト党の連邦議会下院議員として、プジョー小委の調査を煽動し、〈金融トラスト〉やモルガン財閥と連邦準備銀行との結託を痛烈に非難し、銀行家がアメリカを第一次大戦に引き込んだと手厳しく批判した張本人である。そうした下院議員の息子だったチャールズは、父が抱いた東部の銀行家たちに対する疑念を受け継いで完全に脱却することがなく、一九三〇年代末には、孤立主義の立場をとってモルガン財閥と不仲になり、妻のアンを苦しい目に遭わせることになる。

マロウ大使をモルガン財閥のメキシコ駐在代理人とみなした人々は、意外な感に打たれることになった。彼には、まったく違う政治的目的があり、合衆国連邦議会の上院議員になりたい、とウォルター・リップマンに打ち明けていたのだ。そのために、モルガンとは距離を置く必要があり、むしろ公正な仲介者の立場に立ってメキシコ問題の解決に尽力する方が、自分の政治的利益になった。

マロウはまず、アメリカの石油各社のために「永続的採掘権」なる巧みな案をつくり出し、長く尾を引いてきた石油利権紛争をたちまち解決した。これによって、石油各社は一九一七年以前に掘られた油井に改めて採掘権を認められる一方、メキシコ政府は理屈の上では土地所有権を保持して面目を保った。この合理的な政治的手腕の発揮ぶりにウォルター・リップマンは大喜びして、「君が何か魔力を自在に使いこなすという人々もいる」とマロウに語ったほどだ。

もう一つの大きな問題は、カトリック教会をめぐることだった。カイエス大統領が教会所有領を国有化しようとしたため、教会側勢力がこれに激しく反対し、メキシコ国内の一部が戦争状態になっていた。マロウは、ウォルター・リップマンをひそかにメキシコに呼び寄せ、大統領が教会に干渉しないと同意し、教会側も抗議ストを止めるという内容の妥協案を取り決めた。マロウとリップマンがこの取引きをヴァチカン側に売り込んだ結果、紛争が解決して教会の門は再び開かれた。

マロウにとって一番厄介だったのは、皮肉なことに、メキシコの対外債務の問題だった。一九二八年当時、メキシコはすでに十四年間も債務不履行の状態にあり、その返済能力は、石油収入の低下につれて悪化の一方だった。同国の借金の相手先は、ラモントがその利益代表人になっている、二十万人にものぼる海外のメキシコ公債所有者だけでなく、合衆国西部の鉄道会社各社や国内の金融機関にも広く及んでいた。二十万人の公債所有者こそ第一に請求権を持つのが当然というのがラモントの考え方で、みんな忍耐強く返済を長年待ち続けてきたのだから、そうすべきだと主張した。マロウはこれに対して、企業の破産清算手続きをお手本にした、関係債権者の全員に対する一括清算案をとった。メキシコが次々に個別に話をまとめていったら、実際に支払える以上の金額にふくれ上がってしまう、と心配したからだ。ラモントにすれば、一括清算の考え方でやられると、損をするのは自分が利益代表する公債所有者だけだから、これはのめそうにない夢だった。

ラモントは、決して自分では認めないだろうが、マロウに対し一歩下がって警戒的なところがあった。のちにはマロウを「才気煥発で気まぐれだが、愛すべき好漢」とよく褒めたたえたものだが、みんなが彼を聖人君子呼ばわりするのは行き過ぎだと思っていた。そこには、自由主義的銀行家の旗頭という自分のイメージをマロウが脅かすとの考え方、つまり妬みがあったのだろう。マロウとラモントは、きっと余り似すぎていて、お互いに相手を完全にだまし合えなかったのだろう。

ラモントが、メキシコ債務についてのマロウの考え方を、ウォール・ストリート二三番地と距離を置く、一種の政治的策謀とみたか、あるいはいつもうわの空の教授先生だけしか思いつかないようなドン・キホーテ式の非現実的な案にすぎないとみたか、いまとなっては知るよしもない。いずれにせよ、ラモントは一九二九年になると、マロウの推す一括債務清算というアメリカ国務省案と縁を切る決心を固め、ICBM（メキシコ問題に関する銀行家国際委員会）は、「大使（マロウ）が政府の主張をまとめ終えるまでの一年間をもはや無為に傍観しているわけにいかない」との辛らつな調子の覚書を社内に回覧した。その数日後、「大使の考え方がどうであろうと」メキシコ側と個別交渉の道を切り開く計画だ、とパートナーたちに打ち明けた。

愛想のよさにもかかわらず、ラモントは、自分の意図を邪魔されたら手荒な行動に出ることができた。彼は、マロウを助けるふりをして実際には大使の地位から追い出す見事な方法を考え出そうとした。その手始めとして、一九二九年十一月、マロウを陸軍長官に推す手紙をフーバー大統領に送り、このことはマロウに何も知らせていないと述べて、暗に秘密を守るよう大統領に求めた。フーバー大統領は、マロウを国務長官に任命して欲しいという前任者のクーリッジの要請をすでに断っており、ラモントの誘いに乗らなかった。大統領はマロウに近かったが、将来、政治的競争相手になりそうな彼を昇進させることを望まなかったのだ。

その同じ十一月に、ある一つの出来事が起きて、ラモントの努力が不必要になった。翌一九三〇年春の共和党上院議員の候補者指名選に出馬する気はないか、と地元ニュージャージー州のラーソン知事がマロウに打診してきたのだ。これはマロウにすれば、政治家としてメキシコ問題でラモントと正々堂々対決し、モルガン商会パートナーだった経歴が選挙戦の争点となる心配を一掃できる、またとない好機だった。

一九二九年末頃になると、社会改良を夢見るマロウは、傍観者的立場にとどまっていられず、メキシコの金融・財政の大目付けを自任する立場に乗り出し、かつてはアメリカ海兵隊の派遣を抑えた身が、いまやメキシコ国家予算に厳しい目を走らせ始めた。ラモントを補佐するヴァーノン・マンローがマロウと現地で会ったとき、大使がメキシコの財政を自分の手で動かしたがっているのを見て、ショックを受けた。ドワイト・マロウは、メキシコの兄弟を助けるのだと口では言いながらも、その実、自分が偉大な人物になったとの妄想に捕らわれたみたいだった。

翌一九三〇年五月から六月にかけての、ニュージャージー州選出共和党上院議員の候補者指名選挙運動の最中に、マロウ陣営側が大失策を犯した。マロウ大使の部下で、駐在武官のアリグザンダー・J・マクナブ大佐が講演して、メキシコの改革に果たした大使の役割を激賞するあまり、マロウはメキシコ内政に嘴を入れすぎるとのラモントの主張を裏書きしてしまったのだ。たとえば、「メキシコ政府の各省のなかで、大使が助言し指導していないところは一つもない」とか、「大使は、メキシコ政府の財務長官を指導し、金融・財政を教え込んだ」とマロウをほめそやした。メキシコの新聞各紙は、この講演を国辱ものと大々的に報じた。メキシコ政府の役人たちは、これですっかり大使の操り人形であるかのように見られ、マロウのメキシコにおける影響力は地に堕ちてしまった。それでも彼は、共和党の指名獲得には成功した。

この年の夏のあいだ、マロウは、債務についてメキシコ側に助言し続けていたが、ラモントとの意見対立は、痛烈な応酬にまで発展した。七月二十四日付の手紙でラモントは、「あなたは当方の考え方に少々嫌気がさし、またわが商会があなたの見解を全面的に受け入れられないことに本当に気分を悪くされている感じがします」とマロウに対するうっ憤をぶちまけている。さらに、メキシコの蔵相とした会談に言及して、「彼はいんぎんな口調で、余計なお世話だといわんばかりに答えました……さて、親愛なるマロウ君、あなたには今後数年先までの（メキシコの国家）予算案について正確な情報の提供を蔵相に迫る、なんらかの手段がおありのようだが、その点については正直言って、私自身はまったく無力だ」と書いている。結局は、ラモントがマロウに対し、メキシコ債務問題から手を引けときっぱり警告して、「この案をぶちこわす必要性をお感じになるよりは、むしろ問題を現状のままにしておいて頂けるよう期待します」と述べた。これに対しマロウは、メキシコが破産状態なので、債権者を平等に扱う必要がある点を繰り返し、ラモントが自身のやり方に固執するなら、アメリカ国務省相手の交渉になるぞ、と冷たく答えた。

ラモントは、マロウに手紙を出した翌日、ウォール・ストリート二三番地でメキシコの商工会議所の代表と個別に合意に達し、これでメキシコ債務は、当初の五億八百万ドルから二億六千七百万ドルへ一挙に半分近くに減額された。これに対しマロウは、この合意書の批准を遅らせるようメキシコ政府に勧めたが、大統領はカイエスから後任のパスカル・オルティス・ルービオに代わっていて、マロウの影響力はがた落ちしていた。のちに判明するのだが、モルガン関係者であるこの二人の間の反目は、まったく無意味だった。メキシコ側は結局、債務返済の期日を一寸刻みに遅らせ続け、一九三二年に茶番劇全体が瓦解することになる。

こうしてマロウのモルガン財閥との関係断絶は決定的になったものの、その年（一九三〇年）の秋の上院選挙戦では、商会とのくされ縁がまといついて離れなかった。ニュージャージー州のある地元紙によると、「大使（マロウ）は、地元有権者の目には、ビッグ・ビジネスのために働く手先として描かれ、彼の出馬は、合衆国上院を経て大統領の座を狙うウォール街の陰謀として描かれる宿命にあった」という。マロウは疲れ切り、意気消沈し、不眠と頭痛に悩まされながら、活気のない選挙運動を続けた。「ドワイトは疲労困憊して、選挙運動などしたがらないし、負けた方が嬉しいだろう」とベティ夫人の日記は記している。だが、運命は、十一月に圧倒的勝利を生んだ。

上院議員になったマロウは、長年抱え込んできた巨大な負担に身も心もすり減らされてしまったみたいで、すぐにリベラル派支持者たちを失望させる結果になった。一九三〇年代大恐慌のさなかというのに、救済施策や公益事業の規制強化に反対票を投じた。このおかげでマロウは、長年かけて築いてきたリベラル派の名声をたった三カ月でふいにしてしまった、とある記者が書いたほどだ。こうした批判の言葉を苦にしたマロウは、彼一流の徹底した頑固なやり方でいろいろな問題に取り組んで勉強し、結果として眠らぬ夜が続き、夫人から睡眠をとらなさすぎると注意された。一九三一年七月四日、独立記念日を自邸で家族と祝っていたとき、彼は芝生を悲しげな目で見つめながら、義理の息子のリンドバーグに、「チャールズ、心配するな。体に悪いぞ」とつぶやいた。

その年の九月、メイン州のヨットの上で夫妻で友人と昼食をとっていたマロウは、軽い脳卒中に見舞われた。そのため、無理をしすぎる活動を停めるか、心身を疲れさせる仕事のペースを落とすかする必要があったが、結局はそれができなかった。一九三一年十月二日、彼は自邸で開いた政治集会に出て、四千人の人々と握手し続け、その三日後、就寝中に脳出血で亡くなった。まだ五十歳代の後半だった。

「彼（マロウ）には、狂気というか、何か超人的で異常というか、そういう気味があった……罪障きわめて深き者の頭脳と聖人の性格の持ち主だった。彼が非常に偉大な人物であったことは、まったく間違いない」と、伝記作家は彼にふさわしい墓碑銘を綴っている。

ある点で、運命は、ドワイト・マロウに対して慈悲深かったといえる。彼が亡くなってから五カ月後、孫のチャールズ・リンドバーグ二世が自宅から誘拐され、モルガン財閥が事件解決にいろいろ助力してくれたにもかかわらず、二カ月後に遺体となって発見された。うるさいマスコミと悪夢のような記憶から逃れようと、アンとチャールズの夫妻は一九三五年、アメリカを去って英国に移り住んだ。

リンドバーグ二世誘拐事件の波紋は、モルガン財閥にも及んだ。事件以後、二百五十人もの護衛がモルガン商会パートナーたちの各家族の身辺を守ることになったので、パートナーの孫たちのなかには、大勢の武装した護衛に囲まれて育った頃を思い出す者が多かった。

第十六章　株式大暴落

一般に、一九二〇年代の株式の強気市場は、二〇年代全体にわたって続いたと思われているが、実際は二〇年代の後半だけだった。これは、大体においてウォール街だけの現象であって、世界各地の株式市場が全部そうだったわけではなかった。ウォール街にこんな楽観的空気が大きく噴出したのはなぜかというと、主としてインフレと労働争議、赤狩りと無政府的な社会混乱を伴った、第一次大戦直後の不穏な一時期に対する反動だった。好況を生み出したものに、このほか史上稀にみる金《かね》余り現象もあった。どこもかしこも、お金で溢れていたのだ。

これに先立つ一九二〇年、インフレ的な物価上昇を抑えるために、ベン・ストロングの連邦準備銀行が金利を大幅に引き上げた。これが景気後退だけではなく、インフレ収束、つまり物価沈静化の状態を生み、その後何年も続いたので、お金は、不動産などの有形資産を見捨てた。こうしてお金がテキサス州の石油やフロリダの土地から逃げ出す商品・土地バブルの崩壊がやってくると、今度は、お金が金融市場へ流れ込んで、株や債券がまるで巨大な波に乗ったみたいに浮上してきたわけである。

ヨーロッパ各国が戦禍に遭ったため、アメリカ経済は、それまでの競争相手をしのぎ、大幅な貿易黒字を生んだ。ただ、この好況は一方に偏っていた。たとえば、評論家たちの指摘だと、アメリカの農業、石油、繊維は「病める部門」だった。アメリカの人口の半分はまだ農民だったから、ウォール街の好況などと言っても、農民たちには本当の話、現実と思えず、まったく無関係だった。銀行も経営が順調でなかった。農業と石油向け貸出しが命取りとなり、地方の中小銀行は、一日に二行の割で破産していたが、金融と不動産で繁盛する都市部では、まったくその事実に気づかなかった。

楽観論者たちは、永久に繁栄が続くとの考え方に捕らわれ、新しい経済時代の到来を口にした。ウォール街で働く大多数の経験不足な若者たちは、この連中の言うことをいとも簡単に真に受けた。ウォール・ストリート・ジャーナル紙が一九二九年十月の株価大暴落の〈暗黒の木曜日〉の後に書いたように、「本当の弱気市場の怖さを経験したことのない人々がウォール街で株を売買しているだけでなく、そのような者は国内各地にも多かった」のである。

まったくの金余りで、専門家には株価暴落など考えられなかった。むしろ一九二〇年代末の大きな心配は、株式が不足するのではないかという点にあった。〈暗黒の木曜日〉の前日のウォール・ストリート・ジャーナル紙は、「巨額のお金が投資されるのを待っている。何千人もの証券業者や投資家が、この数週間来の相場急落を狙って株を買う機会を待っている」と報じた。そして、こうした金余り状態は、生産投資先細りの不吉な前兆ではなく、富のしるしと受け取られた。

金余りブームに乗じて、アメリカの金融サービス業界は爆発的に急成長した。第一次大戦前の証券業者の数は二百五十人にすぎなかったのに、一九二九年には六千五百人とびっくりするような数に増えた。株に対する社会一般の考え方に重大な変化が起きたのだ。それまでは、債券と株券を比べると、重要性の点で株券の方が小さくみえるのが常であって、大戦前には銀行や保険会社が株を売買することはあっても、小口投資家は手を出さなかった。ピアポントが終始一貫して株を軽蔑したことが思い出される。

ところが、一九二〇年代に入ると、小口投資家が軽率にも束になって株式市場に飛び込んできた。そして、一千ドルだけ現金で出して一万ドル相当の株を買う、いわば一割の証拠金で信用買いすることをしばしば行なった。一億二千万人を数えた当時のアメリカ総人口のうち、株相場に手を出したのは百五十万人から三百万人程度にすぎなかったが、そのたやすく、見事なもうけぶりは、国中の注目を集めた。

証券市場がこのように活気づくにつれて、大企業としては、銀行から短期資金を借り入れるより証券を発行して資金を調達する方が安上がりになった。内部留保で事業拡張資金も賄って、〈金融王の時代〉のような銀行家の支配から引き続き乳離れを図る企業も多かった。それどころか、余剰金をたくさん抱えて——一九八〇年代に日本企業が余ったお金を〈財テク〉投資に振り向けたように——株式投機や証券金融に乗り出す企業すら一部にあった。

銀行と証券の両業務の分離を定める一九三三年のグラス・スティーガル法ができる前のこの時期、証券発行に走る企業の大勢は、ウォール街をまったく脅かすものではなかった。ニューヨークの大銀行はどこも、証券子会社を通して利益をあげていた。証券子会社であれば銀行でないから、州際銀行業務を制限した法律の目をかいくぐれたので、ギャランティ・トラスト社などは、セントルイス、シカゴ、フィラデルフィア、ボストンからカナダのモントリオールにまで支店を開設した。チェース・ナショナル・バンクの証券部門は、アメリカ国内全土だけでなく、パリやローマに支店を設けた。一九二七年、ギャランティ・トラスト社がアメリカ預託証券（ＡＤＲ）なる新商法を案出した結果、アメリカ人が支払い通貨の問題を心配せずに、居ながらに諸外国の株式を買えるようになった。

株券や債券などの有価証券を取り扱う当時のウォール街には、二つの世界があった。一つは伝統的な投資銀行だが、もう一つは小口顧客専門に足で売り込むもので、ナショナル・シティ・バンクの証券子会社のナショナル・シティ社がその典型だった。親会社のチャールズ・ミッチェル会長は、有価証券の販売にお祭り騒ぎの調子を加えた張本人で、二千人ほどの部下たちに販売を競わせたり、はっぱをかけたりして、売上げ向上を懸命に図った。この連中の間では、外国債券、ことにラテン・アメリカの各国の外債を好んで取り扱うのが一つの流行であって、小口投資家にその安全性を保証してしきりに売り込んだ。外債の持つ危険な落とし穴はすぐには暴露されなかったが、やがてウォール街の各銀行がラテン・アメリカの不良債権をつかみ、それを証券子会社の扱う外債の形にして売りさばいていた事実がわかってきた。これが大きな契機となって、銀行業務と証券業務の分離を定めた一九三三年のグラス・スティーガル銀行改革法が生まれたのである。

一九二九年の株価大暴落を迎える前後になると、大手の預金銀行は、有価証券業務の面で古くからある投資銀行の多くを次々と打ち負かし、その新規発行取扱高は、全体のなんと四五％も占めるに至った。たとえば、ナショナル・シティ・バンクの取扱高は、J・P・モルガンとクーン・ローブが束になってもその足元に及ばなかった。それでも、ウォール街選り抜きの、堂々たるモルガン商会に代表される投資銀行は、商業銀行との競争に生き残った。一流有価証券の取扱い業務の大部分は、名門で、伝統を誇る、大口顧客専門の投資銀行から離れず、そのまま残ったのである。J・P・モルガン商会は、販売網を持たなかったけれども、新規発行を引き受けると、それを一千二百社もの多数の小口取扱い社を動員して売りさばいた。また、国内では、金融トラスト時代の仲間——つまりナショナル・シティ、ファースト・ナショナル、ギャランティ・トラストの各行——と共同幹事社となって新規発行を引き受ける一方、ロンドンのモルガン・グレンフェル商会が、ベアリング、ロスチャイルド、ハンブロ、ラザードの各社と組んで仕事をした。

大規模な債券発行となると、昔ながらの型どおりの手続きがとられた。一九二〇年のAT&T社の新規発行引受けがよい例で、このときはモルガン文庫にジャック・モルガンやキダー・ピーボディ商会のロバート・ウインザーら関係各商会の代表が集まり、引受け分を分配する秘密の取決めをした。キダー・ピーボディが三〇%、J・P・モルガンが二〇%、ファースト・ナショナル・バンク、ナショナル・シティ・バンク各一〇%、残りは各行といった参加比率だった。これは一九二〇年代の十年間を通してずっと、どんなときも守られた。それは相手の顧客を奪うのを禁じた〈紳士銀行家行動規範〉から出た考え方であって、顧客を奪うのはよくない行為であるばかりか、お互いに危険でもあった。そんなことをすれば血みどろの殺し合いになって自滅するだけだ、との心配があったからだ。

一九二〇年代が終わったとき、モルガンは、他の多くの銀行よりも悔いるところがなかったと思われる。その理由のひとつは伝統のおかげであって、ピアポントがかつてバーナード・バルークに「私は絶対に賭け事はしない」と語ったように、ビクトリア朝以来のマーチャント・バンクの伝統を守って株式市場を軽蔑してきたことが役に立ったのだ。ジャック・モルガンは、一八九四年から証券取引所の会員権を持っていたが、決して株取引に手を出すことはなかった。それだけではなく、モルガンが音頭を取った有価証券の発行に占める普通株は、全体のたった三%にすぎなかった。一九二〇年代に各金融機関が被った主なる損害は株式操作の結果だったろうから、モルガン財閥は最悪の事態になんとか巻き込まれなくて済んだ。

J・P・モルガン商会は、大口の債券引受けと貸出し業務とにだけほとんど専念して、このしきたりを少しも緩めようとしなかったので、各金融機関の中では例外として目立った。顧客に対して、鉄道債などを買うよう手堅い投資を勧め、株を鳴物入りで宣伝して売り込む、相場予想屋的な商売はしりごみして避けた。ただし、モルガンのこの方針が破れたことが一度ある。一九二六年七月、パートナーのトマス・カクランが定期客船オリンピック号でヨーロッパに向けて航行中（当時の豪華客船には、証券会社の出張所まで設けられていた）、同船したある新聞記者と歓談した。ところが、まだ彼が船旅中なのに、ゼネラル・モーターズ株がいずれは現在より一〇〇ポイント高くなる、と語った彼の言葉が、ダウ・ジョーンズの相場表示機《チッカー》で報じられてしまった。これを見た証券業者たちは、モルガンとデュポンの両社がGMの大株主であることが頭にあったため、二日間で同株を二五ポイントも押し上げた。自らの影響力をこう見せつけられて、びっくり仰天したモルガン商会は、かかる事態が再発しないように手を打った。

モルガンは、商会自体としては株式市場と距離を置いていたが、パートナーたちは、株投機を嫌っていなかった。みんなインサイダー取引を利用できる有利な立場にあった。当時は、インサイダー取引は、まだ違法行為ではなく、悪い慣行とは知りながら誰もがやっていた。手ぬるい証券取引所の規則や内容の乏しい企業の営業報告書のせいで、内部情報がいっそう貴重であった時代だったから、投資家たちは、ウォール街の知り合いをせっついてニュースを聞き出した。こうして得られた内部情報が必ずしも投資の成功を保証するとはかぎらなかった――がせネタを摑んで、〈暗黒の木曜日〉に破滅した投資家が多かった――が、ウォール街で働く者たちの大きな臨時収入とみなされるほど、内部情報は金を稼いだ。

一九三〇年代に入って、モルガン商会パートナーたちは、インサイダー取引の解消賛成派に加わったが、もっと早くからそう踏み切る勇気を持っていた人たちもいた。USスチールのエルバート・ゲアリー会長などは、毎日、株式市場が終わった後に取締役会を開き、各取締役が自分の報告や決定を独占的に利用して株でもうける機会をいっさい封じたものだ。ところが、モルガンのパートナーたちは、概してウォール街の他の人々並みにインサイダー取引でもうけていた。

たとえば、パートナーの一人のエドワード・ステティニアスは、ゼネラル・モーターズとゼネラル・エレクトリックの両社の取締役を兼任していたが、非常に口が軽かった。一九二二年に仲間のハリー・デイビスンがGM優先株を買うべきか否かを尋ねたとき、ステティニアスは、「それはどうかな……昨年の営業成績を示す会計報告が発表されるまではね……この会計報告が株価を下げる効果がありうると思うから、それが発表されるまで株を買うのは賛成したくないね」と語った。

ステティニアスが内部情報を漏らす際に、そうすることが穏当でないとの気持ちをちらっと示した例もあった。一九二三年にパリのパートナーのハーマン・ハージェスが、ゼネラル・エレクトリック株を買うことの是非を尋ねたとき、こう答えている。

現在の株価、つまり一九六なら、GEは売りより買いだ。同社の経営委員会と取締役会の一員たる私にどんな情報があるか、君に言うのは妥当だと思わないが、(秘密にしてくれるなら)これだけは君に言えると思う。つまり、私の推測だが、今後六カ月以内に、株価をさらに高めるような、なんらかの措置がとられるだろう……。

さて、モルガン財閥はある時期、株嫌いという通説を裏切る事柄に関係したことがあった。一九二七年から一九三一年にかけて、五十以上を数える株式プールのそれぞれの一員になったのである。これは、市場操作を図るために複数の出資者が集まってつくる、一種の株買占め連合であって、ニューディール時代が来る頃まで禁止されていなかった。むしろ活気のある、魅力的な投資行為とみなされ、上流階級の洗練された人々の関心を集め、その進展状況が新聞紙上に報道されたほどだ。こうした株式プールは、臆面もなく株価を操ったが、そのためには広告代理店を雇ったり、新聞・雑誌記者を買収したりして、狙った株を「囃す」ところもあった。ジョン・D・ハーツ経営のイエロー・キャブ社が弱気筋の売り崩しに遭った一九二四年、株式プール側が相場師ジョー・ケネディをかつぎ出して防戦に成功、ケネディの男を上げさせたことがあった。これには、ケネディ自身が背後で売り崩し攻勢をかけたのではないか、とのちにハーツ側が疑う一幕もあった。モルガンのパートナーたちは、健実な長期投資の方が望ましいと主張したものの、彼らとて、投機的風潮に無縁というには程遠かった。

一九二〇年代は、企業買収取引が激しく行なわれた時代でもあった。オットー・カーンの回顧にあるように、「誰もが他の誰もの会社を買収しようと完全に熱中……新会社が乱立した。買収資金は、いとも簡単に手に入った。世間が株や紙っぺらを非常に買いたがったから、資金が……国内企業や外国政府にも使ってくれと無理に押しつけられた」という。J・P・モルガン商会には、企業合併部といった正式な組織はなかったが、ひそかに多くの網を張りめぐらせていた。その企業買収取引は、英国資本に狙いを向けたものが多く、なによりも重要なのは、ウォール・ストリート二三番地が合衆国政府の一機関であるかのように活動したことだ。

その例を電気通信の分野で見てみよう。アメリカは第一次大戦後、戦時中の情報活動に貴重な役割を演じた海底ケーブル通信の英国軍部による独占を心配した。非公式にウィルソン大統領がゼネラル・エレクトリック社に対し、アメリカの無線技術で英国の海底ケーブル独占体制に対抗して欲しい、と意向を伝えた。そこでモルガンが資金を出し、GE社が、のちにRCA社の中核を占めることになるアメリカン・マルコーニ社の英国持株を買収するのを助けた。

モルガン商会は、一九二〇年代にサスシーンズ・ベインがインターナショナル・テレフォン・アンド・テレグラフ（ITT）という世界的企業帝国を始めるのも助けた。この場合も同商会は、企業を買収するのではなく、仲介役に徹した。対立していたAT&T社とITT社との間の歴史的休戦がウォール・ストリート二三番地の手で計画され、AT&T側が海外市場をベインに明け渡す一方、ITT側がアメリカ国内に電話機製造工場を設けないと約束して話がついた。この休戦取決めは、驚くことに、その後六十年間守られた。この例からみても、モルガン財閥が依然として自由放任主義を体した市場競争経済よりも大企業間の共謀を好んでいたことは明らかだ。

政治的策謀を好む点で、ITTのベインとモルガン財閥とは、おのずから馬が合った。ベインがパリのハーマン・ハージェスを介してスペインの電話会社を買収すれば、J・P・モルガンも、ベインの南アメリカ数カ国の電話会社買収を助け、これら各国で誇っていた英国の優位をくつがえした。オーストリアの国債引受け交渉の最中に、同国がドイツのジーメンス社から電話設備を買おうとしているのを知ると、モルガンがITT社の入札希望の意思を伝えたりもした。ラモントは、よくベインの秘密全権大使役を演じ、一九三〇年には、イタリアに工場を設けたいベインの希望を推進するためだけの用事でムッソリーニと会って話している。

一九二九年初めを迎え、モルガン商会が伝統的な株嫌いの態度をかなぐり捨てて、株投機をあおる慌ただしい大勢に身を投じた頃から、大惨事近しの兆候がはっきりしてきた。当時のウォール街で広くもてはやされていたのは、新手の他人資本の利用による金もうけ、つまりレバレッジングであり、その一つがゴールドマン・サックス商会など多くの証券会社が導入した〈投資信託〉と呼ばれたものだ。もう一つ人気を集めていたのが、持株会社だった。持株会社とは、実際に営業中の中小会社多数を買収し、その各社の配当を、最初に買収資金を出した債権者への返済に充て、債務を完済するという仕組みだ。この方式だと、企業買収を次から次へと無限に続けられる理屈だった。

公益事業関係の持株会社に人気があるのに乗じて、モルガン財閥は、一九二九年、ユナイテッド・コーポレーションなる持株会社に出資したが、同社は東部十二州の発電量全体の三分の一以上を占める電力会社各社を次々に買収していった。かつてピアポント・モルガンが各種のトラストを推進し、大量の株を自身で保有、取締役を一人で選任した、あの時代へまったく逆戻りした形だった。今度も、ユナイテッド・コーポレーションの帳簿類は全てウォール・ストリート二三番地に保管されたうえ、取締役会もモルガンの知人やパートナーたちで占められた。

一九二九年の最大の愚作は、モルガンが後押ししたアレゲーニー・コーポレーション、つまりクリーブランドのヴァンスワリンジャン兄弟経営の鉄道・不動産中心の企業帝国を支配する持株会社だった。この二人の兄弟は、たいした学校教育も受けていない、まったく風変わりで、無愛想で、二人の間はいつどこでも切っても切り離せないかのように、何でも一緒という存在だった。たとえば、二人とも独身で、食べる物も寝室も同じで、世間の人々とめったに交際せず、アルコールやタバコも避けた。そして一九二九年十月の株価大暴落の直前の二人の財産は、一億ドルを超えていた。

兄弟は、クリーブランド郊外の高級住宅地シェーカー・ハイツの開発を手始めに、他人のお金をうまく利用するすべを身につけた。そして、開発した住宅地からクリーブランド市内まで鉄道を敷いたことで、鉄道事業に乗り出した。兄弟がモルガン財閥の腕の中に急に舞い込んできたのは、一九一六年に合衆国司法省がモルガン系のニューヨーク・セントラル鉄道に圧力をかけて、クリーブランドに乗り入れている路線の売却処分を迫り、兄弟がその路線を五十万ドルで引き取ろうと友好的買収を申し出たときだ。ニューヨーク・セントラルのアルフレッド・スミス社長は、兄弟をすぐにウォール・ストリート二三番地へつれて行き、「この二人とはいろいろ取引きした経験があるが、非常に有能だ……できるかぎりの協力をしてやって欲しい」と融資の口添えをした。ラモントは、その通りにしたのである。

モルガン商会はギャランティ・トラスト社と協力して、兄弟の鉄道、不動産会社買収の資金を提供した。他人のふんどしで勝負することに長けていた兄弟は、新しく手に入れた企業を担保に次の企業買収資金を借り入れた。こうして兄弟の持株会社は、自己資金はほとんどなくても、モルガン財閥との強力な結び付きにすべて支えられて、他の持株会社を際限なく次々に支配していった。一九二九年当時で、兄弟がクリーブランド市内の四十階建て本社の最上階から支配していた鉄道会社は、アメリカで五番目に大きく、総延長で英国の鉄道各社の総計分に相当した。

一九二九年一月、J・P・モルガン商会が株式の発行を引き受けたアレゲーニー・コーポレーションは、兄弟にとってこれまでの業績の集大成——つまり、二人の莫大な借金のピラミッドの頂点に築かれた超大型持株会社になるはずだった。モルガンがこのようにヴァンスワリンジャン兄弟と深く関わったことで明らかなように、一九二〇年代の好況に調子づいた向こうみずな風潮が、ついに手堅い立派な商法そのものの権化とされてきた同商会までもむしばむに至ったのである。しかし、さすがのモルガンという看板の魔力をもってしても、信用以外何もないゼロの上に築かれたピラミッドを崩さずに持ちこたえることはできなかった。四年後、アレゲーニー株発行をめぐるいかがわしい実情を世間が知ることになる。しかし、一九二九年初め頃は、同社株はまだ掘出し物だと思われていたのである。

一九二九年の一年間ほぼずっと、ジャック・モルガンとトム・ラモントは、ドイツの賠償という面倒な問題に関心を奪われて、迫りくる嵐にあまり気づかなかった。財界人兼外交官が幅をきかした時代が終わりかけたこの時期でも、アメリカは、まだ外交面でモルガン財閥に頼るところがあった。賠償問題の最終解決策を考え出すためにパリで国際会議が開かれることになり、GEのオーエン・ヤング会長とジャック・モルガンがアメリカ代表に選ばれた。会議はオーエン・ヤングを議長にパリで開かれたが、ここでもめたのは、またもやドイツの賠償能力についてだった。例の如く、フランスが賠償金額の引下げに頑固に反対したので、ドイツのライヒスバンク総裁のシャハト博士は、そんな賠償金は財政的に負担不能と考え、しばしば会議を中断させる騒ぎを起こし、あげくの果てにかっと怒って議場から飛び出したものである。

この会議でジャック・モルガンは、ドイツ人に対する強い嫌悪感を隠すのに苦労した。「私の見るところ、彼らはやはり二流国民だ」とニューヨークに打電しているし、会議のおかげで、スコットランドでの狩猟はいうに及ばずコーセア号での地中海航海計画もおじゃんになった、とこぼした。シャハト博士が気づいたら、ジャックが一番最初に会議を放って脱け出していた。

会議の行き詰まりをなんとか打開しようとして、議長のオーエン・ヤングは、若い部下のデイビッド・サーノフ、つまりのちにRCA社長となるあのサーノフの出した案に飛びついた。その案とは、サーノフ自身がシャハトと非公式に折衝する、という内容だった。「幸運を祈る。この仕事は君にしかできない」、ジャックとともに会議に参加していたラモントは、そうサーノフを激励した。一九二九年五月一日、ロシア系ユダヤ移民出身のサーノフとドイツ人のシャハトの両人は、オテル・ロワイヤル・モンソーのシャハトの宿舎で第一回の夕食会に臨んだ。二人は、すぐに意気投合した。シャハトはヘブライ語の博士号を持っていたし、サーノフもかつてユダヤ教の律法学者（ラビ）をめざしたときに、この言葉を勉強したことがあった。第一回の夕食会は、延々十八時間も続くマラソン交渉となった。こうしてサーノフは、賠償金額をドイツの経済実績に関連づける、いわゆる〈保《セイフ》護《ガード》条項《・クローズ》〉をシャハトに売り込み、のちに称賛されることになる。

ジャックは、サーノフの発案にいたく感激して、「デイビッド、君が実際に調印した協定書を持ち帰ったら、何でも君の好きなものを贈ろう」と激励した。五月下旬にもう一度、長時間交渉して話を詰めてから、サーノフが協定書を持ち帰った。ジャックは、びっくり仰天して、かぶっていた黒のホンブルグ帽のひさしに手をかけると、「君には帽子を脱ぐよ」と頭を下げた。そして、「約束どおり、欲しいものを何でもあげる」と言うと、サーノフは、ジャックの愛用する海泡石のパイプと同じものが欲しいと答えた。それは、ピアポントの時代から古いつきあいのある、ロンドンの老職人が作っていたので、ジャックは、使いの者を特別にチャーターした飛行機でロンドンにやり、サーノフ用に一本持ってこさせた。

こうして生まれたヤング案によって、ドイツの賠償支払い計画は、当初のドーズ案より金額が減額され、五十九年間の年賦払いに引き延ばされた。また、ドイツの賠償債務を民間人が自由に売買できる債券に変更して、政治とは関係を切り離すことにした。つまり、ドイツが連合国へ賠償金を直接支払うのではなく、新しく設立された国際決済銀行（BIS）を通して債券所有者に債務を支払う形をとったのである。このおかげでドイツは、連合国側各国の政治的干渉から解放されるとともに、ドイツ国民の憎悪の的だった連合国の監督総代表部というくびきもなくなった。監督総代表だったパーカー・ギルバートは、ベルリンを離れてJ・P・モルガン商会のパートナーの一員に加わった。

国際決済銀行（BIS）は、スイスの都市バーゼルの中心広場近くのホテル内に設けられたが、各国の中央銀行が政治に干渉されずに国際通貨政策を策定できる場をつくりたいというモンタギュー・ノーマンの夢がここに実現された。偏狭な考えに立つ合衆国連邦議会は、〈国際〉という銀行名の部分が気に入らず、連邦準備銀行がBISに加盟するのを拒否したが、アメリカの何行かの民間銀行は、参加した。BISは、ヤング案よりも長生きして、ノーマンが考えたとおりに、中央銀行の中央銀行に発展していくことになる。一九二九年六月、ドイツ賠償問題の解決が発表された。協定文書の調印が終わるか終わらないとき、会議場の窓のカーテンに火がつき、ぱっと燃え上がった――それは、ヤング案がドイツにどう受け入れられるか、その運命を暗示する、恐るべき不吉な前触れだった。シャハト博士は、非常に動揺した気持ちで調印したが、やがてのちにこの協定を公然と非難し、ナチのお気に入りとなる。ヤング案に基づく、賠償支払金に代わる債券のうち一億ドル分を、モルガン財閥は一九三〇年六月に引き受けたが、ドイツとの縁はこれが最後だった。ドーズ案のときの公債は、しっかり受け入れられたが、ヤング公債には、あまり熱意がみられなかった。それでも一九二九年のパリ会議は、この時代の最も厄介なドイツ賠償問題に終止符を打った感じで、ニューヨーク証券市場の最後の高騰に拍車をかけるのに役立った。

モルガン財閥の中で唯一人、先見の明があったのは、財務次官補と法律事務所勤務を経て、一九二三年にザ・コーナーにやってきたラッセル・レフィングウェルだけだった。彼は、いつも取越し苦労をする性格で、株価大暴落の原因は低金利政策《チープ・マネー》にあるとする説を支持し、行き過ぎた低金利が株式投機を生んだと非難した。

イングランド銀行総裁のモンティ・ノーマンがニューヨークを訪問し、金本位制復帰の際のポンドへの売り圧力を避けるため、ニューヨーク連銀のベン・ストロングにアメリカ側の金利引下げを要請したことは、すでに述べた通りだ。ストロングは、公定歩合を下げてこれに応えた。レフィングウェルは、これが株相場急騰の引き金になったと考えた。一九二九年三月の初め頃、モンティがバブル状態と化したウォール街に「慌てふためいている」との噂を耳にした彼は、「種を播いたのは、モンティとベンだ。われわれは、そのしりぬぐいをせざるをえまい……世界的な信用の危機がやってきそうだ」とラモントに怒りをぶちまけた。ここで思い起こされるのは、ジャック・モルガンらウォール・ストリート二三番地の人間が、英国の金本位制復帰には賛成したものの、ベンが金利を下げるのではなく、モンティ側が上げるのを条件としたことだ。

ベンジャミン・ストロングは、一九二九年十月末の株価大暴落を見ずして亡くなった。重病に次ぐ重病のあげく、前年の一九二八年十月に五十五歳で病死したのだ。その後の一九二九年春から夏にかけて、後任の連銀総裁のジョージ・ハリスンがワシントンの連邦準備局に金利引上げを懇願したが、拒否された。ラッセル・レフィングウェルは、ギリシャ悲劇のような一種の内部葛藤が繰り広げられるのを思い浮かべた。ハリスンが前任者のストロングが残したワシントンとの対立感情をそのまま引き継いだのではないか、「ワシントンの連邦準備局がみせた大きな抵抗は、一つには、哀れなベン・ストロングが準備制度を一人で動かしてきたことに対する長年抑えてきたうっぷん晴らしではあるまいか」と心配した。連邦準備制度は、最悪の瞬間に、官僚的な内部反目に足をすくわれたのだ。一九二九年八月、公定歩合が遅まきながら五％から六％へ引き上げられたとき、それはもう手遅れで、ブームを冷やすことはできなかった。

一九二九年九月五日、バブスンという無名のエコノミストが長年言い続けてきた、「遅かれ早かれ、大暴落はやってくる。ひどいことになるかもしれない」との警告を繰り返したとき、十月二十四日の〈暗黒の木曜日〉の悲劇の暗い影がさし始めた。普段であれば、こんな発言は無視されたところだが、通信社の配信網に乗って広まると、一時的にだが株価を下落させた。学者として楽観論に立つ大物のエール大学のアービング・フィッシャー教授は、「株価は高水準に達しており、このまま持続する」と述べ、信者たちを元気づけた。ところが、アメリカ経済は、すでに八月に頂点に達していて、フィッシャー教授がそう言っているうちにも、下降し始めていた。

十月中旬、株相場の乱高下をひどく心配したフーバー大統領は、話を聞かせに使者をラモントのところへやった。執務机に電話を敷いた最初の大統領だったフーバーは、朝食前に直接ラモントに電話することもしばしばあった。フーバーがモルガン財閥に近かったにもかかわらず、大統領を冷淡で尊大な頑固者とひそかに嘲笑するパートナーが多かった。パーカー・ギルバートなどはかつて、フーバーのことを「一応は商務長官だが、その他各省なら次官級だ」と呼んだ。一九二八年の大統領選挙戦の最中に、「フーバーは、金融についても、為替についても、経済学についても、まったく無知だ」とレフィングウェルが財務省時代に書いたメモが、対立する民主党側から流されたこともあった。

ところが、感心なことにフーバーは、ウォール街の迫りくる危機を気にしていなかったわけではなかった。一九二九年三月、ニューヨーク証券取引所副理事長で、モルガン商会のジョージ・ホイットニーの兄のリチャード・ホイットニーをホワイトハウスに呼びつけ、証券取引所が投機を抑制するよう求めたが、これは無視された。また、連邦準備制度が低金利で準備金をふんだんに市中銀行に供与していると非難したが、これらのお金は信用取引に利用されたのだ。

ところで、フーバーが使者を通して知りたかったのは、増加する持株会社は心配の種ではないか、連邦政府が株投機を終わらせる措置をとるべきか、の二点だった。〈暗黒の木曜日〉の五日前、ラモントはフーバーに返事をよこして、大統領の根拠十分な心配を穏やかな口調で払いのけた。「まず第一に、現在流れている投機の噂にひどい誇張があることを忘れないで下さい……」として、市場の持つ自己修正能力をたたえた。また、各産業の景気回復の立ち遅れを指摘して、市場は過熱していない、と言い切った。一方、ユナイテッド・コーポレーションやアレゲーニー・コーポレーションについては、いまや鉄道と公益事業を支配するに至った、これらの持株会社を称賛した。彼の大げさな結論は、「第一次大戦の終結以来、わが国は、健全なる繁栄という素晴らしい時代に乗り出している……

未来は明るく輝いている」と述べ、心配をすっかり鎮める調子だった。

安心して満足している余裕は、長く続かなかった。十月二十二日になると、ラモントに大統領が心痛のあまり取り乱した口調の手紙を送ってよこしたので、「投機的状態が手に負えなくなりそうだと大統領は思っている」と、その内容をジャックに伝えた。フーバーの見方は——少々手遅れとはいえ——正しかった。翌二十三日、超優良株が軒並み恐慌売りに見舞われ、ウエスチングハウス株が三五ポイント、ゼネラル・エレクトリック株が二〇ポイント落ちた。バブルがまさにはじけようとしていた。

翌二十四日午前、アメリカ訪問中のウィンストン・チャーチルが、ニューヨーク証券取引所の見学者席に立った。この二週間ほど前に、彼は、一九二五年の英国の金本位制復帰を助けてくれたモルガン商会パートナーたちと昼食を共にしていた。いま彼が見下ろす立会場の光景の原因が、もとはといえば、アメリカ側に金利引下げを求めた、一九二五年のあのときの決定にあるとまでたどる人々は多かっただろう。立会い開始から二時間足らずで、帳簿上では約百億ドルがふいになった。下落ぶりがあまりにひどく、それを反映して場内に恐ろしい悲鳴が上がったので、見学者席は昼過ぎに閉鎖された。

一九〇七年恐慌のときと同様、絶望した人々が取引所近くのフェデラル・ホールの階段に立ちつくし、両手をポケットにつっこみ、帽子を深く下ろして、物すごい形相で遠くを見つめていた。この人たちがショックのあまり声も出ないさまは、その日撮られた何枚かの有名な写真でよくわかる。信用取引に手を出していた多数の人々は、一夜にして破滅した。新聞によると、ビルの谷間のウォール街の街路を、うなり声とも、がやがや言う声とも、ざわめきともつかぬ、奇妙な音が通り抜けていったという。ぼう然とした何千何万もの人々が一挙に自分たちの思いをぶちまけたものが一つに集まって、そういう物音になったのだろう。一人の職人があるビルの屋上に現れたのを見た群衆が、彼が自殺しようとしていると思い込み、いまかいまかとしびれを切らして待ち受けた。実際の自殺事件も十件ほど報じられた。J・K・ガルブレイスの著書『大恐慌』には、「二人の男が、リッツ・タワーの高い窓から手をつないで飛び降りた。二人は共同口座だったのだ」とある。

お昼頃、ウォール街の銀行家のそうそうたる面々が、J・P・モルガン商会の玄関階段を足早に上っていった。アメリカ全体がその一挙一動をはらはら見守ってきた面々——つまり、ナショナル・シティ・バンクのチャールズ・ミッチェル、チェース・ナショナル・バンクのアルバート・ウィギン、バンカーズ・トラスト・カンパニーのスーワード・プロッサー、ギャランティ・トラスト・カンパニーのウィリアム・ポッターの四人だ。これら四人の代表する銀行の資産は合計六十億ドルに達し、おそらく世界最大の富の蓄積額となるだろう。当然のことながら、この金融界首脳たちの会議を主宰したのは、五十八歳のトム・ラモントだった。いざというときにモルガン財閥が救済役に乗り出すのは、いまやお決まりの観があった。いろいろ欠点をあげつらわれても、モルガンは、銀行の中の銀行、もめ事仲裁の名手、金融界の大御所的存在であり、同社が世間に与える信頼感の点で、対抗できる銀行は他にはありえなかった。

危機のさなかでも、ラモントは丁重であり、その冷静沈着ぶりは伝説となったほどだ。〈暗黒の木曜日〉の十月二十四日のこの銀行家たちの救済乗り出しは、実質的というよりは名目的な効果しかなかった。株式市場全体の崩壊を支えられないのはわかっていたから、資金を市場に導入して、相場の下降を何とか大混乱を招かない形にしようと工夫した。この日の午前の取引では、売り一方で買い手がまったく現れない、恐ろしい瞬間が何度もあったので、ひとまず二億四千万ドルの資金を拠出し、各種の株を買い、市場を安定させることを申し合わせた（グゲンハイム財閥もこれに加わった）。これは、ほんのささやかな応急策でしかなかったが、銀行家たちにできることといえば、この程度が精一杯だった。

証券取引所の理事長がハワイに行っていて留守だったので、理事長代理を務めるリチャード・ホイットニーが銀行家による救済工作の代理人を務めた。ホイットニーの弟はモルガンのパートナーだし、自身の会社もモルガンの引受け社債を扱っていたから、彼を代理人に選んだのは適切だった。午後一時三十分、彼は、役者そこのけのさっそうたる登場ぶりで立会場に姿を現すと、USスチール株の売買ポストに近づき、二百五ドルで二万株の買い注文を出した。それ以前の株価を数ドル上回る指し値だった。彼が買いに出たとの知らせが広まると、相場が一時安定したかに見えた。

モルガンが後ろ盾のUSスチールを選んだのは、決して偶然ではなかった。紳士銀行家たるラモントら各銀行首脳には、自分たちの出資した会社を支えるべきだとの考えがあったのだ。あとでわかったことだが、ホイットニーが実際に買ったUSスチール株は二百株だけで、他の人々が同株に飛びつくや、すぐに自分の買い注文を引っ込めた。そして、他の各社株を扱う十五ないし二十カ所の売買ポストを回って買い注文を繰り返し、総額で二千万ドルほどの買い注文を出した。その日の大引けを迎えたとき、銀行家たちの拠出した資金の半分しか、実際には使われなかった。それでも銀行家たちの発揮した魔力はよく効いて、後場の相場がしばらくの間持ち直した。

その日の商いが終わったとき、銀行家の面々は、第二回目の会合を開き、ラモントをスポークスマンに決めた。ラモントは、新聞記者の激しい質問を浴びたが、アメリカ金融史上で最も記憶に残るほど控え目な口調で、「取引所で若干の嫌気投げ売りがありました」と答えた。そして、株価下落の原因は、「技術的なもの」だとし、市場が「エア・ポケット」状態になったと述べた。なんとも言えぬほどあいまいな表現を用いて、市場は「改善が可能」であるとも述べた。こうした記者相手の会見がその後何週間も続き、ラモントは、一躍有名人となり、タイム誌の表紙にまで登場した。

ほぼこれと時を同じくして、ウォール街は、勇ましい希望的な観測を流し始めた。〈暗黒の木曜日〉の夜、小口顧客専門の株式仲買人たちが証券会社のホーンブロウアー・アンド・ウィークス社に集まり、市場は「厳密に言うと、これまでの数カ月よりよい状態」にある、と発表した。翌朝のウォール・ストリート・ジャーナル紙の見出しも、株価大暴落ではなく、銀行家の救済乗り出しを中心に据えて、「銀行家が株価崩落を阻止、二時間にわたる売り殺到がモルガンでの会議後に止まる、十億ドルの買い支え」と打った。銀行家たちがフーバー大統領に、株が安い買物だから買うよう国民に勧めて欲しいと訴えたが、大統領は、「わが国の基本的経済活動、すなわち商品の生産と流通は、健全かつ順調な基盤に乗っている」と月並みな言葉を吐いただけだった。株式市場は金曜日から土曜日午前の取引きにかけて、多少の上下はあったが、新しい危機は起きなかった。

一九二九年の株価大暴落は、この週末をはさんでその前後の二つの週に分かれて繰り広げられた。次の週明けの月曜日を迎えると、例のフーバー大統領の言明を週末にじっくり読んで思案したと思われる人々が売りに殺到した。AT&Tが三四ポイント、ゼネラル・エレクトリックが四七ポイントそれぞれ下がった。銀行家に対する市場と世間の双方の信頼が崩れかけたのである。

のちに〈悲劇の火曜日〉と呼ばれた十月二十九日は、投資家たちが〈暗黒の木曜日〉の方がずっと穏やかだったと振り返る結果になった。この日は、ニューヨーク市場始まって以来の最悪の日だった。出来高は、四十年来の最高記録の一千六百万株を上回り、月、火曜日の二日間の続落が株価を二五%ほど引き下げた。反騰のピーク時にホワイト・ソーイング・マシン株は四十八ドルで売れたのに、月曜日には十一ドルにまで急落、翌火曜日には買い手がまったくつかず、抜け目ない取引所のメッセンジャー・ボーイが一株一ドルで買う始末だった。

〈暗黒の木曜日〉のときとは違い、この〈悲劇の火曜日〉は、銀行家たちの力のもろさを露呈させた。ニューヨーク・タイムズ紙は、「銀行の支援は普通の状況下なら効果的で成功していただろうが、今回は激しく一蹴され、大口の株が次々に途方もないほどの量で売りに出され、市場に溢れた」と伝えた。〈暗黒の木曜日〉に流れた噂は人々に期待を抱かせ、みんなが目くばせして、事態収拾の「組織的買い支え」が入ったと噂したが、〈悲劇の火曜日〉で目立ったのは、銀行家たちがわが身を救う株の投げ売りに出たとの噂だった。

ラモントは、〈暗黒の木曜日〉のとき以上に敵意あらわな記者たちを相手に、銀行家たちが自分たちの利益のために市場を混乱させているとの噂を否定せねばならなかった。「銀行家は、市場を支えるためにこれまで協力してきたし、今後も協力していく。売り手に加担した覚えはない」と述べ、いつものずるい言い回しで、現状には「まだ期待の持てる点がいくつか残っている」とつけ加えた。信頼を高める空しい努力ではあったが、USスチールとアメリカン・カンの両社は、特別配当を発表した。

この〈悲劇の火曜日〉の日、証券取引所の理事たちは、立会場の真下の地下室でひそかに緊急会議を開いた。中心議題は、取引所を閉鎖すべきか否かということだった。理事長代理のリチャード・ホイットニーは、閉鎖すれば世間を動揺させる一方、第一次大戦勃発時のように違法な場外市場をはびこらせるだけだと考えた。株仲買人たちに大量の短期資金貸出しをしている各銀行の間に混乱が生じることも心配した。株を担保としたモルガン財閥の短資貸出し残高は、一億ドルに達していた。取引所閉鎖でその担保株が凍結されてしまったら、ウォール街の銀行も証券会社も動きようがないだろう。

大暴落に見舞われた一九八七年のときと同様、閉鎖の代わりに取引時間の短縮が決められた。つまり、木曜日は取引き開始のゴングが正午に鳴って午後だけにし、金、土曜の両日は休みというのだ。リチャード・ホイットニーは、この地下室での緊急会議の情景を次のように生き生きと述べている。

みんなの集まった部屋は、こうした大人数の会議向けにつくられていなかったので、ほとんどの理事は立っているか、テーブルに腰かけるしかなかった。会議が進むにつれ、頭上の立会場での慌てふためきぶりが伝わってきた……出席者たちの気持ちは、タバコに火をつけて、一、二服吸うと、もみ消し、また新しいのに火をつけるといったしぐさによく表れており、狭い部屋はタバコの煙ですぐむせかえるようになった。

〈悲劇の火曜日〉から数週間した頃、噂好きな人々が、証券取引所の地下室でのこの秘密会議についていろいろな話を流したが、その一つによると、ラモントとリチャード・ホイットニーの二人が地下室からペリスコープを使って、階上の立会場の仲買人たちの動きをひそかに探っていたという。理事長代理のホイットニーは、その後も自信満々の風を装って立会場内を歩き回っていたが、のちにあのときは「戦争の雰囲気」だったと語っている。取引所から外へ出るときは、部下たちに「さあ、みんな笑顔を崩すな！」と声を掛けたという。しかし、あいにくなことに、本当のテコ入れ策がとられたのは、地下室の秘密会議に集まったウォール街クラブの面々によってではなく、金融恐慌にとっては新しい勢力である連邦準備制度によってだった。

十月末にヨーロッパから戻ったジャック・モルガンが、ニューヨーク連邦準備銀行のベン・ストロングの後任のジョージ・ハリスン総裁とモルガン文庫で協議した。ストロング譲りの行動派だったハリスンは、すぐに金利を引き下げて、大量の証券金融を抱える金融機関を支えるために何十億ドルもの資金を投入した。「取引所は、どんなことがあっても開けておくべきだ」とハリスンは言明し、「皆さん、必要な準備資金はすべて提供する用意がある」と約束した。そして、一日最高一億ドルまで政府公債を引き取る買いオペレーションに出て、ウォール街の各銀行に緊急事態に対処する準備資金を十分に持たせた。ハリスンには、必要に応じ信用をいくらでも拡大できる方策があったから、株価大暴落後の彼の行動をそれ以前の人々の行動と比べると、スケールといい手の込んだやり方といい、一九〇七年金融恐慌の際のピアポントの活躍ぶりなど、すっかり時代遅れに見えた。つまり、ハリスンによって、金融恐慌時の政府責任の原則が確立されたといえるだろう。

大暴落直後の数日間は、景気づけの言動や上っ面の強がりが大いに横行した。あの恐るべきアービング・フィッシャー教授は、弱気の投資家が市場から振り落とされ、株がいまや強気投資家の手中にあるも同然だと自らを慰め、暴落後の相場は抜け目ない投資家にとって絶好のお買い得だと述べた。また、ポカンティコ・ヒルズの自邸から、ジョン・D・ロックフェラーが予言者ぶった声明を出して、「わが国の基本的な経済状況は健全であると信じて……息子と私は、ここ数日間、堅実な会社の普通株を買っている」と述べた。ロックフェラーの言葉を伝え聞いた喜劇役者のエディ・カンターは、そのときブロードウェイで出演中だったが、暴落でひどく痛い目に遭っていたので、「何言ってんだ、お金が残っている者なんて他にいるかい？」とやり返した。

のちにエディ・カンターは、損害を負わせた証券投資会社のゴールドマン・サックス・トレーディングを相手取って、一億ドルの損害賠償請求訴訟を起こした。その頃、彼が主演していた軽喜劇の新しい出し物の一場面で、一人の脇役がレモンを強く絞り絞りしながら舞台に出てくるのを、「誰だ、お前は？」と主役のカンターが問うと、「ゴールドマン・サックスの証拠金取立て係でさ」と答えた。こんな話題になるほど、ゴールドマン・サックスをめぐる訴訟沙汰が多発したので、株式市場の商いが低調になった大恐慌時代に入ると、ブラック・ユーモアを解する一部の仲買人たちが、気をまぎらわせようと同社の訴訟担当部にいたずら電話をよくかけたものだ。それからは、こんな些細なユーモアによっても、ウォール街の面子がぺしゃんこにされる例がよくあった。ジャズ・エイジは、こうして突然にして惨憺たる結末を迎えた。株価大暴落は、ウォール街の誇りと利益にとって一大打撃だった。バーナード・バルークがのちに述べるように、「万事保守的で、慎重で、賢明な個人といった銀行家のお決まりのタイプは、一九二九年に粉々に砕かれた」のである。

第十七章　大恐慌

株価大暴落のあと、ハーバート・フーバー大統領は、言い伝えられているほどまったく受身ないし無力だったわけではなかった。減税と公共事業の実施を発表する一方、経済界の首脳たちをホワイトハウスに招いて、賃金水準を維持するとの誓約を取りつけ、国民の購買力の低下を避ける努力をした。ニューヨーク連邦準備銀行もこれに同調して、たて続けに公定歩合を引き下げ、一九三〇年六月には以前の半分以下の二・五％にした。経済的逆境を緩和するために政府が行動をとるとの原則は、明らかにニューディール時代以前からこのように重視されていたのである。

ウォール街は、株価大暴落をきわめて冷静な態度で受け止めるのに努め、これを厳しいが有益な教訓と考えた。金融界の誰もが、達観したような発言をした。たとえば、一九二九年末にラモントは、「結局はこれが貴重な教訓であるかもしれず、今回の経験が将来役に立つ結果になるかもしれない、と思わざるをえない……経済全体がいまほど健全な土台の上に乗っているときは、いまだかつてない」と語った。この分別ある発言は、金融混乱が終わったとの考え方の一つの表れだが、実際は、始まったばかりだったのだ。

モルガン商会パートナーたちは、共和党が一九二〇年代にとった、極端な減税政策にまったく満足せず、大暴落を潮時にもっと手堅い保守的な経済政策への復帰を期待し、勤勉・倹約の生活への復帰を歓迎した。ドワイト・マロウは、当時もう上院議員になっていたが、「行き過ぎた繁栄には、人々の性格を駄目にするものがある」と同じ意見を述べている。ラッセル・レフィングウェルは、景気鈍化を七年続きの狂乱景気の後にきた「健全な浄化作用」と受け取り、「とるべき是正策は、国民が相場表示機《チッカー》に目を光らせ、ラジオにしがみつき、密造酒を飲み、ジャズに合わせて踊るのをすべて止めることだ……そして、勤倹貯蓄の上に立つ伝統的経済政策と繁栄に戻ることだ」と述べた。こうした発言には、邪《よこしま》な者どもを懲らしめる清教徒的なにおいがあった。しかしケインズは、このような緊縮経済は不況を深めるだけだと警告した。

同様の言葉を吐いた人々のなかには、一九二〇年代の豊かな富に頼って豪勢な生活をしていた者が多かった。モルガンのパートナーたちは、株価大暴落で大損したものの、まだ他人が聞いたら面食らうほどのけた外れの富を誇っていた。一九二八年のクリスマス・ボーナスとして、各人が百万ドルずつ受け取っていた。翌一九二九年十月の大暴落で株仲買人たちが何人か、ビルの屋上から飛び降り自殺をする騒ぎの最中でも、メイン州バースでは、ジャック・モルガンのコーセア四世号の完成が急がれていた。これは、六千馬力、全長三百四十三フィート、総トン数二千百八十一トン、エレベーター付き、乗員五十名以上という最大の豪華外洋ヨットだった。推定二百五十万ドルの建造費がかかったが、これはジャックの一九二〇年代末の年収の半分にしか当たらなかった。

ウォール街が株価暴落後の小康状態をなんとか我慢できたのは、政治的反発がまだ勢いづいていなかったおかげだ。金融界の根本的改革を要求する者は、まだ一人もいなかった。だが、やがて〈大恐慌〉の到来とともに、金融機関に対する国民の怒りが堰を切ったようにほとばしり出て、それから何年も荒れ狂うことになる。

同じ株価暴落でも、ウォール街が一九八七年よりも一九二九年の暴落後の方がまだ余裕に恵まれたのには、それなりの理由があった。アメリカは貿易黒字と予算黒字を誇っていたし、ちょうど終わろうとしていた一九二〇年代は、経済的に史上最も繁栄した十年間だった。世界経済の面でも、アメリカは上昇一途の経済大国であり、主要債権国にのし上がっていた。

投機的空気は、一朝一夕にして消えるものではなかった。再び株を買いに走ったお金持ちの行動が、最初のうちは正しいと立証された。株式市場が大部分の失地を回復したからだ。企業の設備投資も高まり、それにつれて自動車と住宅の販売が上向いた。一九三〇年三月七日、フーバー大統領は、「あらゆる兆候からみて、株価大暴落の失業への最悪の影響は、今後六十日以内に終わるだろう」と声明を出した。

ところが、四月に入るや株価がまたもや下落し始め、五、六月にかけては、フーバー大統領が希望的見解を表明するごとに落ち続けた。前回十月の劇的な急落ぶりとは異なり、今回の株価低下はじり安傾向をたどったが、途中で一服することがなかった。一九三二年半ばに相場は底入れし、一九二九年九月のピーク時の十分の一だった。したがって、大暴落後も割安株を買い漁った玄人筋よりも、暴落直後に投げ売りした素人の方が、長い目で見ればうまくやったわけだ。

賢明な経済運営がなされたら、ひょっとして一九三〇年代〈大恐慌〉が回避されたかどうか、その点はわからないが、二つの出来事が恐るべき景気下降にはずみをつけたことだけは確かである。その一つは、フーバー大統領が一九三〇年六月十七日、千人を超える経済専門家たちの要請を無視して、ホーリー・スムート関税法に署名したことだ。同法によれば、一部の輸入品の場合、価格の半分以上が高い関税で占められることになる。大統領が署名する前日、株式市場は、〈悲劇の火曜日〉以来最悪の日となった。

外国債の大手引受け業者たるモルガン財閥は、当然、うろたえた。同法によって債務国のアメリカ合衆国向け輸出に支障が出れば、外貨を獲得して債務返済することができなくなるからだ。「私は、ハーバート・フーバーにひざまずかんばかりにして、愚かなホーリー・スムート関税法を拒否するよう請うた」とラモントはのちに述べたが、やがて世界貿易体制は、彼の言うように一種の錯乱状態に陥ってしまう。恐れていたとおり、アメリカで最も国際化の進んだ銀行であるモルガンの見守るうちに、新しい経済ナショナリズムが勃興してきた。モルガン財閥がモンタギュー・ノーマンやベン・ストロングと協力して一九二〇年代に苦労してつくり出した、自由貿易と自由な資本交流の仕組みは、これによって解体されることになる。それから二年以内に、世界二十数カ国がホーリー・スムート法に基づくアメリカの高関税に対する報復措置に出て、それぞれ関税を引き上げ、アメリカからの輸入を大幅に削減した。他国の経済など無視して自国の経済拡大だけに専念する〈近隣窮乏化〉経済の時代が始まったのである。

一九三〇年半ばの第二の大きな失策は、ワシントンの連邦準備局が、従来からの気前のよい信用供与方針を終わりにして、通貨供給量を圧縮したことだ。アンドルー・メロン財務長官が、ヨーロッパへの金の流失を阻止するために高金利政策を望んだのだ。金融引締めを、口には苦いが必要な良薬とみる理事が連邦準備局には多かった。ある理事は、「こんな自堕落な経済状態のままにしておけば、悪影響が必ず出てくる。低金利政策でこんな状態を是正し、なくせるだろうか？　なくせるとは思えない」と語った。一九三〇年の後半を迎えると、大暴落後の小康状態は消え去った。その秋、フーバー大統領はラモントに、株相場が弱気に転じたのを見越した、なりふり構わぬ売り崩しや空売りの横行を歎いた。そして翌一九三一年は、株式市場の歴史始まって以来の最悪の年となる。

一九二九年の株価大暴落以来、金融体制全般の健全な運営を図る責任は、連邦準備制度がとってきたが、個々の、もっと小規模な金融危機では、モルガン財閥が一役を演ずる余地がまだ残っていた。連邦準備制度には、個人や銀行や会社を救済する義務はなく、もっと全般的な問題を処理するのが仕事だった。これに対してモルガンは、広く公共の利益を代表すると公言しながらも、実際には取引先、昔なじみ、銀行家仲間といった個々の利益を代表していた。その大きな影響力の原因も、一つにはウォール街の同業者仲間につねに誠意を尽くし、寛大にお金を貸していたことにあった。これがはっきりと実証されたのは、株価大暴落以降のことであった。

ナショナル・シティ・バンクのチャールズ・E・ミッチェル会長の場合を例にとってみよう。ミッチェルは大暴落の直前、コーン・エクスチェンジ銀行との合併話をまとめていて、双方の株を一定比率で交換することで合併を実現する計画だったから、なんとしても自行側の株価を四百五十ドルに維持する必要があった。ところが、大暴落の最中に株価はこの大台を割り、同行側の必死の買いでも支えられなかった。そこでミッチェル会長は、大暴落直後の十月二十八日の出勤の途中、ウォール・ストリート二三番地に立ち寄り、買い支え資金として、持株のナショナル・シティ株を担保に一千二百万ドルの個人融資を受ける話をつけた。取引先に誠意を尽くすという点では、これは大いに称賛に値するとはいえ、堅実な金融という観点からすれば、思慮分別に欠ける融資だった。

取引先に誠実に尽くすことは、いつもモルガン財閥の悪い癖であった。尽くすあまり取引先に深く立ち入りすぎて、足が抜けなくなる例がよくあった。ヴァンスワリンジャン兄弟の場合がよい例だ。綱渡り的な金融やりくりで一九二〇年代を渡ってきたこの兄弟は、株価大暴落の直後、ついにバランスを失って綱の上から転落してしまった。過大な負債を抱えた兄弟所有の鉄道各社が、最も暴落した銘柄の中にあったのだ。それでも兄弟は、下がる一方のアレゲーニー株を買い続けたが、それは借金した資金を使って損失を増やすだけだった。もうこれ以上、鉄道会社を向こうみずに買収するのはやめた方がいい、とのモルガン側の親切な忠告も無視した。借金での企業買収がすっかり兄弟の身についてしまったので、簡単にはやめられなかったのだ。

アレゲーニー株は、一九二九年初めのバブルの時期には狂ったように値を競り上げたが、一九三〇年の秋になると、相場下落の先陣を切った。たった二カ月で、五十六ドルから十ドルに落ちた。兄弟は一九三〇年十月二十三日の夜、東七十丁目通りのトム・ラモント邸でギャランティ・トラストの代表を交えて善後策を協議した。二人は、証券会社に四千万ドルの借金があった。モルガン、ギャランティの両社としては、これまでに兄弟の会社の証券二億ドルの発行を引き受けていた手前、義理にも兄弟を支えざるをえないと感じた。ラモントは、飛行機の登場で輸送機関としての鉄道の将来に悲観的だったが、これを支えないと、兄弟と取引きのあるウォール街の証券会社が連鎖的にバタバタと倒れる、ドミノ効果を恐れた。

両社は、シンジケートの先頭に立って、ヴァンスワリンジャン兄弟に四千万ドルの救済融資を行なった。兄弟は、個人的には破産していたが、この救済がきわめて巧みにしかも極秘裏に進められたので、誰も気づかなかった。兄弟二人はその後、本当の窮状を誰にも気づかれないように、名目的に持株会社の責任者の地位にとどまった。だが実体は、それまでの放漫経営の報いとして年俸十万ドルずつの捨て扶持をあてがわれた、お飾り的存在にすぎなかった。伝記作家マシュー・ジョーゼフスンの言葉を借りれば、「ヴァンスワリンジャン兄弟の個人的破産を五年間隠しおおせたのは、ウォール街の最高傑作の一つだった」。その翌年、兄弟が債務の弁済を怠ると、モルガン、ギャランティ・トラストの両社は、アレゲーニー鉄道帝国に抵当権実行の手続きをとって売却した。そして、ついにアレゲーニー株は、一株当たり三十七・五セントにまで落ちることになる。

モルガン財閥は、似た性格と背景を持つ同じ考え方の金融機関の面倒をよくみた。投資銀行仲間のキダー・ピーボディ商会は、まさにその類だった。あくせく仕事したり顧客を盗んだりせず、いつもモルガン流儀に従って行動した。同商会は一九三〇年、いくつかの打撃を受けた。まず、イタリア政府が八百万ドルの預金を引き揚げたのに次いで、国際決済銀行（BIS）が巨額の資金をスイスの銀行へ移すよう指示した。これがきっかけで、またもや同商会救済の協議がジャック・モルガン邸で開かれ、若い頃にキダーで働いたことのあるジョージ・ホイットニーが中心に話を進めた。モルガン財閥は、ただちに一千万ドルの貸出予約枠を整えた。そしてホイットニーの監督のもとに、旧キダー・ピーボディ商会は店をたたみ、彼がつれてきたエドウィン・ウェブスター、チャンドラー・ハビー、アルバート・H・ゴードンの三人が、同商会の名義と営業権を引き継いだ。

モルガン財閥は、このように同じ仲間には惜しみなく尽くしたが、自分の好みにイメージが合わない相手に対しては、つれない例がよくあった。これが明らかになったのは、一九三〇年十二月十一日にバンク・オブ・ユナイテッド・ステーツ（合衆国銀行）が倒産したときだ。同行は、預金者数四十五万人を数える、ニューヨークで四番目に大きい預金銀行だった。全般的に、株価大暴落とその後のデフレの影響で銀行融資の担保の価値が大幅に下がり、月間の銀行倒産件数が、一九三〇年初めの六十件から同年十一月には二百五十四件、十二月には三百四十四件へと雪だるま式にふくれ上がった。年間を通じては、一千件を超える銀行倒産があった。そんななかでも、合衆国銀行の倒産は最大で、影響が全般的に広がる恐れがあった。

この銀行の経営は、一流とは言えなかった。経営者はユダヤ人で、あたかも合衆国政府の支援があるかのようにユダヤ系移民に思い込ませて顧客を取り込むために、合衆国銀行という大げさな名称を選んだ。銀行のロビーには、合衆国連邦議会議事堂《キャピトル》の全景を描いた大きな油絵がかかっていて、人を誤解させる印象をいっそう強めていた。銀行を監督する行政側は、ウォール街の金融機関から三千万ドルの融資を引き出し、これを裏づけに他の三行と合衆国銀行との合併を望んだ。ニューヨーク州のハーバート・H・リーマン副知事やニューヨーク連銀がそう訴えても、ウォール街は冷たかった。

金融機関側との協議の席で、ジョーゼフ・ブラドリック州銀行局長が救済乗出しをいくら要望しても、ウォール街各銀行の面々が石のように押し黙っているので、あんた方はキダー・ピーボディ商会を救ったばかりだし、数年前には結束してギャランティ・トラストを救済したではないか、と声を荒らげた。それでも各銀行側は、このユダヤ系銀行の救済を拒否し、土壇場になって三千万ドルの融資約束を撤回した。当時としてはアメリカ史上最大だった合衆国銀行の倒産は、すでに国全体の銀行預金者たちを捕らえていた不安心理に油を注いだ。

ニューヨークには、当時、ユダヤ系商業銀行は合衆国銀行のほか、マニュファクチャラーズ・トラストなど数えるほどしかなかったが、合衆国銀行の倒産の原因は、ウォール街各銀行の間のユダヤ人嫌いの風潮にあった、とされている。それを示す確証はないものの、モルガンの記録を見ると、同行の顧客がユダヤ人であったことがモルガンのパートナーたちの頭にあったのは明らかだ。たとえば、ラッセル・レフィングウェルは、同行のことを「零細な商人やわずかな資産とわずかな教育しか受けない人々から成るユダヤ人層の間に大きな顧客を持つ銀行」と説明している。同行の倒産がアメリカ全土の金融機関に対する信頼を揺るがせたのだから、こうしたウォール街の態度は近視眼的だったといえよう。

それはともかくとして、預金者がこんなに沢山いなかったならば、合衆国銀行は、そもそも存続するに値しない銀行だった。証券子会社を設立して怪しげな株を引き受けたり、誤解を招く株式発行目論見書を出して出資を募ったり、証券子会社が銀行自身によって勝手に操られていた。合衆国銀行の経営者二人が、放漫経営のかどで投獄されたりもした。そんな銀行を窮地から救い出さねばならぬとしたら、ウォール街の名門銀行にとってこれほど嫌なことはなかっただろう。だが、この時期にモルガンが中心となった救済の例が多数あったことを思うと、宗教が救済拒否の主因でなかったとは考え難い。要するに、数万数十万人のユダヤ人預金者など、たった一人のチャールズ・ミッチェルにも値しなかったのである。

ロンドンの金融中心街シティは、ニューヨークの株価大暴落にびっくりはしたが、ひそかに満足して他人の不幸を喜ぶ面もややあった。〈暗黒の木曜日〉後のニューヨーク・タイムズ紙は、「これでロンドンのシティは『それ御覧』と言えるほど気楽な立場に置かれた。かねてから予期されていた事態だった」と報じた。ロンドンは、多くの点で株価大暴落で得をした。投資家が資金をニューヨークから引き揚げ、英国の金準備を圧迫していた負担を軽減したからだ。一九三〇年代に入ると、ロンドンが投資家にとり安全な避難所となったので、対外貸出しが一時盛んになりさえした。にもかかわらず、英国経済のもっと深いところは、依然として厳しい状況にあった。産業界は不振で、失業率は上昇し、ロンドンの港は拡大する保護貿易の打撃を受けていた。オーストラリア、カナダ、インドなど農業に依存する英連邦諸国が、早くも大恐慌に襲われたため、これがシティに痛手を負わせた。

しかしながら、英国の本当の危機の原因は、中部ヨーロッパ、つまりドイツにあった。賠償が引き続きドイツ経済を圧迫し、政治の分極化が続いていた。一九三〇年三月、ヤング案で決められたドイツの債務追加に抗議して、シャハト博士がライヒスバンク総裁を辞任した。ドイツが連合国側に報復する日――かねてから予想され心配されていた日――が迫ってきた。一九三〇年九月の総選挙で、ナチ党と共産党が勢力を大幅に伸ばしたので、ハインリヒ・ブリューニング首相は、賠償反対政策をとった。この間に、賠償問題に強硬態度で臨むシャハトは、一躍ナチ党の寵児に躍り出て、ナチ党とドイツの大企業との間の重要な橋渡し役となった。翌一九三一年春になると、ドイツ国内各地で政党間の街頭闘争が発生し、賠償の負担放棄を迫る圧力が高まった。

このすでに一触即発の情勢に、大銀行倒産という強烈な衝撃が飛び込んできた。一九三一年五月十一日、オーストリア最大の銀行クレディート・アンシュタルトが支払い不能になったのだ。オーストリア国立銀行とロスチャイルド商会が共同で救済計画を発表したが、世界各国を逆に警戒させ、各地に取付け騒ぎを招いただけだった。中部ヨーロッパ全体に影響が広がり、オーストリアとドイツの銀行が次々に倒れた。六月、イングランド銀行のノーマンが、シリングを支えるためにオーストリア国立銀行へ緊急融資を行なったが、これが世界的な中央銀行たるイングランド銀行の総裁としての彼の最後の功績だった。これを最後に、一九三〇年代に英国の国際金融でのリーダーシップは終わった。

こうした情勢のなかで、ラモントは一九三一年六月五日、フーバー大統領に電話して、連合国の合衆国に対する戦時債務とドイツの賠償の支払い猶予を提案した。そうしないと、ヨーロッパ経済が破綻しかねず、その結果、アメリカの恐慌が長引く心配があると警告した。ラモントの残した資料ファイルによると、フーバーの反応は不機嫌なやる気のない態度で、「その問題は考えてはみるが、政治的にはまったく出来ない相談だ。君みたいにニューヨークにいては、この種の政府間債務の問題についての国民一般の感情がどんなものかわかるまい」と答えた。〈ドル外交の時代〉の立役者たる銀行家ラモントとしては、自分の主張を単なる経済論議にとどめずに、厚かましくも相手の政治的弱味に訴えようとした。「最近、多くの人々の間に、一九三二年の党大会で現政権の首を替えようとの噂が広まっているのはご存知でしょう。あなたが私の言う提案を出すとしたら、そんな噂は一晩で消えてなくなりますよ」とラモントは言った。締めくくりに、この提案が本当に実現したらモルガンは舞台から引っ込んで、フーバーのお手柄にさせる、と止めを刺した。

メロン財務長官は、この話をご破算にさせようと努めたが、フーバー大統領は、近視眼的な孤立主義にはもううんざりしていた。そこで一九三一年六月二十日、ラモントに電話して、戦債と賠償の支払いの一年間猶予を決めた、と伝えた。ただ、フランスがドイツに対するこの寛大な措置に腹を立てるのがわかっていたので、ラモントにフランスへの取りなしを依頼した。ラモントは、フランスが世界一取り扱い難い相手だとして一応渋ったが、フランス国立銀行を介してフランス政府に働きかけることを納得した。

フーバー・モラトリアムと呼ばれた賠償と戦債の一年間支払い猶予が実施されたときは既に手遅れで、国際金融体制は崩壊しかけていた。ドイツ最大の銀行の一つであるダナト・バンクが一九三一年七月十三日に支払い不能になったのに続き、ベルリンの証券取引所や市中銀行各行も閉鎖せざるをえなくなった。世界各地で、債権者がドイツの債務回収に乗り出した。モルガンが中心となって一九二〇年代に大々的に宣伝して売ったドイツとオーストリアの債券は、驚くべき速度で価値が急落した。一九二〇年代に営々辛苦した努力は、水の泡に帰そうとしていた。

投資家たちがドイツと英国の金融の結び付きを突き止めたので、今度は金融危機の矛先がロンドンに向いた。一九三一年の夏の間ずっと、英国通貨ポンドの大量投げ売りに投資家たちが走った。一九三一年七月末、英国政府から任命された銀行家と経済専門家から成るメイ経済委員会は、このままでは政府予算赤字が一億二千万ポンドにまで拡大し、赤字の止まる目処はないと予測して、増税と失業手当削減を勧告した。その数日後、ポンドが世界各地の金融市場で急落した。財政逼迫にもかかわらず、ラムジー・マクダヌルド首相の率いる労働党政府は、労働組合勢力に妨害されて問題に対処できなかった。二百五十万人もの失業者を抱えて、労組側としては、どうしても失業手当を放棄したくなかったのである。

メイ経済委員会の勧告が出される数日前、イングランド銀行総裁のモンティ・ノーマンは、「体調がおかしい」ために銀行を休んだ。過労でやせ衰え、神経が過敏になっていて、医師から安静を命じられたが、歩行できる程度に回復すると、神経衰弱療養のために海外旅行を勧められた。ポンド危機が不気味に迫ってきたので、ジャック・モルガンとロンドンのテディ・グレンフェルの二人が、ノーマンを一時ひそかに英国の国外に移すことにし、英国当局と組んで手筈を整えた。

モルガン財閥がきわめて傲慢な態度をとる反面、ノーマンに対しては優しい心遣いを見せたのは不思議だ。ジャックはノーマンに電報を打って、お望みなら愛船コーセア四世号を自由に使ってヨーロッパ、北アフリカ、あるいは極東のどこへでもお出掛けになっては、と申し出た。電報を受け取ったとき、ノーマンは、すでに定期客船でカナダのケベックに向かっていた途中で、この「もったいない申し出」を辞退した。銀行家同士で策謀を巡らしているといった噂を立てられぬよう、行く先に合衆国を選ぶのを避けた。海外で静養中だったノーマンは、自分がつくった金本位制にみずから鉈《なた》を振るう必要を免れたのだ。

モルガン財閥は、一九二五年に英国が金本位制に復帰するのを助けたが、今度はその金本位制をなんとか救う、最後の努力を引き受けた。外国からの融資なしにはポンドを守れないことは、ラムジー・マクダヌルド首相もフィリップ・スノードン蔵相もよく承知していた。ニューヨークとパリが世界の金の大部分を所有していたので、合衆国とフランスが共同で融資してはどうか、とニューヨーク連銀のジョージ・ハリスン総裁が提案した。この問題についてのウォール街側の考え方をマクダヌルド首相の耳に絶えず入れる役がモルガン側に回ってきた。その連絡役に当たったのは、イングランド銀行理事、保守党議員、モルガン・グレンフェル商会上席パートナーの三役を兼ねていたテディ・グレンフェルだった。労働党政治家たちに冷酷で、同党の産業国有化方針に頑固に反対したグレンフェルは、たとえ首相でも労働党出身のマクダヌルドに容赦せずに、財政赤字削減など思い切った措置をとらないかぎり、ウォール街が英国向け融資を受け入れるのはおぼつかない、と警告した。

見方によっては、ラムジー・マクダヌルドが一九三一年にとった行動から、この人を国家の利益のために党派的イデオロギーを犠牲にした、先見の明のある首相とか、外国の銀行家の希望を満たすために自分の党と党の政策を裏切った見下げた男とか、いかようにも言うことができるだろう。熱烈な社会主義者のマクダヌルドは、失業との戦いを公約に一九二九年に首相に就任してから、労組にとっては金科玉条の失業手当を制定した。そうした大向こうを狙った大衆政治家の傾向があったにもかかわらず、英国人らしく国際金融の基軸通貨たるポンドを頑固に信用していた。だから、一九三一年八月、厳しい窮地に置かれた。外国の銀行家から、融資の前提条件として財政赤字の圧縮を迫られる一方、もしそれに応じて財政緊縮措置に出れば、労働党政権の閣僚たちから激しい抗議を招き、金持ちの銀行家に奉仕する裏切り行為とみなされるからだった。

ウォール街の意向を代弁するグレンフェルは、遠慮なくマクダヌルド首相に「口先の約束ならもうすっかり聞き飽きた」と警告した。彼は、交渉相手の首相をかなり辛らつな目で見ており、八月十二日付のジャック・モルガン宛の手紙で「首相は、最後は慌てるだろうが、非常に思い上がっているから、こちらの思い通りにさせるのは難しいだろう」と述べている。つまり、マクダヌルド首相を非常に見くびっていたわけだ。労組が失業手当の削減に頑固に反対して妥協しないとわかると、業を煮やした首相は、くるりと考え方を変えてグレンフェルの主張に同調した。

ポンド危機の最中に、次にとられた手段は、複雑で手が込んでいた。スノードン蔵相の出した予算削減妥協案がウォール街による融資を保証するかどうか、その点をイングランド銀行がニューヨーク連銀に打診するという回りくどい手をとった。ニューヨークの投資銀行側と直接相談すると閣僚が腹を立てると、首相が心配したのだ。ニューヨーク連銀のジョージ・ハリスン総裁がイングランド銀行からの電報を受け取ったのは、一九三一年八月二十二日の土曜日だった。マクダヌルド首相としては、この予算削減案を翌二十三日の日曜日に閣議を開いて協議する予定で、閣議が了承したらニューヨーク側が融資してくれるかどうか、確認したかったわけだ。ハリスンは、その電文をジョージ・ホイットニーらモルガン商会パートナーにただちに示した。

翌日の日曜日の夜、英国政府の閣僚たちは、ダウニング街一〇番地の首相官邸の庭の、やや暑い薄暮の中を行きつ戻りつしていた。ニューヨークからの宣告を、いまかいまかとお昼頃から待ちこがれていたのだ。その頃ニューヨークでは、モルガン商会パートナーたちが、失業手当の一〇％削減を含む、七千万ポンドの予算削減と六千万ポンドの増税などを定めた数字を子細に検討していた。やっと午後八時四十五分になって、イングランド銀行のノーマンの海外静養中の総裁代理を務めるサー・アーネスト・ハーベイが、ニューヨークからの回答を首相官邸に電話で伝えてきた。

やがてハーベイ自身が回答電文を携えて官邸に駆けつけると、マクダヌルド首相は、相手の手からそれを引っつかんで、閣議の席にもどった。この一瞬の行為は、のちに歴史的な結果を生む危険をはらんでいた。首相は、立ち止まって電文の中身に目を通すことも、発信者の身元を確認することもしなかったのだ。そして、ニューヨークの銀行からきた返事だとだけ言って、銀行の名前を言わずに閣僚たちに紹介した。閣僚たちは、それがニューヨーク連銀からの返事だと思い込んだ。だが、実際は、ジョージ・ホイットニーがイングランド銀行に宛てた返事で、閣議に宛てたものではなかった。

モルガン・グレンフェル商会の保存資料の中からたまたま見つけたその電文を読むと、のちに内閣を倒す結果を生んだこの文書の気の抜けた内容には、がっかりする。要求する予算削減額を明記しておらず、これを書いた銀行家側が慎重になりすぎたせいか、まったく内容の乏しい文書である。しかし閣僚たちは、暑いし疲れていたし、神経がいらいらしていた。次のような最後の数行まで読み進んだとき、その背後に不吉な意味がひそむのをかぎ取ったのである。

上述でおわかりのように、当方は、いつもの如く、当方の考え方を正確にお伝えしました。つきましては、貴政府の希望がどんなものであるのか、すみやかにお知らせ下されば、二十四時間以内に当方の最終判断をお伝えできるでしょう。そちらで検討中の案が、イングランド銀行並びにシティ全般の心からの承認と支持を受け、従って英国の国際的信用の回復に大いに役立つものと考えてよろしいでしょうか？

マクダヌルド首相がこのくだりを読み上げたとき、閣議室で大きな動揺が起こり、それは室外にいたハーベイにも聞こえたほどだった。この最後の一節は、明らかにイングランド銀行だけに向けられたもので、閣議の列席者たちにすれば、ロンドンとニューヨークの銀行同士間でまたも秘密取引が進められているとの、昔ながらの懸念を呼び起こされた形だった。もう一つ、つまずきのもととなったのは、マクダヌルド首相が失業手当の一〇％削減を明言したことだ。これは、モルガン側が言い出したことではなかった。のちにこの間の経緯を振り返って、グレンフェルはラモントに、「閣議は、何回も何回も繰り返し言っている……アメリカの銀行家側が一〇％削減を主張している、と……もしマクダヌルドが、融資条件の一つとして一〇％削減に言及したのなら、そちらの電文にそんな数字は見えないのだから、彼のつくりごとにちがいない」と述べている。

マクダヌルド首相は、これほど内閣の信任を欠いては、ポンドの対外信用回復に必要な、財政赤字削減という緊急措置を推し進めるわけにはいかないと考えた。閣内の論議が非常に激昂してきたので、首相は午後十時二十分、バッキンガム宮殿を訪れ、国王ジョージ五世に辞表を提出した。財政赤字削減を主張したことで、マクダヌルドは、与党内の強力な勢力を敵に回してしまったのだ。国王は翌朝、マクダヌルドのほか、保守党のスタンリー・ボールドウィン、自由党のサー・ハーバート・サミュエルの野党党首二人を宮殿に招いた。そして、政治的リスクを薄めて失業手当削減案の議会通過を確実にすべく、三人に連立政権をつくるよう命じた。マクダヌルドは、一応首相の地位にとどまることになった。

新しく発足した内閣は、ガソリン、ビール、タバコ税と所得税を引き上げ、公務員給与を引き下げて、財政赤字を圧縮した。これに応じてJ・P・モルガン商会は、二億ドルの更新可能貸出予約枠を設け、さらにフランスからも同額の枠ができた。だが残念ながら、それでもポンドの信用を回復することはできなかった。九月に入って、共産主義者たちが議会にデモをかけ、血も涙もない冷酷な銀行家たちの「ぺてん」にかかって英国の労働者が不当な苦しい目に遭っている、と主張した。バタシーでは失業者の暴動が起こり、オックスフォード・ストリートでは騎馬警官がデモ隊を蹴散らす騒ぎになった。ニューヨーク連銀が政府を倒したのだ、と広く信じられたのである。ロンドンのデイリー・ヘラルド紙は、ジョージ・ハリスンの写真を第一面に載せて、これは福祉国家英国に対するニューヨーク金融界の陰謀だ、と非難した。

こうした誤解の行方を追っているグレンフェルの顔に浮かぶ冷笑が、目に浮かぶようだ。政治の陰に隠れて行動し、幽霊のように危機をするりと通り抜け、そして大々的な事件に見えざる影響力を行使する――そうしたことは、グレンフェルの腕の見せ所だった。議会が彼から情報を根掘り葉掘り聞き出そうとしたとき、「愚鈍な田舎者」を装ったと、自ら述べている。また、ラモント宛の手紙でも、「前の内閣は、ジョージ・ホイットニーの長文の回答を……連邦準備銀行からの回答として受け取ったと思う。だから、さしあたり、ラムジー・マクダヌルドの没落の原因は、可哀相にもジョージ・ハリスンの傲慢な仕業に帰せられようが、思わぬ結果に彼は満足に眠れないだろう」と書いている。

では、モルガン財閥が労働党内閣を倒したのだろうか？　モルガン側の記録によると、同商会が財政赤字削減の具体的な数字の勧告を差し控えたことが確認される。だが、ウォール街が失業手当削減を望んでいたことは、公然の秘密だった。おまけに、幅広いアメリカの銀行業界は、大掛かりな英国向け融資をめぐってウォール街に対して拒否権を握っていた。モルガン側に隠された狙いがあったわけではなく、緊縮財政と支出抑制をつねに求める、通例の銀行家心理が働いていただけのことだ。つまり、モルガン財閥は、銀行家間の総意を表明しただけのことだ。

ロンドンで日曜日の閣議があってから数日後、ラモントがフーバー大統領に電話で経緯を報告すると、大統領は英国向け融資をしぶしぶ承認した。これほど大掛かりな融資となると、百十行にものぼるアメリカの各銀行の協力が必要となるので、アメリカが不況で困っているときに、なんで大金を英国へ流すのかとの非難を受けるぞ、と大統領は嫌味を言った。これが最初ではないが、モルガンの英国金融支援は、考え方の偏狭なアメリカ全体から白い目で見られる一方、英国の左翼勢力からは危険な内政干渉と非難される羽目になった。

英国の金本位制に対し止めの一撃が下ったのは一九三一年九月のことで、スコットランドのインバーゴードンの海軍部隊が、給与引下げ案に反対するデモを起こしたのだ。このちっぽけな軍隊反乱に外国投資家は震え上がり、これを英国民が緊縮予算を絶対に受け入れない証拠とみた。ポンドは再び急落した。モンティ・ノーマンが静養先のカナダから船で帰国する途上にあった一九三一年九月二十一日、英国はついに金本位制を放棄した。これでもはやポンドを金貨に定率で兌換することはなくなった。昔の大英帝国に戻る夢がこうして消滅したので、ポンドは、なんと三〇％も暴落した。ケインズは金本位制の崩壊に大喜びして、「金の束縛からの解放を喜ばない英国人はまずいない」と述べた。だが、リバプールに着いたモンティ・ノーマンは、自らの手で築いた大伽藍の崩壊に呆然となり、不機嫌になった。とはいえ、彼が静養せずに陣頭指揮をとっていたとしても、同じことをしただろうと、部下のハーベイたちは思った。世界の二十五カ国が、英国にならって金本位制を廃止し、先を争うように平価切下げに走った。

ロンドンでAP通信の取材を受けたジャック・モルガンは、英国の金本位制からの離反を称賛した。その記事をニューヨークで読んだラモントは、びっくり仰天した。その金本位制を救うために、百行を超えるアメリカの銀行に融資協力をお願いしたのではなかったのか？　これでは、協力した各銀行が裏切られたと感じないだろうか？　ラモントは、ほとんど怒ったことがない人物だったが、このときばかりはカッと逆上した。

起こるべき運命の瞬間が、とうとうやってきた――つまり、モルガン商会内での力の関係が白日のもとにさらされたのである。いかにのんびり屋のジャック・モルガンでも、ラモントから突きつけられた手紙のとげのある文面に気づいたことだろう。二人の間にはそれまで、ジャックが非常勤の名目的最高責任者を務めるのに対し、ラモントが経営の実権を握るという暗黙の了解があった。

ラモントはこれまで、ジャックに公然と異論を唱えることはなかったが、今回は、カッとなって、まともに対決した。ラモントが突きつけた一九三一年九月二十五日付の手紙を機に、モルガン財閥は同族会社的な経営をやめたといえる。その手紙をラモントは、「あなたに強調せねばならない点――つまりあなたが少しも認識しておられないと思われる点は、わが商会がアメリカ全体および一般の人々を前にしてどんなに気まずい立場に立たされているかということで、それを十分に知って頂きたいと思います。ここニューヨークの各銀行が、一行の例外もなしに納得できないと思っているのは、この巨額の融資作業がいわば一夜にして水泡に帰すような事態をなぜ許したか、ということです」と書き出した。

次いで、融資に参加した各銀行に対し金本位制を守る厳粛な誓約をした事実を想起するようジャックに促し、こう述べた。

そう固く約束したからこそ、融資のための銀行団を完全に一つにまとめることができたのです。当初は、多数の銀行の側に融資参加をためらう空気が大いにあった……いまやその結果として、当社の世間一般に対する威信だけではなく、ここ合衆国での英国の信用維持に尽くす当商会の努力を長年にわたり大いに支持してきてくれたアメリカ銀行業界に対する威信も、明らかに傷つくのは避けられない。この事実を、(あなたとあなたの前のお父さんの時代から)慎重な判断と細心な取引きの上にアメリカでの当商会の名声を築き上げてきた、パートナーの各人は、これから先長い間ずっと、まず念頭にとどめていかなければならない……。

さて、これで当方の言いたいことはもう述べたので、再びこの問題にふれないように努めます。しかし、あなたは非常にはるか遠くにおられるので、当商会全体の上に降りかかってきた、これら不愉快な諸事実をあなたにお知らせするのがきわめて重要なことだと考えた次第です。

十年前のラモントだったなら、あえてこんな言動に出ることは決してなかっただろう。いつも相手の顔をつぶさないように、きわめて用心深くジャックに接したものだ。ところが、いまやその持てるお金と地位の上に立って、ラモントは、誰も否定できない絶大な権力を手にしたのだ。それでも、モルガン家の人間と面と向かって対決しながら重大な不安を抱かない者は、まだ一人もいなかった。この手紙が類例のないほど率直で、しかも情け容赦のない内容であることは、ラモントも承知していた。そのため手紙を郵送した後、ジャックを責めるつもりはなく、自分もジャックと同じ状況下にあったら同じ行動に出たろう、と電話でジャックに弁解した。とはいえ、モルガン財閥に宮廷革命が起こり、モルガン家が絶対的権力を投げ出したことは、手紙から明らかだ。それから以後、モルガン家の影響力は、モルガン財閥内で徐々に減少していき、やがてほとんど消滅することになる。

一九三一年、政治面の雲行きがいっそう怪しくなったが、トム・ラモントは、世界各国に過激な政党や軍国主義が波及していることに気づかなかったようだ。これは一つには、彼の生来の楽観的性格の表れであって、〈大恐慌〉がこれ以上悪くなることはないとか、世界が急にまともに戻って独裁者がいずれは押さえられるとか、いつも考えていた。社交好きなラモントには、他人の悪意を信じ難く、相手のもっともらしい笑顔の裏を探りたがらない例がよくあった。

この盲点がとくに目立ったのは、外国政府を取引先にした場合で、銀行家としての利己心に目がくらみ、取引相手国のよい面ばかりを見たがる傾向があった。ラモントは、取引相手国と一心同体となって、モルガン財閥自身の評判と同じく相手国の評判にも汚点がつかぬように努力した。だが残念なことながら、取引相手国の財政的立場にあまり配慮すると、うっかりしているうちにその国とのいかがわしい取引きに陥る恐れがあった。一九三〇年代の極端な例として、モルガン財閥は、誰からも束縛されない一種の政府の役割を独自に果たし、秘密外交を演じては、ワシントンと対立したものだ。

一九二〇年代末に大日本帝国政府の財務代理人となったラモントは、取引先に大いに尽くして、欧米の金融機関としてはめざましい、前例のない実績をあげた。巨額の関東大震災復興公債の後を受けて、東京、横浜、大阪の市債発行を引き受け、日本銀行とニューヨーク連邦準備銀行との間を仲介し、一九三〇年一月の日本の金本位制復帰ともいうべき金解禁に二千五百万ドルの融資を行なった。日本との取引きの話になると、ラモントは大得意になって自分の成し遂げた実績を挙げた。

彼が以前に日本に信頼を寄せたことは、理解できた。一九二〇年にラモントが初めて訪日したときの日本は、十年以上続く自由主義的で、親欧米的な政党政治の始まりかけた頃であって、教養のある著名な人たちと交友関係を結んだ。日本の財界の大物だった井上準之助との交友は、なかでもとくに親密で、アメリカに帰ってからも頻繁に手紙をやりとりしていた。その井上は、一九二九年に三度目の蔵相に就任したが、外交問題では融和的な意見の持ち主として有名で、軍部とよく衝突していた。内外の情勢に精通しており、いわば日本の反軍国主義勢力の代表だった。ラモントは井上の要請を受けて、ニューヨークの新聞界に働きかけ、日本の主張をよく代弁したものだ。

モルガン財閥と日本との関わり合いが絶頂に達したちょうどその頃、この国の実験的な自由主義的政党政治は崩れかけていた。一九二七年の一連の銀行倒産と株式市場閉鎖に続いて、日本は、西欧諸国より一歩先に不況に陥っていた。一九三〇年にモルガンの支援で井上が進めた日本の金解禁は、結果的にタイミングが悪かった。日本の輸出品価格の上昇と世界貿易の収縮とがかち合ったからだ。不況に悩むアメリカが節約してぜいたくな衣類を買わなくなったので、日本の絹糸輸出が急落した。絹糸はまだ日本経済を支える重要な産品だったから、貧困が地方の隅々にまで広がり、農村地帯に国家主義という新しくも悲しい緊張を生んだ。米穀価格も暴落した。ようやく盛んになりかけた日本の輸出ブームは、こうして欧米の保護貿易主義にその出鼻をくじかれ、外国嫌いの空気をあおり立てた。これら一連の経済的挫折に勢いづいた軍国主義勢力は、日本を苦しめる張本人は外国勢力だと非難した。

日本人は、かねてから資源豊かな満州（中国東北部）を欲しがっていた。いろいろな問題が日本の社会を襲うといつも――その問題が過剰人口であれ、外国の原材料への過度の依存であれ、新たな輸出市場開拓の必要であれ何であれ――中国がそのはけ口になると、軍国主義者たちはみていた。満州領有は日本の神聖な権利であるかのように、彼らは主張した。中国は、依然として分裂した混乱状態で、各地に軍閥が割拠していたから、侵略者の好餌に見えた。中国との条約に基づいて、日本は、南満州鉄道を支配し、その付属地に守備隊まで駐屯させた。日本の軍国主義者たちは、この条約を合法的な隠れ蓑にし、その背後で侵略行為を着々と進め、とくに関東軍は、満州を中国への軍事拡張のための基地に利用する謀略を考えついた。

日本が中国に対して抱いた偏見に、モルガン財閥は多くの点で共鳴したが、それはまた欧米の金融界の共通した見解でもあった。ウォール街とシティで、中国は好く思われてなかった。中国は、とかく債務弁済を怠る傾向があるうえに、外国の銀行家たちを互いに張り合わせて漁夫の利を得るのが巧みだった。ウッドロウ・ウィルソン大統領時代に中国借款団を手がけて失敗してから、ラモントは、中国を悪賢くて不誠実な国とみなしていたので、この国を外国の侵略の犠牲者どころか、二心のある日和見主義者と思っていた。

ラモントとしては、どうしてもそういう考え方になりやすかった。日本がモルガン財閥の大手顧客だったのに対し、中国とは取引きがいっさいないうえに、依然として対外債務のかなりの部分の弁済を怠っていた。だからラモントは、満州が日本にとり経済的に絶対必要で、日本の勢力範囲内にあり、ボルシェビズムを防ぐ緩衝地帯になっている、との日本側の主張にもっともな点があると、いち早く認めた。

一九三一年半ば、欧米諸国がクレディート・アンシュタルトの倒産とポンド危機に気をとられている間に、関東軍がかねてからの謀略を実行に移した。九月十八日、まず奉天の中国軍兵舎に奇襲攻撃をかけ、翌日には同市が日本側の手に落ちた。この侵略の口実として日本軍部は、日本の管理する南満州鉄道を中国側が爆破したとの話をでっちあげた。軍部は、国内での国民の支持にいっそう大胆になり、武力の行使に反対した井上準之助や幣原喜重郎外相ら民間人政治家を軽視した。やがて一万五千の日本軍兵力が満州全土に群がり、これに対して日本の外交官は、行動は一時的なもので、すぐに軍隊は撤退すると、説得力のない弁明をするだけだった。

奉天攻撃に端を発した満州事変に驚いたヘンリー・L・スチムスン国務長官は、ただちに日本に抗議し、フーバー大統領はのちにこれを「紛れもない侵略行為」と呼んだ。アメリカの金融界が説明を求めたので、蔵相たる井上は声明を発表せざるをえなかった。当時の井上は、政府の先頭に立って満州での兵力増強に反対していたので、危険な立場に置かれていた。また、軍事費削減要求の張本人とも目され、かねてから軍部の恨みを買っていた。

井上はアメリカの金融界を慰撫するために、驚くほど巧妙な文面の声明を出した。ニューヨーク・タイムズ紙が十月二十二日の紙上にこの全文を掲載した。注意深い読者なら、パナマ運河との類似点の巧みな指摘、ダニエル・ウェブスターの言葉の引用、そしてアメリカ人の感受性をしっかり捕らえている点などに感心させられたに違いない。その一部を引用すると、次のとおりである。

満州における現在の事態を明確にご理解頂ければ、問題がまったく自衛措置にすぎないことは明らかである。南満州鉄道という重要な神経の走る、細長い、一片の領地は、一九〇四〜五年の日露戦争のとき以来現在に至るまで、条約に基づく取決めによって日本の完全なる管理下にある。中国が然るべく承認し受け容れたロシアとの条約に基づいて、日本は、この〈南満州鉄道地帯〉を管理している——つまり、合衆国政府がパナマ運河地帯を警備し保護しているのとまったく同様に、警備し保護しているのである。

さる九月十八日、この地帯に対し正規の中国軍部隊によって夜襲がかけられ、鉄路が破壊された。日本としては、強硬手段をすみやかにとる必要があったのは明らかである。一国の軍隊の保護下にある地点が正規の軍隊に侵攻され、しかも侵攻の恐れの程度がまったく不明である場合、明らかな防衛手段は、直ちに侵攻を犯した軍隊の本拠に向かって進むことである。今回の緊急事態は、ウェブスター氏の典型的な言葉どおりに「差し迫った、抗し難い、手段選択の余地のない、しかも熟考の余裕のまったくない」事態であった。

この新聞発表文を実際に起草したのは、他ならぬトム・ラモントだった。日本の大蔵省は字句を少々手直ししただけで、そのまま発表された（右の声明の一部は、ラモントの保存資料にある原文から引用した）。日本側は、アメリカでの声明の発表もラモント自身にしてもらいたがったが、そうするとモルガン財閥が一方に偏っていると受け取られ、中国人の気分を害しかねない、と答えて断った。声明原文を書いたのが自分だと知れると、アメリカのリベラル派内での自分の名声に汚点がつく、とも恐れたのだろう。ただし、日本側の意をある程度満たそうとして、「声明発表の日を知らせてくれれば、当地でそれがとくに世間の関心を集めるよう手配しよう」と井上に伝えた。

ラモントはここまできて、自分がワシントンの公式政策とまったく対立してしまったのに気づき、ジレンマに直面したが、こうした危険は銀行家兼外交官という彼の役割につねにひそんでいた。なぜ彼は、外国勢力と共謀までして、合衆国政府と国際連盟の非難する軍事行動を弁護したのか？　なぜ、彼が満州事変についての日本側の主張を額面どおりに受け取ったことなどありえようか？　これが仕組まれた事件、前もって計画された侵攻であるとの噂は広まっていた。ロンドンのタイムズ紙が事件直後の九月二十一日に報じたが、日本軍は奉天攻撃の三日前に、侵攻に備えた「総ざらいげいこみたいなこと」を実施していたし、「すべての行動が事件の発生以前に計画されていたというのが真相だ」ったのである。要するに、まともな人なら首を傾げざるをえないような、うさん臭い証拠がふんだんにあった。それに加え、日本政府は軍部の傀儡に化しつつあるとの印象がアメリカ社会にははっきりあった。そうなると、ラモントの日本に対するまめまめしさは理解に苦しむ。

モルガン財閥が昔から中国嫌いだったから、日本の奉天攻撃に共感を示したのだ、ということで、確かに大方の説明はつく。たとえば、ラッセル・レフィングウェルは、ウォルター・リップマンに宛てた手紙で、奉天の件で怒るのはまったくお門違いだ、と次のように述べている。

「国際連盟にせよアメリカにせよ、襲撃した中国側の味方について問題に口出しするのは奇怪なことだ。中国は、国民をこれまで長い間ずっと戦乱と不安と悲惨な状態に置き去りにしたまま、赤色ロシアの側について日本と対立してきた。その日本は、条約上の諸権利に従って、満州の秩序維持に当たり、恐怖にかられた中国人たちに唯一開かれた安全な避難所を提供しているのだ」

ムッソリーニに協力したことと並び、この奉天事件は、ラモントの生涯で最も悔やむべき異例な出来事だった。彼は、モルガン伝統の、とびきりの面倒見のよさを日本側に痛感させようとしたのだろうか？　それとも、ただ自分たちが引き受けた日本の債券の価値を維持せんがために、ああしたのだろうか？　いずれにせよ、日本政府内での井上の微妙な立場をなんとか支えたかったことだけは間違いない。事実、同年の十一月、ラモントは日本側に対して、井上が――軍部の望むとおり――閣外へ追放されることになったならば、ウォール街とシティの態度は「はっきり冷たくなる」と警告した。だが、井上が軍部をなだめる必要を感じていたとするならば、なぜラモントは井上に協力してそうしたのか？

ムッソリーニ相手のときと同様、ラモントのやっていることは、モルガンの受けをよくする単なる売込み努力の域を超えて、外国勢力のための宣伝活動に近づきつつあったのだ。換言すれば、取引先に絶対誠意を尽くすという〈紳士銀行家行動規範〉のおかしな新しい応用ともいえた。有価証券を引き受けることなら、どんな投資銀行でもできたが、政治家に働きかけ、新聞論調を形成し、世論を動かすことまでできたのは、ラモントだけだった。満州事変をめぐるこの新聞発表文の一件は、銀行家に外交官みたいな役を演じさせると、企業に対するのと同じ独占的取引き意識を外国政府に対しても抱かせる危険があるのを露呈し、〈ドル外交の時代〉の政治と金融の関係をあいまいにさせる恐れを強めた。

ラモントは、奉天事件にまんまとだまされたとわかると、自分の抱いた甘い見方をかなぐり捨てるのも早かった。一九三一年十二月、前ほど自由主義的でない内閣が登場して、井上が更迭され高橋是清が後任蔵相になると、高橋はただちに金解禁を再び禁止した。そして翌一九三二年一月末、人口の密集した上海郊外の中国民間人に日本が爆撃を加えたことで、世界が震え上がる上海事変が起きた。日本は今度もまた、中国側が挑発したと責任をなすりつけた。だが、日本が行なった残虐行為の証拠は、満州事変のときよりずっと生々しく、ふんだんにあった。身の毛もよだつ大量虐殺の光景を撮ったニュース映画が、アメリカ国内の映画館で上映されたからだ。ラモントはすっかり狼狽して、この分だと日本はもうアメリカ市場で資金を調達できないぞ、と横浜正金銀行の園田三郎に手紙を書いたほどだ。モルガン財閥にとって上海事変は、ゆっくり迷いがさめる始まりだった。正気を取り戻したレフィングウェルはロンドンのテディ・グレンフェル宛に、「正直に言って私は、満州での日本人の立場には大いに同情したが、上海の件では同情などまったくしない」と書いた。

ラモントに追い打ちをかけるように、今度は、日本の右翼テロ――すでに一九三〇年に浜口首相を狙撃し、その翌年に死に至らしめた――が、金融界に襲いかかり、一人また一人、ラモントの友人が殺された。上海で戦火が広まっている最中の一九三二年二月、ラモントは日本の園田から、「謹んでJ・イノウエ氏が暗殺されたことをお知らせします……偉大な光明が目の前から消え去り、わが愛する祖国が暗黒時代に転落するかのような思いがします」という電報を受け取った。

井上準之助は、民政党総務として総選挙運動の陣頭に立ち、次期首相と目されていたが、二十二歳の青年に胸を撃たれて死亡した。暗殺犯人は、超国家主義組織の血盟団の一員で、農村の貧困は井上のデフレ政策のせいだと自分の犯行を正当化した。

ラモントは、いたく心をかき乱された。なんといっても、伝統ある日本の名家と自由主義分子が手を結んで軍部を押さえられるとの希望を持たせてくれたのは、井上その人だったからだ。すぐに感動的な哀悼の手紙を園田に送って、「あれほど教養ある紳士だった彼が、このような結末を迎えようとは、まったくもって不可解に思える」と書いた。

それから数週間して、ラモントのもう一人の友人で、一九二〇年の訪日の際に自邸で歓待してくれた三井合名理事長の團琢磨が暗殺された。犯人は、同じく農村出身の青年で、血盟団に属していた。

團男爵殺害は、三井財閥に対する一種の報復であり、祖国を裏切るドル買いで不当利得を得たと、同財閥はかねてから右翼の非難の的になっていたのだ。英国が一九三一年九月に金本位制を廃止してから、三井など各財閥系銀行は、日本円も同様に金本位をやめ、円の価値切下げを事実上迫られるとみて、猛烈な勢いで円を売りドルを買い始めた。こうした外国為替取引は、三井に推定五千万ドルの純益をもたらした。だが、自国通貨の円に不利な投機に走ったとの激しい非難を、愛国的な右翼から招く結果にもなった。過激な政治的風潮の高まる中で、井上や團を殺した暗殺犯に同情する日本人が多く、犯人たちは寛大な判決を受け、数年で出獄した。

ラモントは、これまでの過ちを簡単には認めず、大事な取引先の日本をどう見捨てたらよいかもわからなかった。この頃には、日本の政治の急激な右旋回がはっきりしていた。関東軍は、満州全土を侵略し、一九三二年三月に清朝最後の皇帝だった溥儀を日本側の言いなりになる執政に据えて、満州国なる傀儡国家をつくり上げた。満州事変、上海事変、井上と團男爵の暗殺事件――これら一連の出来事で、ラモントの蒙《もう》は当然啓《ひら》かれていたはずだった。知らぬ存ぜぬでは、もはや通らなかった。一九三二年初め頃のラモントの保存資料を見ると、日本人に対する深い失望感が明らかで、上海事件の過ちを繰り返すなと日本側に強く警告しており、ウォール街に残っていた対日同情感もこれで打ち砕かれた。

にもかかわらず、奇妙なことに、その年の春、ラモントはモルガン商会の広報責任者のマーチン・イーガンとともに、ふと再び親日的姿勢に舞い戻った。二人は、元海軍大将、台湾総督の樺山資紀の孫で、プリンストン大学で教育を受けた樺山愛輔伯爵と親しくなった。そして、ムッソリーニと同様、日本もアメリカ国内に情報宣伝機関を設けるよう勧めて、イタリア政府のためにやった自分たちの仕事の成果を大いに吹聴した。イーガンは、満州国の情宣活動を打ち合わせるため訪日したが、帰国したときは、ラモント宛のメモを見ると、戦争行為の責任を中国側に帰して、まるで日本の軍国主義者みたいな発言をしていた。

こうなるとモルガン財閥は、アメリカか日本か、どちらの主人に仕えているのか、もはやわからなくなった。一九三二年五月十五日、またもや政治家暗殺事件が起きて、日本に汚点を加えた。犬養毅首相が、官邸で海軍青年将校ら九人の手で射殺されたのだ。このいわゆる五・一五事件の後を受けて、斎藤実海軍大将が首相に就任し、日本の政党政治に終止符が打たれることになる。

一九三二年秋、井上蔵相に代わって自分が書いた新聞発表文がまったく内容空疎な宣伝文にすぎなかったことが判明して、ラモントは、満州事変をめぐる不愉快な真相に直面せざるをえなくなった。国際連盟がリットン調査団を極東に派遣したが、ラモントの部下のヴァーノン・マンローが調査団の一員のフランク・マッコイ将軍とある夜、夕食を共にした。翌日、マンローはラモントに、「将軍によると、（中国側による）鉄道爆破説には重大な疑問があり、爆破があったとするなら、その直後に列車が定時どおりに走り続けたのはなぜかを日本側は説明できず、日本側が説明しようとすればするほど、いっそう矛盾に陥った、という話でした」と報告したのだ。その一カ月後にリットン報告書が発表され、日本の侵略を国際連盟規約に違反するものと非難し、満州国に傀儡国家の烙印を押した。日本は、国際連盟を脱退し、厚かましくも満州に対する支配を強めた。

事態がここまでくると、ラモントは、はたと途方に暮れた。矛盾する証拠に圧倒されながらも、日本側の意図の正しさを信じ続けたかった。自分の考え方を整理しようとして、〈極秘〉と上書きしたメモをまとめたが、それを読むと現実離れした人間の姿が浮かんでくる。「日本側の動機についてアメリカ側の抱く疑念を要約すると、日本はアジア大陸の侵略を計画しており、しかも合衆国との戦争をも求めているかもしれない、ということになる――この疑念は間違っている」と書き綴っている。そして、そうした誤った認識を是正するために、貿易と平和的関係を求める合衆国・日本の共同宣言を出すよう勧告している。結論は、すさまじい大風呂敷を広げて、「そうした共同宣言が出され、戦争の噂がすっかり鳴りをひそめるならば、人々の心理は一変して、両国間に生ずるどんな問題も容易に解決できるようになる」と述べている。

だが、日本がいまにも文民政府に戻るとの信念を持ち続けることが、ラモントにはだんだん難しくなってきた。満州の支配者たる日本軍部は、巨大なダムや産業を築き上げて戦争準備態勢を強化していった。新しく蔵相になった高橋是清は、軍事費を国家予算の半分近くにまで引き上げた。一九二〇年代の自由主義政治は、その先頭に立った提唱者たちとともに死んでしまったのである。

一九三四年になってラモントは、急に心変わりを経験した。ひとたび自分の蒙が啓かれるや、日本にいままで騙されていたのだと考えたから、日本に対する信頼は敵意に変わった。日本の文化団体への寄付を打ち切り、訪ねてくる日本人名士たちを鼻であしらい、アメリカの平和的態度を臆病の表れと誤解するな、と日本の総領事に警告した。また、英国政府が日本との同盟関係の更新を考えているらしいとの噂を耳にすると、その動きに反対する政治工作に出た。その中身が英国政府筋に伝わるのを見越して、日本を激しく非難する手紙をロンドンのテディ・グレンフェルに送った。一部を引用すると、「今世紀の最初の二十年間存在した、公正で自由主義的な（日本の）政府に代わって、軍閥が台頭しており、この一派は……日本の自由主義分子の説明が正しいならば、ドイツのナチ党の若造どもがやっているのと同じことをたくさんやっている」とある。

日本軍部は、中国北部の各地を併合し続け、その行動は最高潮に達して、一九三七年の日華事変と南京虐殺事件による何万人という民間中国人の大虐殺を迎える。これは、モルガン財閥の中国との関わり合いにとっていかにもみじめで、皮肉な結末だった。両者の関わり合いは、日本の満州侵略を防ぐ緩衝役をアメリカが果たそうというウィラード・ストレートの夢で始まったが、結局はモルガンの上席パートナーたる者が日本のその行為の弁解役を務めることで終わったわけだ。

第十八章　聴聞会

大恐慌さなかの一九三二年のウォール街は、まるで陰うつなゴーストタウンみたいだった。株屋は、軒並み〈アップル・デー〉――つまり、困窮した店員たちが店を休んで、街頭でリンゴを売って生計の足しにする毎日だった。ダウンタウンの不動産がひどい不況に見舞われ、債務不履行に陥るビル会社が出てきたので、そうした会社の株や債券を安く買いたたいた、抜け目のない投資家がウォール街の未来のビル所有者となった。みじめな状態がいたるところに見られた。公園のリバーサイド・パークには、失業者を収容するあばら屋が立ち並ぶ一方、出来たばかりのエンパイア・ステート・ビルは、半分しか貸室が埋まらず、〝エンプティ（がら空き）・ステート・ビル〟とはやされたほどだ。

社交クラブの会員の金持ち階級にとっては、不気味な笑いの種がよくころがっていた時代だった。たとえば、ユニオン・リーグ・クラブのある一室は、株価大暴落で価値のなくなった株券が壁紙代わりにべたべた貼られていた（相場が回復すると、慌ててまたはがされたものだ)。二年以上ぶっ通しで続落した株相場は、一九三二年七月八日に底入れしたが、その頃までに、投資銀行約二千社が支払い不能に陥り、新規引受高は一九二九年の最高時の一割に落ちていた。証券取引所の立会場では、やる気のない場立ちたちがいろいろな遊びを考え出して暇をつぶしていた。主な金融取引といったら、旧債をもっと低利なものに借り換える仕事くらいしかなかった。

一九三二年当時、アメリカの総人口一億二千五百万人のうち、約一千三百万人が失業していた。有蓋貨車に乗り、浮浪者たちの溜まりで眠り、職を求めてアメリカ中をさまよう者は、二百万人に達した。フーバー大統領は、ありきたりの経済政策を放棄して積極的に大不況退治に乗り出すことをしなかった。ときどき、夢みたいな解決策をもてあそんでアメリカ全体をがっかりさせた。たとえば、コメディアンのウィル・ラジャーズに、不況で固く締まった財布の紐を緩めるような、うまいジョークを書いてくれまいか、と話を持ち掛けたりもした。彫刻家のガトスン・ボルグラムなどに、「フーバーの手にバラの花を渡せば、たちどころにしおれてしまう」と言われるほど厄病神視されていた。それでもフーバーは、国民の苦しみをできるだけ小さく見せる癖があって、一九三二年に「誰も本当に餓死状態にはない……ニューヨークのある浮浪者など、一日に十回も食にありついている」と強がりを言った。

その年の春、ジャック・モルガンは、めったにないことだが、みずから奮起してしばし社会奉仕を買って出た。自力本願を信念とするジャックの好む聖書の一節に「その方は私に仰せられた。『人の子よ。立ち上がれ。わたしがあなたに語るから』と」というエゼキエル書の第二章第一節があった。彼はこの一節を、神がすべてを国家に頼る他力本願の風潮に不満を抱いたものと解釈して、政府の介入よりも個人の努力を訴えるフーバーの立場に同調していた。それで一九三二年三月に、ある資金集めに参加し、自邸で執事や召使いたちが息を呑んでラジオに耳を傾けているなかで、人々に援助を訴える放送をした。その放送でジャックは、「私たち全員が応分の寄付をする必要がある」と述べて、働いている人たちが失業者救済のために毎週わずかでも寄付をするという案を支持した。世間の人々の前に出るのを恐れた、内気な彼がこのように協力を買って出たことは、金持ち階級の間の不安感を反映したものだ。

時代遅れにも古典派経済学の説く自由放任政策に固守した結果、株価大暴落後の景気後退はさらに深まり、一見して解決不可能な不況に突入した。一九三一年末になって、各地の連邦準備銀行が二週間足らずのうちに公定歩合を二％幅引き上げる一方、政府予算の均衡を図るために、税率がほぼ二倍にされた――これでは、予後を静養中の病人を間違いなく殺す投薬に等しかった。これに代わる新しい施策をとることに、モルガンの誰もが当然のように反対したわけではなかった。たとえば、民主党員で伝統破壊者で、自称意地悪じいさんのラッセル・レフィングウェルなどは、一九三二年の間中ずっと、政府支出増大がインフレを招くと恐れる連中を「北極の冬のさなかにいて、熱帯の暑さを心配するに等しい」と一笑に付していた。ところが、そのレフィングウェル自身の考えも、強風に回る風見鶏のようにくるくる変わり、ときどきまともな予算均衡論者に逆戻りすることがあった。

一九三二年にフーバー大統領がやっと打ち出した大きな施策は、銀行、鉄道など財政難に苦しむ企業に貸出しをする復興金融公社（ＲＦＣ）の設立で、これらはモルガン財閥にとって大きな恵みだった。その前年、ラモントがフーバーに、鉄道業界の窮状が「国内景気回復の最も大きな障害だ」と訴えたように、鉄道各社は一九二〇年代からの負債が重荷になり、社債の利子が払えない状況にあった。たとえば、例のヴァンスワリンジャン兄弟が一九三一年に救済融資の債務不履行に陥ったとき、兄弟の一人によると、「あそこ（ＲＦＣ）の扉が開かれるのを待ち焦がれていた」という。兄弟は、ＲＦＣから七千五百万ドル借り出し、結局、ＲＦＣはお金持ちのための救済機関にすぎない、という人々の批判を裏づけた。

不況にぶつかっても、最も金銭的に恵まれたモルガン商会パートナーたちの豪華な生活は、びくともしなかった。パートナーとして得る年間歩合収入が半分になったとしても、一九二〇年代に貯め込んだ豊かな富があった。大事なことは、その富を罪悪感なしに自由に使って生活を楽しむかどうかだった。ジャックが新造したコーセア四世号は、一集落分くらいの失業浮浪者たちを収容できるほど大きかったが、彼はそれをどうしようとしたかというと、一応、世間体を考慮して、暫く使わずにしまっておくことにし、「失業や飢えに苦しむ人々がたくさんいるのだから、こんなぜいたくな遊び道具を人前に見せびらかさない方が、賢明で思いやりがあるだろう」と知人に語った。

トム・ラモントは、いままでする余裕のなかった旅行に出掛けた。ジャックが聖公会の主教や外科医との船旅を好んだのに対し、ラモントは、文筆家や知識人を旅仲間に選んだ。一九三一年春にのんびりエーゲ海を船旅したときは、ラモントとフロレンス夫人のほかに評論家のウォルター・リップマン夫妻、古典学者のギルバート・マレー、詩人のジョン・メイスフィールド夫妻が一緒だった。木の鏡板張りの立派な船室の、真新しいリネンを敷いたテーブルで食事をとるこの人たちには、当時の暗いアメリカとはかけ離れた、一種の華やかさがあった。

モルガン財閥が大恐慌の時期を無傷で生き延びたかに見えても、そうしたうわべはごまかしだった。一九二九年から一九三二年の間に、同社の純資産は驚くべき速度で低下し、一時の一億一千八百万ドルからその半分ほどになった。純資産に負債を加えた総資産も、七億四百万ドルから四億二千五百万ドルへ落ち込んだ。モルガン財閥といえども、これはこたえた。その実際の被害者は、強気市場の頃のもうけにはまったく与《あずか》らずに損失だけを分担させられた新米のパートナーたちだった。モルガンは、当時まだ才能を中心に人間を集めていて、社史が述べるとおり「才能より資金を持つ新しいパートナーの採用で資本金を増やすという方法は、わが商会の質を落とす結果になるので、受け入れ難いとみなされた」のである。

モルガン財閥は、ピアポント時代以来の家族主義的経営を維持していた。社員が二〇％も大幅減俸されたとき、これはパートナーたちの歩合年収よりも先にもとに戻すと説明された。社内食堂が閉鎖されると、代わりに現金で昼食代が支給されたし、社員の家族には毎年二週間、メイン州の社の保養所を無料で利用させた。ロンドンのモルガン・グレンフェル商会の社員たちには、ジャックからロンドン郊外にテニスコートなどのついた運動場が寄付され、大恐慌期の手持ち無沙汰が少しでもまぎらわされた。こうした心遣いが、社員の間に強い愛社心と一致団結した親密な関係を生み出した。そういうわけで、モルガン財閥の者たちが大恐慌期に味わった苦労は、実際にあったとしても、他の各社の多数の人々の筆舌に尽くせぬ苦労と比べれば、ごくささやかなものだった。

ここで一九三二年の政治状況を検討してみよう。一九三三年銀行法、またの名をグラス・スティーガル法を生み、モルガン財閥の分割の端緒となったのは、いずれもこの年だったからだ。最初にウォール街を相手に戦い、聴聞会を開いて銀行業を規制する新しい立法を促したのは、他ならぬフーバーだった。フーバーのモルガン商会の友人たちとのつき合いには、いつも少々被害妄想気味なところがあった。

フーバーは、鉱山技師だった頃からモルガン財閥とは関係があり、一九一七年には、アフリカで金鉱山を営むサー・アーネスト・オッペンハイマーが自社の株式公開を望んだので、モルガン財閥に引き合わせた。資料によると、ラモントがこれを機に、フーバーの才能を引き出して鉱山業相手の商売に手広く乗り出そうとしたが、フーバーがその意に背いたという経緯があった。

これ以外にも、モルガン側とフーバーとは、考え方が基本的に対立する運命にあった。当時の連邦議会は、ヨーロッパの厄介な問題に関わりたがらず、英国から経済的主導権を引き継ぐことに関心がなく、これにフーバー大統領が拘束されて身動きならない面があった。これに対して、モルガン財閥は、モルガン財閥で、ヨーロッパの取引先を大事に守らねばならなかったうえに、そもそも国際協調というモルガンの社是が、孤立主義色の濃い共和党政権を代表するフーバーにとっては問題だった。また、フーバーが無愛想で面白味のない性格なのに対し、モルガン商会パートナーたちは物柔らかで鷹揚な人柄だったので、個性の面でもお互いにしっくりいかなかった。

一九三二年七月、世界経済がやっとドイツの賠償と連合国の戦時債務という二つの重荷から脱却したかにみえた。ローザンヌ会議でヨーロッパ諸国首脳が、債務問題に事実上けりをつける紳士協定に達し、戦債を完済しなくてよいなら賠償支払いの請求をやめてもよい、ということになったのだ。大喜びしたラモントは、ベルサイユ講和条約以来の経済戦争がこれで終わるとみて、ホワイトハウスに部下のマーチン・イーガンを早速派遣し、戦債を即座に帳消しにせずにひとまず再検討する方針をとるようフーバーに助言した。

ワシントンから戻ったイーガンの報告だと、大統領は、いつになく感情的になり、広まる国民感情を反映して、「ラモントは、この問題をまったく誤解している」と次のように強調した。「アメリカ国民がいま好まず、今後も認めないものが一つあるとすれば、それはこの二つの問題を結びつけることだ……国内に上げ潮のように押し寄せる国民の怒りが、ラモントにはわかっていない……これでドイツ賠償問題は解決するかもしれないが、そのやり方ときたら最低だ」。フーバー大統領は、どうしても戦債支払いの一年間凍結をそれ以上延長したがらず、フランスと英国の要請を蹴ってフランスを債務不履行状態に追い込んだ。このようにして、ヒトラー登場の直前、連合国側は、戦時債務問題という古証文をめぐって内輪もめを続けていた。

この戦債をめぐるモルガンとフーバーの反目など、ウォール街の空売りをめぐる対立論議と比べると、まだほんの序の口だった。フーバー大統領はいまや、ウォール街をプロの相場師が不正手段を弄して操り、一攫千金をほしいままにする巨大なカジノだとみるアメリカ人一般の見方に与《くみ》した。そして、空売り——つまり、株屋や証券金融会社から借りた株を売って、それが値下がりしたところで買い戻して値ザヤをかせぐこと——によって株価を無理に下げる民主党側の陰謀がある、と信じ始めた。

この空売りの名手は、一九二〇年代の株式プールで名を売った相場師で、〝売り師ベン〟の異名のあったバーナード・E・スミスだ。一九二九年前半の株価暴落では痛手を被ったが、十月に入ると、急に〝売り師〟の本領を発揮して、大暴落の当日ははしゃぎ回り、「みんな売ってしまえ！　一文の価値もないさ」と快哉を叫んだ。こうした噂を耳にして、フーバーは、株式市場に悪企みをなす力が働いていると確信した。そして、売り崩しを企む面々の名簿をまとめ始め、連中が次の週の売りたたき方を練るために毎日曜日に会合している事実を知っている、とまで主張した。大統領のこの妄想にまわりの腹心たちが油を注ぎ、フレドリック・ウォルコット上院議員などは、バーナード・バルーク、ジョン・J・ラスコブらウォール街の民主党勢力が、フーバー再選を阻止するために売り崩しを策しているのだ、と大統領に入れ知恵した。

証券取引所がこうした犯罪者どもをはっきり非難すべきだ、とフーバーは考えた。一九三二年一月、取引所理事長のリチャード・ホイットニーをホワイトハウスに呼び、空売りが景気回復を妨げているのだから、ホイットニーがそれを抑えないなら、議会に取引所の調査を求め、連邦政府が規制に乗り出すかもしれぬ、と警告した。だが、ホイットニーは、空売りが危険であることを認めなかった。

そこでフーバー大統領は、空売りについての調査を始めるよう上院銀行・通貨委員会に要請した。ウォール街の銀行家たちは非常に動揺して、ラモントがホワイトハウスで大統領らと要談して、調査をさせまいと努めたが、結局、激論に終わった。ラモントの言葉によると、「私は大統領に、そんな調査をけしかけて騒ぎ回るなら、国内に不安以外の何物をも生み出さず、大統領のめざす建設的な目標そのものを打ち壊すに役立つだけだとはっきりわからせようとした」という。

四月に開かれた同委員会の第一回聴聞会の証人にリチャード・ホイットニーが立ったが、聴聞会の進む一方で、フーバーとラモントの間でも、空売りについてトゲのある言葉の応酬がひそかに続いていた。フーバーは、世論の支持の低下、景気の沈滞、低落する株価など、すべての責任を売り方のせいにし、売り崩しによって株の「実質価格」が打撃を受けている、と主張した。これに対してラモントは、「株がまったく収益をあげず、まったく配当も払わないなら、何をもって『実質価格』などと言えるのか？」と反問した。彼は、相場下落の責任を九九％まで企業の業績不振のせいにしたのだ。上院のこの空売り狩りがいくらやっても民主党の陰謀なるものを摘発できなかったので、マスコミは、政府をからかって大いに楽しんだ。

このように空売りの是非をめぐる論議のかまびすしいさなかで、フーバー大統領は、債券市場——ここでは空売りが法律で禁止されていた——の深刻な不振にも対処せねばならなかった。〈企業国家アメリカ〉は、主として一九二〇年代の企業合併向け融資で生じた累積債務をどうともできない状態にあった。債務不履行に陥り利息支払いもできぬ社債が多く、極端な例では、買ったときと売ったときとで値段が一〇、二〇、三〇ポイントも下がるものもあって、アメリカの金融体制が脅かされていた。債券を抱えた貯蓄銀行がそれを売って現金に換えられなければ、預金者に支払うお金がなくなりかねず、銀行取付け騒ぎや支払い停止の事態を招く心配があった。結局はモルガン商会が中心になって、債券市場の下落を止める買支え操作に乗り出すことになった。三十五の銀行が一億ドル出資して〈ザ・スターズ・アンド・ストライプズ・フォレバー〉なる共同基金《プール》を設けて、優良な債券を買い入れることにした。ラモントが最高責任者に納まり、この仕事を国家のためにやっているのだと世間に売り込んだが、またもや公共奉仕を表看板に利益をあげる、例のモルガン一流の特質が発揮された形だった。

ラモントは、共同基金《プール》の活動経過を絶えずフーバーの耳に入れていた。この債券相場の買支え操作に、秋の大統領選挙での共和党の勝算を高める動きをかぎ取る皮肉な見方をする人々も一部いた。ただ、たとえそうであったにせよ、この遠謀深慮は、フーバーにとってほとんど逆効果になった。ラモントが共同基金を交渉の切り札に利用して、空売り究明の聴聞会をやめないなら、共同基金を解散するとほのめかしたからだ。そして結局、共同基金は、そのまま買支えを続け、ほどほどの利益をあげた。聴聞会の方も、だらだらと続いて、ついにはそれの始まった一九三二年初頭には予想もされなかったほどの規模に発展することになる。一九三三年一月、聴聞会を主宰する上院銀行・通貨委の小委員会の法律顧問にファーディナンド・ペコーラが任命されると、その名をとって〈ペコーラ聴聞会〉と呼ばれた。このペコーラ聴聞会の設立が、グラス・スティーガル法とモルガン財閥分割へ直接つながることになる。

一九三二年秋、フーバーは、大統領在任中で最後の不面目な目に遭った。銀行倒産危機がアメリカ全土を見舞ったのだ。一九二九年秋の株価大暴落から三年越しの不況のせいで、融資の際にとった担保の価値ががた落ちしてしまい、銀行が融資を取り立てたため、景気がさらに悪化し、取付け騒ぎや支払い停止の銀行がどんどん増えたからである。一九三二年以前なら、何千という銀行閉鎖の例は主として田舎の中小銀行に限られたが、一九三二年十月のネバダ州の州免許銀行閉鎖をきっかけに、各州でばたばたと銀行閉鎖が相次いだ。〈閉鎖〉とずばり言うのを避けて、〈休日〉という婉曲な表現が用いられたが、各地への伝播があまりにも急速だったので、フランクリン・D・ローズベルト大統領が就任する翌春までに、銀行閉鎖は三十八州に及んだ。

フーバーが敗北した一九三二年十一月の大統領選挙から翌年三月のローズベルト大統領の就任式までの間は、国政が麻痺する一方でフーバーとローズベルトの対立が激化した。いらいらし、孤立感に悩むフーバーは、ローズベルトの協力を得られないまま新しい施策をいっさいとらなかった。一方、ローズベルトは、大統領に正式に就任して全権を握るまで静観を決め込んだ。モルガン商会にとって、これは一大事の到来だった。それまで三代にわたった共和党政権下で、モルガン商会は、他のどの銀行よりもワシントンに自由に出入りできる機会に恵まれてきた。フーバー大統領などは、電話一本で呼び出せる相手だった。ところが、いまや政権が共和党から民主党へくるりと一回転したため、モルガン商会は、みずからの存立に対する脅威を取り除こうと必死だった。

これより先の一九二九年頃に早くも、フーバー大統領が商業銀行業務と投資銀行業務とを分離する考えを出していたが、いまやそれが確固たる形をとってきた。まず、一九三〇年にカーター・グラス上院議員提案の銀行法案の中に登場し、次いで一九三二年の大統領選挙で民主党側の政策綱領に盛り込まれた。

一方、モルガン商会内では、〈空売り〉退治を始めたフーバーの大統領退任を悼む者は一人もいなかった。ラッセル・レフィングウェルとパーカー・ギルバートの二人は、共和党色の強い社内で民主党支持の少数派を形づくり、ローズベルトに投票した。もはやFDR、つまりフランクリン・D・ローズベルトがモルガンの敵として登場しないだろうことは、自明の理だった。

その出身や経歴からみて、FDRは、フーバーよりもはるかにモルガン好みのタイプだった。レフィングウェルは、財務省勤務の頃に同じく海軍省にいたFDRをよく知っており、ＦＤＲが進学校のグロートン校からハーバードに学び、由緒正しいオランダ移民の先祖を持ち、ウォール街で一流の法律事務所に勤めた点を力説した。そして、「鉱山技師上がりのフーバーによると、あの人物（ＦＤＲ）はアメリカの諸制度にとり危険だというが、以上であの人物の経歴はすべて終わり」と皮肉って締めくくった。ラモントも、東六十五丁目通りのＦＤＲ邸を一時借りた関係からよく知っていて、大統領就任前から電話をかけたり、「親愛なるフランク」調の手紙をせっせと書きまくった。

大統領の交代する一九三二年秋から翌三三年春までの政治の空白期は、モルガン側とＦＤＲとのよい関係を予想させた半面、警戒信号も感じられた。一九三二年の晩夏、レフィングウェルとＦＤＲとの間に手紙の交換があって、このときはちょっとした形で済んだもののの、のちにくる大きな反目の前ぶれとなった。レフィングウェルが、カーター・グラス議員提出の銀行改革法案を嘲笑う手紙を「親愛なるフランク」に送って、その中でＦＤＲを自分と同じ価値観に立つ仲間扱いにする調子で、「あなたも私も承知しているとおり、本当にいるのかいないのかわからぬ悪人を罰しても現在の不況は収められないし、こんな禁令や取締りでは誰もうまく立ち行かない」と述べたのだ。ＦＤＲは、レフィングウェルの意に応えるどころか、「私としては、銀行家の皆さん自身から、一九二七年から二九年までの間に確かに重大な行き過ぎがあった、今後は同様な事態の再発を防ぐ方策を心から支持する、と認める言葉を頂きたいものだ」とまともにけちをつけた。世間に代わって、一九二九年の株価暴騰と暴落の過失の自認を迫ったわけだが、銀行家側はどうしてもそう認めたがらなかった。レフィングウェルのFDRへの手紙のとおり、「銀行家には、実際の話、一九二七〜二九年間の責任はまったくなく、政治家の側にあった。それなのに、なぜ、銀行家がいつわりの告白をなすべきなのか？」という態度だった。

モルガン商会は、ローズベルト大統領が穏健な金融政策をとるか否かを試そうとして、パートナーのレフィングウェルを財務省のポストに滑り込ませようと働き掛けた。一方、カーター・グラス上院議員が、財務長官をもう一度務める気はないかと話を持ち掛けられたとき、前に長官だったときの部下で、いまはモルガン商会の人間のレフィングウェルとパーカー・ギルバートの二人をつけてくれるなら、と答えた。ウォルター・リップマンもその意見に同調したが、ローズベルトは縮み上がり、「率直に言って二三番地と提携するわけにはいかん」と答えた。

レフィングウェルという観測気球を打ち落とした張本人は、一九三三年一月に上院のウォール街調査の責任者になった、ニューヨーク地区検事補出身のファーディナンド・ペコーラだとみてまず間違いない。それまで六カ月間ほど、聴聞会は立ち往生して、実質的に調査が進んでいなかった。共和、民主両党の議員ともに、両党へ大口政治献金した金持ちの名前がばらされるのを恐れて、見事なほど一致して黙《だんま》りを決め込んだからだ。そこへペコーラが登場したことで、聴聞会に新しいはずみがつき、もはや後戻りできなくなった。

そして、次から次へと株価暴落の秘められた裏面史をあばき立て、狂乱の一九二〇年代の厳粛な検死を行ない、その後三十年近くにわたって銀行家たちの名前に汚点を残すことになる。

ローズベルトの大統領就任の前でも、ペコーラは、調査の矛先を欲に目のくらんだ著名な銀行家たちに向け、とくに〈暗黒の木曜日〉の銀行家による救済工作の一員だった、ナショナル・シティ・バンクのチャールズ・E・ミッチェル会長の姿をあぶり出した。これによって、銀行家たちが世間を救済するふりをしながら、悪企みをしていた実態を、世間の人々は知った。ペコーラの調査によると、ナショナル・シティとコーン・エクスチェンジの両銀行の合併話を維持すべくミッチェルがモルガンから借りた一千二百万ドルが、モルガンの自己資本の五%を上回り、同商会にかなりの損失を押しつけた事実が明らかになった。また、ナショナル・シティ・バンクの幹部百人ほどが、株価暴落に対し買支えに出るため、特定の融資基金から無利子で二百四十万ドル借り出し、返済しなかったことも暴露された。

ナショナル・シティ・バンクの証券子会社、ナショナル・シティ社が、千九百名の営業マンを動員してリスクの高いラテン・アメリカ各国の債券を一般大衆に売り抜けた悪徳商法も、ペコーラ聴聞会の調査対象となった。その結果、親会社の銀行がこれら各国のまずい点を指摘した部内報告書を握りつぶして債券を売り込ませたり、親会社のやったキューバ向け不良融資を銀行検査官から指摘されるや、それを債券に仕立て子会社が売りさばいた事実が明らかになった。これは、商業銀行が証券子会社を使って不良貸付けを一般投資家にだまして売りつける、典型的な手口だった。

〈暗黒の木曜日〉のもう一人の英雄とみなされた、チェース・ナショナル・バンクのアルバート・H・ウィギンも、悪事にどっぷり漬かっていたことが暴露された。一九二九年の株価大暴落前後の六週間にわたって、自社のチェース株を空売りして数百万ドルの利益を得たばかりか、その投機資金もチェース・バンク自身から八百万ドル借りたというのだ。チェースとナショナル・シティの両銀行の以上の物語は、貯蓄と投機という二つの金融行為の伝統的な区別が一九二〇年代に消え失せたことを実証した。グラス・スティーガル法がのちに回復しようとしたのは、まさにこの区別だったのである。

ペコーラ聴聞会が進むにつれ、ウォール街に国民の怒りが津波のように押し寄せ、農場で、勤め先で、無料給食を待つ列で、失業者収容バラックで聴聞会の成り行きを追っていた人々は、自分たちがだまされていたと確信するようになった。昨日の救いの神は、もはや強欲なつまらぬ悪魔でしかなかった。バートン・ホイーラー上院議員は、「銀行に対する信頼を回復するには、こうした邪《よこしま》な頭取どもを銀行からたたき出して、ギャングのアル・カポネ並みに処分するしかない」と述べた。

ローズベルトは一九三三年三月四日、大統領に正式に就任すると、ウォール街の金融業界とはまったく関わりのない自主独立の旗幟を鮮明にした。ラモントが荒療治は避けるよう電話で促したが、ローズベルトは、生ぬるいラモントの要請を払い除けて、大々的な一週間にわたる銀行休日を発表した。休日明けになっても、五百行以上もの銀行が業務を再開することはなかった。この強硬措置で国民の信頼が回復し、緊急措置を国民が新たに受け入れる気になったことがわかった。だが、モルガン財閥は、ニューディール時代を通して同じ政治的誤りを繰り返すことになる。つまり、利己的だと一蹴されるような姑息な改革手段を唱え、独自の根本的対策を考え出さず、いつも脅し戦術でお茶を濁すにすぎなかった。

このように初期のローズベルトからひじ鉄を食らっても、フーバーのお粗末な政治にひどく幻滅していたから、モルガン関係者たちでも、新しい実験を受け入れる用意はできていた。ジャック・モルガンなどは、最初はFDRに首ったけで、「もちろん、彼の言う解決策の一部が間違っていることは十分にありうるが、事態がこんなに悪化しているのだから、どんな解決策でも多少は効く」と述べた。一週間の銀行休日が明け、ローズベルト大統領が国民に政策を説明する炉辺談話の第一回を三月十二日に行なった後、ウォール・ストリート二三番地は、ほっと一安心した。その頃、ロンドンのモルガン・グレンフェル商会に宛てて、「国中がローズベルト大統領のとった措置を称賛する声でいっぱいだ。このような状況をいまだかつて経験したことがないから、たった一週間で大統領が成し遂げた成果は、信じられぬくらいだ」と打電した。事実、証券取引所も急騰した。

モルガン財閥にとってペコーラ聴聞会は、地平線の彼方に小さくかすかに見える黒い点みたいなもので、それが自分たちに向かってくるハリケーンだとは、まだわからなかった。ローズベルト新政権と見せかけの蜜月関係が続いていた頃、モルガン財閥は、ローズベルトによる同年四月の金本位制停止措置を称賛するという変節行為を犯した。金本位制をやめれば、ドルの価値が下がり、物価が上がり、致命的な不況が逆転される、と期待された。平時なら、これは極端な措置だったが、当時の大不況下ではさして問題にならなかった。（金の裏付けのない）ドル紙幣通貨と銀貨の無制限鋳造の時代に逆戻りするので、農民や借金を抱える人々は、ウィリアム・ジェニングズ・ブライアン時代のインフレ的特効薬を思い出し、期待し始めた。ローズベルト大統領としては、なんらかのインフレ的便法を選ぶ必要に迫られていたのだ。

モルガン商会は、金本位制からの離脱を側面から支援する動きに出た。ラッセル・レフィングウェルはウォルター・リップマンに、金本位制放棄に賛成する署名記事を新聞に発表するよう促した。物価引上げの必要のほか、下落傾向のヨーロッパ各国通貨に対しドルが過大評価され、アメリカの輸出が損なわれていると考えたからだ。リップマンは、書き上げた原稿をレフィングウェルに見せ、論点をはっきりさせるべく手を入れてもらった。ブレーン・トラストと呼ばれたローズベルト大統領の私的政策顧問の一人で、コロンビア大学教授のレクスフォード・G・タグウェルは、金本位制離脱の決定でローズベルトに与えたレフィングウェルの影響力に注目して、次のように述べている。「大統領は、公共に奉仕する心の持ち主とみなす、ニューヨークの知人たちに広く相談して――モルガン商会のラッセル・レフィングウェルは、一番信頼された相手だろう――金取引きを完全にやめさせ、金の退蔵と海外輸出を禁止せねばならぬ、と結論を下した」。リップマンの論説が新聞紙上に現れた翌日、ローズベルトは、金本位制の停止を公に提唱した。一連の大統領命令でこれらの決定が実施される一方、連邦議会は六月、債券発行に金貨での支払いを義務づけた法律の条項を撤廃した。ジャック・モルガンさえもが、この措置をにこやかに称賛した。ピアポント・モルガンの一八九五年の金本位制救済努力や一九二〇年代の世界各国の金本位制復帰を支援したモルガンの活動を記憶している人々にとって、これは世にも不思議な事態だった。新古典派経済学の支配した、着実な十九世紀の世界が、ひっくり返った証拠であった。

金融専門家の中には、まるで国家という船の舵が乱暴にもぎ取られてしまったかのように、茫然自失の状態に陥った者が多かった。ルーイス・ダグラス政府予算局長は、「これで西欧文明は終わりだ」と述べ、金融資本家のバーナード・バルークは、「これは擁護しようがない愚民政治だ。国民はまだわかっていないだろうが、フランス革命よりひどい革命のさなかにいるのだ」と語った。困惑はヨーロッパの方が大きく、合衆国は、貿易が黒字で金保有高も十分なのに、なぜ通貨価値を進んで引き下げる措置に出てしまったのか、と首を傾げた。この措置で全世界が破産状態に陥るとモンティ・ノーマンが考えていることを知らされても、ローズベルトは、一笑に付しただけだった。この金輸出禁止決定は、合衆国と英国の両国が、国内の諸目的のために世界の金融主導権を放棄したことを証明した。これで世界は、完全な経済ナショナリズム戦争のさなかに押し流され、お互いに通貨切下げを競い合って戦う運命になった。古い経済真理をたたき込まれた人々にとっては、これは見当もつかぬ混乱した新世界だった。

だが、ローズベルトは、金本位制などの「いわゆる国際的銀行家たちが後生大事にするお守り」に文句をつけ、各国通貨の管理された、すばらしき新世界を称賛し始めた。出身経歴からして国際派であり、国際連盟の強力な支持者であったものの、FDRは、世界経済の主導権を犠牲にしてまず国内景気回復の追求を先にしたのだ。その結果、初期のニューディール政策は、二つの面でモルガン財閥の存在を脅かした。第一に、例のペコーラ聴聞会によって金融機関のいかがわしい慣行が暴露され、ウォール街に対し新たな政府の規制がかけられる恐れが出てきた。第二に、ヨーロッパの金融界に対するホワイトハウスの警戒的態度から、一九二〇年代に発揮されたモルガン財閥の外交的役割の終息が予想された。モルガン商会はこの結果、一九二〇年代はワシントンと極めて親密な関係に恵まれたものの、その後は永久島流しの道を歩むという罰を受けることになる。

FDRは、大統領に就任した一九三三年の春、上院銀行・通貨委員会がもっと広範な権限を行使して「悪質な金融取引のもたらす結果すべて」について調査するよう要請した。これは、ウォール街に対する全面調査を許したことに他ならなかった。委員会は、調査の矛先を非法人組織の個人銀行に向け、J・P・モルガン商会がその筆頭に挙げられた。アメリカ一豊かな同銀行が調査を受けずに無罪放免されると期待するのは、甘すぎた。共和党のある政治家が述べたとおり、「モルガン財閥の場合のように、金融、工業生産、信用、賃金の支配権をかくも強力に一手に握った例は、世界史上いまだかつてなかったことだ」からだ。いまやワシントンがウォール街という城塞に攻め入る時がやってきたのである。

守りの堅いモルガン財閥を突き崩すのに格好な武器として、歴史はファーディナンド・ペコーラという人間を生んだ。イタリアのシチリア島生まれのペコーラは、初めは共和党革新派のシーアドア・ローズベルトが一九一二年に結成した革新党の熱心な党員だったが、一九一六年にウィルソンの民主党革新派に転身した。ニューヨーク地区検事補時代には、難しい仕事を引き受け、自分の扱った事件の八〇%を有罪判決に持ち込んだ。また、怖いもの知らずで清廉潔白で、買収には決して応じなかった。そのペコーラが上院委員会の調査の仕事を引き継いだとき、ローズベルトの大統領就任の一九三三年春までには完了するだろうと思ったのに、翌一九三四年五月まで調査が続き、大部の八冊を占める一万ページの証言を生み出した。

モルガン財閥は最初、ペコーラ聴聞会を鼻先であざ笑い、一種の馬鹿騒ぎとみなした。秘密保持を後生大事にする同商会は、調査の範囲を限定するのに努めて、ラモントと顧問弁護士のジョン・W・デイビスが一九三三年三月二十二日、ペコーラを訪ねた。デイビスは、それまでも非法人組織のモルガンの諸権利を守るのに熱心に働き、非法人組織の銀行は州の銀行検査が免除されるというニューヨーク州法を成文化した当人でもある。ペコーラは、紳士銀行家の昔からの特権――つまり、資金ポジションの秘匿の点を突こうとしていた。これに対してラモントは、デイビスの助言を得て、貸借対照表の提出を拒み、記録類の検査に反対し、顧客勘定の守秘義務を主張した。

ペコーラは、モルガン側の拒否を臆面もない挑戦と解して、新聞や連邦議会を利用して戦いを挑んだ。そして、上院銀行・通貨委が非法人組織の個人銀行を調査できるとした議会決議を通過させた。ペコーラ側が勝ったのだ。それから六週間にわたって、彼の部下の調査員たちがウォール・ストリート二三番地の一室に詰め切りで、それまで門外不出だった記録類に隈なく目を通した。

商会の体面を慮《おもんぱか》ったラモントは、一応、調査妨害の印象を避けるのに努めて、抜かりなくローズベルト大統領に調査協力を誓う手紙を出し、これを政治的に利用する好機として逃さなかった。だが、ジャック・モルガンは、ペコーラのことをかんかんになって怒った。モルガン商会が間違ったことをするわけがないと頭から信じ込んでいたから、どんな調査であろうと、文字どおり復讐だと受け取った。六十六歳になっても、ジャックは、我慢ということが身につきそうになかった。彼の口にかかると、ペコーラは「薄汚いイタリア移民」とか「二流の法律家」とまでくさされた。ペコーラが何か都合の悪いことを暴露するかもしれぬ、といった考えなどさらさらなく、聴聞会は一般大衆ののぞき見根性に迎合するためにでっち上げられたものだ、と思い込んだ。ジャックは英国の友人に、「わが商会の商売に疚《やま》しい点が見つかる危険は、正直に言ってゼロだ」と豪語した。ラモントも友人のレイディ・アスターに、ワシントンでの「異端審問ぶり」と「若い、シチリア生まれの法律顧問、ファーディナンド・ペコーラ」の行状を慨嘆した。このような高を括った態度で、モルガン商会パートナーたちは、やみくもに聴聞会に突進していったのである。

パートナーたちが五月の出席に備えて準備しているとき、聴聞会は、新たな緊急性を帯びてきた。商業銀行業務と投資銀行業務の分離を決めた、カーター・グラス上院議員とヘンリー・スティーガル下院議員の提出になる法律案が、議会を通って成立しそうになったのだ。これが成立すれば、商業銀行は、証券子会社を手放さざるをえず、預金・貸出し業務と証券業務との分離を迫られることになる。ウォール街を罰そうとする政治的動きは不可抗力となってきた。ペコーラの驚くべき調査結果が圧力になって、ローズベルト政権はウォール街に対し処置をとらざるをえなくなったのである。

一九三三年当時の、社会的不満を強く訴えるポピュリスト党的な気運に乗じて、左右両翼の煽動政治家たちは、絶好の粉砕目標としてモルガン財閥に目をつけた。ペコーラ聴聞会に呼応して、当時の典型的な煽動政治家だったヒューイ・P・ロング上院議員が、モルガン攻撃の演説に出た。同議員はその中で、まったく証拠がないのに、ローズベルトがモルガン財閥の人間を財務省に送り込んでおり、ローズベルトはフーバーと同様にウォール・ストリート二三番地の息がかかった手先だ、と非難した。

モルガン商会を脅かす者は、煽動政治家だけにとどまらず、銀行業界の内部にもいた。自社株の空売りでミソをつけたウィギン頭取が辞任したチェース・ナショナル・バンクでは、後任頭取になったジョン・D・ロックフェラー二世の義弟のウィンスラプ・W・オールドリッチが、銀行のイメージ一新を望んでいた。このために、商業銀行業務と投資銀行業務とを分離する動きに同調して、一九三三年三月、同銀行の証券子会社を分離し独立させた。同様に、ナショナル・シティ・バンクのミッチェル会長の後任になったジェームズ・パーキンズも、無謀な証券子会社が親会社の銀行を破滅させんばかりにしたと考え、投資業務の分離に賛成した。一九二〇年代に見られた銀行業界の一致結束体制は、こうして崩れ、互いに激しく足を引っ張り合い、うまく立ち回って漁夫の利を得んとする騒ぎに一変した。歴史家のアーサー・シュレージンガー二世によれば、「オールドリッチの行動は、モルガン財閥に対するロックフェラーの攻撃だと解された」という。これに反撃したのは、モルガン系のギャランティ・トラスト社のウィリアム・ポッター社長で、オールドリッチの考え方を「これまでに金融界の一員から聞かれたなかで……まったくもって一番ひどいもの……」と批判した。銀行業界のこうした内部分裂は、結果としてグラス・スティーガル法の成立を早めた。

モルガン商会は、非法人組織の個人銀行の先頭を切ってペコーラ聴聞会の証言台に立った。三カ月ぶっ通しで準備した後、商会関係者たちは、お抱え弁護士団を伴ってカールトン・ホテルの一日二千ドルもするスイート・ルームに陣取った。一昔前のプジョー小委員会でのピアポントの傲慢な態度がモルガン財閥に不利な結果を招いたと考えた顧問弁護士のデイビスは、みんなにつんとすましたり、議論をふっかけたりしないように助言した。当日の朝、上院のコーカス・ルームで開かれる聴聞会を傍聴しようとする人々が、連邦議事堂のあるキャピトル・ヒルを取り巻いた。ジャックは議会へ向かう自家用車の車内で、聴聞会の席で自分が怒りを抑えられずにカッとなるのではないか心配だ、と運転手に打ち明けた。運転手のチャールズ・ロバートスンは、「いえいえ、あなたがあんな連中にカッとなって我を忘れるなんてあり得ませんよ」と慰めた。平静さを取り戻したジャックは、連中みたいに成り下がった態度はとらず、堂々と振る舞おう、と心に決めた。

その日、一九三三年五月二十三日（火曜日）の午前十時少し前、守衛に先導されて、ジャック・モルガンは、聴聞会室に入ろうとした。両脇にはトム・ラモントとジョン・デイビスがいた。写真をとる閃光電球がぱっぱっと輝き、群衆ががやがや言う中を、世界一有名なこの銀行家は、大広間のシャンデリアの下に足を踏み入れた。ジャックは、その名前は広く言い伝えられ有名になっていたものの、姿は世間の人々の前にめったに現さず、謎の存在だった。人々の目には、恐れている風はなかった。心のうちではおどおどしていたかもしれないが、優しい笑みを振りまき、三つ揃いの背広に懐中時計の金鎖をのぞかせ、身のこなしはびしっと決まっていた。

ジャックは、半ば引退の生活からこんな公式の場に引き出されるのは本意ではなかったが、危機に直面して、モルガン家三代にわたる伝統を守る立場に立ち返った。その伝統とは、初代の祖父ジューニアスが父ピアポントの頭に叩き込み、そして自分が受け継いだ〈紳士銀行家行動規範〉の精神だった。ジャックの冒頭声明は、次のようなものであった。

個人銀行家は、中世から活動してきた一つの職業の一員であります。時の経過につれて、職業上の倫理と慣行を定める一つの行動規範が生まれてきて、その遵守に、個人銀行家の評判、影響力、そして個人銀行家の働く地元社会への貢献力がかかっております……個人銀行家がその職務の執行に当たり、この行動規範を無視するならば、行動規範はいかなる立法でも表現できないものの、法律よりも絶大な拘束力を持つので、個人銀行家は自らの信用を犠牲にする結果になるでしょう。この信用なるものは、個人銀行家にとり非常に貴重な財産であります。これは、長年の信頼と立派な取引きの成果であって、たちまちにして失われることがありうるし、ひとたび失われた信用は、たとえ回復されるとしても、きわめて長い時間がかかります。
私が上席パートナーである光栄を得る当商会を代表して発言することをお許し頂けるならば、いついかなるときでも、最高の仕事だけを、しかも最高のやり方でなす、という考えがわれわれの念頭にあると申すべきでしょう。

これは、ジャックが精一杯明確に個人銀行家の基本原理を、そしてモルガン財閥の責任者たる意義を述べた言葉だった。けれども、彼が虚心坦懐に述べた言葉は、アメリカ国民の耳には奇妙な時代錯誤的な響きを残した。ジャックは、原子力時代の錬金術師のように、場違いで、旧弊な銀行家になっていたのだ。「証人台のモルガンは、ディケンズの小説の中の会計事務所からよみがえってきたかのように見えた」と歴史家のウィリアム・E・ルーヒテンバーグは記している。

黒い髪をなで上げ、あごの張ったペコーラは、攻め立てるように激しく質問を浴びせ、手にした葉巻でジャックを指すことすらあった。デイビスの助言を守って、ジャックは、ペコーラとまともに一騎打ちには出なかった。神経質にほほえみ、ペコーラを「先生《サー》」づけで呼び、世界一貪欲な財界巨頭とはどうしても見えなかった。

ファーディナンド・ペコーラが調査の矛先を集中したのは、中央銀行的なモルガン財閥の立場だった。だが、ジャックは、モルガン商会がナショナル・シティのチャールズ・ミッチェルら他の銀行の取締役や役員六十名に融資したことを少しも恥じなかった。そういう行為が特定の個人をとくに有利にすることはないと否定し、「みんなわれわれの知人であって、みんな善良で、堅実で、正直な人たちだ」と弁護した。そして、ウォール街関係者だけ出入りするクラブハウス的役割を果たすモルガンの在り方を遺憾に思うどころか、非法人組織の個人銀行は、法人組織の各銀行の関係者たちに「対立意識ないし競争心抜きで会し、共通の諸問題を論議する」中立地帯を提供しているのだ、と主張した。

ジャックの証言によって、それまで知られていなかった大口金融業務専門の個人銀行の形態が、不況のさなかのアメリカ国民に明らかにされた。ペコーラが、モルガン商会のパートナーシップ契約書の提出を求めたところ、顧問弁護士のデイビスが公開に反対したので、聴聞会を秘密会に切り替え、その場に提出された。それは、モルガンの一部のパートナーでも見たことのない、立派な、手書きの巻き物だった。これを見ると、商会内の紛争を調停し、未処分利益を配分し、さらには商会を解散するといった絶対権限までジャックにあることが明らかになった。

強引な売込み商法がよしとされた風潮の中では、万事控え目なJ・P・モルガン商会の行き方は、不思議で、世間の好奇心の的だった。非法人の個人銀行である同商会は、宣伝広告も、一般大衆からの預金勧誘も、あるいは七千五百ドル未満の預金への利子支払いもしなかった。明らかに、モルガンに取引勘定を持つことは、入会資格のやかましいカントリークラブの会員になるに等しかった。上院銀行・通貨委員会委員長のダンカン・フレッチャー議員でさえ、この点が理解できなくて、次の質疑応答でもわかるように困惑した。

フレッチャー　でも、御社は、世間を相手に取引きされている？
モルガン　はい。ですが、わが社が顧客として選んだ方々だけに限って取引きしております。
フレッチャー　でも、御社は、お客を断らないし、顧客を選別しない？
モルガン　いいえ、しています。
フレッチャー　しているって？
モルガン　ええ、本当に、そうしています。
フレッチャー　もし私が御社へ行って、御社のどなたとも面識がなくても、十万ドル預けたいとしたら、受け入れてもらえますかな？
モルガン　いいえ、当然、そういたしません。
フレッチャー　御社は、どうしてもそうなさらない？
モルガン　ええ。どなたかの紹介状を持っていらっしゃらないかぎり、駄目です、上院議員。

それでは、こういう銀行の取引先は誰なのか？ ペコーラの明らかにしたところでは、モルガンに常時百万ドル台の残高を持っていたのは、AT&T、セラニーズ、デュポン、ゼネラル・エレクトリック、ゼネラル・ミルズ、インガソル・ランド、ITT、ジョンズ・マンビル、ケネコット・カパー、モンゴメリー・ウォード、ニューヨーク・セントラル鉄道、ノーザン・パシフィック鉄道、スタンダード・ブランズ、スタンダード石油（ニュージャージー）、テキサス・ガルフ・サルファ、USスチールの大企業各社だった。これら各社の経営幹部たちも、個人的に銀行勘定を置くのにJ・P・モルガンを選んでいた。ペコーラの発表資料によると、モルガン商会パートナーたちが、資産合計二百億ドルに達する八十九の会社の百二十六の取締役のポストを兼任しており、「これほど絶大な権力が個人銀行の手中にあるのは、わが国の史上に例がない」とのちにペコーラが述べたほどだ。パートナーたちが取締役に就任したのは、会社側から「熱心な要請」があったからだ、とジャックが答えたとき、ペコーラは、納得いかぬ風だった。

ジャックは、落ち着いた自信ある態度で聴聞会に臨んだものの、やがて脱税騒ぎに呑み込まれた。ペコーラの調査で、ジャックの一九三〇、三一、三二年にわたる所得税不払い（この三年間は英国で払っていた）に加え、二十人のパートナー全員が一九三一、三二年に不払いである事実が明らかになったのだ。ジャックは、弁解につまったり慌てたりして、自分の納税状況の詳細を思い出せなかった。こうしたあいまいな態度は、ジャックの友人や知人たちにはなるほどと思えたが、世間一般の人々には疑惑の種だった。ジャックやパートナーたちは、法律に違反したわけではなく、株の赤字を大幅に控除しただけだが、税金を支払わなかったのは、大恐慌時代のアメリカでは政治問題化する、非常に危険なことだった。税金避難手段は、当時まだ一般化しておらず、政府は政府で、是が非でもお金が欲しかった。翌日の新聞各紙は、モルガン商会パートナーたちの「脱税」を見出しに大々的にとりあげた。

これに輪をかけて、さらに厄介なことが暴露された。ラモントの息子で、モルガン商会パートナーとなっていたトミーが、下落した持株を妻に売って三カ月後に買い戻すという仮装売買の形をとって、十一万四千ドルの資本売却差損をでっち上げていたのだ。これで、内国歳入庁が、モルガンの名声を頭から信じてか、それともその影響力をいたく恐れてか、モルガンの人間が提出した納税申告書にはろくに目を通していなかったことがわかった。「大いなる富よりは良き名前こそ選べ、と聖書は言うが、J・P・モルガン商会の人間はその双方に恵まれていた」とペコーラがのちに語ったが、それはまったくそのとおりだった。

ジャックの証言が世間を騒がす雰囲気を帯びてきたので、傍聴が制限され、写真撮影が禁止された。けんか早いカーター・グラス議員は、モルガン商会パートナーを尋問するのは時間の無駄だと考え、ペコーラ聴聞会を自分の提出した銀行改革法案から世間の関心を逸らす「残酷な見世物」だとみなした。そして、「モルガン財閥が不当に扱われるのを見るのは、私の本意ではない。これじゃ、まるでサーカスみたいで、欠けているのはピーナッツと色のついたレモネードだけだ」と激昂して口をすべらした。

その文句を聞いて頭にぴんと来たのが、有名なリングリング・ブラザーズ・サーカスの宣伝係のチャールズ・リーフだった。翌朝さっそく、サーカスで使っている、三十二歳でも幼女のような体型のライア・グラフ嬢をキャピトル・ヒルへ連れて行った。背丈が七十センチ足らずの彼女は、ぱっちりした目とふくらんだ頬のキューピー人形みたいな顔をしていた。聴聞会の始まる前の時間を縫って、新聞記者のレイ・タッカーがリーフとグラフの二人を有名な銀行家ジャック・モルガンに引き合わせた。ジャックは、すぐに立ち上がって彼女と握手したが、彼が腰を下ろすと、リーフが大胆にもグラフ嬢をジャックの膝の上にぽんと置いたので、モルガンのパートナーや弁護士たちはびっくりした。ジャックは、初めは彼女が子供だと思ったらしい。

「私には、あんたより大きい孫がいる」ジャックがそう言ったとたん、何十というカメラの閃光電球がぱっぱっと輝いた。

「でも、私の方が年上よ」

「いくつなのかね？」

「三十二です」リーフが横から言った。

「違うわ、まだ二十歳よ」グラフ嬢が訂正した。

「へえー、そんな年には見えない。どこに住んでるのかね？」

「サーカスの天幕の中よ」

トム・ラモント、ジョン・デイビス、リチャード・ホイットニーらウォール街きっての実力者たちは、これをつまらぬお芝居、いやジャックを困らせるひどい仕打ちとさえ受け取って、苦い顔で見守った。やがて上院議員が聴聞会室に続々と入ってくると、この光景にあきれて、新聞各紙に写真を掲載しないよう求めたが、それを守ったのはニューヨーク・タイムズ紙だけだった。翌日、ジャックとグラフ嬢の写真がアメリカ全土の新聞の第一面を飾った。

ジャックがライア・グラフ嬢とのエピソードを自分の善意の売り込みに利用しようと思えばそうできたが、この一件にはむっとした表情だった。彼のニューイングランド人としての自負が、あの写真が示すもの――つまり、座興的な偶然の出会いを楽しむ様子を素直に認めさせなかったのだろう。あんなさもしいやり方で人情味ある人間に仕立てられたくなかったわけで、あの一件が「きわめて突飛でやや不愉快」でもあった、と述懐している。新聞への対応もやや皮肉まじりで、なぜ膝の上からあの女性を下ろさなかったのか、との質問に、「まあね、彼女が大統領のブレーン・トラストの一人か、閣僚の一員だったかもしれないじゃないか」と答えた。

プジョー聴聞会とペコーラ聴聞会が驚くほど似ていることに誰もが注目したが、新聞各紙の論調は、ピアポントの横暴さと比べてジャックの協力ぶりに好意的だった。聴聞会が比較的に平穏なときは、ペコーラがアンタマイアーほど追及が厳しくない、とジャックは認めたが、全般的には依然、ペコーラを許そうとせず、「ペコーラは、馬泥棒を有罪にせんとする検察官気取りだ」と酷評した。ジャックのような内気な人間にとっては、公の場で厳しい審問に遭うのは身震いするほど嫌な経験だった。それを裏づけるように、「大勢の人の前で、へそ曲がりな質問にまともに答えて、自分が正直なことを世間に納得させるのは、一種の屈辱であり、いかなる文明国でもありうることとは思わない」と述べた。

この嫌な経験を笑いでまぎらわせられることも、ときにはあった。ある日、ゴルフのフェアウェイで、ジャックが打とうとしていたとき、キャディが、ボールをペコーラの頭だと考えて思いっきり打ちなさい、と言ってくれた。その通りにするとすばらしい当たりだったので、二人とも腹を抱えて大笑いした。しかし、たいていは、聴聞会のことを考えると暗い気分になり、ジャックのこの犠牲者意識が原因で、ローズベルト政権のニューディール政策に心を閉ざすことになる。そして、ますますアメリカに対する嫌悪感、故国に見捨てられたという意識、自分の銀行の声価低下に対する激しい怒りを抱くようになるのである。

ライア・グラフ嬢の物語は、悲しい結末を迎える。ジャックと同じく繊細な心の持ち主だった彼女は、例の一件をめぐって絶えず笑い者にされて、ひどく心が傷つけられた結果、一九三五年に生まれ故郷のドイツに帰った。その二年後、ユダヤ人の血の混じった彼女は、ナチの手でアウシュビッツ収容所に送られ、ガス室で処刑された。

ペコーラの巧みな追及で、言い逃れの尻が一つ一つ割れてしまうので、パートナーたちも、ジャックと同様に安心していられなかった。たとえば、ジョージ・ホイットニーが、証券発行手数料の公開に賛成する声明書を読み上げると、それを義務づける法律が議会を通ったばかりだ、とペコーラが皮肉たっぷりに指摘するという調子だった。ペコーラは、モルガン側に手榴弾をもう一発投げつけた。J・P・モルガンは一九二九年当時、流行した持株会社創設熱に便乗して、ヴァンスワリンジャン兄弟の持株会社アレゲーニー社など三社の株式発行の主幹事社になった。

モルガンはその際、発行株式を証券業者だけに売ったのではなく、何人かの親しい個人にも売った。一九二〇年代のウォール街では、会社の役員やお金持ちの個人にも引き受けてもらうのは、おかしなことでも何でもなかった。アレゲーニー社など持株会社三社の発行する新株をお金持ちの投資家に割り当てることで、モルガンは、危険の多い株取引に個人を誘い込まないという従来の方針を曲げようとしたわけだ。その対象に選んだのは、「金銭的にも精神的にも堅実で、どんなリスクをも引き受けられる」とわかっている個人に限った、とジョージ・ホイットニーは語った。

だが、そんな手前勝手なきれいごとは、一九二九年当時の現実にそぐわなかった。活気づいた強気市場のさなかで、公募前にモルガン商会に近い関係者たちに提供された新株は、発行日決済取引でもかなり高いプレミアム付きで売れそうだった。幸運な友人知人にモルガンが売った価格と市場価格との間には大きな開きがあって、たちどころにタナボタ式利益が得られた。たとえば、アレゲーニー社株は、一株二十ドルで友人知人に提供されたが、すぐにこれを一株三十五ドルで現金に換金できた。こうした株は、まるっきりの贈物も同然で、アレゲーニー社株だけで、モルガンは、八百万ドルを超えるもうけを友人知人たちに施した。

モルガン財閥の友人知人などいわゆる優待者の氏名が明らかにされると、ウォール街をあぶく銭と無節操の本拠とみる世間一般の皮肉な見方が裏付けられる形になった。モルガンに批判的な人々にとって、ついに金融界腐敗の決定的証拠が出てきたのだ。モルガンの恩恵に浴した人々の氏名は、アメリカの経済界から政界のエリートたちにまで広く及び、その筆頭はかつて最高の地位にいた人だ。元大統領のカルビン・クーリッジがその人で、持株会社スタンダード・ブランズ社の株式三千株を受け取っていたが、それが暴露されたのを恥じてか、人々が失業して生活保護を受けているときに、優待者名簿に自分の名前が現れるとは悲しくなる、と友人に漏らした。モルガンの恩恵に浴した、そのほかの共和党関係者には、チャールズ・O・ヒルズ党全国委員会委員長、フーバー政権の海軍長官でジャックの息子ハリーの義父のチャールズ・フランシス・アダムズらがいた。

モルガン商会は、両方に顔をつなぐために民主党側も抱き込んだ。こちら側の優待者に、元財務長官のウィリアム・G・マカドゥがいたが、マカドゥをとくに窮地に追い込んだのは、彼が当時は上院議員としてペコーラ聴聞会の委員だったことだ。優待者名簿を見ていくと、ローズベルト政権支持派のニューディーラー自身に突き当たった。FDRの財務長官ウィリアム・H・ウッディンが、一九二九年当時にモルガンの申し出を受けていたのだ。

政界以外に、企業経営者たちの名前も驚くほど広範囲にわたって暴露された。ゼネラル・エレクトリックのオーエン・ヤング、USスチールのマイロン・テイラー、スタンダード石油のウォルター・ティーグル、AT&TのウォルターＩ・ギフォード、ITTのサスシーンズ・ベインら大物がずらり並んでいた。金融界では、チェースのアルバート・ウィギン、ファースト・ナショナルのジョージ・F・ベイカー、ニューヨーク証券取引所のリチャード・ホイットニーがいた。このほか、第一次大戦の英雄ジョン・パーシング将軍、大西洋横断飛行のチャールズ・リンドバーグ、著名弁護士のジョン・W・デイビス、アルバート・G・ミルバンク、著名な名門一族のグゲンハイム、ドレクセル、ビドル、バーウィンドが名前をつらねていた。

モルガン財閥は、このように優待者名簿が暴露され不誠実の汚名を着せられたことで動揺した。ジャック・モルガンは常日頃、商業倫理に悖《もと》る兆候が少しでも見えたら、すぐに私のところへ言ってこい、とよく口にしていたが、いまや経済界や政界の首脳たちに恥も外聞もなく取り入ったとの非難に直面せざるをえなくなった。では、この弁護の余地のない問題をどう弁護すべきか？

その大任は、ジョージ・ホイットニーの肩にかかった。彼自身もアレゲーニー社株の恩恵にたっぷり与り、八千株売って二十二万九千ドルの純益を得ていた。それでも、粘り強くて、ちょっとやそっとのことでは屈しないホイットニーは、ペコーラ聴聞会の証人台に立ち、小口投資家をリスクから守るためにやったことだ、と主張して譲らなかった。また、優待顧客について、「あの人たちは、リスクを冒してもうけたが、リスクを冒して損もした」と述べた。「そんなに恐ろしい危険なら、喜んで分担したかった人間はたくさんいた」と、ペコーラはのちに抗弁した。

株が政財界の有力者たちに恩を売ってばらまかれた事実をモルガン側が躍起に否定していたちょうどそのとき、同社の本当の意図を裏づける記録をペコーラが公表した。それは、一九二九年にモルガンのあるパートナーがウィリアム・ウッディンに宛てた手紙で、大もうけになることを次のようにひそかに認めていた。

この株は、正式に発行になれば一株三十五ドルから三十七ドルにはなりそうです。もし、あなたがご希望ならば、あなたのために一株二十ドルで一千株とっておきます。この株には何も条件がついていませんから、いつでもご自由に売却できます……当商会といたしましては、この機会にあなた様のことを考慮し、わが方の仕入れ値と同じ価格で少々の株を喜んでお持ち下さると考えましたことを、ご承知頂きたいだけです。

この株ばらまき作戦が秘密裏に行なわれたことを示す文書もあった。「言うまでもありませんが、このことはいっさい口外なさらぬようお願いします」別のあるパートナーは、弁護士のアルバート・ミルバンクにそう釘を刺した。優待者の一人のジョン・J・ラスコブ（当時、ゼネラル・モーターズ取締役）はジョージ・ホイットニーに対し、「いずれお返しはする」と感謝した。

ラモントは、有力者たちに恩を売ったとの非難に憤慨した。ところが、彼自身の保存資料の中に、よりによって一番不利になりそうな、一九二九年二月十三日付の文書が残っていた。パートナーのアーサー・アンダスン宛のメモの追伸で、「けさ、ふと君に問い合わせる気になったのだが、アレゲーニー社の普通株を分配した際、フレドリック・ストラウスにいくらか割り当てただろうか。あの人は非常に力になってくれたのだから、こんなに時期が遅くなっても、何かしてやらないでもいいとは思わない」と述べている。優待者名簿が、小口投資家の保護にではなく、大事な友人知人に報いることに関係があったのは、これで一目瞭然だ。

優待者名簿が暴露されたのは、ローズベルト政権にもモルガン商会にも時期的にとくにばつが悪かった。連邦議会には、有価証券取扱い業務の改革を迫る法律案がたくさん出されていたし、ローズベルト政権は、優待者名簿に載っていたウッディン財務長官を現職に留めるか否かで苦慮した。政権がモルガンと無縁なことをはっきりさせるため長官を辞任させるべきだとの声もあったが、ローズベルトは、友人を見捨てて世論の非難にさらすのを懸念した。結局、ウッディンは、重病になってモーゲンソーと交代する一九三三年十一月まで留任した。優待者名簿事件に対して世間一般は、ウォール街の最も輝ける天使さえもが地に堕ちた、とひどく幻滅した。モルガン商会は、それまでは他の銀行各行を悪用するようなひどい行為を避け、ペコーラさえからも「手堅い銀行」と呼ばれたほどだが、この一件で他行並みに泥沼に投げ込まれてしまった。呆然となったウォルター・リップマンはモルガンの友人たちに、世間に対する責任を考えずにこんな力を行使すべきではない、と忠告したが、ラモントの饗応によく与ったリップマンには、嫌な経験だった。

ショックを受けたのは、リップマン一人だけではなかった。モルガンに対する世間の絶大な信頼が裏切られたかのように、ニューヨーク・タイムズ紙が次のような哀調を帯びた論説を掲げた。「この銀行は、おそらく世界一有名で、世界一大きな力を持ち、つまらぬ証券業者みたいな小手先の術策を弄する必要もなかっただろう。ところが、その誇りと威信を試されてくじけてしまった……誰もが喜んで尊敬する多数の人々を道連れにして、社会全体が不幸な災難に巻き込まれたと心配する種を、最も心温かい友人たちに与えた」。

これを読んでラモントは、心を取り乱した。さっそく事件の弁明をしようとして、友人のニューヨーク・タイムズ紙発行人のアドルフ・オクスに手紙を書いた。その中で、名簿に載った人々が再び公職につくとは思わなかったと述べる一方、対象を家族や友人だけに限ったかのようなことを言ったが、「当商会としては、もちろん、十分な資力があり、普通株の性質をよく理解している人々——つまり、自分のお金を賭ける用意のある人々にも、もちろん、一部頼った」という説明には、少々無理があった。

彼がこのようにいかに術策を弄しても、事件が折紙つきの醜聞と化し、モルガン財閥の分割を求める法律案を成立させるお膳立てとなった事実を隠すことはできなかった。

グラス・スティーガル法の上院側提案者だったカーター・グラス議員は、上院銀行・通貨委員会に籍を置く同僚議員たちの中では、モルガン財閥にわりと温かい態度をとっていたが、連邦準備法の成立にも一役買い、かねてから銀行規制を強化する考えを持っていた。ウィルソン政権で財務長官を務めたとき、ラッセル・レフィングウェルの上司だった。ローズベルト政権の発足した一九三三年初め頃のグラス上院議員は、まるで矛盾の塊みたいだった。大統領選挙ではFDRを支持したのに、やがて公然たる批判派に回った。財務長官にならないかとのFDRの要請をはねつけ、ニューディール政策を攻撃した。与党民主党の上院議員でFDRの金本位制停止による平貨切下げに反対したのは、彼一人だった。そのグラス議員がかの有名なグラス・スティーガル法案を提出したのは、ウォール街に対する個人的敵意からではなかった。それどころか、グラス議員とモルガン商会パートナーのレフィングウェルとは、かつて一緒に財務省に勤めた当時を懐かしむ、感傷的な手紙をよく交換していたほどの仲だった。

この法律案が議会に提出されると、急進的なポピュリストの流れを汲むヒューイ・ロングら各議員が、連邦預金保険制度と州際支店設置規制の二点を盛り込むよう望んだ。これはどちらもローズベルトの嫌うところだった。各州にわたる支店開設を制限して、野党共和党系の中小都市の地元銀行を助けるより、各州に連邦免許銀行の支店をどんどん設けさせて地元銀行を苦境に置く方がよい、との考え方がFDRにはあった。また、連邦預金保険制度についても、これを実施すれば強い銀行が弱い銀行と共倒れになるのを恐れ、「放漫経営の銀行を徒らに助け、優良な銀行に無益な負担をかける」と考えて反対した。

ペコーラ聴聞会が同法律案への国民の支持を促した面は確かにあったが、その運命を決めたのは、預金保険制度の採用を求めた国民の陳情が議会に殺到したことで、同制度は法律案に盛り込まれた。最後に、預金利率の上限を定める条項が入れられて、グラス・スティーガル法は一九三三年六月十六日、大統領の署名を得て制定された。これ以後、銀行は預金・貸付業務か有価証券引受け業務かいずれか一方をとることになり、従来のように双方を兼業できなくなった。

ところが、同法の成立直前の土壇場で、チェース・ナショナル・バンクのウィンスラプ・オールドリッチ頭取の支持する条項が盛り込まれた。それは、個人銀行にも預金業務か有価証券業務かの選択を求める条項で、これはモルガン財閥にとって止めの一撃だった。グラス議員がのちにレフィングウェルに語ったところでは、オールドリッチがこの条項を起草し、ローズベルト大統領がそれを同議員に押しつけたという。モルガン商会パートナーたちの所得税脱税がペコーラ聴聞会で暴露されたため、この条項を削除できなくなった、とグラス議員は述べているが、それほど国民の怒りが強かった。それに加え、オールドリッチのチェース・ナショナル・バンクの証券子会社の分離決定も圧力になった。

グラス・スティーガル法は、モルガン財閥を完全に狙ったものだった。何といっても、モルガンほど銀行業務と証券業務とを見事に一体化したところはなかった。同様に両業務を兼業するナショナル・シティとチェース・ナショナルの両行の証券子会社部門は問題を起こしがちだったし、クーン・ローブ商会やリーマン・ブラザーズ商会は預金業務にあまり熱を入れていなかった。これに対してモルガンは、数百万ドル台の企業預金を受け入れている一方、証券引受け業務でも一流で、他行には二重の脅威だったのである。

グラス・スティーガル法の背後にあった基本的考え方は、何であったのか？ それはまず第一に、アメリカの金融界の酔いをさまさせて、もとのしっかりした状態に戻すことにあった。銀行家は一九二〇年代に、節度のある謹厳実直な人物から押売りに一変して、人々にリスクの大きな株や債券への投機を盛んに推奨した。零細な一般投資家たちは、商業銀行と証券会社の区別などつかず、ペコーラによると、ナショナル・シティ・バンクの証券子会社のセールスマンたちはそれをよいことに、「効果絶大な、親会社の名前〈ナショナル・シティ〉の威を借りて売込みにきた」という。また、預金業務と有価証券業務との一体化が内部の利害衝突を生み出す可能性があるので、これを防ぐという主張もあった。一体化したままであると、たとえば銀行が不良債権を摑んだ場合、これを債券の形に変えて投資家に押しつける恐れがある。ナショナル・シティ・バンクが証券子会社を使ってラテン・アメリカ債を処理した例を見るまでもない。さらに、銀行が投資家に資金を融資してそうした債券を買わせる恐れもある。グラス・スティーガル法の考え方の最後の点として、銀行と証券子会社とを放置しておくと、連邦準備制度が預金者と投機筋の両者を支えざるをえなくなるから、その点の是正を図った。証券子会社が支払い不能状態に陥れば、親会社の銀行を保護するために連邦準備制度が救済に乗り出す必要が出てくるかもしれず、政府が預金者を救うために投機筋を保護せねばならぬ羽目になりかねなかった。

結局、グラス・スティーガル法は、上述したような銀行改革措置であったと同様、銀行業界を罰する措置でもあった。要するに、地方の中小銀行のウォール街に対する反撃であり、大きな商業銀行を縄張りから締め出したかった中小の投資銀行もこれを支援した。株価大暴落後の銀行倒産がアメリカ全土の田舎の中小銀行に集中したのに対して、証券子会社を抱えたウォール街の大銀行は、その後の大恐慌期を比較的にうまく持ちこたえた。グラス・スティーガル法をはじめニューディール時代の改革諸法は、そうしたウォール街を規制して、地方の中小銀行を大都市の大銀行との競争から隔離した。これは、政治的には意義があったが、経済的には無意味だった。すべての証券会社が、銀行の子会社であろうとなかろうと、すっかり一九二〇年代の投機熱のとりこになってしまい、グラス・スティーガル法のような規制措置がとられようがとられまいが、ウォール街のジャズ・エイジは、相変わらず活気づいていたかもしれないからだ。

モルガン財閥は、グラス・スティーガル法の審議段階で理路整然たる厳しい反論をしたが、ペコーラ聴聞会の後とあって、それは手前勝手なたわごとも同然だった。一九三三年証券法の債券投資者保護措置としての公開義務についても、これでは投資銀行が債券を引き受けた各国政府や各企業への融資残高の公表を迫られることになる、と反論した。

アメリカの銀行制度のもろさの原因は、経営規模にあるのではなく、むしろ群小乱立状態にある、とラモントは次のように主張した。わが国には二万を超える銀行があり、その結果、金融恐慌や支払い不能や取付け騒ぎが断続的に起こる、独特な金融の歴史がつくられてきた。これに対し英国やフランスやカナダには、少数の、経営規模の大きな、国が免許を与える銀行があるだけだから、大恐慌期をかなりうまく切り抜けられた。となると、経営規模の大きな、資本豊かな銀行があってもよいではないか。以上の考え方に立ってラモントは、銀行が――たとえば、テキサス州の石油とかカンザス州の農業とか――特定の単一の産業に依存しないで済むように、各州にわたって支店を持てる州際銀行制度に賛成した。ラッセル・レフィングウェルも同様に、経営規模の大きな商業銀行から有価証券引受け業務を分離すれば、資金不足の投資銀行が生まれるだけだ、と反対した。

しかしながら、一九三三年当時はこうした先見の明に富む意見をいくら吐いても無駄だった。世間の人々は、巨大な銀行が屠《ほふ》られるのを見たいだけで、経営不振でよろめく田舎の中小銀行のことなどには無関心だった。ともかくグラス・スティーガル法によって、アメリカ国民は、〈暗黒の木曜日〉以来溜まりに溜まっていたうっ憤を一気に晴らしたのだ。レフィングウェルの言葉のとおり、「人々が非常に困窮していたから、銀行家を責め、アメリカ銀行業界の最大の雄たるわが商会に怒りをぶつけてくるのは、きわめて当然すぎることだ」ったのである。

1935	Morgan Stanley and Company (investment bank)
1970	Partial incorporation
1975	Full incorporation
1977	Creation of Morgan Stanley International in London
1986	Morgan Stanley sells shares to public for first time.

Paris

1868	Drexel, Harjes and Company
1895	Morgan, Harjes and Company
1926	Morgan et Compagnie
1940	Morgan et Compagnie, Société Anonyme, approved as Paris branch of J. P. Morgan and Company.
1962	Creation of Morgan et Compagnie, Société Anonyme (Euromarket underwriting operation of Morgan Guaranty Trust and Morgan Grenfell). Morgan Guaranty continues its Paris branch as a parallel operation.
1967	Morgan et Compagnie International (Morgan Stanley buys a two-thirds stake)
1975	Morgan Stanley buys remaining one-third stake in Morgan et Compagnie International from Morgan Guaranty and Morgan Grenfell.

モルガン財閥の系譜

London

1838 Peabody, Riggs and Company
1843 George Peabody
1851 George Peabody and Company
1854 Junius Morgan becomes a partner of George Peabody.
1864 J. S. Morgan and Company
1910 Morgan Grenfell and Company
1934 Morgan Grenfell and Company Limited (J. P. Morgan and Company stake reduced to one-third; remaining third sold in 1981–82)
1981 Creation of Morgan Grenfell Incorporated, an investment banking subsidiary in New York.
1986 Morgan Grenfell sells shares to the public for first time.
1989 Deutsche Bank buys Morgan Grenfell.

New York

1861 J. P. Morgan and Company
1864 Dabney, Morgan and Company
1871 Drexel, Morgan and Company
1895 J. P. Morgan and Company
1935 J. P. Morgan and Company (commercial bank)
1940 J. P. Morgan and Company, Incorporated
1942 J. P. Morgan and Company sells shares to the public for first time.
1959 Merger with Guaranty Trust to form Morgan Guaranty Trust Company of New York
1969 Creation of J. P. Morgan and Company Incorporated (one-bank holding company for Morgan Guaranty Trust)
1979 Creation of Morgan Guaranty Ltd in London (name changed to J. P. Morgan Securities Ltd. in 1988)
1988 J. P. Morgan becomes worldwide marketing name for J. P. Morgan and Company, Inc., and for Morgan Guaranty Trust Company.

本書は、一九九三年七月に日本経済新聞社より刊行されたものです。

日経ビジネス人文庫

モルガン家《け》・上
金融帝国《きんゆうていこく》の盛衰《せいすい》

2005年7月1日 第1刷発行

著者
ロン・チャーナウ

青木榮一=訳
あおき・えいいち

発行者
小林俊太

発行所
日本経済新聞社
東京都千代田区大手町1-9-5 〒100-8066
電話(03)3270-0251 振替00130-7-555
http://www.nikkei.co.jp/

ブックデザイン
鈴木成一デザイン室

印刷・製本
凸版印刷

 ISBN4-532-19299-4

ビジネス版 悪魔の辞典

山田英夫

A.ビアスの『悪魔の辞典』の発想で、ビジネスのさまざまな事象を、教科書にはない現実直視の立場から解説する異色の辞典。

これで完ぺき 社長になる人のための経理の本［管理会計編］

岩田康成

「会社をよくする管理会計」をテーマに損益管理、事業戦略・投資の採算性分析、キャッシュフロー経営など対話形式で実践的に解説。

吉野家の経済学

安部修仁・伊藤元重

牛丼1杯から日本経済の真理が見える！　話題の外食産業経営者と一級の経済学者が、楽しく、真面目に語り尽くす異色の一冊。

社長になる人のための税金の本

岩田康成・佐々木秀一

税金はコストです！　課税のしくみから効果的節税、企業再編成時代に欠かせない税務戦略まで、幹部候補向け研修会をライブ中継。

ウェルチ リーダーシップ・31の秘訣

ロバート・スレーター
仁平和夫=訳

世界で最も注目されている経営者ジャック・ウェルチGE会長の、「選択と集中」というリーダーシップの本質を、簡潔に説き明かす。

日本経済新聞のまるごと活用法

日本経済新聞社=編

日経にはどんな記事が載っているのか、どのように仕事やくらしに役立てられるのか。初級読者向け徹底活用ガイド、待望の刊行！

ゴーンさんの下で働きたいですか

長谷川洋三

短期間に黒字転換に成功した日産自動車。カルロス・ゴーンはこの会社をどう変えたのか、日本の会社はみな日産のようになるのか。

誰がケインズを殺したか

W・カール・ビブン
斎藤精一郎=訳

戦後経済学に君臨するケインズ経済学の盛衰を通して、現代経済と経済理論の変貌をミステリータッチで解説した経済学物語。

人本主義企業

伊丹敬之

今こそ、「ヒト」の価値を再認識せよ！　日本の企業経営が持つ普遍的合理性を「人本主義」として提示し、大きな話題を呼んだ書。

良い経済学 悪い経済学

ポール・クルーグマン
山岡洋一=訳

「国と国とが競争をしているというのは危険な妄想」「アジアの奇跡は幻だ」人気No.1の経済学者が、俗流経済論の誤りを一刀両断!

海外軍団・世界市場を変える新しい中国人

莫 邦富

改革・開放後、海外進出した若い世代、新華僑の奮闘ぶりを密着取材。彼らは今、海外軍団と呼ばれ中国の貴重な戦力となっている。

企業進化論

野中郁次郎

激しい環境変化の中で生き残る企業は組織が情報を創造していることを説いた画期的名著。文庫化に際し「知識創造への軌跡」を付す。

タイヤキのしっぽはマーケットにくれてやる!

藤巻健史

世界にその名を轟かせたカリスマディーラーが明かす、「血と冷や汗と涙」の日々。ミスター・フジマキの本当の凄さがわかる。

いやでもわかる日本経済

日本経済新聞社=編

日本経済が回復しないのはなぜ?企業は何に悩んでいるの? 大学では教えてくれない日本経済の素顔を、小説スタイルで描く。

クルーグマン教授の経済入門

ポール・クルーグマン
山形浩生=訳

「経済のよしあしを決めるのは生産性、所得分配、失業」。米国経済を例に問題の根元を明快に解説。正しい政策を見抜く力を養う。

人はなぜお金で失敗するのか

G・ベルスキー&
T・ギロヴィッチ
鬼澤 忍=訳

知らず知らずにお金で損する人間の思考様式を、ジャーナリストと心理学者が解き明かす。お金の罠にはまらない心得が楽しく学べる。

なぜ会社は変われないのか

柴田昌治

残業を重ねて社員は必死に働くのに、会社は赤字。上からは改革の掛け声ばかり。こんな会社を蘇らせた手法を迫真のドラマで描く。

ソニーの遺伝子

勝見 明

常識を破り、法則を崩し、テレビの歴史を変えた平面ブラウン管テレビ「ベガ」。「創造」の遺伝子が凝縮された奇跡の開発物語に迫る。

企画がスラスラ湧いてくるアイデアマラソン発想法

樋口健夫

思いついたことをすぐに記録することにより、発想力の足腰を鍛えるアイデアマラソン。優れた企画を生み出すための実践法を紹介。

日本をダメにする税金のカラクリ

平野拓也

所得税も法人税も相続税も、日本の税は世界最高水準だ。元大蔵省相談官の著者が、納税者の立場から我が国税制のまやかしを斬る。

ここから会社は変わり始めた

柴田昌治=編著

組織の変革は何から仕掛け、どうキーマンを動かせばいいのか。事例から処方箋を提供する風土改革シリーズの実践ノウハウ編。

ゲーム理論で勝つ経営

A・ブランデンバーガー&
B・ネイルバフ
嶋津祐一・東田啓作=訳

ゲーム理論の企業経営への応用の仕方をわかりやすく解説。ケーススタディをふんだんに入れ、実践に役立つ戦略を伝授する。

冒険投資家ジム・ロジャーズ世界バイク紀行

ジム・ロジャーズ
林 康史・林 則行=訳

ウォール街の伝説の投資家が、バイクで世界六大陸を旅する大冒険! 投資のチャンスはどこにあるのか。鋭い視点と洞察力で分析する。

なんとか会社を変えてやろう

柴田昌治

問題を見えやすくする。感度の悪い上司をなんとかする。情報の流れ方と質を変える。──現場体験から成功の秘訣を説いた第2弾。

グリーンスパン

ボブ・ウッドワード
山岡洋一・高遠裕子=訳

世界のマーケットを一瞬にして動かす謎に満ちた男、グリーンスパンFRB議長の実像を、緻密な取材で描き出す迫真のドラマ。

キヤノン式

日本経済新聞社=編

欧米流の実力主義を徹底する一方、終身雇用を維持するなど異彩を放つキヤノン。その高収益の原動力を徹底取材したノンフィクション。

もっともやさしいゲーム理論

嶋津祐一=編著

戦争から恋の駆け引きまで、最良な選択は何なのか。意思決定に役立つゲーム理論を、身近なケーススタディを基にわかりやすく解説。

マンガでわかる良い店悪い店の法則

馬渕 哲・南條 恵

店員がさぼると客は来ないが、やる気を出すともっと来ない。店員と客の動きと心理から、繁盛店、衰退店の分かれ目が見えてくる。

権力の失墜 1・2

ボブ・ウッドワード
新庄哲夫=訳

フォードからクリントンまで5代にわたる大統領たちのスキャンダルと暗闘を描いた、政治ノンフィクションの傑作。

奥田イズムがトヨタを変えた

日本経済新聞社=編

あの時奥田氏が社長にならなかったら、今のトヨタはなかった。奥田社長時代を中心に最強企業として君臨し続ける秘密に迫る。

鈴木敏文 考える原則

緒方知行編著

「過去のデータは百害あって一利なし」「組織が大きいほど一人の責任は重い」──。稀代の名経営者が語る仕事の考え方、進め方。

ジャック・ウェルチ わが経営 上・下

ジャック・ウェルチ
ジョン・A・バーン
宮本喜一=訳

20世紀最高の経営者の人生哲学とは？　官僚的体質の巨大企業GEをスリムで強靭な会社に変えた闘いの日々を自ら語る。

社長！それは「法律」問題です

中島茂・秋山進

「敵対的買収」「証取法違反」「情報漏洩」──。「こんな会社はいらない」と言われないために、ビジネス法の「知識と常識」を伝授。

最強の投資家 バフェット

牧野 洋

究極の投資家にして全米最高の経営者バフェット。数々の買収劇、「米国株式会社」への君臨、華麗なる人脈を克明に描く。

50語でわかる日本経済

UFJ総合研究所調査部編

年金制度改革、減損会計、郵政民営化、ネット家電──。毎日のニュースに頻出する重要語50を厳選して、現代が見えてくる。

日経スペシャル ガイアの夜明け 闘う100人

テレビ東京報道局=編

企業の命運を握る経営者、新ビジネスに賭ける起業家、再建に挑む人。人気番組「ガイアの夜明け」に登場した100人の名場面が一冊に。

異色ルポ 中国・繁栄の裏側

村山 宏

発展する沿海部と、停滞し貧困にあえぐ内陸部。中国の超大国化を妨げる矛盾の実像を、地を這うような緻密な取材で伝える異色ルポ。

ディズニーランド物語

有馬哲夫

日本人による初の本格的なディズニーランド通史。創業者とそれを取り巻く人たちのドラマを通して「夢の王国」の人気の秘密に迫る。

イヤならやめろ!

堀場雅夫

おもしろおかしく仕事をしよう。頑張っても仕事が面白くない時は、会社と決別する時だ。元祖学生ベンチャーが語る経営術・仕事術。

人生を楽しむ イタリア式仕事術

小林 元

食、そして高級ブランド――イタリアはなぜ日本人を魅了し続けるのか。長年のビジネス経験から見えてきたイタリア人の本当の素顔。

ビール15年戦争

永井 隆

ドライ戦争以降、熾烈なシェア争いを繰り広げる4社。その営業・開発現場で戦う男(女)たちの熱いドラマを描ききった力作ルポ。

普通のサラリーマンが2年でシングルになる方法

山口信吾

ごく普通のサラリーマンが「真の練習」に目覚めた結果、定年前の2年間でハンディキャップ8に。急上達の秘訣と練習法を初公開！

般若心経入門

ひろさちや

わずか262文字の教典にはいったい何が書かれているのか。明日を生きるためのヒントをわかりやすく説いた、絶妙の人生案内！

商人道

藤本義一

手代の仕損じ主の罪、人は器量を見立てよ、商いは牛のよだれ、商は笑なり――。大阪、近江や江戸商人が伝えてきた商いの心得。

トレンド丸わかり NIKKEIプラス1 何でもランキング

日本経済新聞社=編

人気の紅茶は？　お薦めの輸入自動車は？――巷の流行を調べて一挙公開！日経土曜朝刊「NIKKEIプラス1」の人気連載の文庫化第二弾。

四字熟語の知恵

ひろさちや

『論語』や『阿弥陀経』などから選んだ121の四字熟語を、逆境・錬磨・処世・決断の4つの局面に分けて「生き方の極意」を説く。

酒に謎あり

小泉武夫

幻の酒「満殿香酒」を中国に捜す、平安貴族が飲んだオンザロック、焼酎のルーツは――。ミステリアスな酒の謎に「食の冒険家」が迫る。